INTRODUCE

농협은행 기업분석

JN405763

◇ 비전

사랑받는 일등 민족은행

사랑받는 은행	고객, 임직원뿐만 아니라 국민 모두에게 사랑받는 신뢰할 수 있는 은행
일등은행	고객서비스와 은행건전성, 사회공헌 모든 측면에서 일등이 되는 한국을 대표할 수 있는 은행
민족은행	100% 민족자본으로 설립된 은행으로 진정한 가치를 국민과 공유하는 존경받을 수 있는 은행

◇ 경영목표

전략목표

고객이 먼저 찾는 매력적인 은행

플랫폼 · 기업금융 · WM 경쟁력 강화와 체계적인 인재육성을 통해
고객이 먼저 찾는 매력적인 은행으로 진화

추진전략

고객 맞춤형 서비스 제공	디지털 혁신 주도	차별적 사업역량 구축	지속가능한 신뢰 경영 확립

INFORMATION

신규직원 채용 안내

◇ 지원방법

❶ 농협 입사지원 페이지(jrs.jobkorea.co.kr/nhbank)
❷ 농협 채용 홈페이지(with.nonghyup.com)
❸ 농협 홈페이지(nonghyup.com)

◇ 지원자격

❶ 연령/성별/학력/전공/어학점수에 따른 제한 없음
❷ 남자의 경우 병역필 또는 면제자
❸ 신규직원 입행 및 계속 근무 가능한 자
❹ 해외여행에 결격사유가 없는 자(외국인의 경우 한국 내 취업에 결격사유가 없는 자)
❺ 당행 내규상 신규채용 결격사유가 없는 자
❻ 한국신용정보원의 신용정보조회서상에 금융질서문란자로 등록되지 않은 자

◇ 채용절차

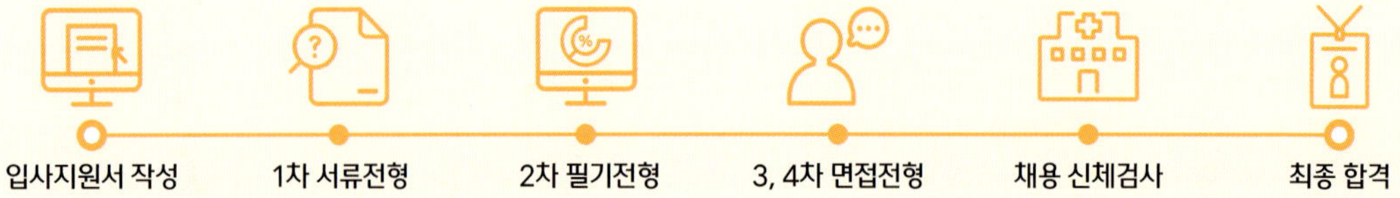

※ 채용별로 일부 과정이 추가 또는 생략될 수 있습니다.

◇ 필기전형

구분	출제범위		문항 수	시간
직무능력평가	의사소통능력, 수리능력, 문제해결능력, 자원관리능력, 정보능력		45문항	80분
직무상식평가	공통	디지털 상식	25문항	
	일반	금융 · 경제 분야 용어 · 상식 등		
	IT	소프트웨어 설계 · 개발, 데이터베이스 구축, 프로그래밍 언어 활용, 정보시스템 구축관리 등		
인 · 적성평가(Lv.2)	직업윤리, 대인관계능력, 문제해결능력, 조직적합성, 성취잠재력 등		325문항	45분

※ 2024년도 상 · 하반기 및 2025년도 하반기 NH농협은행 6급 채용안내문을 기준으로 구성하였습니다.

❖ 자세한 채용절차는 직무별 채용방침에 따라 변경될 수 있으니 반드시 채용공고를 확인하기 바랍니다.

시대에듀 NCS 도서 구매자를 위한 특별한 혜택

NCS 기출풀이 특강 및 온라인 모의고사

이용 안내

1. 시대에듀 홈페이지 접속 후 로그인 (www sdedu co.kr)
2. 상단 카테고리 「내강의실」 클릭
3. 왼쪽 카테고리 「쿠폰 내역」 클릭
4. 쿠폰번호 입력 후 등록

※ 해당 강의는 본 도서를 기반으로 하지 않습니다.
※ 쿠폰 등록 후 30일 이내에 수강 가능합니다.

모바일 OMR 답안채점 / 성적분석 서비스

이용 안내

1. 회차별 모의고사 첫 번째 페이지의 QR 코드 찍고 '응시하기' 클릭
2. 나의 답안을 모바일 OMR에 입력
3. '성적분석 & 채점결과' 클릭하고 현재 내 실력 파악하기

※ 쿠폰 등록 후 30일 이내에 사용 가능합니다.

NCS 핵심이론 및 대표유형 분석자료

이용 안내

1. 시대에듀 도서 홈페이지 접속 (www.sdedu.co.kr/book)
2. 상단 카테고리 「도서업데이트」 클릭
3. '공기업/금융권 NCS 도서 무료 학습 자료' 검색 후 다운로드

※ 자료가 보이지 않을 때에는 '금융권'으로 검색하기 바랍니다.

무료제공 쿠폰

| NCS 쿠폰번호 |

NCS 기출풀이 특강	VBV-86004-19231
NCS 통합 온라인 모의고사	ATNV-00000-BBC1F

| NH농협은행 6급 온라인 모의고사 |

일반(2회분)	ATRN-00000-35D18
IT(2회분)	ATRO-00000-28E2A

※ 기업별 온라인 모의고사는 마이페이지 내 「모의고사」에서 응시 가능합니다.

등록기간 : ~2026. 09. 30

❖ 쿠폰 등록 후 30일 이내에 사용 가능합니다.
❖ 쿠폰 등록 및 응시는 윈도우 기반 PC에서만 가능합니다.
❖ 모바일 및 macOS 운영체제에서는 서비스되지 않습니다.

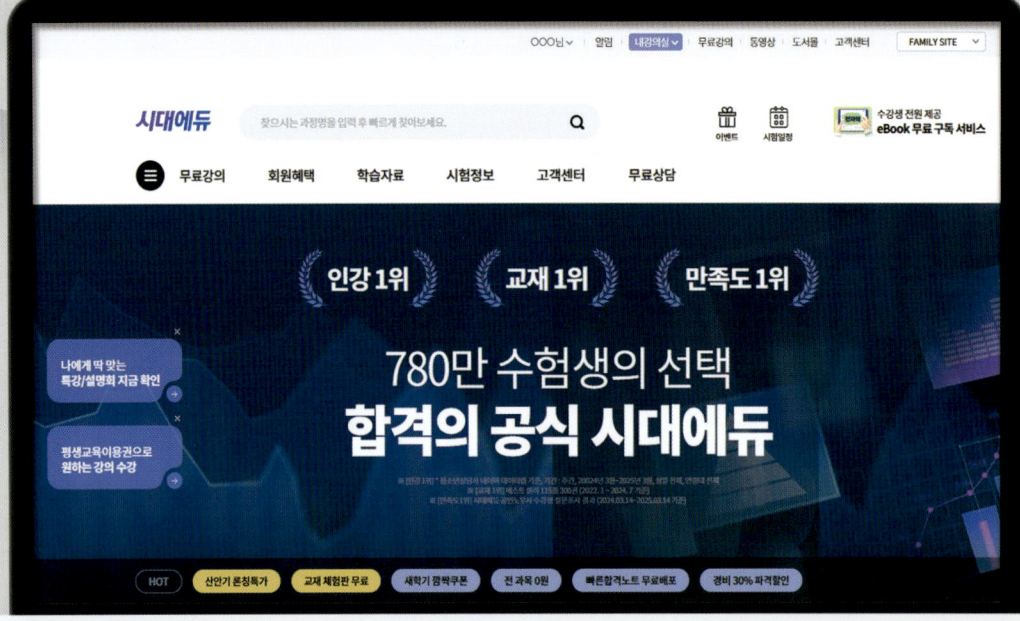

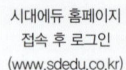

제1회 NH농협은행 6급 필기전형

〈문항 수 및 시험시간〉

<table>
<tr><th>구분</th><th>문항 수</th><th>시험시간</th><th colspan="2">출제범위</th><th>모바일 OMR
답안채점 / 성적분석</th></tr>
<tr><td>직무능력평가</td><td>45문항</td><td rowspan="4">80분</td><td colspan="2">의사소통능력, 수리능력, 문제해결능력, 자원관리능력, 정보능력</td><td rowspan="2"></td></tr>
<tr><td rowspan="3">직무상식평가</td><td rowspan="3">25문항</td><td>공통(전체)</td><td>디지털 상식</td></tr>
<tr><td>일반</td><td>금융·경제 분야 용어·상식</td><td>일반</td></tr>
<tr><td>IT</td><td>소프트웨어 설계·개발, 데이터베이스 구축, 프로그래밍 언어 활용, 정보시스템 구축 관리 등</td><td>IT</td></tr>
</table>

※ 2024년도 상·하반기 및 2025년도 하반기 NH농협은행 6급 신규직원 채용 안내문을 기준으로 구성하였습니다.
※ 직무상식평가는 지원한 분야에 해당하는 영역을 선택하여 응시하기 바랍니다.

제1회 모의고사

문항 수 : 70문항
시험시간 : 80분

제 1 영역 직무능력평가

01 다음 글을 읽고 가질 수 있는 질문으로 가장 적절한 것은?

> 인간의 신경 조직을 수학적으로 모델링하여 컴퓨터가 인간처럼 기억・학습・판단할 수 있도록 구현한 것이 인공 신경망 기술이다. 신경 조직의 기본 단위는 뉴런인데, 인공 신경망에서는 뉴런의 기능을 수학적으로 모델링한 퍼셉트론을 기본 단위로 사용한다.
> 퍼셉트론은 입력값들을 받아들이는 여러 개의 입력 단자와 이 값을 처리하는 부분, 처리된 값을 내보내는 한 개의 출력 단자로 구성되어 있다. 퍼셉트론은 각각의 입력 단자에 할당된 가중치를 입력값에 곱한 값들을 모두 합하여 가중합을 구한 후, 고정된 임계치보다 가중합이 작으면 0, 그렇지 않으면 1과 같은 방식으로 출력값을 내보낸다.
> 이러한 퍼셉트론은 출력값에 따라 두 가지로만 구분하여 입력값들을 판정할 수 있을 뿐이다. 이에 비해 복잡한 판정을 할 수 있는 인공 신경망은 다수의 퍼셉트론을 여러 계층으로 배열하여 한 계층에서 출력된 신호가 다음 계층에 있는 모든 퍼셉트론의 입력 단자에 입력값으로 입력되는 구조로 이루어진다. 이러한 인공 신경망에서 가장 처음에 입력값을 받아들이는 퍼셉트론들을 입력층, 가장 마지막에 있는 퍼셉트론들을 출력층이라고 한다.
> 어떤 사진 속 물체의 색깔과 형태로부터 그 물체가 사과인지 아닌지를 구별할 수 있도록 인공 신경망을 학습시키는 경우를 생각해 보자. 먼저 학습을 위한 입력값들 즉 학습 데이터를 만들어야 한다. 학습 데이터를 만들기 위해서는 사과 사진을 준비하고 사진에 나타난 특징인 색깔과 형태를 수치화해야 한다. 이 경우 색깔과 형태라는 두 범주를 수치화하여 하나의 학습 데이터로 묶은 다음, '정답'에 해당하는 값과 함께 학습 데이터를 인공 신경망에 제공한다. 이때 같은 범주에 속하는 입력값은 동일한 입력 단자를 통해 들어가도록 해야 한다. 그리고 사과 사진에 대한 학습 데이터를 만들 때에 정답인 '사과이다'에 해당하는 값을 '1'로 설정하였다면 출력값 '0'은 '사과가 아니다.'를 의미하게 된다.

① 퍼셉트론이 출력값을 도출하는 방법은 무엇일까?
② 앞으로 인공 신경망을 활용할 수 있는 분야는 어떤 것들이 있을까?
③ 인공 신경망 기술에서 뉴런에 대응될 수 있는 기본 단위는 무엇일까?
④ 인공 신경망이 사과를 알아볼 수 있도록 하려면 어떤 자료가 필요할까?
⑤ 퍼셉트론은 0과 1의 출력값만을 도출할 수 있음에도 인공 신경망은 복잡한 판단을 할 수 있을까?

02 다음 글의 내용으로 적절하지 않은 것은?

블록체인이 무엇일까. 일반적으로 블록체인은 '분산화된 거래장부' 방식의 시스템으로 거래 정보를 개인 간 거래(P2P) 네트워크에 분산해 장부에 기록하고 참가자가 그 장부를 공동관리 함으로써 중앙집중형 거래 기록보관 방식보다 보안성이 높은 시스템이라고 정의한다. 보통 사람들은 모든 사용자가 동일한 장부를 보유하고 거래가 일어나면 한쪽에서 고친 내용이 네트워크를 타고 전체에 전파된다는 사실까지는 쉽게 이해하지만, 왜 이런 분산원장 방식이 중앙집중형 관리 방식보다 안전한지까지는 쉽사리 납득하지 못하고 있다. 이는 블록체인에 대한 중요한 특성 한 가지를 간과했기 때문인데 이것이 바로 합의(Consensus) 알고리즘이다. 블록체인 네트워크에서 '합의'는 모든 네트워크 참여자가 같은 결과값을 결정해 나아가는 과정을 뜻한다. 블록체인은 탈중앙화된 즉, 분산된 원장을 지니고 있는 개개인이 운영해나가는 시스템으로 개인들이 보유하고 있는 장부에 대한 절대 일치성(Conformity)이 매우 중요하며, 이를 위해 블록체인은 작업증명(Proof of Work)이라는 합의 알고리즘을 사용한다.

작업증명은 컴퓨터의 계산 능력을 활용하여 거래 장부(블록)를 생성하기 위한 특정 숫자 값을 산출하고 이를 네트워크에 참여한 사람에게 전파함으로써 장부를 확정한다. 여기서 특정 숫자 값을 산출하는 행위를 채굴이라 하고 이 숫자 값을 가장 먼저 찾아내서 전파한 노드 참가자에게 비트코인과 같은 보상이 주어진다. 네트워크 참여자들은 장부를 확정하기 위한 특정 숫자 값을 찾아내려는 목적으로 지속적으로 경쟁하며, 한 명의 채굴자가 해답을 산출하여 블록을 생성 전파하면 타 채굴자는 해당 블록에 대한 채굴을 멈추고 전파된 블록을 연결하는 작업을 수행한다. 그렇다면 동시에 여러 블록들이 완성되어 전파되고 있다면 어떤 일이 발생할까?

예를 들어 내가 100번 블록까지 연결된 체인을 가지고 있고, 101번째 블록을 채굴하고 있던 도중 이웃으로부터 101번(a)이라는 블록을 받아 채택한 후 102번째 블록을 채굴하고 있었다. 그런데 타 참가자로부터 101번(b)이라는 블록으로부터 생성된 102번째 블록이 완성되어 전파되었다. 이런 경우, 나는 102번째 블록과 103번째 블록을 한꺼번에 채굴하여 전파하지 않는 이상 101(a)를 포기하고 101(b)와 102번째 블록을 채택, 103번째 블록을 채굴하는 것이 가장 합리적이다.

블록체인의 일치성은 이처럼 개별 참여자가 자기의 이익을 최대로 얻기 위해 더 긴 블록체인으로 갈아타게 되면서 유지되는 것이다. 마치 선거를 하듯 노드 투표를 통해 과반수의 지지를 받은 블록체인이 살아남아 승자가 되는 방식으로 블록체인 네트워크 참여자들은 장부의 일치성을 유지시켜 나간다. 이 점 때문에 블록체인 네트워크에서 이미 기록이 완료된 장부를 조작하려면, 과반수 이상의 참여자가 가지고 있는 장부를 동시에 조작해야 하는데 실질적으로 이는 거의 불가능에 가까워 "분산원장 방식이 중앙집중형 방식보다 보안에 강하다"라는 주장이 도출되는 것이다.

① 과반수의 지지를 받은 블록체인이 살아남아 장부의 일치성을 유지시킨다.
② 작업증명에서 특정 숫자 값을 먼저 찾아내서 전파할 경우 보상이 주어진다.
③ 거래장부 기록 방식은 분산원장 방식이 중앙집중형 관리 방식보다 안전하다.
④ 블록체인의 일치성은 개별 참여자가 더 긴 블록체인으로 갈아타게 되면서 유지된다.
⑤ 타인으로부터 특정 블록이 완성되어 전파된 경우, 특정 블록에 대해 경쟁하는 것이 합리적이다.

03 다음은 N은행의 공정거래 자율준수 프로그램 운영수칙이다. 이에 대한 설명으로 가장 적절한 것은?

제5조(자율준수담당자의 역할)

① 자율준수담당자의 역할은 각 부점 준법감시담당자가 수행한다.

② 자율준수담당자는 자율준수관리자 및 소속 부점장을 보좌하며 다음 각 호의 자율준수업무를 담당한다.

1. 부점 업무와 관련한 경쟁법규의 변경에 따른 내규의 정비 상태 및 일상 업무에 관한 사전심사 이행 여부 점검(본점부서에 한한다)
2. 준법감시체크리스트에 의거 부점 업무수행 관련 경쟁법규 위반행위 여부 점검
3. 경쟁법규 및 자율준수제도 관련 소속부점 직원 교육 및 상담
4. 경쟁법규 위반사항 발견 시 보고
5. 제1호 내지 제4호 관련 내용의 기록, 유지

③ 자율준수담당자는 제2항 제1호 내지 제4호의 이행결과를 자율준수관리자에게 보고하여야 한다.

제6조(임직원의 의무)

① 임직원은 담당 업무를 수행함에 있어 경쟁법규를 성실히 준수하여야 한다.

② 임직원은 담당 업무를 수행함에 있어 경쟁법규 위반사항을 발견한 경우에는 지체 없이 이를 자율준수관리자에게 통보 또는 보고하여야 하며, 이와 관련된 절차, 보고자 등의 보호는 내부고발제도 운영지침에 따른다.

③ 부점장은 업무수행과 관련하여 경쟁법규 위반가능성이 있다고 판단될 경우에는 자율준수관리자의 자문을 받아 처리하여야 한다.

제7조(자율준수편람)

① 자율준수관리자는 경쟁법규 자율준수를 위한 매뉴얼인 자율준수편람을 제작, 배포하여야 한다.

② 경쟁법규의 변경이 있을 때에는 동 변경내용을 자율준수편람에 반영하여야 한다.

제8조(모니터링 및 결과 보고)

① 자율준수관리자는 연간 자율준수 활동계획을 수립하여 은행장에게 보고하여야 한다.

② 자율준수관리자는 다음 각 호에 해당하는 방법에 의하여 자율준수 프로그램의 준수 여부를 점검하여야 한다.

1. 임직원 및 부점의 자율준수실태 등에 대한 점검, 조사
2. 자율준수관리자의 지시 또는 자문에 의하여 각 부점별로 작성한 각종 체크리스트의 검토 및 확인
3. 자율준수관리자의 요구에 의하여 제출된 신고서, 보고서, 각종 자료의 검토 및 확인

③ 자율준수관리자는 자율준수 프로그램의 준수 여부를 점검한 결과, 위반사항이 발견되는 등 필요한 경우 이사회에 보고하여야 한다. 다만, 위반사항이 경미한 경우 은행장에게 보고할 수 있다.

제9조(교육실시)

① 자율준수관리자는 자율준수담당자 및 경쟁법규 위반 가능성이 높은 분야의 임직원을 대상으로 반기당 2시간 이상 경쟁법규 및 자율준수 프로그램 등에 대한 교육을 실시하여야 한다.

② 자율준수관리자는 임직원의 자율준수 의지 제고 및 자율준수 프로그램의 원활한 이행을 위하여 필요시 집합, 사이버, 기타 교육자료 제공 등 다양한 방법으로 교육을 실시할 수 있다.

제10조(경쟁법규 위반 임직원에 대한 제재)

① 경쟁법규 위반으로 경쟁당국으로부터 과징금 등 제재를 받은 경우, 당해 위반행위 관련 임직원의 제재에 대하여는 상벌세칙 등 관련 내규에서 정하는 바에 따른다.

② 자율준수관리자는 중대한 경쟁법규 위반 사항이 발견된 경우 관련 임직원에 대한 징계 등의 조치를 요구할 수 있다.

③ 자율준수관리자는 경쟁법규 위반사항에 대하여 당해 임직원 및 부점에 시정을 요구할 수 있으며, 경쟁법규 및 자율준수 제도에 대한 교육이수의무를 부과할 수 있다.

제11조(문서관리)

① 자율준수관리자는 은행 전체의 자율준수에 관한 기본 문서들을 분류하고 5년간 보관하여야 한다.

② 자율준수 활동에 관한 모든 문서는 정확하게 기록되고 최신의 정보를 유지하여야 한다.

③ 자율준수담당자는 자율준수 운영 상황에 대한 검사 및 평가가 가능하도록 각 부점 자율준수 이행 관련 자료(교육 및 모니터링 자료 등 포함)를 작성하여 5년간 보관하여야 한다.

① 임직원은 담당 업무 수행 중 경쟁법규 위반사항 발견 시 지체 없이 자율준수관리자의 자문을 받아 처리하여야 한다.

② 자율준수관리자는 상황에 따라 자율준수편람을 제작하지 않을 수도 있다.

③ 자율준수관리자가 경쟁법규 위반 가능성이 높은 분야에 근무 중인 임직원을 대상으로 반기당 4시간의 교육을 실시하는 것은 세칙에 부합하는 행위이다.

④ 자율준수관리자는 중대한 경쟁법규 위반을 행한 임직원을 징계하고, 관련 규정 교육이수의무를 부과할 수 있다.

⑤ 자율준수관리자는 자율준수 이행 관련 자료를 작성하여 5년간 보관하여야 한다.

04 다음 문단을 논리적 순서대로 바르게 나열한 것은?

(가) 킬러 T세포는 혈액이나 림프액을 타고 몸속 곳곳을 순찰하는 일을 담당하는 림프 세포의 일종이다. 킬러 T세포는 감염된 세포를 직접 공격하는데, 세포 하나하나를 점검하여 바이러스에 감염된 세포를 찾아낸다. 이 과정에서 바이러스에 감염된 세포가 킬러 T세포에게 발각이 되면 죽게 된다. 그렇다면 킬러 T세포는 어떤 방법으로 바이러스에 감염된 세포를 파괴할까?

(나) 지금도 우리 몸의 이곳저곳에서는 비정상적인 세포분열이나 바이러스 감염이 계속되고 있다. 하지만 우리 몸에 있는 킬러 T세포가 병든 세포를 찾아내 파괴하는 메커니즘이 정상적으로 작동하고 있는 한 건강한 상태를 유지할 수 있다. 이렇듯 면역 시스템은 우리 몸을 지켜주는 수호신이다. 또한 우리 몸이 유기적으로 잘 짜인 구조임을 보여주는 좋은 예라고 할 수 있다.

(다) 그다음 킬러 T세포가 활동한다. 킬러 T세포는 자기 표면에 있는 TCR(T세포 수용체)을 통해 세포의 밖으로 나온 MHC와 펩티드 조각이 결합해 이루어진 구조를 인식함으로써 바이러스 감염 여부를 판단한다. 만약 MHC와 결합된 펩티드가 바이러스 단백질의 것이라면 T세포는 활성화되면서 세포를 공격하는 단백질을 감염된 세포 속으로 보낸다. 이렇게 T세포의 공격을 받은 세포는 곧 죽게 되며 그 안의 바이러스 역시 죽음을 맞이하게 된다.

(라) 우리 몸은 자연적 치유의 기능을 가지고 있다. 자연적 치유는 우리 몸에 바이러스(항원)가 침투하더라도 외부의 도움 없이 이겨낼 수 있는 면역 시스템을 가지고 있다는 것을 의미한다. 그런데 이러한 면역 시스템에 관여하는 세포 중에서 매우 중요한 역할을 하는 세포가 있다. 그것은 바로 바이러스에 감염된 세포를 직접 찾아내 제거하는 킬러 T세포(Killer T Cells)이다.

(마) 면역 시스템에서 먼저 활동을 시작하는 것은 세포 표면에 있는 MHC(주요 조직 적합성 유전자 복합체)이다. MHC는 꽃게 집게발 모양의 단백질 분자로 세포 안에 있는 단백질 조각을 세포 표면으로 끌고 나오는 역할을 한다. 본래 세포 속에는 자기 단백질이 대부분이지만, 바이러스에 감염되면 원래 없던 바이러스 단백질이 세포 안에 만들어진다. 이렇게 만들어진 자기 단백질과 바이러스 단백질은 단백질 분해효소에 의해 펩티드 조각으로 분해되어 세포 속을 떠돌아다니다가 MHC와 결합해 세포 표면으로 배달되는 것이다.

① (가) – (나) – (마) – (라) – (다)
② (나) – (다) – (가) – (라) – (마)
③ (다) – (가) – (마) – (나) – (라)
④ (라) – (가) – (마) – (다) – (나)
⑤ (라) – (나) – (가) – (다) – (마)

05 다음 글에서 (가) ~ (마) 문단의 핵심 화제로 적절하지 않은 것은?

> (가) 최근 대출금리는 큰 폭으로 상승한 반면, 예금금리는 낮아 청년층이 안정적으로 목돈을 마련할 수 있는 고금리 금융상품이 부족하다. 이로 인해 청년층의 안정적 주거를 위한 주택구입 및 전월세 자금 마련에 어려움이 있어 청년층이 목돈을 마련할 수 있는 금융상품이 절실한 상황이다. 청년 우대형 청약통장은 이를 위해 기존의 청약기능은 그대로 유지하면서 우대금리와 이자소득 비과세 혜택을 통해, 청약통장의 재형기능을 대폭 강화하여 청년층의 주거안정 및 목돈 마련 기회를 제공하기 위한 것이다.
>
> (나) 이미 주택청약종합저축에 가입한 사람도 가입요건을 충족하면 청년 우대형 청약통장으로 전환·가입 가능하다. 청년 우대형 청약통장으로의 전환·가입하는 경우 기존 주택청약종합저축의 납입기간, 납입금액은 인정된다. 다만, 전환·가입으로 인한 전환원금은 우대금리 적용에서 제외된다.
>
> (다) 현재 주택청약종합저축은 누구나 가입이 가능한 반면, 청년 우대형 청약통장은 일정 요건(나이, 소득, 무주택 등)을 충족 시 가입이 가능해 이에 대한 확인이 필요하다. 가입 시 주민등록등본 및 무주택확약서 등으로 확인하고, 해지 시 지방세 세목별 과세증명서 및 주택소유시스템 등으로 가입기간에 대한 무주택 여부를 확인한다. 또한 ISA 가입용 소득확인증명서 및 소득원천징수 영수증 등으로 직전년도 소득을 확인하며, 이밖에도 병역기간은 병적증명서를 통해 확인한다.
>
> (라) 그리고 청년 우대형 청약통장은 주택청약종합저축의 일종으로 재형기능 강화를 위해 우대금리와 이자소득 비과세 혜택을 제공하는 상품으로 주택청약종합저축의 하위 상품이라 할 수 있다. 따라서 현재 주택청약종합저축에서 제공하고 있는 소득공제 조건(조세특례제한법 제87조)을 그대로 적용받게 된다. 연소득 7,000만 원 이하 무주택세대주로 무주택확인서를 제출하는 경우 연간 납입액 240만 원 한도로 40%까지 소득공제가 가능하다.
>
> (마) 이자소득은 해지 시 지급하고, 비과세는 2년 이상 가입자에 적용된다. 따라서 이자소득을 지급하는 시점에는 조세특례제한법 개정이 완료되므로 개정 전 가입자도 이자소득 비과세 혜택을 받을 수 있다. 이자소득 비과세 혜택의 구체적인 내용은 개정되는 조세특례제한법을 따르게 된다. 이자소득 비과세는 조세특례제한법이 개정·시행되는 내년부터 적용될 예정으로 청년 우대형 청약통장 가입자는 법 개정 후에 조세특례제한법 상에서 정하는 별도의 서류(이자소득 비과세용 무주택확인서 등)를 은행에 제출하면 이자소득 비과세 혜택을 받을 수 있다.

① (가) : 청년 우대형 청약통장의 출시 목적
② (나) : 청년 우대형 청약통장의 문제점
③ (다) : 청년 우대형 청약통장의 가입요건 확인법
④ (라) : 청년 우대형 청약통장의 소득공제 혜택
⑤ (마) : 청년 우대형 청약통장의 이자소득 비과세 혜택

06 다음 글을 근거로 추론할 때, 〈보기〉에서 적절한 것을 모두 고르면?

> 스위스에는 독일어, 프랑스어, 이탈리아어, 레토로만어 등 4개 언어가 공식어로 지정되어 있다. 스위스는 '칸톤'이라 불리는 20개의 주(州)와 6개의 '할프칸톤(半州)'으로 구성되어 있으며, 이들 지방자치단체들 간의 사회적·경제적 격차는 그다지 심하지 않고 완벽에 가까운 사회보장제도가 시행되고 있다.
> 연방국가인 스위스의 정치제도적 특징은 직접민주주의(국민발의와 국민투표)에 있다. 직접민주주의 제도를 통해 헌법이나 법률의 개정을 제안하거나 연방정부 또는 연방의회가 이미 인준한 헌법이나 법률조항을 거부하기도 한다. 안건도 매우 다양하여 출산보험 도입, 신예전투기 도입, 외국인의 귀화절차와 난민권, 알프스 산맥의 철도터널 신설, 쥐라 주의 독립문제 등을 대상으로 삼았다. 더 나아가 외교정책도 다루어졌는데 1986년에는 유엔가입 여부를 국민투표에 부쳤고, 그 결과 의회가 가결한 유엔가입안을 부결시킨 적이 있다.
> 연방정부는 7인의 연방장관(4대 정당 대표와 3대 언어권 대표)으로 구성되며 모든 안건은 이들이 만장일치 혹은 압도적 다수로 결정한다. 따라서 국가수반이나 행정부의 수반은 없는 것과 다름없다. 이러한 제도는 타협이 이루어질 때까지 많은 시간이 소요되므로 시급한 문제의 처리나 위급상황 발생 시에는 문제점이 나타날 수 있다.

〈보기〉

ㄱ. 스위스 국민은 어느 주에 살더라도 사회보장을 잘 받을 수 있을 것이다.
ㄴ. 스위스에서는 연방정부에서 결정된 사항을 국민투표에 부칠 수 없을 것이다.
ㄷ. 스위스는 독일, 프랑스, 이탈리아 등 강대국 사이에 위치하고 있기 때문에 국가수반은 강력한 리더십을 발휘할 것이다.
ㄹ. 스위스에서는 연방정부의 의사결정 방식으로 인해 국가의 중요 안건을 신속하게 결정하기 어려울 수 있다.

① ㄱ
② ㄴ
③ ㄱ, ㄹ
④ ㄴ, ㄷ
⑤ ㄷ, ㄹ

07 **귀하가 근무하는 금융기관은 중소기업의 은행 이용 실태에 대한 설문조사를 실시하고자 한다. 귀하는 다음과 같이 설문지를 작성하여 부서장에게 보고하였다. 이에 대한 부서장의 피드백으로 적절하지 않은 것은?**

> 〈중소기업의 은행 이용 실태 설문지〉
>
> 안녕하십니까? 귀사의 무궁한 발전을 기원합니다. 본 조사에 기재된 모든 내용은 통계법 제33조에 의해 비밀이 철저히 보호됩니다.
>
> 01 **귀사는 은행과 어떤 형태로 대출거래를 하고 있는가?**
>
> ① 주거래은행 1개와 거래 ② 은행 복수 거래 ③ 은행과 대출거래 하지 않음
>
> 02 **올해 귀사의 매출실적은 어떠한가?**
>
> ① 매우 호전 ② 다소 호전 ③ 동일 ④ 다소 악화 ⑤ 매우 악화
>
> 03 **현재 귀사의 주거래 금융기관은 어디인가?**
>
> ① 시중은행 ② 지방은행 ③ 특수은행
> ④ 외국은행 국내지점 ⑤ 저축은행 ⑥ 신용협동기구
> ⑦ 기타________
>
> 04 **현재 거래기간은 얼마나 되었는가?**
>
> ___년 _____개월
>
> 05 **주거래은행을 선택할 때 주로 고려한 점은 무엇인가?(3개 이하 선택)**
>
> ① 금리조건 ② 대출한도 ③ 대출 용이성
> ④ 대출절차 신속·간편성 ⑤ 점포 접근성(거리, 주차시설 등) ⑥ 상품의 우수성
> ⑦ 친절한 업무상담 ⑧ 은행 브랜드 이미지 ⑨ 은행의 안정성
> ⑩ 지인의 소개 ⑪ 지점과의 관계 ⑫ 기타________
>
> 06 **현재 주거래은행에 대해서 전반적으로 얼마나 만족하는가?**
>
> ① 매우 만족 ② 만족 ③ 보통 ④ 불만 ⑤ 매우 불만
>
> 07 **귀사가 대출을 받을 때 애로사항은 무엇인가?(3개 이하 선택)**
>
> ① 과도한 담보 요구 ② 대출한도 부족 ③ 복잡한 서류·대출절차
> ④ 적기 차입 곤란 ⑤ 예·적금, 급여이체 등 부대거래 요구
> ⑥ 대출상담 능력 미흡 ⑦ 성장가능성에 대한 평가 부족
> ⑧ 기타________

① 질문내용을 정확하게 이해할 수 있도록 작성하여야 합니다.
② 조사목적에 부합하지 않는 질문은 다루지 않는 것이 좋습니다.
③ 조사대상자가 불쾌하지 않도록 최대한 정중한 표현으로 작성하여야 합니다.
④ 조사대상자가 정확하게 답변할 수 있도록 설문조사의 목적을 제시해 주어야 합니다.
⑤ 선택지가 많은 것보다는 조사대상자가 직접 쓸 수 있도록 공란을 만드는 것이 더 효과적입니다.

※ 다음 글을 읽고 이어지는 질문에 답하시오. [8~9]

일반적으로 사람들은 현대미술을 이해하기 어려운 복잡한 미술이라고 생각한다. 회화나 조각에서 아름다움을 쉽게 느낄 수 있는 기존의 미술과는 달리 현대미술은 장르적 한계점을 벗어나 종합예술로서 예술가의 생각을 중심으로 표현하는 미술이기 때문이다. ________ 현대미술에 큰 관심이 없는 사람들은 자신의 생활과 큰 연결점이 없는 예술가만의 미술로 치부하곤 한다. 그러나 현대미술은 알고 보면 오히려 일반인들에게 친근하게 다가오는 미술이라고 할 수 있다. 과거의 미술은 미술사적으로 미학적인 요소들을 강조하여 표현되었다. 그러나 현대의 미술은 이러한 틀에서 벗어나 우리가 흔하게 접할 수 있는 요소를 활용하여 예술가의 생각이나 감각이 독창적인 방법으로 전개된다. 현대미술의 시작이라 할 수 있는 남성용 소변기를 사용해 제작한 마르셀 뒤샹의 「샘」을 보면 이를 쉽게 알 수 있다. 이처럼 현대미술은 기존 모더니즘적 예술지상주의에서 벗어나 일상 속에서 쉽게 접하는 요소들을 시각화하여 표현한다. 현대미술을 접하는 사람들은 예술가의 작품에서 의미를 발견하고, 일상 속 요소들의 숨겨진 아름다움이나 순수함을 발견할 수 있다. 특히 장르를 가리지 않는 현대미술의 특성상 미술뿐만 아니라 다른 영역에서도 사람들에게 새로운 시각과 아이디어를 제공할 수 있으며, 흔하고 무의미한 요소들에 특별한 의미를 부여하기 때문에 사물의 고정된 틀에서 벗어나 우리의 인식을 새롭게 넓힐 수 있다.

08 다음 중 윗글의 주제로 가장 적절한 것은?

① 예술가적 표현의 종류
② 현대미술의 역할
③ 현대미술이 가지는 한계점
④ 현대미술을 이해하는 방법
⑤ 현대미술의 미술사적 의의

09 다음 중 윗글의 빈칸에 들어갈 접속어로 가장 적절한 것은?

① 그러나
② 그래서
③ 한편
④ 예를 들어
⑤ 그럼에도 불구하고

10 N대리는 주말마다 집 앞 산책로에서 운동한다. 10km인 산책로를 속력 3km/h로 걷다가 중간에 속력 6km/h로 뛰어 2시간 만에 완주한다고 할 때, N대리가 속력 6km/h로 뛰어간 거리는?

① 4km
② 6km
③ 8km
④ 10km
⑤ 12km

11 세 글자가 적힌 카드 7장, 한 글자가 적힌 카드 5장이 있다. 이 중에서 3장의 카드를 고를 때, 세 장 모두 세 글자가 적힌 카드일 확률은?

① $\frac{7}{44}$
② $\frac{7}{110}$
③ $\frac{7}{55}$
④ $\frac{1}{4}$
⑤ $\frac{1}{10}$

12 귀하에게 고객 A가 찾아와 매년 말에 일정한 금액을 적립하여 19년 후에 1억 원이 되는 목돈을 만들려고 한다고 하였다. 이에 따라 귀하는 연 이자율 10%인 연 복리 상품을 추천하였다. 고객 A가 매년 말에 얼마를 적립해야 되는지를 묻는다면, 귀하가 안내할 금액은 얼마인가?(단, 이자 소득에 대한 세금은 고려하지 않으며, $1.1^{20}=6.7$로 계산하고, 만의 자리 미만은 버린다)

① 160만 원
② 175만 원
③ 180만 원
④ 190만 원
⑤ 195만 원

13 N은행에서 근무하는 A는 고객 K에게 적금 만기를 통보하고자 한다. K의 적금상품 가입 정보가 다음과 같을 때, A가 고객 K에게 안내할 만기 시 원리금은 얼마인가?(단, 이자 소득에 대한 세금은 고려하지 않는다)

- 상품명 : N은행 희망적금
- 가입자 : 가입자 본인(개인)
- 가입기간 : 36개월
- 가입금액 : 매월 초 150,000원 납입
- 적용금리 : 연 2.0%
- 저축방법 : 정기적립식
- 이자지급방식 : 만기일시지급식, 단리식

① 5,518,750원
② 5,522,500원
③ 5,548,250원
④ 5,566,500원
⑤ 5,770,450원

14 다음은 2024년 달러 대비 원화 · 엔화 · 위안화의 환율 현황을 나타낸 자료이다. 이에 대해 옳은 설명을 한 사원을 〈보기〉에서 모두 고르면?(단, 환율은 월별 평균값을 나타낸다)

〈2024년 환율 현황〉

구분	6월	7월	8월	9월	10월	11월
원/달러	1,115.50	1,170.00	1,182.50	1,185.30	1,140.10	1,158.10
엔/달러	122.30	124.10	121.10	120.00	121.20	122.70
위안/달러	6.20	6.20	6.21	6.36	6.36	6.32

〈보기〉

A사원 : 10월에 엔/달러의 환율은 9월에 비해 상승했네요.
B사원 : 7월부터 11월까지 원/달러의 환율은 지속적으로 상승했네요.
C사원 : 환율만을 고려할 때, 8월에 미국시장에서의 수출은 가격 경쟁력 측면에서 일본의 엔/달러 환율이 상승했으므로 한국보다 유리하게 작용할 수 있겠네요.
D사원 : 다른 조건이 일정할 때, 일본에서 미국으로 떠난 여행객은 8월에 비해 9월에 환율 측면에서 이익을 얻었겠네요.
E사원 : 한국에서 중국으로 유학 간 자녀에게 유학자금을 송금할 때, 6월보다 7월에 경제적 부담이 더 컸겠네요.

① A사원, E사원
② B사원, C사원
③ A사원, C사원, D사원
④ A사원, D사원, E사원
⑤ B사원, D사원, E사원

15 N기업의 A대리, B사원, C사원, D사원, E대리 중 1명이 어제 출근하지 않았다. 이들 중 2명만 거짓말을 한다고 할 때, 다음 중 출근하지 않은 사람은 누구인가?(단, 출근을 하였어도, 결근 사유를 듣지 못할 수도 있다)

• A대리 : 나는 출근했고, E대리도 출근했다. 누가 출근하지 않았는지는 알지 못한다. • B사원 : C사원은 출근하였다. A대리님의 말은 모두 사실이다. • C사원 : D사원은 출근하지 않았다. • D사원 : B사원의 말은 모두 사실이다. • E대리 : 출근하지 않은 사람은 D사원이다. D사원이 개인 사정으로 인해 출석하지 못한다고 A대리님에게 전했다.

① A대리
② B사원
③ C사원
④ D사원
⑤ E대리

16 다음 명제가 모두 참일 때, 빈칸에 들어갈 명제로 가장 적절한 것은?

• 지구 온난화를 해소하려면 탄소 배출을 줄여야 한다. • 지구 온난화가 해소되지 않으면 기후 위기가 발생한다. • ______________________________

① 탄소 배출을 줄이면 지구 온난화가 해소된다.
② 기후 위기가 발생하면 지구 온난화가 해소된다.
③ 탄소 배출을 줄이면 기후 위기가 발생하지 않는다.
④ 기후 위기가 발생하지 않으려면 탄소 배출을 줄여야 한다.
⑤ 지구 온난화를 해소하려면 기후 위기가 발생하지 않아야 한다.

17 다음은 대학생 700명을 대상으로 실시한 설문조사 결과이다. 이에 대한 보고서의 설명 중 옳지 않은 것을 모두 고르면?

〈학년별 여름방학 계획〉

(단위 : 명, %)

학년 \ 구분	자격증 취득	배낭여행	아르바이트	봉사활동	기타	합계
4학년	85(56.7)	23(15.3)	29(19.3)	6(4.0)	7(4.7)	150(100.0)
3학년	67(51.5)	17(13.1)	25(19.2)	6(4.6)	15(11.5)	130(100.0)
2학년	72(42.4)	54(31.8)	36(21.2)	5(2.9)	3(1.8)	170(100.0)
1학년	79(31.6)	83(33.2)	54(21.6)	22(8.8)	12(4.8)	250(100.0)
합계	303(43.3)	177(25.3)	144(20.6)	39(5.6)	37(5.3)	700(100.0)

〈학년별 관심 있는 동아리〉

(단위 : 명, %)

학년 \ 구분	주식투자	외국어 학습	봉사	음악·미술	기타	합계
4학년	18(12.0)	100(66.7)	12(8.0)	16(10.7)	4(2.7)	150(100.0)
3학년	12(9.2)	71(54.6)	22(16.9)	16(12.3)	9(6.9)	130(100.0)
2학년	8(4.7)	58(34.1)	60(35.3)	34(20.0)	10(5.9)	170(100.0)
1학년	12(4.8)	72(28.8)	86(34.4)	55(22.0)	25(10.0)	250(100.0)
합계	50(7.1)	301(43.0)	180(25.7)	121(17.3)	48(6.9)	700(100.0)

※ 괄호 안의 값은 비율을 나타내며, 소수점 둘째 자리에서 반올림한 값임

〈보고서〉

대학생들을 대상으로 실시한 설문조사 결과이다. ㉠ 여름방학에 자격증 취득을 계획하고 있는 학생 수가 각 학년의 학생 수에서 차지하는 비율은 학년이 높을수록 증가하였다. 기타를 제외할 경우, 여름방학에 봉사활동을 계획하고 있는 학생 수가 각 학년의 학생 수에서 차지하는 비율은 모든 학년에서 가장 낮았다. ㉡ 또한 여름방학 때 아르바이트를 하고자 하는 학생의 40% 이상, 봉사활동을 하고자 하는 학생의 50% 이상이 1학년이었다. 최근의 청년 실업난을 반영하듯 3학년과 4학년에서는 자격증 취득에 여름방학을 투자하겠다고 응답한 학생이 절반 이상으로 나타났다. ㉢ 학년별로 관심 있는 동아리를 조사한 결과, 1학년과 2학년은 '봉사 – 외국어 학습 – 음악·미술 – 기타 – 주식투자'의 순서로 관심을 보였고, 3학년과 4학년은 '외국어 학습 – 주식투자 – 음악·미술 – 기타 – 봉사'의 순서로 관심을 보였다. ㉣ 그리고 주식투자 동아리에 관심 있는 학생 중 3학년이 차지하는 비중과 외국어 학습 동아리에 관심 있는 학생 중 1학년이 차지하는 비중의 차이는 1%p 내로 나타났다.

① ㉠, ㉡　　② ㉠, ㉣

③ ㉡, ㉢　　④ ㉡, ㉣

⑤ ㉢, ㉣

18 다음은 N사 지원자의 인턴 및 해외연수 경험과 합격 여부에 대한 자료이다. 이에 대한 〈보기〉의 설명 중 옳은 것을 모두 고르면?

〈N사 지원자의 인턴 및 해외연수 경험과 합격 여부〉

(단위 : 명, %)

인턴 경험	해외연수 경험	합격 여부		합격률
		합격	불합격	
있음	있음	95	400	19.2
	없음	25	80	23.8
없음	있음	0	5	0.0
	없음	15	130	10.3

※ $[\text{합격률}(\%)]=\frac{(\text{합격자 수})}{(\text{합격자 수})+(\text{불합격자 수})}\times 100$

※ 합격률은 소수점 둘째 자리에서 반올림한 값임

〈보기〉

㉠ 해외연수 경험이 있는 지원자가 해외연수 경험이 없는 지원자보다 합격률이 높다.
㉡ 인턴 경험이 있는 지원자가 인턴 경험이 없는 지원자보다 합격률이 높다.
㉢ 인턴 경험과 해외연수 경험이 모두 있는 지원자 합격률은 인턴 경험만 있는 지원자 합격률의 2배 이상이다.
㉣ 인턴 경험과 해외연수 경험이 모두 없는 지원자와 인턴 경험만 있는 지원자 간 합격률 차이는 20%p보다 크다.

① ㉠, ㉡
② ㉠, ㉢
③ ㉡, ㉢
④ ㉠, ㉡, ㉣
⑤ ㉡, ㉢, ㉣

19 다음은 2024년 우리나라의 전자상거래물품 수입통관 현황에 대한 자료이다. 이에 대한 보고서의 설명 중 옳지 않은 것은?

〈1회당 구매금액별 전자상거래물품 수입통관 현황〉

(단위 : 천 건)

1회당 구매금액	수입통관 건수
50달러 이하	3,885
50달러 초과 100달러 이하	5,764
100달러 초과 150달러 이하	4,155
150달러 초과 200달러 이하	1,274
200달러 초과 1,000달러 이하	400
1,000달러 초과	52
합계	15,530

〈품목별 전자상거래물품 수입통관 현황〉

(단위 : 천 건)

구분 품목	일반·간이 신고	목록통관	합계
의류	524	2,438	2,962
건강식품	2,113	0	2,113
신발	656	1,384	2,040
기타식품	1,692	0	1,692
화장품	883	791	1,674
핸드백	869	395	1,264
완구인형	249	329	578
가전제품	89	264	353
시계	195	132	327
서적류	25	132	157
기타	1,647	723	2,370
전체	8,942	6,588	15,530

〈보고서〉

2024년 우리나라의 전자상거래물품 수입통관 현황을 ㉠ 1회당 구매금액별로 보았을 때, '50달러 초과 100달러 이하'인 수입통관 건수의 비중이 전체의 35% 이상으로 가장 크고, '50달러 이하'가 약 25%, '100달러 초과 150달러 이하'가 약 27%, '150달러 초과 200달러 이하'가 약 8%였다. 그리고 ㉡ 1회당 구매금액이 200달러 이하인 전자상거래물품의 수입통관 총건수가 200달러 초과인 수입통관 총건수의 30배 이상으로, 국내 소비자들은 대부분 200달러 이하의 소액물품 위주로 구입하고 있는 것으로 나타났다. '1,000달러 초과' 고가물품의 경우, 전체의 0.3% 정도로 비중은 작았으나 총 5만 2천 건 규모로 2014년 대비 767% 증가하며 전체 해외 직접 구매 증가 수준(330%)에 비해 상대적으로 2014년에 비해 크게 증가한 것으로 나타났다. 이는 최근 세금을 내더라도 가격차이 및 제품 다양성 등으로 인해 고가의 물품을 구매하는 경우가 증가하고 있기 때문으로 분석된다.

㉢ 품목별 수입통관 건수의 비중은 '의류'가 전체 수입통관 건수의 15 % 이상으로 가장 크고, 그다음으로 기타를 제외하고 '건강식품', '신발' 순이었다. ㉣ '핸드백', '가전제품', '시계'의 3가지 품목의 수입통관 건수의 합은 전체의 12% 이상을 차지하였다. ㉤ 수입통관을 일반・간이 신고로 한 물품 중에서 식품류('건강식품'과 '기타식품') 건수는 절반 이상을 차지하였다.

① ㉠
② ㉡
③ ㉢
④ ㉣
⑤ ㉤

20 다음은 '갑'기업의 사채발행차금 상각 과정을 나타낸 자료이다. 이에 대한 설명으로 옳지 않은 것은?

〈사채발행차금 상각 과정〉

(단위 : 백만 원)

구분 \ 연도		1차년도	2차년도	3차년도	4차년도
이자비용(A)[=(전년도 E)×0.1]		–	900	(　)	(　)
액면이자(B)		–	600	600	600
사채발행차금	상각액(C)[=(당해 연도 A)−(당해 연도 B)]	–	300	(　)	(　)
	미상각잔액(D)[=(전년도 D)−(당해 연도 C)]	3,000	2,700	(　)	(　)
사채장부가액(E)[=(전년도 E)+(당해 연도 C)]		9,000	9,300	(　)	9,993

※ 1차년도의 미상각잔액(3,000백만 원)과 사채장부가액(9,000백만 원)은 주어진 값임

① 3차년도의 사채장부가액은 96억 원 이하이다.
② 3차년도, 4차년도의 상각액은 전년도 대비 매년 증가한다.
③ 3차년도, 4차년도의 이자비용은 전년도 대비 매년 증가한다.
④ 3차년도, 4차년도의 미상각잔액은 전년도 대비 매년 감소한다.
⑤ 4차년도 사채장부가액의 3차년도 대비 증가액은 4차년도의 상각액과 일치한다.

21 N은행의 해외영업팀 4명은 해외출장을 계획하고 있다. 해외영업팀은 출장지에서의 이동수단 한 가지를 결정하려고 한다. 〈조건〉에 따라 이동수단을 선택할 때, 해외영업팀이 최종적으로 선택하게 될 이동수단의 종류와 그 비용이 바르게 연결된 것은?

〈조건〉

- 이동수단은 경제성, 용이성, 안전성의 총 3가지 요소를 고려하여 최종점수가 가장 높은 것을 선택한다.
- 각 고려요소의 평가결과 '상' 등급을 받으면 3점을, '중' 등급을 받으면 2점을, '하' 등급을 받으면 1점을 부여한다. 단, 안전성을 중시하여 안전성 점수는 2배로 계산한다.
- 경제성은 이동수단별 비용이 적은 것부터 상, 중, 하로 평가한다.
- 각 고려요소의 평가점수를 합하여 최종점수를 구한다.

〈이동수단별 평가표〉

이동수단	경제성	용이성	안전성
렌터카	?	상	하
택시	?	중	중
대중교통	?	하	중

〈이동수단별 비용계산식〉

이동수단	비용계산식
렌터카	[(렌트비)+(유류비)]×(이용 일수) • 1일 렌트비 : $50(4인승 차량) • 1일 유류비 : $10(4인승 차량)
택시	[거리당 가격($1/마일)]×[이동거리(마일)] ※ 최대 4명까지 탑승 가능
대중교통	[대중교통패스 3일권($40/인)]×(인원수)

〈해외출장 일정〉

출장 일정	이동거리(마일)
11월 1일	100
11월 2일	50
11월 3일	50

	이동수단	비용
①	렌터카	$180
②	택시	$200
③	택시	$400
④	대중교통	$140
⑤	대중교통	$160

22 A고객과 B고객은 N사의 보험에 가입하려고 한다. 다음 고객 정보와 보험상품 정보를 고려하여 각각의 고객에게 추천할 최적의 보험을 바르게 연결한 것은?

〈고객 정보〉

- A고객 : 만 62세로, 2년 전 당뇨 진단을 받은 이력이 있다. 암 보장형 상품을 가장 선호하며, 납입주기가 월납인 보험을 가입하고자 한다. 세제혜택 가능 여부에 대하여는 관심이 없으나 납입한 보험료를 전액 돌려받을 수 있는 상품 가입을 선호하며, 보험료 인상이 되도록 없는 상품에 가입하고자 한다.
- B고객 : 만 48세로, 현재까지 특별한 병력은 없으나 건강에 대한 염려로 인해 앞으로 건강검진을 자주 받고자 한다. 보험상품이 필요한 기간만 가입하는 것을 선호하고, 정기적인 보험료 납입보다 단발성 납입을 선호한다.

〈보험상품 정보〉

구분	(가)보험	(나)보험	(다)보험
상품특징	• 보험료 인상 없이 주요 질환 110세까지 보장 • 기납입 보험료 최대 80% 환급	• 보장기간 100세까지 보험료 인상 없이 보장 • 유병자 / 고령자도 가입 가능 (간편가입형) • 납입한 보험료 100% 환급	• 건강검진에서 자주 발견되는 종양, 폴립 즉시 보장 • 간경변증, 당뇨 진단과 성인특정 질환 수술급여금 보장
납입주기	• 월납, 연납, 일시납	• 월납	• 일시납
가입나이	• 만 15 ~ 최고 65세	• (일반가입) 만 15 ~ 60세 • (간편가입) 만 40 ~ 70세	• 만 20 ~ 60세
보험기간	• 80세, 110세	• 100세	• 1년, 3년
가입한도	–	–	• 100만 원
가입형태	• 암 보장형, 3대 질병 보장형	• 암 보장형, 3대 질병 보장형	• 단일플랜
세제혜택	• 보장성보험 세액공제 적용 가능	–	–

	A고객	B고객
①	(가)보험	(가)보험
②	(가)보험	(다)보험
③	(나)보험	(가)보험
④	(나)보험	(나)보험
⑤	(나)보험	(다)보험

23 N사에서는 A ~ N직원 중 면접위원을 선발하고자 한다. 면접위원의 구성 조건이 다음과 같을 때, 옳지 않은 것은?

〈면접위원 구성 조건〉

- 면접관은 총 6명으로 구성한다.
- 이사 이상의 직급으로 50% 이상 구성해야 한다.
- 인사팀을 제외한 모든 부서는 2명 이상 선출할 수 없고, 인사팀은 반드시 2명 이상을 포함한다.
- 모든 면접위원의 입사 후 경력은 3년 이상으로 한다.

직원	직급	부서	입사 후 경력
A	대리	인사팀	2년
B	과장	경영지원팀	5년
C	이사	인사팀	8년
D	과장	인사팀	3년
E	사원	홍보팀	6개월
F	과장	홍보팀	2년
G	이사	고객지원팀	13년
H	사원	경영지원	5개월
I	이사	고객지원팀	2년
J	과장	영업팀	4년
K	대리	홍보팀	4년
L	사원	홍보팀	2년
M	과장	개발팀	3년
N	이사	개발팀	8년

① 과장은 2명 이상 선출되었다.
② L사원은 면접위원으로 선출될 수 없다.
③ N이사는 반드시 면접위원으로 선출된다.
④ 모든 부서에서 면접위원이 선출될 수는 없다.
⑤ B과장이 면접위원으로 선출됐다면 K대리도 선출된다.

※ 다음은 국가유공자의 대상요건과 국가유공자 및 가족 등록신청에 대한 자료이다. 이어지는 질문에 답하시오. [24~26]

• 대상요건

1. 전몰군경
   - 군인이나 경찰공무원으로서 전투 또는 이에 준하는 직무수행 중 상이를 입고 사망하신 분
   - 군무원으로서 1959년 12월 31일 이전에 전투 또는 이에 준하는 직무수행 중 사망하신 분
2. 전상군경
   - 군인이나 경찰공무원으로서 전투 또는 이에 준하는 직무수행 중 상이를 입고 전역하거나 퇴직하신 분으로서 그 상이정도가 국가보훈처장이 실시하는 신체검사에서 상이등급 1급 내지 7급으로 판정된 분
   - 군무원으로서 1959년 12월 31일 이전에 전투 또는 이에 준하는 직무수행 중 상이를 입고 퇴직하신 분으로서 그 상이정도가 국가보훈처장이 실시하는 신체검사에서 상이등급 1급 내지 7급으로 판정된 분
3. 순직군경
   - 군인이나 경찰·소방공무원으로서 국가의 수호·안전보장 또는 국민의 생명·재산 보호와 직접적인 관련이 있는 직무수행이나 교육훈련 중 사망하신 분(질병으로 사망하신 분 포함)
   - 소방공무원은 국가유공자 예우법 개정 시행일인 2011.6.30. 이후 사망하신 분부터 적용(2011.6.29. 이전은 화재구조구급 업무와 관련하여 사망하신 분만 순직군경에 준하여 보상)
4. 공상군경

   군인이나 경찰·소방공무원으로서 국가의 수호·안전보장 또는 국민의 생명·재산 보호와 직접적인 관련이 있는 직무수행이나 교육훈련 중 상이를 입고 전역하거나 퇴직하신 분으로서 그 상이정도가 국가보훈처장이 실시하는 신체검사에서 상이등급 1급 내지 7급으로 판정된 분
5. 무공수훈자

   무공훈장(태극, 을지, 충무, 화랑, 인헌, 무공훈장)을 받으신 분(공무원 또는 군인 등은 전역 또는 퇴직하신 분만 해당)

• 등록대상 유가족 및 가족 요건

1. 배우자(1순위)

   사실상의 배우자(사실혼 관계의 배우자를 말함)를 포함(배우자 및 사실상의 배우자가 독립유공자와 혼인 또는 사실혼 후 당해 독립유공자 외의 자와 사실혼 중에 있거나 있었던 경우는 제외)
2. 자녀(2순위)

   양자는 국가유공자가 직계비속이 없어 입양한 자 1인에 한하여 자녀로 봄
3. 부모(3순위)
   - 국가유공자를 양육하거나 부양한 사실이 있는 경우에 한함
   - 부의 배우자와 생모, 모의 배우자와 생부가 각각인 때에는 국가유공자를 주로 부양한 자 1인을 모·부로 인정
   - 부모 중 국가유공자를 주로 부양 또는 양육한 자가 우선함
4. 성년인 직계비속이 없는 조부모(4순위)

   가. 성년인 직계비속이 없는 것으로 보는 경우
      - 국가유공자 등 예우 및 지원에 관한 법률 시행령 별표 2의 장애인
      - 현역병으로서 의무복무기간 중에 있는 자

• 국가유공자 및 유가족 등록신청

1. 등록신청대상
   - 국가유공자가 되고자 하는 본인
   - 국가유공자 유족 및 가족이 되고자 하는 분
2. 접수기관
   - 주소지 관할 보훈청 보상과
3. 처리기간
   - 20일(전몰 · 전상군경, 순직 · 공상군경, 순직 · 공상공무원, 4 · 19혁명 부상 · 사망자 등)
   - 14일(무공 · 보국수훈자 및 4 · 19혁명 공로자에 한함)
4. 구비서류

   가. 본인
   - 등록신청서 1부
   - 병적증명서나 전역증(군인이 아닌 경우 경력증명서)
   - 가족관계기록사항에 관한 증명서 1통, 입양관계증명서 1통
   - 주민등록표등본 1통(담당 공무원이 행정정보의 공동이용을 통하여 확인하는 것에 동의하면 제출 생략)
   - 반명함판 사진 1매(상이자는 2매)

   나. 유족
   - 등록신청서 1부
   - 병적증명서나 전역증(군인이 아닌 경우 경력증명서) 1부
   - 고인의 제적등본(사망일자 확인) 1통
   - 신청인의 가족관계기록사항에 관한 증명서, 입양관계증명서, 혼인관계증명서(배우자인 경우) 각 1통
   - 신청인의 반명함판 사진 1매

   다. 구비서류(개별서류)
   - 전몰 · 전상군경, 순직 · 공상군경, 순직 · 공상공무원 : 국가유공자 등 요건관련확인서 발급신청서, 부상 또는 사망입증서류 각 1부
   - 무공수훈자, 보국수훈자 또는 4 · 19혁명 공로자 : 무공훈장증, 보국훈장증 또는 건국포장증 원본 또는 수훈사실확인서(행정자치부 발급) 1통
   - 4 · 19혁명 사망자 · 부상자 : 4 · 19혁명 참가확인서 및 4 · 19혁명으로 인한 사망 또는 부상 확인서류 각 1통
   - 사실상의 배우자임을 입증할 수 있는 경위서 또는 증빙서류(사실상의 배우자에 한함)
   - 부양 또는 양육한 사실을 입증할 수 있는 서류(부양 또는 양육한 사실을 입증할 필요가 있는 자에 한함)
5. 민원신청방법
   - 방문 또는 우편

24 다음 〈보기〉 중 해당 경우와 이에 해당하는 국가유공자의 유형이 바르게 연결된 것을 모두 고르면?

〈보기〉

ㄱ. 1950년 8월 21일 전투 중 군무원으로 참전하여 사망한 A – 전몰군경
ㄴ. 소방공무원으로서 대형 화재를 진압하고 다수의 국민을 구출하는 직무를 수행하던 중 얻은 폐질환으로 인해 사망한 B – 전상군경
ㄷ. 해군 장교로 복무 중 인헌 훈장을 받고 현재 전역한 C – 무공수훈자
ㄹ. 군인으로서 해외에 파병되어 전투 중 상이를 입고 전역하였으며, 국가보훈처장이 실시하는 신체검사에서 상이등급 3급으로 판정된 D – 순직군경

① ㄱ, ㄴ
② ㄱ, ㄷ
③ ㄴ, ㄷ
④ ㄴ, ㄹ
⑤ ㄷ, ㄹ

25 다음 중 국가유공자 혹은 유족으로서 혜택을 받을 수 없는 사람은?

① 전몰군경인 자녀를 주로 부양한 친아버지
② 공상군경인 아버지를 생전에 부양해 온 친자녀
③ 순직군경에 해당되는 자를 부양해 온 유일한 자녀인 입양자녀
④ 전상군경와 법률혼 관계를 10년 이상 유지하다가 이혼한 후 타인과 재혼한 배우자
⑤ 무공수훈자와 현재까지 혼인신고를 하지 않고 동거를 하며 사실혼 상태에 있는 배우자

26 다음은 E에 대한 상황이다. 국가유공자 혜택을 받기 위해 E가 제출해야 하는 서류로 옳지 않은 것은?

〈상황〉

• E의 아버지는 경찰공무원으로서 1968년 1.21사태 당시 전투 중 사망하였다.
• E의 어머니는 아버지와 법률혼 관계를 유지하다가 2년 전 사망하였다.
• E는 2024년 10월 20일에 아버지에 대하여 유공자 신청 및 자신에 대하여 유공자 유족 등록을 하고자 한다.

① E의 유족 등록신청서 1부
② E의 아버지의 병적증명서 1부
③ 사망일자가 확인 가능한 고인의 제적등본 1통
④ E의 어머니의 혼인관계증명서 1통
⑤ E의 반명함판 사진 1부

27 다음은 N은행의 어린이보험상품 '지킴이'에 대한 자료이다. 빈칸 (가) ~ (다)에 들어갈 수치가 바르게 연결된 것은?

〈지킴이〉

보험료 변동 없이 최대 100세까지 보장하는 상품으로, 다자녀·다문화 가정의 경우 최대 3%까지 할인 혜택이 적용됩니다. 이 외에도 부모가 3대 질병 진단 시 보험료 납입이 면제되는 어린이보험상품입니다.

• 해지환급금 예시
 – 보험가입금액 2,500만 원, 남자 5세, 30세 만기, 10년 납입 기준

(단위 : 만 원, %)

경과기간	순수보장형			환급형		
	납입보험료 누계액	해지 환급금	환급률	납입보험료 누계액	해지 환급금	환급률
1년	22	0	0	120	0	0
3년	(가)	9.2	14	360	162	45
5년	110	22	20	600	396	66
10년	220	143	65	1,200	1,056	88
20년	220	(나)	15	1,200	1,140	(다)
만기	220	0	0	1,200	1,200	100

※ 보험계약을 중도에 해지할 경우 해지환급금은 납입한 보험료에서 경과된 기간의 위험보험료 및 미상각계약체결비용 등이 차감되므로 납입보험료보다 적거나 없을 수도 있음

	(가)	(나)	(다)
①	66	22	90
②	66	33	95
③	110	22	90
④	110	33	90
⑤	220	22	95

28 다음은 중소기업을 대상으로 한 보증서담보대출의 보증비율별 금리현황에 대한 자료이다. 이에 대한 설명으로 옳은 것은?

〈보증서담보대출의 보증비율별 금리현황(중소기업 대상)〉

(단위 : %)

구분		보증비율별 금리					
		100%	90%	85%	80%	80% 미만	평균금리
A은행	대출금리	3.69	3.62	3.55	4.22	4.34	3.45
	기준금리	1.8	1.81	1.86	1.89	1.82	1.84
	가산금리	0.89	1.81	1.69	2.33	2.52	1.61
B은행	대출금리	3.17	3.7	3.92	4.13	4.25	3.72
	기준금리	1.86	2.0	1.98	2.01	2.02	1.96
	가산금리	1.31	1.7	1.94	2.12	2.23	1.76
C은행	대출금리	3.06	3.67	3.91	3.96	4.83	3.76
	기준금리	1.89	1.83	1.86	1.8	1.81	1.84
	가산금리	1.17	1.84	2.05	2.16	3.02	1.92
D은행	대출금리	3.36	3.69	4.07	4.26	4.53	3.9
	기준금리	1.85	1.81	1.82	1.81	1.75	1.82
	가산금리	1.51	1.88	2.25	2.45	2.78	2.08
E은행	대출금리	3.77	3.99	4.31	4.65	5.0	4.16
	기준금리	1.85	1.86	1.87	1.86	1.75	1.86
	가산금리	1.92	2.13	2.44	2.79	3.25	2.3
F은행	대출금리	3.12	3.02	3.45	3.56	3.82	3.33
	기준금리	1.72	1.67	1.82	1.77	1.9	1.76
	가산금리	1.4	1.35	1.63	1.79	1.92	1.57

① 가산금리의 평균금리가 가장 높은 은행은 C은행이다.
② 모든 은행의 가산금리는 보증비율이 100%일 때 가장 낮다.
③ 보증비율이 85%일 때, 기준금리가 가장 높은 은행은 B은행이다.
④ 모든 은행은 보증비율이 높을수록 대출금리가 낮음을 알 수 있다.
⑤ 보증비율이 80% 미만일 때, 가산금리가 가장 낮은 은행은 B은행이다.

29 다음은 한국, 미국, 일본, 프랑스가 화장품산업 경쟁력 4대 분야에서 획득한 점수에 대한 자료이다. 이에 대한 설명으로 옳은 것은?

〈주요국의 화장품산업 경쟁력 4대 분야별 점수〉

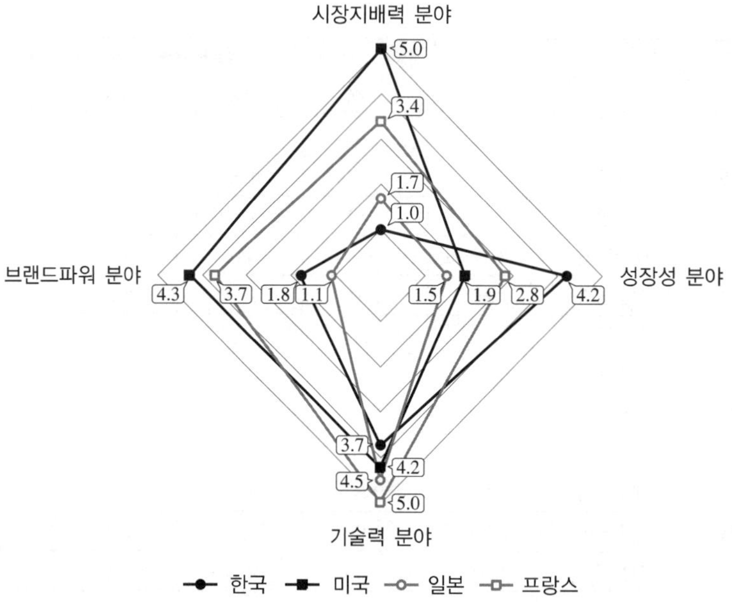

① 기술력 분야에서 한국의 점수가 가장 높다.

② 시장지배력 분야의 점수는 일본이 프랑스보다 높지만 미국보다는 낮다.

③ 브랜드파워 분야에서 각국 점수 중 최댓값과 최솟값의 차이는 3 이하이다.

④ 성장성 분야에서 점수가 가장 높은 국가는 시장지배력 분야에서도 점수가 가장 높다.

⑤ 미국이 4대 분야에서 획득한 점수의 합은 프랑스가 4대 분야에서 획득한 점수의 합보다 높다.

※ 다음은 법 개정에 따른 일 · 가정 양립 휴가 지원제도의 변화를 나타낸 자료이다. 이어지는 질문에 답하시오. [30~31]

휴가 분류	변경 전	변경 후
출산 전후 휴가 (배우자)	– 3 ~ 5일 사용 가능(유급 3일) – 정부지원 없음 – 출산한 날부터 30일 이내 청구 – 분할 사용 불가 – 같은 자녀에 대해 부부 동시 육아휴직 불가	– 유급 10일 사용 가능 – 유급 5일분 정부지원(통상임금 100%) – 출산한 날부터 90일 이내 청구 – 1회 분할 사용 가능 – 같은 자녀에 대해 부부 동시 육아휴직 가능
출산 전후 휴가 (임신 당사자)	– 통상임금 100%, 상한액 180만 원 – 90일(다태아 120일) / 출산 후에 45일 이상의 기간 보장(다태아 60일)	– 통상임금 100%, 상한액 200만 원 – 기간 동일
가족 돌봄 휴직	– 가족의 질병 · 사고 · 노령 사유만 인정 – 연간 90일(사용기간 단위 최소 30일) – 부모, 배우자, 자녀 또는 배우자의 부모	– 현행 휴직 사유+자녀 양육 사유 – 연간 휴직기간 90일 중 10일은 1일 단위로 사용 – 부모, 배우자, 자녀 또는 배우자의 부모+조부모, 손자녀
육아기 근로시간 단축	– (육아휴직)+(근로시간 단축)=최대 1년 – 하루 2 ~ 5시간(주 10 ~ 25시간) – 통상임금 80% 지원(상한액 150만 원)	– (육아휴직 최대 1년)+(근로시간 단축)=[최대 2년(근로시간 단축 1년 이상 가능)] – 하루 1 ~ 5시간(주 5 ~ 25시간) – 하루 1시간까지 통상임금, 나머지 단축분은 80% 지원(상한액 200만 원)

30 다음 중 변경 후 내용에 대한 설명으로 옳은 것은?

① 다태아가 아닐 경우 출산 50일 전에 출산 전후 휴가를 신청할 수 있다.
② 아내와 같은 직장에 다니고 있는 남편은 아내의 육아휴직 기간이 끝나야 육아휴직을 할 수 있다.
③ 손자의 양육을 사유로 가족 돌봄 휴직을 신청할 수 없다.
④ 1시간에 해당하는 통상임금이 1만 원이라면 육아기 근로시간 단축 중 한 주 최대 20만 원을 지원받을 수 있다.
⑤ 임신한 아내의 배우자가 출산 전후 휴가를 최대로 사용하여도 그 달의 통상임금은 변화가 없다.

31 다음 빈칸 ㉠ ~ ㉣에 들어갈 수의 총합은?(단, 법 개정 이후의 지원제도에 따른다)

- 쌍둥이를 임신한 배우자를 둔 남편은 출산 전후 휴가를 총 ___㉠___일을 쓸 수 있다.
- 육아기 근로시간 단축을 신청하려는 A씨는 출산 휴가를 2개월만 썼기 때문에 총 ___㉡___개월을 신청할 수 있다.
- 아내가 출산한 지 27일(당일 포함)이 지났다면 남편은 ___㉢___일 내에 출산 전후 휴가를 청구해야 한다.
- 출산 전후 휴가 중인 B씨의 월급이 100만 원이라면, 한 달에 최고 ___㉣___만 원을 받을 수 있다.

① 165
② 195
③ 205
④ 235
⑤ 315

32 N기업의 건물에는 각 층당 4팀씩 근무하고 있으며 각 층의 사무실 배치는 모두 동일하다. N기업 건물의 층별 사무실 배치도 및 5층과 6층에 있는 부서가 다음 〈조건〉과 같을 때, 감사팀에 서류를 전달하라는 상부의 지시에 따라 가야 할 층과 위치는?

〈층별 사무실 배치도〉

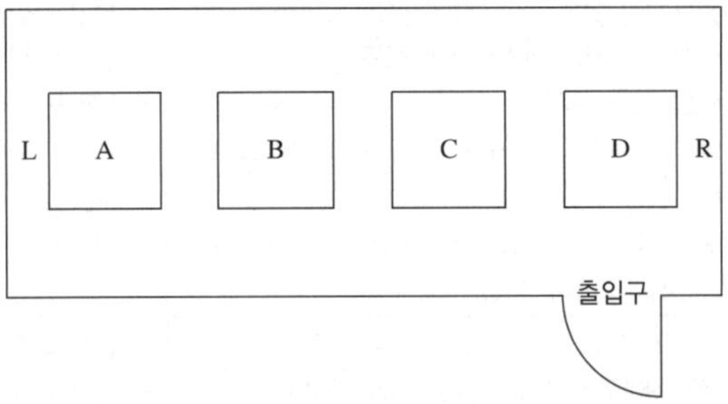

※ L과 R은 각각 왼쪽·오른쪽을 의미함

〈조건〉

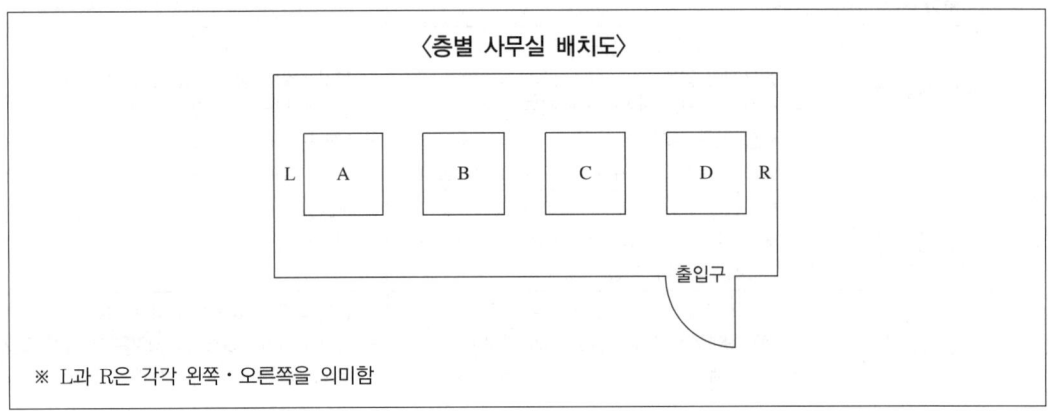

- 재무팀은 5층의 C에 배치되어 있다.
- 경영전략팀은 5층에 배치되어 있다.
- 기획관리팀은 B에 배치되어 있다.
- 기획관리팀과 노무복지팀은 서로 다른 층에 배치되어 있다.
- 경영전략팀과 정보보안팀은 서로 다른 층의 같은 위치에 배치되어 있다.
- 감사팀은 총무팀 바로 왼쪽에 배치되어 있다.
- 인사팀은 노무복지팀보다 왼쪽에 배치되어 있으며 두 팀 사이에 한 개의 팀이 배치되어 있다.

	층	위치
①	5층	A
②	5층	B
③	6층	B
④	6층	C
⑤	6층	D

33 **N기업은 직원들의 복리 증진을 위해 다음과 같은 복지제도를 검토하여 도입하고자 한다. 제시된 〈조건〉의 명제가 모두 참일 때, 반드시 참인 것은?**

N기업은 다음 중 최대 2개의 복지제도를 도입하고자 한다.
- 동호회행사비 지원
- 출퇴근교통비 지원
- 연차 추가제공
- 주택마련자금 지원

〈조건〉
- 연차를 추가제공하지 않거나 출퇴근교통비를 지원한다면, 주택마련자금 지원을 도입한다.
- 동호회행사비 지원을 도입할 때에만 연차 추가제공을 도입한다.
- 출퇴근교통비 지원을 도입하지 않는다면, 동호회행사비 지원을 도입한다.
- 출퇴근교통비 지원을 도입하거나 연차 추가제공을 도입하지 않으면, 동호회행사비 지원을 도입하지 않는다.
- 주택마련자금 지원을 도입한다면 다른 복지제도는 도입할 수 없다.

① 출퇴근교통비 지원이 도입된다.
② 연차 추가제공은 도입되지 않는다.
③ 동호회행사비 지원은 도입되지 않는다.
④ N기업은 1개의 복지제도만 새로 도입한다.
⑤ 출퇴근교통비 지원과 연차 추가제공 중 1개만 도입된다.

34 **다음 명제가 모두 참일 때, 항상 참인 것은?**

- 어떤 남자는 경제학을 좋아한다.
- 경제학을 좋아하는 모든 남자는 국문학을 좋아한다.
- 국문학을 좋아하는 모든 남자는 영문학을 좋아한다.

① 어떤 남자는 영문학을 좋아한다.
② 국문학을 좋아하는 사람은 남자이다.
③ 영문학을 좋아하는 사람은 모두 남자이다.
④ 국문학을 좋아하는 모든 남자는 경제학을 좋아한다.
⑤ 경제학을 좋아하는 어떤 남자는 국문학을 싫어한다.

35 N회사에서는 근무 연수가 1년씩 높아질수록 사용할 수 있는 여름휴가 일수가 하루씩 늘어난다. N회사에 근무하는 A ~ E 5명의 사원은 각각 서로 다른 해에 입사하였고, 최대 근무 연수가 4년을 넘지 않는다고 할 때, 다음 내용을 바탕으로 바르게 추론한 것은?

- 올해로 3년 차인 A사원은 여름휴가일로 최대 4일을 사용할 수 있다.
- B사원은 올해 여름휴가로 5일을 모두 사용하였다.
- C사원이 사용할 수 있는 여름휴가 일수는 A사원의 휴가 일수보다 짧다.
- 올해 입사한 D사원은 1일을 여름휴가일로 사용할 수 있다.
- E사원의 여름휴가 일수는 D사원보다 길다.

① C사원의 올해 근무 연수는 2년이다.
② B사원의 올해 근무 연수는 4년이다.
③ E사원은 C사원보다 늦게 입사하였다.
④ 근무한 지 1년이 채 되지 않으면 여름휴가를 사용할 수 없다.
⑤ 근무 연수가 높은 순서대로 나열하면 B – A – C – E – D이다.

36 다음은 N은행 인사팀의 하계휴가 스케줄이다. A사원은 휴가를 신청하기 위해 하계휴가 스케줄을 확인하였다. 인사팀 팀장인 P부장이 25 ~ 28일은 하계워크숍 기간이므로 휴가 신청이 불가능하며, 하루에 6명 이상은 사무실에 반드시 있어야 한다고 팀원들에게 공지했다고 할 때, A사원이 휴가를 쓸 수 있는 기간으로 가장 적절한 것은?

구분	8월 휴가																			
	3	4	5	6	7	10	11	12	13	14	17	18	19	20	21	24	25	26	27	28
	월	화	수	목	금	월	화	수	목	금	월	화	수	목	금	월	화	수	목	금
P부장	■	■	■																	
K차장								■	■	■										
J과장	■	■	■	■	■															
H대리										■	■	■	■							
A주임														■	■	■				
B주임											■	■	■	■						
A사원																				
B사원						■	■	■												

※ 색칠된 부분은 다른 팀원의 휴가기간임
※ A사원은 4일 이상 휴가를 사용해야 함(토, 일 제외)

① 8월 7 ~ 11일
② 8월 6 ~ 11일
③ 8월 11 ~ 14일
④ 8월 13 ~ 18일
⑤ 8월 19 ~ 24일

37 N회사에서는 약 2개월 동안 근무할 인턴사원을 선발하고자 다음과 같은 공고를 게시하였다. 이에 지원한 A ~ E 지원자 중에 N회사의 인턴사원으로 가장 적절한 지원자는?

〈인턴 모집 공고〉

• 근무기간 : 약 2개월(6 ~ 8월)
• 자격요건
 – 1개월 이상 경력자
 – 포토샵 가능자
 – 근무 시간(9 ~ 18시) 이후에도 근무가 가능한 자
• 기타사항
 – 경우에 따라서 인턴 기간이 연장될 수 있음

A지원자	• 경력 사항 : 출판사 3개월 근무 • 컴퓨터 활용 능력 中(포토샵, 워드 프로세서) • 대학 휴학 중(9월 복학 예정)
B지원자	• 경력 사항 : 없음 • 포토샵 능력 우수 • 전문대학 졸업
C지원자	• 경력 사항 : 마케팅 회사 1개월 근무 • 컴퓨터 활용 능력 上(포토샵, 워드 프로세서, 파워포인트) • 4년제 대학 졸업
D지원자	• 경력 사항 : 제약 회사 3개월 근무 • 포토샵 가능 • 저녁 근무 불가
E지원자	• 경력 사항 : 마케팅 회사 1개월 근무 • 컴퓨터 활용 능력 中(워드 프로세서, 파워포인트) • 대학 졸업

① A지원자
② B지원자
③ C지원자
④ D지원자
⑤ E지원자

※ 다음은 N은행의 1월 일정표이다. 이어지는 질문에 답하시오. **[38~39]**

〈1월 일정표〉

월	화	수	목	금	토	일
		1 신정	2	3	4	5 N은행 단합대회
6	7	8	9 가래떡 데이 홍보행사 (~1/10)	10	11 가래떡 데이	12
13	14	15	16 은행장 방문	17	18	19
20	21 1인 가구 대상 소포장 농산물 홍보행사	22	23	24 설 연휴	25 설 연휴	26 설 연휴
27 대체공휴일	28	29	30	31		

38 다음 〈조건〉을 고려할 때, 명절선물세트 홍보일로 가능한 날짜는?

〈조건〉

- N은행에서는 명절선물세트를 3일간 홍보한다.
- 홍보행사는 요일에 상관없이 진행할 수 있다.
- 명절선물세트 홍보는 설 연휴 전에 마친다.
- 명절선물세트는 다른 상품 홍보행사와 겹치지 않게 홍보한다.
- 사내행사가 있는 날짜를 피해서 홍보한다.

① 1월 3 ~ 5일

② 1월 8 ~ 10일

③ 1월 13 ~ 15일

④ 1월 19 ~ 21일

⑤ 1월 27 ~ 29일

39 N은행 직원들은 1월에 연차 휴가를 하루씩 쓰려고 한다. 연차 사용 조건과 다른 직원들의 연차일이 다음 〈조건〉과 같을 때, A대리가 연차를 쓸 수 있는 날은 언제인가?

〈조건〉

- 모든 직원들은 명절 연휴를 포함하는 주 이전에 연차 휴가를 사용한다.
- 공휴일과 주말은 연차에 포함되지 않는다.
- 연차는 다른 직원과 겹칠 수 없다.
- 연차일은 사내행사나 홍보행사가 없는 날짜로 한다.
- 명절선물세트 홍보일은 **38**번에서 정한 날짜로 한다.
- B부장은 1월 3일, C차장은 1월 8일, D과장은 1월 17일, E과장은 1월 2일, F사원은 1월 6일에 연차를 쓴다.

① 1월 7일
② 1월 10일
③ 1월 14일
④ 1월 20일
⑤ 1월 31일

40 N통신사 멤버십 회원인 B씨는 ○○랜드 N통신사 멤버십 할인 이벤트를 보고 우대쿠폰을 출력해 아내와 15살 아들, 7살 딸과 ○○랜드로 가족 나들이를 가기로 했다. B씨 가족이 주간권을 구매할 때와 야간권을 구매할 때 받는 할인금액의 차이는?

〈○○랜드 N통신사 멤버십 할인 이벤트〉

- N통신사 멤버십 카드 소지 시 본인은 정상가의 40%를 할인받을 수 있습니다.
- N통신사 멤버십 카드 우대쿠폰을 통해 동반 3인까지 10%를 할인받을 수 있습니다.
- ○○랜드 이용권 정상가는 다음과 같습니다.

구분	주간권(종일)	야간권(17시 이후)
대인	54,000원	45,000원
청소년	46,000원	39,000원
소인	43,000원	36,000원

※ 소인 : 36개월 ~ 만 12세
※ 청소년 : 만 13 ~ 18세

① 5,900원
② 6,100원
③ 6,300원
④ 6,500원
⑤ 6,700원

41 다음은 A보험사에서 조사한 직업별 생명보험 가입 건수를 나타내는 자료이다. 이에 대한 설명으로 옳지 않은 것은?

〈직업별 생명보험 가입 건수〉

(단위 : %)

구분	사례 수	1건	2건	3건	4건	5건	6건	7건 이상	평균
관리자	40건	1.6	30.2	14.9	25.9	3.9	8.9	14.6	4건
전문가 및 관련종사자	108건	7.3	20.1	19.5	18.3	5.3	12.6	16.9	4.3건
사무 종사자	410건	10.3	16.9	16.8	24.1	18.9	5.9	7.1	3.8건
서비스 종사자	259건	13.4	18.9	20.5	20.8	12.1	4.1	10.2	3.7건
판매 종사자	443건	10.6	22.2	14.5	18.6	12	10.7	11.4	4건
농림어업 숙련 종사자	86건	26.7	25.2	22.2	13.6	6.1	4.1	2.1	2.7건
기능원 및 관련 종사자	124건	7.3	25.6	17.1	21.3	19.4	6.2	3.1	3.5건
기계조작 및 조립 종사자	59건	11.0	18.3	18.2	25.4	17.6	5.4	4.1	3.7건
단순 노무 종사자	65건	26.0	33.8	15.4	9.3	3.5	7.2	4.8	2.8건
주부	9건	55.2	13.7	20.8	0	10.3	0	0	2건
기타	29건	19.9	39.2	6.1	15.1	6.2	5.6	7.9	3.1건

① 5건 가입한 사례 수를 비교했을 때, 가입 건수가 가장 많은 직업은 사무 종사자이다.

② 3건 가입한 사례 수를 비교했을 때, 판매 종사자 가입 건수가 서비스 종사자 가입 건수보다 많다.

③ 전문가 및 관련종사자와 단순 노무 종사자 모두 2건 가입한 사례 수가 가장 많다.

④ 기계조작 및 조립 종사자가 단순 노무 종사자보다 평균적으로 생명보험을 많이 가입함을 알 수 있다.

⑤ 6건 가입한 사례 수를 비교했을 때, 서비스 종사자 가입 건수가 기능원 및 관련 종사자 가입 건수보다 적다.

42 다음은 N공장에서 근무하는 근로자들의 임금수준 분포를 나타낸 자료이다. 근로자 전체에게 지급된 임금(월 급여)의 총액이 2억 원일 때, 이에 대한 〈보기〉의 설명 중 옳은 것을 모두 고르면?

〈N공장 근로자의 임금수준 분포〉

임금수준(만 원)	근로자 수(명)
월 300 이상	4
월 270 이상 300 미만	8
월 240 이상 270 미만	22
월 210 이상 240 미만	26
월 180 이상 210 미만	30
월 150 이상 180 미만	6
월 150 미만	4
합계	100

〈보기〉

ㄱ. 근로자 1명당 평균 월 급여액은 200만 원이다.
ㄴ. 절반 이상의 근로자들이 월 210만 원 이상의 급여를 받고 있다.
ㄷ. 전체 근로자 중 월 180만 원 미만의 급여를 받는 근로자가 차지하는 비율은 10% 미만이다.

① ㄱ
② ㄷ
③ ㄱ, ㄴ
④ ㄴ, ㄷ
⑤ ㄱ, ㄴ, ㄷ

43 다음 C 프로그램의 실행 결과로 옳은 것은?

```
#include <stdio.h>

double h(double *f, int d, double x){
        int i;
        double res=0.0;
        for(i=d-1;i>=0;i--){
        res=res * x+f[i];
        }
        return res;
}

int main() {
      double f[]={1, 2, 3, 4};
      printf("%3.1f\n",h(f, 4, 2));
      return 0;
}
```

① 11.0

② 26.0

③ 49.0

④ 112.0

⑤ 124.0

44 다음 대화를 읽고 K사원이 안내할 엑셀함수로 옳은 것은?

> P과장 : K씨, 제품 일련번호가 짝수인 것과 홀수인 것을 구분하고 싶은데, 일일이 찾아 분류하자니 데이터가 너무 많아 번거로울 것 같아. 엑셀로 분류할 수 있는 방법이 없을까?
>
> K사원 : 네, 과장님. ________ 함수를 사용하면 편하게 분류할 수 있습니다. 이 함수는 지정한 숫자를 특정 숫자로 나눈 나머지를 알려줍니다. 만약 제품 일련번호를 2로 나누면 나머지가 0 또는 1이 나오는데, 여기서 나머지가 0이 나오는 것은 짝수이고 나머지가 1이 나오는 것은 홀수이기 때문에 분류가 쉽고 빠르게 됩니다. 분류하실 때는 필터 기능을 함께 사용하면 더욱 간단해집니다.
>
> P과장 : 그렇게 하면 간단히 처리할 수 있겠어. 정말 큰 도움이 되었네.

① SUMIF
② MOD
③ INT
④ NOW
⑤ VLOOKUP

45 다음 코드의 출력 결과로 옳은 것은?

```
x=100
y=50
if x>50 and y<100:
    print("조건이 참이다.")
else:
    print("조건이 거짓이다.")
```

① 조건이 참이다.
② 조건이 거짓이다.
③ None
④ 아무것도 출력되지 않음
⑤ 오류가 발생함

제2영역 직무상식평가

공통

01 다음 중 엣지 컴퓨팅(Edge Computing)의 특징으로 옳지 않은 것은?

① 클라우드렛(Cloudlet) 또는 포그 컴퓨팅(Fog Computing)이라고도 불린다.
② 분산 컴퓨팅 모델이 아닌 중앙 집중식 컴퓨팅 모델에 적합하다.
③ 인터넷 대역폭 사용량이 감소한다.
④ 자율 주행 자동차 등에 사용된다.
⑤ 데이터 처리 시간이 단축된다.

02 다음에서 설명하는 용어로 옳은 것은?

악성코드에 감염된 다수의 좀비PC를 이용하여 대량의 트래픽을 특정 시스템에 전송함으로써 장애를 일으키는 사이버 공격이다.

① 디도스(DDoS)
② 스푸핑(Spoofing)
③ 해킹(Hacking)
④ 크래킹(Cracking)
⑤ 에드웨어(Adware)

03 다음 중 필요한 모든 사물에 전자태그를 부착해 사물과 환경을 인식하고 네트워크를 통해 실시간 정보를 구축, 활용토록 하는 통신망은?

① RFID
② IDS
③ VPN
④ NFC
⑤ USN

04 다음 중 공장에 ICT 기술을 융합시켜 분리된 공정을 연결해 어디서든 시스템을 제어하고, 데이터를 활용해 생산성을 혁신적으로 높여주는 지능형 공장을 의미하는 용어는?

① 인터넷 원격공장
② 공장 자동화
③ 스마트 팩토리
④ CIM
⑤ FMS

05 다음 중 인터넷을 토대로 구축하여 한 조직 내의 업무 수행에 사용되는 네트워크 환경을 의미하는 용어는?

① 광역통신망
② 근거리통신망
③ 이더넷
④ 엑스트라넷
⑤ 인트라넷

06 다음 중 4차 산업혁명의 핵심내용인 빅데이터에 대한 설명으로 옳지 않은 것은?

① 과거 기술에 비해 빅데이터 기술은 예측력이 뛰어나다.
② 빅데이터 기술을 활용하면 과거에 비해 빠른 시간 안에 분석이 가능하다.
③ 빅데이터의 특징은 크게 데이터의 양, 속도, 형태의 다양성으로 요약된다.
④ 기존에는 비정형화된 데이터를 분석했다면, 빅데이터 환경에서는 정형화된 데이터를 분석하는 데 중점을 둔다.
⑤ 빅데이터란 과거에 비해 규모가 크고, 주기가 짧고, 수치뿐 아니라 문자와 영상 등의 데이터를 포함하는 대규모 데이터를 말한다.

07 **다음 중 로보어드바이저의 장점으로 옳지 않은 것은?**

① 상장지수펀드(ETF)를 활용해 투자하므로 객관적인 투자 서비스를 제공할 수 있다.
② 시간, 장소 등에 구애받지 않고 스마트폰, 컴퓨터 등 다양한 매체를 활용할 수 있다.
③ 인간의 주관적 감정을 배제하고 데이터와 알고리즘을 통해 투자할 수 있다.
④ 투자자들의 니즈에 따라 맞춤형으로 상담을 진행할 수 있다.
⑤ 인건비, 마케팅 비용 등을 절감할 수 있다.

08 **다음 중 금융사들이 복잡해지는 금융규제에 효과적으로 대응하기 위해 활용하는 각종 정보기술(IT)을 의미하는 것은?**

① 파인테크
② 핀테크
③ 섭테크
④ 블랙테크
⑤ 레그테크

09 **다음 중 인공지능(AI), 사물인터넷(IoT), 빅데이터 등의 첨단기술을 농산물의 파종부터 수확까지의 전 과정에 적용하는 기술은?**

① 푸드테크
② 헙테크
③ 애그테크
④ 콜드체인
⑤ 가든테크

10 **다음 중 디파이에 대한 설명으로 옳은 것은?**

① 오프라인상에서도 활용도가 높은 기술이다.
② 디파이 가상화폐의 신용카드를 발급받을 수 있다.
③ 중앙 금융기관에서 가상화폐를 통해 운영하는 시스템이다.
④ 승인절차가 복잡하고, 감독이 심화되어 기존 가상화폐보다 신뢰도를 향상시켰다.
⑤ 중개인이 없어 거래 비용을 낮출 수 있고, 금융상품 간의 상호작용으로 각종 금융시스템이 구축될 가능성이 높다.

일반

11 **다음 중 금융감독원의 역할로 옳지 않은 것은?**

① 금융소비자 불편사항에 대한 민원상담 및 처리 업무를 수행한다.
② 금융기관의 영업활동, 재무상태, 리스크관리능력 등을 분석 및 평가한다.
③ 금융기관이 출시한 금융상품 또는 신규 사업 등에 대한 사후감독을 실시한다.
④ 자본시장의 건전한 운영을 위한 공시제도를 운영하고, 불공정 거래행위 방지한다.
⑤ 기업회계기준 등 회계제도를 정비하고, 공정한 외부감사제도 운영을 위한 회계감리를 실시한다.

12 **다음 〈보기〉 중 정부가 쌀을 매입하는 정책을 시행할 때, 나타날 수 있는 현상이 아닌 것을 모두 고르면?**

〈보기〉

ㄱ. 쌀 가격이 하락할 것으로 예상될 때, 쌀 가격 안정화를 위해 도움이 된다.
ㄴ. 소비자들은 이전보다 쌀 소비를 줄이게 된다.
ㄷ. 정부가 인센티브 제공 등 시장에 개입하여 쌀 생산량 감소를 유도해 사회적 후생은 증가한다.
ㄹ. 쌀 생산이 감소되는 부작용이 나타날 수 있다.

① ㄱ, ㄴ
② ㄱ, ㄹ
③ ㄴ, ㄷ
④ ㄴ, ㄹ
⑤ ㄷ, ㄹ

13 **다음 〈보기〉의 내용을 참고하여 원달러 명목환율을 구하면?(단, 소수점 셋째 자리에서 버림한다)**

〈보기〉

- 미국에서 판매하는 맥도날드 버거 : 4.9달러
- 한국에서 판매하는 맥도날드 버거 : 6,600원
- 구매력 평가환율 대비 원화가치 20% 저평가

① 1,346.93원/달러
② 1,515.82원/달러
③ 1,616.31원/달러
④ 1,708.25원/달러
⑤ 1,812.52원/달러

14 다음 중 국제 금융시장의 분류에 해당하지 않는 것은?

① 단기 금융시장
② 장기 금융시장
③ 블록체인 시장
④ 파생금융상품시장
⑤ 외환시장

15 다음 중 가치의 역설(Paradox of Value)에 대한 설명으로 옳은 것은?

① 다이아몬드의 한계효용은 물의 한계효용보다 크다.
② 다이아몬드는 필수재이고, 물은 사치재이다.
③ 물은 항상 다이아몬드보다 가격이 낮다.
④ 상품의 가격은 총효용에 의해 결정된다.
⑤ 총효용이 낮아지면 상품의 가격도 낮아진다.

16 다음 중 침투가격전략을 사용하는 경우로 옳지 않은 것은?

① 수요탄력성이 낮을 때
② 규모의 경제가 가능할 때
③ 원가 경쟁력이 있을 때
④ 가격 민감도가 높을 때
⑤ 낮은 가격으로 잠재 경쟁자들의 진입을 막을 때

17 **다음 중 오쿤의 법칙(Okun's Law)에 대한 설명으로 옳은 것은?**

① 어떤 시장을 제외한 다른 모든 시장이 균형 상태에 있으면 그 시장도 균형을 이룬다는 법칙
② 실업률이 1% 늘어날 때마다 국민총생산이 2.5%의 비율로 줄어든다는 법칙
③ 소득수준이 낮을수록 전체 생계비에서 차지하는 식료품 소비의 비율이 높아진다는 법칙
④ 가난할수록 총지출에서 차지하는 주거비의 지출 비율이 점점 더 커진다는 법칙
⑤ 악화(惡貨)는 양화(良貨)를 구축한다는 법칙

18 **다음은 2019년 1분기부터 2024년 2분기까지의 우리나라 분기별 국내총생산(GDP)과 국민총소득(GNI)의 전년 동기 대비 성장률 동향을 나타낸 자료이다. 이에 대한 설명으로 옳은 것은?(단, 기준연도는 2019년이다)**

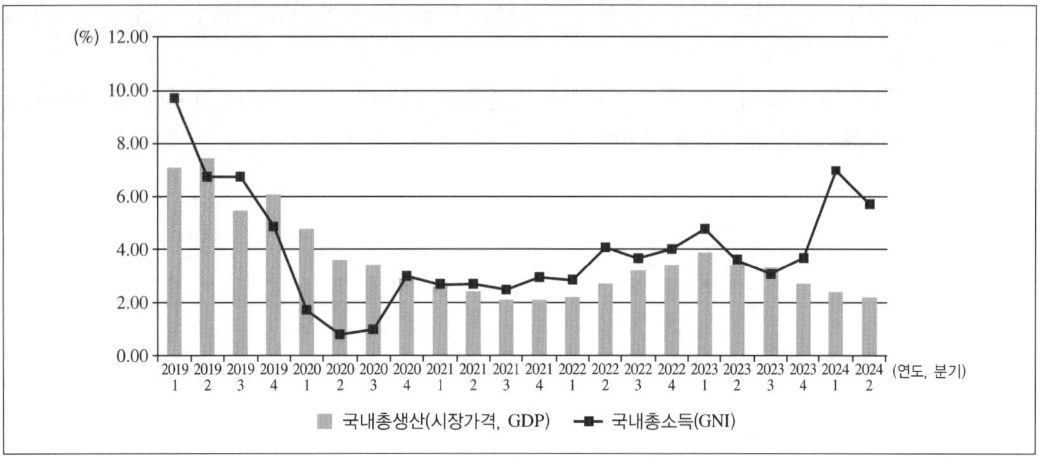

① 2019년 1분기부터 2020년 2분기까지의 소비는 증가할 것이다.
② 전체 기간 동안 우리나라에서의 경제활동은 전년 동기 대비 규모가 커졌다.
③ 교역조건이 개선되는 경우에 위와 같이 GDP성장률에 비해 GNI성장률이 낮을 수 있다.
④ 제시된 자료만으로는 GDP성장률과 GNI성장률이 명목변수인지 실질변수인지 판단할 수 없다.
⑤ 교역조건이 개선되더라도 한국의 대외지급 요소소득이 대외수취 요소소득에 비해 낮다면 GNI성장률이 GDP성장률에 비해 낮을 수 있다.

19 **다음 중 독점적 경쟁시장의 특징에 대한 설명으로 옳지 않은 것은?**

① 독점적 경쟁시장은 자유로운 시장 진입과 퇴출이 가능하다.
② 독점적 경쟁시장은 진입장벽이 낮아 다수의 기업이 경쟁 가능하다.
③ 독점적 경쟁시장은 기업마다 판매하는 재화의 속성이 차별화된다.
④ 독점적 경쟁시장은 독점시장과 완전경쟁시장의 성격이 혼합되어 있다.
⑤ 독점적 경쟁시장에서 기업은 이윤 극대화를 위해 한계비용보다 한계수입이 높은 가격을 설정한다.

20 **사유재산권이란 개인이 재산을 소유하고 그것을 자유의사에 따라 관리·사용·처분할 수 있는 권리를 의미하는 것으로, 자본주의체제의 근간이 된다. 다음 중 사유재산권에 대한 설명으로 옳지 않은 것은?**

① 공정하고 투명한 생산체계와 건전한 소비를 정착시켜 소비자 주권을 확대한다.
② 사유재산제도는 개인의 소유욕을 제도적으로 보장해 사회의 생산적 자원이 보존·유지·증식되게 만든다.
③ 사유재산권이 인정되지 않는 공유재의 경우 아껴 쓸 유인이 없어 결국 자원이 고갈되는 '공유지의 비극'이 발생한다.
④ 사회 구성원들이 사유재산제도를 통해 부를 나눠 갖게 되면 이에 기반을 두어 다양한 가치가 만들어지고 의사결정의 권력도 분산된다.
⑤ 20세기에 들어서면서 차츰 생산수단, 특히 천연자원이나 독점적인 기업시설에 대한 사유재산권을 정당하게 제한하는 경향이 생기게 되었다.

21 **상품 A의 가격을 10% 인상하였더니 상품 A의 판매량이 5% 감소하였을 때, 다음 중 옳은 설명은?**

① 공급의 가격탄력성은 1이다.
② 공급의 가격탄력성은 1보다 크다.
③ 공급의 가격탄력성이 1보다 작다.
④ 수요의 가격탄력성이 1보다 크다.
⑤ 수요의 가격탄력성이 1보다 작다.

22 다음은 어느 나라 노동시장에 대한 자료이다. 이 나라의 정부가 최저임금을 100만 원으로 설정하여 최저임금제를 실행할 경우, 이에 대한 〈보기〉의 설명 중 옳은 것을 모두 고르면?

임금(만 원)	60	70	80	90	100	110
노동수요량(명)	600	500	400	300	200	100
노동공급량(명)	200	300	400	500	600	700

〈보기〉

가. 최저임금제가 실시되기 전에 시장의 균형임금은 80만 원이다.
나. 단기적으로 취업자의 평균임금이 상승할 것이다.
다. 400명의 실업자가 발생한다.
라. 임금결정에서는 수요법칙과 공급법칙이 적용되지 않는다.
마. 미숙련 노동자나 취업준비생에게 유리한 제도이다.

① 가, 나
② 다, 마
③ 가, 나, 다
④ 가, 라, 마
⑤ 나, 다, 라

23 어떤 재화의 수요곡선은 우하향하고 공급곡선은 우상향한다. 이 재화의 공급자에 대해 재화 단위당 일정액의 세금을 부과했을 때의 효과에 대한 설명으로 옳은 것은?

① 단위당 부과하는 세금액이 커지면 자중적 손실(Deadweight Loss)은 세금액 증가와 동일하다.
② 다른 조건이 일정할 때 수요가 가격에 탄력적일수록 소비자가 부담하는 세금의 비중은 더 커진다.
③ 다른 조건이 일정할 때 수요가 가격에 탄력적일수록 세금부과에 따른 자중적 손실(Deadweight Loss)은 작아진다.
④ 세금부과 후에 시장가격은 세금부과액과 동일한 금액만큼 상승한다.
⑤ 과세부과에 따른 자중적 손실(Deadweight Loss)의 최소화를 기하는 것은 효율성 측면과 관련이 있다.

24 다음과 같은 조건에서 어떤 투자자가 두 주식 A 또는 B에 투자하거나, A와 B에 각각 50%씩 분산투자하는 포트폴리오 C에 투자할 계획을 갖고 있을 때, A～C의 기대수익률을 비교한 결과로 옳은 것은?

- 올해가 좋은 해일 확률은 80%이고, 나쁜 해일 확률은 20%이다.
- 주식 A의 수익률은 좋은 해와 나쁜 해에 각각 30% 및 −10%이다.
- 주식 B의 수익률은 좋은 해와 나쁜 해에 각각 20% 및 −5%이다.

① A>B>C
② A>C>B
③ B>A>C
④ C>B>A
⑤ A=B=C

25 다음은 농산물 시장 개방에 따른 이득과 손실을 나타낸 자료이다. 이에 대한 〈보기〉의 설명 중 옳은 것을 모두 고르면?

〈농산물 시장 개방의 이득과 손실〉

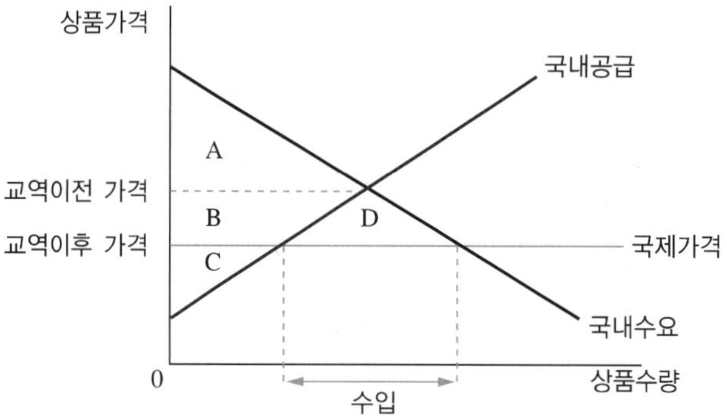

〈보기〉

가. 교역 이전 가격에서의 소비자 잉여는 A이다.
나. 교역 이전 가격에서의 사회적 잉여는 A+B+C이다.
다. 교역 이후 가격 하락으로 농민들이 입는 손해가 소비자들이 얻는 이익보다 크다.
라. 교역 이후 가격 하락으로 사회적 잉여는 감소한다.

① 가, 나
② 가, 다
③ 가, 라
④ 나, 다
⑤ 다, 라

IT

11 **다음에서 설명하는 것은 무엇인가?**

> • 인공지능 AI의 학습 기술로, 구글의 알파고도 이 기술에 기반한 프로그램이다.
> • 컴퓨터가 여러 데이터를 이용하여 인공 신경망(ANN)을 구성한다.

① 커스컴
② 빅데이터
③ 딥러닝
④ 유비쿼터스
⑤ 스쿠프

12 **다음 중 미국의 ICT 기업 4강을 가리키는 'FANG'에 해당하지 않는 것은?**

① 넷플릭스
② 알리바바
③ 아마존
④ 구글
⑤ 페이스북

13 **다음 〈보기〉 중 프로세스 관리 과정에서 발생할 수 있는 교착상태(Deadlock)를 예방하기 위한 조치로 옳지 않은 것을 모두 고르면?**

〈보기〉

가. 상호배제(Mutual Exclusion) 조건을 제거하고자 할 경우 : 프로세스 A가 점유하고 있던 자원에 대하여 프로세스 B로부터 할당 요청이 있을 때 프로세스 B에게도 해당 자원을 할당하여 준다. 운영체제는 프로세스 A와 프로세스 B가 종료되는 시점에서 일관성을 점검하여 프로세스 A와 프로세스 B 중 하나를 철회시킨다.

나. 점유와 대기(Hold and Wait) 조건을 제거하고자 할 경우 : 자원을 점유한 프로세스가 다른 자원을 요청하였지만 할당받지 못하면 일단 자신이 점유한 자원을 반납한다. 이후 그 프로세스는 반납하였던 자원과 요청하였던 자원을 함께 요청한다.

다. 비선점(No Preemption) 조건을 제거하고자 할 경우 : 프로세스는 시작시점에서 자신이 사용할 모든 자원들에 대하여 일괄할당을 요청한다. 일괄할당이 이루어지지 않을 경우, 일괄할당이 이루어지기까지 지연됨에 따른 성능저하가 발생할 수 있다.

라. 환형대기(Circular Wait) 조건을 제거하고자 할 경우 : 자원들의 할당 순서를 정한다. 자원 R_i가 자원 R_k보다 먼저 할당되는 것으로 정하였을 경우 : 프로세스 A가 R_i를 할당받은 후 R_k를 요청한 상태에서 프로세스 B가 R_k를 할당받은 후 R_i를 요청하면 교착상태가 발생하므로 운영체제는 프로세스 B의 자원요청을 거부한다.

① 가, 나
② 나, 다
③ 나, 라
④ 가, 나, 다
⑤ 나, 다, 라

14 다음 중 분산 컴퓨팅에 대한 설명으로 옳지 않은 것은?

① 여러 대의 컴퓨터를 연결하여 상호 협력하게 함으로써 컴퓨터의 성능과 효율을 높이는 것을 말한다.
② 데이터의 증가에 따라 데이터를 저장하고 처리하기 위한 방법이다.
③ 용량 확장뿐만 아니라 시스템의 가용성을 제공하기 위해서도 중요한 기술이다.
④ 빅데이터로부터 지능을 발굴하므로 지능형 서비스를 제공하는 응용 분야라면 어디든 사용할 수 있다.
⑤ 컴퓨터의 성능을 확대시키기 위해서는 수직적 성능확대로만 가능하다.

15 다음 〈보기〉 중 제로 트러스트 모델에 대한 설명으로 옳은 것을 모두 고르면?

〈보기〉

㉠ 0(Zero)과 신뢰하다(Trust)의 합성어로 아무도 신뢰하지 않는다는 뜻이다.
㉡ 네트워크 설계의 방향은 외부에서 내부로 설정한다.
㉢ IT 보안 문제가 내부에서 발생함에 따라 새롭게 만들어진 IT 보안 모델이다.
㉣ MFA(Multi-Factor Authentication), IAM(Identity and Access Management) 등의 기술을 통해 제로 트러스트를 구현할 수 있다.

① ㉠, ㉣
② ㉡, ㉢
③ ㉠, ㉡, ㉢
④ ㉠, ㉢, ㉣
⑤ ㉡, ㉢, ㉣

16 다음 중 오픈소스 하드웨어의 특징으로 옳지 않은 것은?

① 관련 정보를 공개하여 누구나 제작·수정·배포할 수 있다.
② 소스 공개를 통해 기술과 제품을 더욱 발전시키는 데 목적이 있다.
③ 하드웨어의 문서 전체가 공개되지 않는 것이라면, 저작권자하에 공개된 것이 어느 부분인지를 명확하게 명시해야 한다.
④ 저작권자는 파생물을 배포할 때 파생된 문서, 장비와 관련된 저작권 표시를 요구할 수 없다.
⑤ 그래픽, 게임, 네트워크, 음향, 영상, 암호화폐 등 다양한 분야에서 사용되고 있다.

17 다음 중 컴퓨터의 중앙처리장치(CPU)의 구성 요소로 옳지 않은 것은?

① 레지스터(Register)
② 산술장치
③ 논리장치
④ 주기억장치
⑤ 모뎀(MODEM)

18 다음 중 인덱스의 기능으로 옳지 않은 것은?

① 테이블 내에 실제 값들이 저장된 위치를 갖고 있다.
② 전체 데이터를 검색하지 않고도 원하는 정보를 검색할 수 있다.
③ 인덱스를 생성한 칼럼 값으로 정렬되어 있다.
④ 레코드 수가 증가하면 검색 속도가 느려진다.
⑤ 접근 경로를 단축하여 데이터의 탐색 속도를 향상시킨다.

19 다음은 데이터 모델링에 대한 설명이다. 빈칸 ㉠~㉢에 들어갈 단어가 바르게 연결된 것은?

〈데이터 모델링〉

• 정의
– 현실 세계를 데이터베이스화하는 과정
– 현실 세계를 __㉠__, __㉡__, __㉢__하기 위해 일정한 표기법에 의해 표현하는 기술
• 특징
– __㉠__ : 현실 세계를 일정한 형식에 맞추어 표현
– __㉡__ : 현실 세계를 약속된 규약이나 제한된 표기법과 언어로 표현
– __㉢__ : 누구나 이해하기 쉽도록 현상을 정확하게 기술
• 절차

요구사항 분석 → 개념적 모델링 → 논리적 모델링 → 물리적 모델링

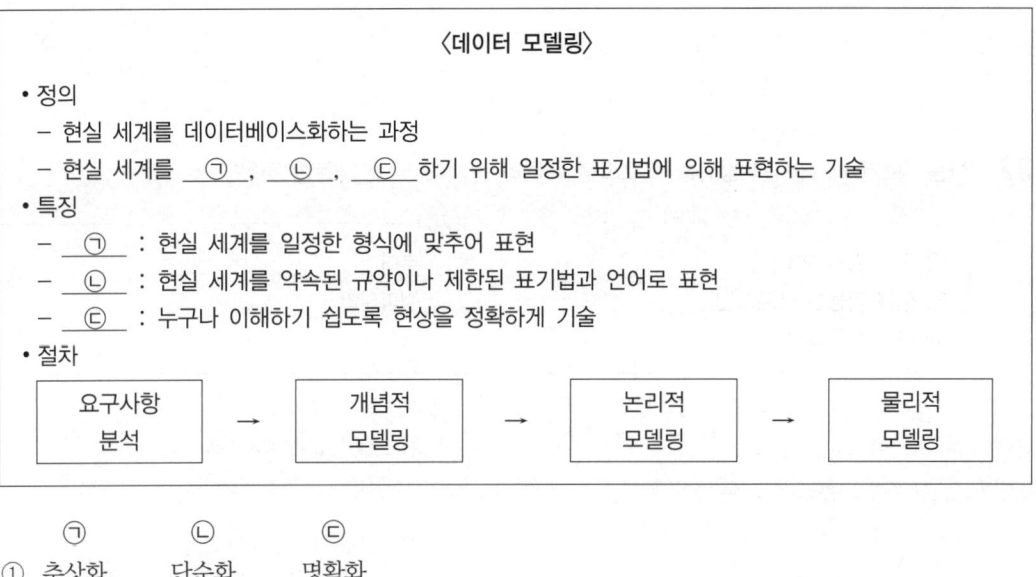

	㉠	㉡	㉢
①	추상화	단순화	명확화
②	추상화	명확화	단순화
③	단순화	추상화	명확화
④	단순화	명확화	추상화
⑤	명확화	추상화	단순화

20 다음 중 컴파일러에 대한 설명으로 옳지 않은 것은?

① CPU의 종류에 따라 같은 C 컴파일러라 하더라도 다른 기계어를 만들어 낸다.
② C 프로그램은 반드시 컴파일러가 있어야 실행될 수 있다.
③ 프로그램 개발 단계에는 인터프리터보다 컴파일러가 유리하다.
④ 자연어에 대한 컴파일러는 아직 존재하지 않는다.
⑤ 원시 프로그램의 수정 없이 계속 반복 수행하는 응용 시스템에서는 컴파일러가 효율적이다.

21 다음 중 현재 프로그램으로부터 데이터, 아키텍처 그리고 절차에 대한 분석 및 설계 정보를 추출하는 과정은?

① 재공학(Re-Engineering)
② 역공학(Reverse Engineering)
③ 순공학(Forward Engineering)
④ 재사용(Reuse)
⑤ 대화(Interaction)

22 다음 〈보기〉에 제시된 항목을 프로그램의 처리 순서에 맞게 나열한 것은?

〈보기〉

㉠ 원시 프로그램
㉡ 로더
㉢ 실행 가능한 프로그램
㉣ 컴파일러
㉤ 목적 프로그램

① ㉠－㉣－㉤－㉢－㉡
② ㉠－㉤－㉢－㉣－㉡
③ ㉡－㉠－㉣－㉤－㉢
④ ㉣－㉠－㉡－㉢－㉤
⑤ ㉣－㉠－㉤－㉡－㉢

23 다음 해싱 함수 기법 중 레코드의 키 값을 임의의 다른 기수 값으로 변환하여 그 값을 홈 주소로 이용하는 방법은?

① 제산법(Division Method)
② 기수변환법(Radix Conversion Method)
③ 무작위법(Random Method)
④ 중간제곱법(Mid-Square Method)
⑤ 폴딩법(Folding Method)

24 다음은 소프트웨어 개발방법론에 사용되는 분석, 설계 도구에 대한 설명이다. 빈칸 ㉠ ~ ㉢에 들어갈 단어가 바르게 연결된 것은?

> • 시스템 분석을 위하여 구조적 방법론에서는 ___㉠___ 다이어그램(Diagram)이, 객체지향 방법론에서는 ___㉡___ 다이어그램이 널리 사용된다.
> • 시스템 설계를 위하여 구조적 방법론에서는 구조도(Structured Chart), 객체지향 방법론에서는 ___㉢___ 다이어그램 등이 널리 사용된다.

	㉠	㉡	㉢
①	시퀀스	데이터흐름	유스케이스
②	시퀀스	유스케이스	데이터흐름
③	데이터흐름	시퀀스	유스케이스
④	데이터흐름	유스케이스	시퀀스
⑤	유스케이스	데이터흐름	시퀀스

25 관계 데이터베이스 언어는 데이터 정의어(DDL), 데이터 제어어(DCL), 데이터 조작어(DML)로 분류할 수 있다. 다음 〈보기〉의 주요 명령어가 해당하는 관계 데이터베이스 언어로 바르게 연결된 것은?

〈보기〉

㉠ CREATE	㉡ GRANT
㉢ ALTER	㉣ INSERT
㉤ SELECT	㉥ COMMIT

	DDL	DCL	DML
①	㉠, ㉡	㉢, ㉣	㉤, ㉥
②	㉠, ㉢	㉡, ㉥	㉣, ㉤
③	㉠, ㉣	㉤, ㉥	㉡, ㉢
④	㉢, ㉤	㉠, ㉡	㉣, ㉥
⑤	㉣, ㉤	㉠, ㉢	㉡, ㉥

제2회 NH농협은행 6급 필기전형

〈문항 수 및 시험시간〉

<table>
<tr><th>구분</th><th>문항 수</th><th>시험시간</th><th colspan="2">출제범위</th><th>모바일 OMR
답안채점 / 성적분석</th></tr>
<tr><td>직무능력평가</td><td>45문항</td><td rowspan="4">80분</td><td colspan="2">의사소통능력, 수리능력, 문제해결능력, 자원관리능력, 정보능력</td><td rowspan="2"></td></tr>
<tr><td rowspan="3">직무상식평가</td><td rowspan="3">25문항</td><td>공통(전체)</td><td>디지털 상식</td></tr>
<tr><td>일반</td><td>금융 · 경제 분야 용어 · 상식</td><td>일반</td></tr>
<tr><td>IT</td><td>소프트웨어 설계 · 개발, 데이터베이스 구축, 프로그래밍 언어 활용, 정보시스템 구축 관리 등</td><td>IT</td></tr>
</table>

※ 2024년도 상 · 하반기 및 2025년도 하반기 NH농협은행 6급 신규직원 채용 안내문을 기준으로 구성하였습니다.
※ 직무상식평가는 지원한 분야에 해당하는 영역을 선택하여 응시하기 바랍니다.

NH농협은행 6급 필기전형	
제2회 모의고사	문항 수 : 70문항 시험시간 : 80분

제 1 영역 직무능력평가

01 다음 글의 주제로 가장 적절한 것은?

> 정부는 조직 구성원의 다양성 확보와 포용 사회 구현을 위해 11월 공공부문 여성 대표성 제고 5개년 계획을 수립하고, 5년 뒤 고위공무원 여성의 비율 10%, 공공기관 임원 여성의 비율 20% 달성 등 각 분야의 목표치를 설정하였다.
> 12개 분야 가운데 고위공무원단은 지난해 목표치인 6.8%에 못 미쳤으나, 나머지 11개 분야는 목표치를 달성했다. 국가직 고위공무원단 여성 비율은 지난해 6.5%에서 올해 6.7%로 상승했다. 국가직 본부 과장급 공무원 여성 비율은 같은 기간 14.8%에서 17.5%로, 공공기관 임원은 11.8%에서 17.9%로 확대됐다. 여성 국립대 교수는 15.8%에서 16.6%로, 여성 교장·교감은 40.6%에서 42.7%로 늘었다. 또한 여성군인 간부 비율은 5.5%에서 6.2%로 상승했으며, 일반 경찰 중 여성 비율은 10.9%에서 11.7%로, 해경은 11.3%에서 12.0%로 늘었다. 정부위원회 위촉직 여성 참여율은 41.9%까지 높아졌다.
> 정부는 올해 여성 고위공무원이 없는 중앙부처에 1명 이상의 임용을 추진하고, 범정부 균형 인사 추진계획을 마련할 예정이다. 또한 여성 임원이 없는 공공기관에 여성 임원을 최소 1인 이상 선임하도록 독려할 방침이다. 여성 관리직 목표제 적용 대상은 300인 이상 기업에서 전체 지방공기업으로 확대된다. 국립대 교수 성별 현황 조사를 위한 양성평등 실태조사 법적 근거를 마련하고, 여성군인·경찰 신규 채용을 늘릴 계획이다. 헌법기관·중앙행정기관 위원회 성별 참여 조사 결과도 처음으로 공표한다. 그 외 여성의 실질적인 의사결정 권한 정도가 측정되도록 정부혁신평가 지표를 개선하고 자문단 운영, 성 평등 교육도 계속 시행한다.
> 여성가족부 장관은 “의사결정 영역에서의 성별 균형적 참여는 결과적으로 조직의 경쟁력 제고에 도움이 된다.”라며 “이에 대해 공감대를 갖고 자율적으로 조직 내 성별 균형성을 확보해 나가려는 민간부문에 대해서도 지원할 계획”이라고 말했다.

① 성차별 없는 블라인드 채용
② 여성 고위관리직 확대를 위한 노력
③ 고위공무원단의 여성 비율이 낮은 이유
④ 취업난 해결을 위한 정부 정책의 문제점
⑤ 유리천장, 여성들의 승진을 가로막는 장애물

02 甲은 2024년 4월 10일 인근 농업진흥지역 내의 A농지 2,000m^{2}를 주말영농을 하기 위하여 구입하였고, 2024년 5월 11일 B농지 15,000m^{2}을 상속받았다. 다음 〈조건〉을 근거로 판단할 때 적절하지 않은 것을 〈보기〉에서 모두 고르면?

〈조건〉

○ 농업인이란 1,000m^2 이상의 농지에서 농작물을 경작하는 자 또는 1년 중 90일 이상 농업에 종사하는 자를 말한다.
○ 자기의 농업경영에 이용하거나 이용할 자가 아니면 농지를 소유하지 못한다. 예외적으로 ① 자기의 농업경영에 이용하지 않더라도 주말·체험영농을 하려는 자는 총 1,000m^2 미만의 농지를 소유할 수 있다. ② 상속으로 농지를 취득한 자로서 농업경영을 하지 않는 자는 그 상속 농지 중에서 총 10,000m^{2}까지는 자기의 농업경영에 이용하지 않더라도 농지를 소유 및 제3자에게 임대할 수 있지만, 한국농촌공사에 위탁하여 임대하는 경우에는 20,000m^{2}까지 소유할 수 있다.
○ 농지소유자가 정당한 사유 없이 그 농지를 주말·체험영농에 이용하지 않는 경우, 그때부터 1년 이내에 그 농지를 처분하여야 한다. 또한 농지 소유 상한을 초과하여 농지를 소유한 것이 판명된 경우, 농지소유자는 그때부터 1년 이내에 초과된 농지를 처분하여야 한다.

※ 농업경영이란 농업인이나 농업법인이 자기의 계산과 책임으로 농업을 영위하는 것을 말함
※ 주말·체험영농이란 개인이 주말 등을 이용하여 취미생활이나 여가활동으로 농작물을 경작하는 것을 말함

〈보기〉

ㄱ. 甲이 직장을 다니면서 A농지에 농작물을 직접 경작하는 경우, 농업인으로 볼 수 있다.
ㄴ. 甲이 정당한 사유 없이 A농지를 경작하지 않는 경우, 그때부터 1년 이내에 A농지 전부를 처분하여야 한다.
ㄷ. 甲이 농업인 乙에게 B농지를 임대한 경우, B농지 전부를 처분하여야 한다.
ㄹ. 직장을 그만두고 귀농한 甲이 A농지에 농작물을 스스로 경작하고 B농지는 한국농촌공사에 임대한 경우, A·B 농지 모두를 계속 소유할 수 있다.

① ㄷ　　② ㄹ
③ ㄱ, ㄴ　　④ ㄷ, ㄹ
⑤ ㄱ, ㄴ, ㄹ

03 다음 문단을 논리적 순서대로 바르게 나열한 것은?

(가) 애그테크는 농업 산업의 생산성과 효율성을 높이고, 자원 사용을 최적화하며 작물의 품질과 수량을 향상시키는 것을 목표로 한다. 다양한 기술을 활용하여 농작물 재배, 가축 사육, 작물 보호, 수확 및 포장 등 농업에 관련한 모든 단계에서 다양한 첨단 기술이 적용된다.

(나) 애그테크는 농업의 효율화, 자동화 등을 위해 다양한 기술을 활용한다. 첫째, 센서 기술을 통해 토양 상태, 기후 조건, 작물 성장 등을 모니터링한다. 이를 통해 작물의 생장 상태를 실시간으로 파악하고 작물에 필요한 물과 비료의 양을 조절할 수 있다. 둘째, 드론과 로봇기술을 통해 농지 상태를 파악하고 작물을 자동으로 식별하여 수확할 수 있다. 이를 통해 농업에 필요한 인력을 절감하고 생산성을 높일 수 있다. 셋째, 센서나 로봇으로 수집한 데이터를 분석하는 빅데이터 분석 기술을 통해 작물의 성장 패턴, 질병 예측, 수확 시기 등 최적의 정보를 얻을 수 있다. 이를 통해 농부는 더 효과적으로 작물을 관리하고 의사 결정을 내릴 수 있다. 넷째, 수직 농장, 수경 재배, 조직 배양 등 혁신적인 재배 기술을 통해 더 많은 작물을 작은 공간에서 생산하고 최적의 자원을 투입하여 낭비를 막을 수 있다. 마지막으로 생명공학 및 유전자 기술을 통해 작물의 생산성, 내구성 등을 개선할 수 있다. 이를 통해 수확량을 증대시키고, 재해에 대한 저항력을 향상시킬 수 있다.

(다) 농협경제연구소는 2023년 주목해야 할 농업・농촌 이슈 중의 하나로 “애그테크(Ag-tech)의 성장”을 선정하였다. 애그테크는 농업(Agriculture)과 기술(Technology)의 융합을 뜻하는 것으로 정보기술(ICT), 생명과학, 로봇공학, 센서 기술 등 다양한 기술을 농업 분야에 적용하는 기술이다.

(라) UN 식량농업기구(FAO)는 2050년에는 세계 인구가 90억 명으로 급증하여 식량부족현상이 일어날 수 있다고 경고한다. 농업에 종사하는 사람은 점점 적어지고 있으므로 애그테크는 자동화, 최적화, 효율화를 통해 급증하는 인구에 식량을 제공하고, 환경 문제를 해결하는 등 미래 사회를 위해 반드시 필요한 기술이다.

① (나) – (가) – (다) – (라)
② (나) – (다) – (가) – (라)
③ (다) – (가) – (나) – (라)
④ (다) – (나) – (가) – (라)
⑤ (다) – (라) – (가) – (나)

04 다음 글의 내용으로 적절하지 않은 것은?

> 국가의 정체(政體)를 규명할 때 공화정과 민주제를 혼동하지 않으려면 다음 두 가지를 구분해야 한다. 첫째, 국가의 최고 권력을 갖고 있는 통치자, 다시 말해 주권자가 누구인가? 둘째, 국가의 최고 권력이 실행되는 방식이 무엇인가? 첫 번째 질문에 대한 답으로 세 가지 정체만을 말할 수 있다. 통치자가 단 한 명인 군주제, 일부 특정 소수가 통치자인 귀족제, 모든 사람이 통치자인 민주제이다. 두 번째 질문에 대한 답으로 정부의 두 가지 형태만을 말할 수 있다. 공화정과 전제정이다. 공화정에서는 입법부에서 정부의 집행권(행정권)이 분리된다. 전제정에서는 정부가 법률을 제정할 뿐만 아니라 그것을 독단적으로 집행한다. 전제정은 공적 의지에 따른 행정이지만, 사실상 통치자의 개인적 의지와 동일하다. 민주제는 '민주(民主)'라는 그 의미에서 알 수 있듯이 필연적으로 전제정이다. 민주제에서는 설사 반대 의견을 가진 개인이 존재하더라도, 형식상 그 반대자를 포함한 국민 전체가 법률을 제정하여 집행하기 때문이다. 이 경우 국민 전체는 실제로 전체가 아니라 단지 다수일 뿐이다.
> 대의(代議) 제도를 따르지 않은 어떤 형태의 정부도 진정한 정체라 말할 수 없다. 군주제와 귀족제는 통치 방식이 기본적으로 대의적이지는 않지만, 대의 제도에 부합하는 통치 방식을 따를 수 있는 여지가 있다. 그러나 민주제에서는 대의 제도가 실현되기 어렵다. 왜냐하면 민주제에서는 국민 모두가 통치자이기를 바라기 때문이다. 한 국가의 통치자의 수가 적으면 적을수록 그리고 그들이 국민을 실제로 대표하면 할수록 그 국가의 정부는 공화정에 접근할 수 있다. 그리고 점진적 개혁에 의해 공화정에 근접할 것으로 기대할 수도 있다. 이런 이유로 완벽하게 합법적 정체인 공화정에 도달하는 것이 군주제보다는 귀족제에서 더 어려우며 민주제에서는 폭력 혁명이 아니면 도달하는 것이 불가능하다.
> 국민에게는 통치 방식이 매우 중요하다. 정부의 형태가 진정한 정체가 되려면 대의 제도를 실현해야 하고 그 제도를 통해서만 공화정이 가능하다. 대의 제도가 없는 정부의 형태는 전제정이나 폭정이 된다. 고대의 어떤 공화정도 대의 제도의 의의를 알지 못했고, 따라서 필연적으로 한 개인이 권력을 독점하는 절대적 전제주의가 되었다.

① 민주제는 반드시 전제정이 될 수밖에 없다.
② 대의 제도는 공화정이 되기 위한 필요조건이다.
③ 공화정의 가능성은 통치자의 수가 적을수록 커진다.
④ 민주제는 귀족제나 군주제와는 다르게 점진적 개혁을 통해 대의 제도를 실현한다.
⑤ 입법부에서 정부의 집행권이 분리되는가의 여부에 따라 공화정과 전제정을 구분할 수 있다.

05 다음은 A공단의 사무관리규칙 일부이다. 이에 따라 〈보기〉 중 직원의 행동으로 잘못된 것을 모두 고르면?

제7조(문서의 성립 및 효력발생)

① 문서는 결재권자가 해당 문서에 서명(전자이미지서명, 전자문자서명을 포함한다. 이하 같다)의 방식으로 결재함으로써 성립한다.

② 문서는 수신자에게 도달(전자문서의 경우는 수신자가 관리하거나 지정한 전자적 시스템 등에 입력되는 것을 말한다)됨으로써 그 효력을 발생한다. 다만, 공고문서는 그 문서에서 효력발생 시기를 구체적으로 밝히고 있지 않으면 그 고시 또는 공고 등이 있은 날부터 5일이 경과한 때에 효력이 발생한다.

③ 민원문서를 정보통신망을 이용하여 접수·처리한 경우에는 민원사무처리규칙에서 정한 절차에 따라 접수·처리된 것으로 본다.

제13조(발신명의)

① 대외의 기관 등에 발신하는 문서는 이사장 명의로 발신한다. 다만 소속기관의 장이 위임전결규칙에 의하여 권한위임받은 업무를 시행할 때에는 그 명의로 발신한다.

② 교재의 검정에 관한 문서는 제1항의 규정에 불구하고 이사장 명의로 발신한다.

③ 소속기관 및 보조기관 상호 간에 수발되는 문서는 각 소속기관장 또는 보조기관장의 명의로 발신한다.

④ 내부결재문서는 발신명의를 표시하지 아니한다.

제25조(보도자료의 실명제공)

공단에서 언론기관에 보도자료를 제공하는 경우에는 당해자료에 담당부서 담당자 연락처 등을 함께 기재하여야 한다.

제30조(직인날인 및 서명)

① 이사장 또는 소속기관장의 명의로 발신하는 문서의 시행문, 임용장, 상장 및 각종 증명서에 속하는 문서에는 직인을 찍거나 이사장 또는 소속기관장이 서명을 하고 보조기관 상호 간에 발신하는 문서의 시행문에는 보조기관이 서명을 한다. 다만, 전신 또는 전화로 발신하는 문서나 신문 등에 게재하는 문서에는 직인을 찍거나 서명을 하지 아니하며 경미한 내용의 문서에는 직인을 찍는 것과 서명하는 것을 생략할 수 있다.

② 직인을 찍어야 할 문서로서 다수의 수신자에게 동시에 발신 또는 교부하는 문서에는 직인날인에 갈음하여 직인의 인영을 인쇄하여 사용할 수 있다.

③ 제2항의 규정에 의하여 직인의 인영을 인쇄 사용하고자 할 때에는 결재권자의 승인을 얻기 전에 문서관리부서의 장과 협의하여야 한다.

〈보기〉

ㄱ. 최대리는 결재권자인 김부장의 결재를 받아 8월 10일 지역사업과에 ㅁㅁ사업의 즉시시행을 지시하는 문서를 우편으로 발송하였으며, 8월 12일 지역사업과에 해당 문서가 도달하였다. 최대리는 8월 10일을 ㅁㅁ사업 시작일로 보고 사업시행기간을 기산하였다.

ㄴ. 미래전략팀 이주임 담당의 자료를 보유하고 있던 자료관리팀 김주임은 ㅇㅇ신문사에 해당 자료를 제공하며 미래전략팀 이주임의 연락처를 기재하였다.

ㄷ. K공사와의 협력 업무에 있어 이사장으로부터 권한을 위임받은 최부장은 해당 업무와 관련된 문서를 K공사에 자신의 명의로 발신하였다.

ㄹ. 이사장이 부재중이자 비서실 김대리는 이사장 명의로 K공사에 발신하는 문서에 대하여 보조기관의 서명을 대신 첨부하여 발신하였다.

① ㄱ, ㄴ
② ㄱ, ㄹ
③ ㄴ, ㄷ
④ ㄴ, ㄹ
⑤ ㄷ, ㄹ

06 N은행 ○○지점에서는 이번 분기에 출시된 새로운 금융상품 및 신용카드 상품을 홍보하기 위해 판촉 행사를 벌이기로 했다. 다음은 귀하가 쓴 기획안이다. C계장의 지시에 따라 우선적으로 예산을 조정할 항목으로 가장 적절한 것은?

〈N은행 ○○지점 '고객 행복의 날' 개요〉

1. **대상** : ○○지점 소재지인 S시 시민과 고객
2. **일시 및 장소** : 2025년 ○월 ○일 오전 10시 ~ 오후 4시 △△공원 내 만남의 광장
3. **내용**
   - 인형탈 쓰고 고객과 사진 찍기 코너 운영
   - 어린이 고객에게 풍선 증정(공기주입기 대여)
   - 금융상품 및 카드 상품 브로슈어 배포
   - 상품설명부스에서는 4명이 2조로 나누어 2시간마다 교대 배치
   - 상품 가입 고객에게 경품 증정(무릎담요, 보조배터리, 화장품 세트 중 택1)
4. **기타**
   - 날씨가 매우 더울 것으로 예상, 휴대용 선풍기 및 생수박스 준비
   - 행사 마친 후 지점 전체 회식 예정(××갈비)

C계장 : 어쩌죠? 공원 내 부스 대여료가 지난달부터 올랐고, 우리가 대여할 부스는 크기가 커서 추가요금이 있다고 하네요. 본사에서 지원되는 예산은 정해져 있어서, 어쩔 수 없이 예산을 줄여야 할 것 같아요. 기획안 다시 검토하고 수정해 주세요.

① 인형탈 대여료
② 풍선 공기주입기
③ 브로슈어
④ 휴대용 선풍기와 생수
⑤ 회식비

※ 다음 글을 읽고 이어지는 질문에 답하시오. **[7~8]**

우리나라의 지명은 역사적으로 많은 우여곡절을 겪으면서 변천해왔다. 그러나 자세히 관찰하면 우리나라 지명만이 갖는 특징이 있는데, 이는 우리 지명의 대부분이 지형, 기후, 정치, 군사 등에서 유래되었다는 점이다.
우리나라의 지명에는 山(산), 谷(곡), 峴(현), 川(천), 新(신), 大(대), 松(송) 등의 한자가 들어 있는 것이 많다. 이 중 山, 谷, 峴, 川 등은 산악 지형이 대부분인 한반도의 산과 골짜기를 넘는 고개, 그 사이를 굽이치는 하천을 반영한 것이다. 그런가 하면 新, 大 등은 인구 증가와 개척・간척에 따라 형성된 새로운 마을과 관련되는 지명이며, 松은 어딜 가나 흔한 나무가 소나무였으므로 이를 반영한 것이다. 그 다음으로 上(상), 內(내), 南(남), 東(동), 下(하) 등의 한자와 石(석), 岩(암), 水(수), 浦(포), 井(정), 村(촌), 長(장), 龍(용), 月(월) 등의 한자가 지명에 많이 들어 있다. 이러한 한자들은 마을의 위치나 방위를 뜻하는 것으로서, 우리 민족이 전통적으로 남(南), 동(東) 방향을 선호했다는 증거이다. 또한 큰 바위(石, 岩)가 이정표 역할을 했으며, 물(水, 井)을 중심으로 생활했다는 것을 반영하고 있다. 한편, 평지나 큰 들이 있는 곳에는 坪(평), 平(평), 野(야), 原(원) 등의 한자가 많이 쓰였는데, 가평, 청평, 양평, 부평, 수원, 철원, 남원 등이 그 예이다.
한자로 된 지명은 보통 우리말 지명의 차음(借音)과 차훈(借訓)을 따랐기 때문에 어느 정도는 원래의 뜻을 유추할 수 있었다. 그런데 우리말 지명을 한자어로 바꿀 때 잘못 바꾸면 그 의미가 매우 동떨어지게 된다. 특히 일제 강점기 때는 우리말 지명의 뜻을 제대로 몰랐던 일제에 의해 잘못 바뀐 지명이 많다. 그 사례를 들어 보면 경기도 안산시의 고잔동은 원래 우리말로 '곶 안'이라는 뜻이었다. 우리말 의미를 제대로 살렸다면 한자 지명이 곶내(串內)나 갑내(岬內)가 되었어야 하나, 일제에 의해 고잔(古棧)으로 바뀌었다. 한편 서울의 삼각지도 이와 같은 사례에 해당한다. 이 곳의 원래 지명은 새벌(억새 벌판)인데, 경기 방언으로 새뿔이라고 불렸다. 이 새(세)를 삼(三)으로, 뿔(벌)을 각(角)으로 해석하여 삼각지로 바꾼 것이다. 이렇게 잘못 바뀐 지명은 전국에 분포되어 있다. 현재 우리가 이 '고잔(古棧)'과 '삼각지(三角地)'에서 원래의 의미를 찾아내기란 결코 쉽지 않다.
조선 시대에는 촌락의 특수한 기능이 지명에 반영되는 경우가 많았는데, 특히 교통 및 방어와 관련된 촌락이 그러하였다. 하천 교통이 발달한 곳에는 도진취락(渡津聚落)이 발달했는데, 이러한 촌락의 지명에는 ~도(渡), ~진(津), ~포(浦) 등의 한자가 들어간다. 한편, 주요 역로를 따라서는 역원취락(驛院聚落)이 발달했다. 역은 공문서의 전달과 관리의 내왕(來往), 관물(官物)의 수송 등을 주로 담당했고, 원은 관리나 일반 여행자에게 숙박 편의를 제공했다. 따라서 역(驛)~, ~원(院) 등의 한자가 들어가는 지명은 ______________________________ 곳이다.
해방 후 국토 공간의 변화에 따라 지명에도 큰 변화가 있었다. 국토 개발에 따라 새로운 지명이 생겨났는가 하면, 고유의 지명이 소멸하거나 변질하기도 했다. 서울의 경우 인구 증가로 인해 새로운 동(洞)이 만들어지면서 공항동, 본동과 같은 낯선 지명이 생겨났다. 반면에 굴레방다리, 말죽거리, 장승배기, 모래내, 뚝섬과 같은 고유 지명은 행정 구역 명칭으로 채택되지 않은 채 잊혀 가고 있다.

07 다음 중 윗글을 읽고 추론한 내용으로 적절하지 않은 것은?

① 강원도의 원주시(原州市)는 주로 넓은 평지로 이루어져 있을 것이다.

② 서울의 삼각지(三角紙)는 뿔 모양의 지형에서 유래된 지명일 것이다.

③ 서울의 노량진동(露梁津洞)은 조선 시대 하천 교통의 요지였을 것이다.

④ 서울 율현동(栗峴洞)의 지명은 마을이 위치한 고개 지형에서 유래되었을 것이다.

⑤ 서울 공항동(空港洞) 지명의 역사는 안산 고잔동(古棧洞) 지명의 역사보다 짧을 것이다.

08 다음 중 윗글의 빈칸에 들어갈 내용으로 가장 적절한 것은?

① 과거에 경치가 뛰어났던

② 과거에 상공업이 발달했던

③ 과거에 왕이 자주 행차했던

④ 과거에 육상 교통이 발달했던

⑤ 과거에 해상 교통이 발달했던

09 다음 글을 읽고 추론할 수 있는 내용으로 가장 적절한 것은?

1950년 국회의원 선거법 개정부터 1969년 국회의원 선거법 개정까지는 투표용지상의 기호가 후보자들의 추첨으로 배정되는 A방식이 사용되었다. 이때에는 투표용지에 오늘날과 같은 '1, 2, 3' 등의 아라비아 숫자 대신 'Ⅰ, Ⅱ, Ⅲ' 등의 로마자 숫자를 사용하였다. 다만 1963년 제3공화국의 출범 후에는 '선거구별 추첨제'가 '전국 통일 추첨제'로 변경되었다. 즉, 선거구별로 후보자 기호를 추첨하던 것을 정당별로 추첨하는 제도로 바꾸어, 동일 정당의 후보자들이 전국 모든 선거구에서 동일한 기호를 배정받도록 하였다.

이러한 방식은 1969년 관련법이 개정되면서 국회에서 다수 의석을 가진 정당 순으로 '1, 2, 3' 등의 아라비아 숫자로 기호를 배정하는 B방식으로 변화하였다. 현재와 같이 거대 정당에 유리한 투표용지 관련 제도가 처음 선을 보인 것이다. 다만, 당시 '원내 의석을 가진 정당의 의석 순위'라는 기준은 2개의 정당에만 적용되었다. 원내 의석이 3순위 이하인 기타 정당의 후보자에게는 정당 명칭의 가나다 순에 의해 순서가 부여되었다. 이러한 순서 부여는 의석수 상위 2개 정당 소속 후보자와 나머지 후보자를 차별한다는 점에서 문제를 안고 있었다.

1981년 개정된 선거법에서는 다시 추첨을 통해 후보자의 게재 순위를 결정하는 C방식이 도입되었다. 이때 순위 결정은 전국 통일 추첨제가 아닌 선거구별 추첨제를 따랐다. 하지만 정당의 공천을 받은 후보자들은 무소속 후보자들에 비해 우선적으로 앞 번호를 배정받았다. 이 방식에는 정당 소속 후보자와 무소속 후보자를 차별하는 구조적 문제가 있었다.

현행 공직선거법은 현재 국회에서 의석을 가진 정당의 추천을 받은 후보자, 국회에서 의석이 없는 정당의 추천을 받은 후보자, 무소속 후보자의 순으로 후보자의 게재 순위를 결정하는 D방식을 채택하고 있다. 국회에서 의석을 가진 정당의 게재 순위는 국회에서의 다수 의석 순(다만, 같은 의석을 가진 정당이 둘 이상인 때에는 최근에 실시된 비례대표 국회의원 선거에서의 득표수 순)으로 정하고, 현재 국회에 의석이 없는 정당의 추천을 받은 후보자 사이의 게재 순위는 그 정당 명칭의 가나다 순으로 정한다. 그리고 무소속 후보자 사이의 게재 순위는 관할 선거구 선거관리위원회에서 추첨하여 결정한다.

① A방식에서 '가'씨 성을 가진 후보자는 'Ⅰ'로 표기된 기호를 배정받는다.
② C방식에서 원내 의석수가 3순위인 정당의 후보자들은 동일한 기호를 배정받는다.
③ B방식과 D방식에서 원내 의석수가 4순위인 정당의 후보자가 배정받는 기호는 동일하다.
④ C방식과 D방식에서 원내 의석이 없는 정당의 후보자는 무소속 후보자에 비해 앞 번호 기호를 배정받는다.
⑤ B방식에서 원내 의석수가 2순위인 정당의 후보자라 하더라도 정당 명칭에 따라 기호 '1'을 배정받을 수 있다.

10 A, B 두 사람은 같은 날 각각 적금과 예금을 들었다. A는 월초에 10만 원씩, 연 이자율 2%의 단리적금 상품을 선택하였고, B는 단리예금 상품에 연 이자율 0.6%로 1,200,000원을 예금하였다. A의 적금 상품 이자가 B의 예금 1년 이자보다 많아지는 시기는 몇 개월 후인가?(단, 이자 소득에 대한 세금은 고려하지 않는다)

① 6개월 후
② 7개월 후
③ 8개월 후
④ 9개월 후
⑤ 10개월 후

11 속력 300km/h인 경주용 자동차가 트랙을 한 바퀴 도는 데 25분이 걸리고 한 바퀴를 돌면 5분간 정비를 받아야 한다. 이 경주용 자동차로 트랙에서 1시간 10분 동안 경주할 수 있는 거리는?

① 270km
② 285km
③ 300km
④ 315km
⑤ 330km

12 A씨는 출국하기 전 인천국제공항의 N은행에서 달러 및 유로 환전 신청을 하였다. 다음 〈정보〉를 참고할 때, A씨가 지불해야 할 환전 수수료는 총 얼마인가?

〈정보〉

- 신청 금액 : 미화 $660, EUR €550
- 환전 우대율 : 미화 70%, EUR 50%
- 신청 날짜 : 2025-05-05
- 장소 : N은행 인천국제공항지점
- 환율 고시표

(단위 : 원)

구분	현금	
	매수	매도
원/달러	1,300	1,100
원/100엔	1,120	1,080
원/유로	1,520	1,450

- (환전 수수료)=(매수 매도 차액)×[1−(우대율)]×(환전금액)

① 56,650원
② 57,250원
③ 58,150원
④ 58,850원
⑤ 61,350원

13 다음은 각 은행의 타은행으로 100,000원을 송금할 때 부과되는 수수료를 비교한 자료이다. 이에 대한 설명으로 옳은 것은?

〈은행별 송금 수수료〉

(단위 : 원)

구분	창구이용	자동화기기		인터넷뱅킹	텔레뱅킹 (ARS 이용 시)	모바일뱅킹
		마감 전	마감 후			
A은행	1,000	700	1,000	500	500	500
B은행	1,000	800	1,000	500	500	500
C은행	1,000	500	750	500	500	500
D은행	500	500	500	500	500	500
E은행	500	500	500	500	500	500
F은행	600	600	650	면제	면제	면제
G은행	600	500	650	500	500	500
H은행	500	500	800	500	500	500
I은행	1,000	700	950	500	500	500
J은행	1,000	500	700	500	600	500
K은행	600	800	1,000	500	500	500
L은행	600	500	600	500	500	500
M은행	600	500	750	500	500	500
N은행	800	800	1,000	500	500	500
O은행	800	600	700	500	500	500
P은행 (인터넷뱅크)	운영하지 않음	면제	면제	면제	운영하지 않음	면제
Q은행	1,000	면제	면제	면제	500	면제
R은행 (인터넷뱅크)	운영하지 않음	면제	면제	운영하지 않음	운영하지 않음	면제

① 자동화기기의 마감 전 수수료가 700원 이상인 은행은 총 6곳이다.

② 자동화기기, 인터넷뱅킹, 모바일뱅킹이 모두 면제인 은행은 1곳뿐이다.

③ '운영하지 않음'을 제외한 A～R은행의 창구이용 수수료의 평균은 800원보다 크다.

④ '면제'를 제외한 A～R은행의 자동화기기의 마감 전 수수료 평균이 마감 후 수수료 평균보다 크다.

⑤ A～O은행 중 창구이용, 자동화기기(마감 전과 후 모두)의 총 수수료 평균이 가장 큰 은행은 B은행이다.

14 다음은 주요 선진국과 BRICs의 고령화율을 나타낸 자료이다. 〈보기〉에서 2040년의 고령화율이 2010년 대비 3배 이상이 되는 국가를 모두 고르면?

〈주요 선진국과 BRICs 고령화율〉

(단위 : %)

구분	한국	미국	프랑스	영국	독일	일본	브라질	러시아	인도	중국
1990년	5	12	14	13	15	11	4	10	2	5
2000년	7	12	16	15	16	17	5	12	3	6
2010년	11	13	20	16	20	18	7	13	4	10
2020년	15	16	20	20	23	28	9	17	6	11
2030년(예상치)	24	20	25	25	28	30	16	21	10	16
2040년(예상치)	33	26	30	32	30	36	21	26	16	25

〈보기〉

ㄱ. 한국
ㄴ. 미국
ㄷ. 일본
ㄹ. 브라질
ㅁ. 인도

① ㄱ, ㄴ, ㄷ
② ㄱ, ㄴ, ㄹ
③ ㄱ, ㄹ, ㅁ
④ ㄴ, ㄷ, ㅁ
⑤ ㄷ, ㄹ, ㅁ

15 다음은 A시즌 K리그 주요 구단의 공격력을 분석한 자료이다. 이에 대한 설명으로 옳은 것은?

〈A시즌 K리그 주요 구단 공격력 통계〉

(단위 : 개)

구단	경기	슈팅	유효슈팅	골	경기당 평균 슈팅	경기당 평균 유효슈팅
울산	6	90	60	18	15	10
전북	6	108	72	27	18	12
상주	6	78	30	12	13	5
포항	6	72	48	9	12	8
대구	6	84	42	12	14	7
서울	6	42	18	10	7	3
성남	6	60	36	12	10	6

① 유효슈팅 대비 골의 비율은 상주가 울산보다 높다.
② 슈팅과 유효슈팅 개수가 많은 상위 3개 구단은 동일하다.
③ 전북과 성남의 슈팅 대비 골의 비율의 차이는 10%p 이상이다.
④ 골의 개수가 적은 하위 두 팀의 골 개수의 합은 전체 골 개수의 15% 이하이다.
⑤ 경기당 평균 슈팅 개수가 가장 많은 구단과 가장 적은 구단의 차이는 경기당 평균 유효슈팅 개수가 가장 많은 구단과 가장 적은 구단의 차이보다 작다.

16 다음은 A ~ E과제에 대해 전문가 5명이 평가한 점수이다. 전문가별로 최종점수와 평균점수가 같은 과제로만 짝지어진 것은?

〈과제별 점수 현황〉

(단위 : 점)

구분	A과제	B과제	C과제	D과제	E과제
전문가 1	100	80	60	80	100
전문가 2	70	60	50	100	40
전문가 3	60	40	100	90	( )
전문가 4	50	60	90	70	70
전문가 5	80	60	60	40	80
평균점수	( )	( )	( )	( )	70

※ 최종점수는 가장 낮은 점수와 가장 높은 점수를 제외한 평균점수임

① A, B과제
② B, C과제
③ B, D과제
④ B, E과제
⑤ D, E과제

17 다음은 2014년부터 2024년까지 우리나라의 유엔 정규분담률 현황에 대한 자료이다. 이를 읽고 2015년과 2021년 유엔 정규분담률의 전년 대비 증가율을 순서대로 나열한 것은?(단, 소수점 둘째 자리에서 반올림한다)

〈우리나라의 유엔 정규분담률 현황〉

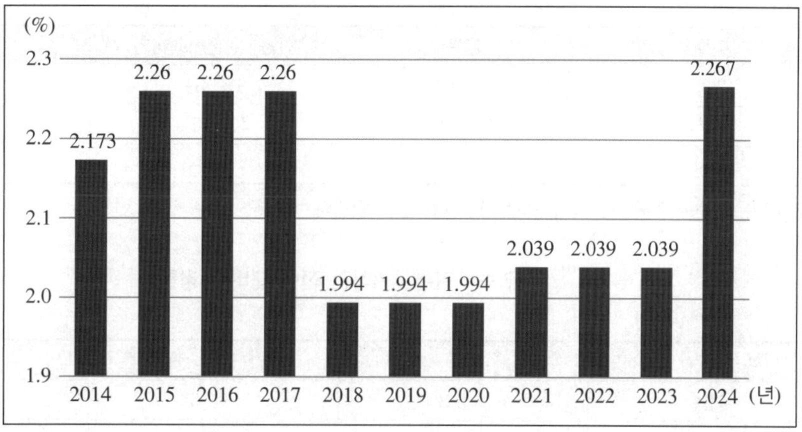

① 4.0%, 2.1%
② 4.0%, 2.3%
③ 4.0%, 2.5%
④ 3.2%, 2.3%
⑤ 3.2%, 2.5%

18 다음은 2024년 귀농, 귀촌, 귀어한 인구 통계 및 성별과 연령대 비율을 나타낸 자료이다. 이에 대한 설명으로 옳지 않은 것은?(단, 가구 수 및 인원수는 소수점 이하에서 버림한다)

〈귀농 · 귀촌 · 귀어인 통계〉

(단위 : 가구, 명)

구분	가구	귀농 · 귀촌 · 귀어인	가구원
귀농	11,961	12,055	17,856
귀촌	328,343	472,474	–
귀어	917	986	1,285

※ 가구원은 귀농 · 귀어인에 각각 동반 가구원을 합한 인원임

〈귀농 · 귀촌 · 귀어인 전년 대비 증감률〉

(단위 : %)

구분	가구	귀농 · 귀촌 · 귀어인	가구원
귀농	−5.3	−5.5	−9.0
귀촌	−1.7	−5.0	–
귀어	1.2	−0.5	−5.4

〈귀농 · 귀촌 · 귀어인 성별 및 연령대별 비율(%)〉

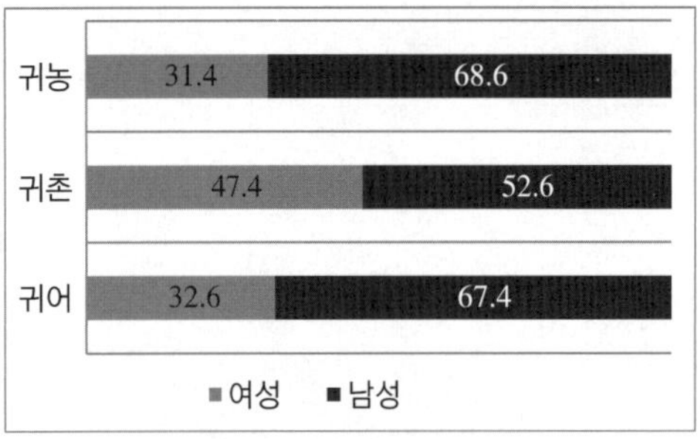

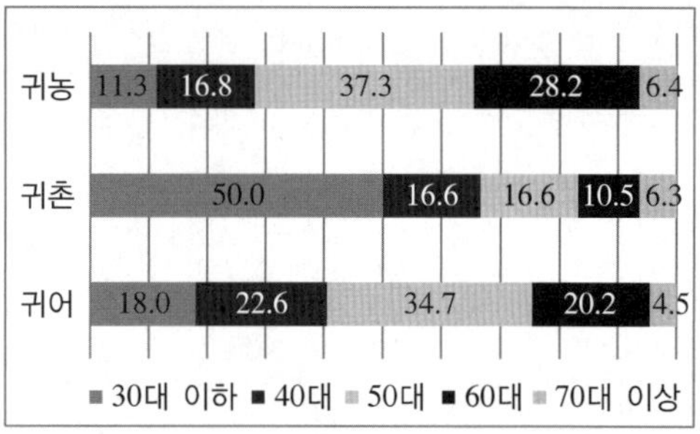

※ 비율은 귀농 · 귀촌 · 귀어인 수를 기준으로 나타냄

① 귀농 · 귀촌 · 귀어 중 2023년 대비 2024년에 가구 수가 증가한 부문의 2023년 가구 수는 약 906가구이다.
② 전년 대비 2024년 가구 수의 감소율이 가장 높은 부문의 남성과 여성의 비율 차이는 35.2%p이다.
③ 귀농 · 귀촌 · 귀어에서 각각 연령대별 가장 낮은 비율의 총합은 17.2%p이다.
④ 30대 이하 귀농인 수는 60대 귀촌인 수보다 약 48,247명 적다.
⑤ 가구당 가구원의 수는 귀어보다 귀농이 더 많다.

19 다음은 매년 버려지는 일회용품의 종류별 비율을 나타낸 자료이다. 이에 대한 설명으로 옳지 않은 것은?(단, 비율의 곱은 소수점 둘째 자리에서 반올림한다)

〈일회용품 쓰레기의 종류별 비율〉

(단위 : %)

품목 \ 연도	2022년	2023년	2024년
종이컵	18.3	15.2	16.9
비닐봉투	31.5	30.2	29.8
종이봉투	12.4	13.8	15.2
숟가락 · 젓가락	8.7	5.4	5.6
접시 · 그릇	3.5	3.9	3.3
기저귀	22.1	20.2	21.8
기타	3.5	11.3	7.4

〈전체 쓰레기의 종류별 비율〉

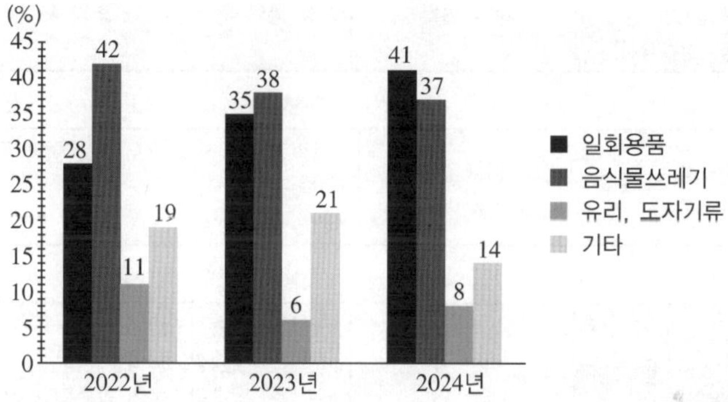

① 일회용품 쓰레기 중 비닐봉투가 차지하는 비율은 매년 낮아지고 있지만, 종이봉투가 차지하는 비율은 매년 높아지고 있다.

② 전체 쓰레기 중 종이컵이 차지하는 비율은 2022년이 2024년보다 2.0%p 이상 낮다.

③ 매년 일회용품 쓰레기 중 차지하는 비율이 가장 높은 상위 2개 항목의 비율의 합은 전체 일회용품 쓰레기 비율의 합의 절반 이상을 차지한다.

④ 일회용품 쓰레기 중 숟가락 · 젓가락의 비율이 가장 높은 연도와 가장 낮은 연도의 비율의 차이는 접시 · 그릇 경우의 5.5배이다.

⑤ 전체 쓰레기 중 일회용품 비율의 증감 추이와 같은 양상을 보이는 것은 종이봉투뿐이다.

20 다음은 중소기업 방송광고 활성화(제작비) 지원사업 절차이다. 이에 대한 내용으로 적절하지 않은 것은?

〈중소기업 방송광고 활성화(제작비) 지원사업 절차〉

사업 시행 공고 (한국방송광고진흥공사)	3월, 7월	홈페이지 등에 공고
⇩		
지원 신청 (해당 기업)	3월, 7월	• 신청 자격 : 이노비즈 등 인증 중소기업으로 접수 마감일 기준 최근 1년 이내 지상파(전국) 또는 종합편성방송사에 방송광고 집행 실적이 없는 기업 • 신청 접수 : (1차) 3월 21일 ~ 4월 1일, (2차) 7월 18일 ~ 7월 29일
⇩		
지원대상 선정 (지원협의회)	4월, 8월	• 예비심사(필요시 시행) • 본심사
⇩		
사업 수행 협약 체결 (지원대상기업, 한국방송광고진흥공사)	4월, 8월	선정 통보 후 5일 이내 협약 체결
⇩		
사업 수행 (지원대상기업)	협약 후 3개월 이내	• 방송광고 제작 계약서 제출(협약 후 45일 이내) • 방송광고 제작 • 방송광고 청약
⇩		
사업 수행 완료 후 기금 지원 신청 (지원대상기업 → 한국방송광고진흥공사)	협약 후 3개월 이내	• 완성된 방송광고물 • 완성된 방송광고물의 제작비 상세 명세서 • 완성된 방송광고물의 방송광고 심의 소재 등록증 • 방송광고 청약서 등과 함께 기금 지원 신청서 제출
⇩		
검증 및 기금 지원 결정 (지원협의회)	기금 지원 신청 익월	• 기금 지원 신청 금액 및 완성된 방송광고물의 검증 • 지원협의회 최종 승인 및 지급

① 3월에 사업 시행 공고를 보고 4월 1일까지 신청 접수를 하면 된다.
② 4월과 8월에 지원협의회에서 지원대상을 선정할 때 예비심사와 본심사를 모두 받아야 한다.
③ 지원대상 선정과 같은 달에 사업 수행 협약을 체결한다.
④ 협약 후 45일 이내에 방송광고 제작 계약서를 제출하고, 3개월 이내에 방송광고물을 제작한다.
⑤ 이노비즈 등에서 인증받은 중소기업이어야 지원 신청이 가능하다.

21 다음 명제가 모두 참일 때, 빈칸에 들어갈 명제로 가장 적절한 것은?

- 도서관에 간 날은 공부를 충분히 한 날이다.
- ______________________________
- 집에 늦게 돌아온 날은 공부를 충분히 한 날이다.

① 도서관에 간 날은 집에 늦게 돌아온 날이다.
② 집에 늦게 돌아오지 않은 날은 도서관에 간 날이다.
③ 공부를 충분히 하지 않은 날은 집에 늦게 들어온 날이다.
④ 도서관에 가지 않은 날은 집에 늦게 돌아온 날이 아니다.
⑤ 공부를 충분히 하지 않은 날은 집에 늦게 돌아오지 않은 날이다.

22 N사의 기획부 A대리는 회의를 위해 8인용 원탁에 부원들을 배치하고자 한다. 다음 〈조건〉에 따라 부원들을 배치한다고 할 때, H부장의 오른쪽에 앉는 사람은?

〈조건〉

- N사의 기획부는 A대리, B대리, C대리, D과장, E과장, F팀장, G팀장, H부장으로 구성되어 있다.
- 동일 직급끼리는 마주 보거나 이웃하여 앉을 수 없다.
- B대리는 D과장의 오른쪽에 앉는다.
- F팀장은 대리 직급과 마주 보고 앉는다.
- D과장은 F팀장과 이웃하여 앉을 수 없다.
- G팀장은 A대리의 왼쪽에 앉는다.
- E과장은 F팀장과 이웃하여 앉는다.

① A대리
② C대리
③ D과장
④ F팀장
⑤ G팀장

23 N은행의 영업팀 팀장은 팀원들의 근태를 평가하기 위하여 영업팀 직원 A～F 6명의 출근 시각을 확인하였다. 확인한 결과가 다음과 같을 때, 항상 옳은 것은?(단, A～F의 출근 시각은 모두 다르며, 먼저 출근한 사람만 늦게 출근한 사람의 시간을 알 수 있다)

- C는 E보다 먼저 출근하였다.
- D는 A와 B보다 먼저 출근하였다.
- E는 A가 도착하기 직전 또는 직후에 출근하였다.
- E는 F보다 늦게 출근하였지만, 꼴찌는 아니다.
- F는 B가 도착하기 바로 직전에 출근하였다.

① A는 B의 출근 시각을 알 수 있다.
② B는 C의 출근 시각을 알 수 있다.
③ C는 A～F의 출근 순서를 알 수 있다.
④ F가 C보다 먼저 출근했다면, D의 출근 시각을 알 수 있다.
⑤ D가 C보다 먼저 출근했다면, A～F의 출근 순서를 알 수 있다.

24 A는 올해 초에 3,000만 원짜리 자동차를 구입하였다. 처음에 현금 1,200만 원을 내고 나머지 금액은 올해 말부터 연말마다 일정한 금액으로 6회에 걸쳐 갚으려고 한다. 이때 매년 얼마씩 갚아야 하는가?(단, $1.01^6 = 1.06$, 연 이자율 1%, 1년마다 복리로 계산한다)

① 300만 원
② 306만 원
③ 312만 원
④ 318만 원
⑤ 324만 원

25 N은행에 근무하는 A사원과 B사원이 건물 맨 꼭대기 층인 10층에서 엘리베이터를 함께 타고 내려갔다. 두 사원이 서로 다른 층에 내릴 확률은?(단, 두 사원 모두 지하에서는 내리지 않는다)

① $\frac{5}{27}$

② $\frac{8}{27}$

③ $\frac{2}{3}$

④ $\frac{8}{9}$

⑤ $\frac{77}{81}$

26 N은행의 부산 지점에서 근무 중인 A과장, B대리, C대리, D대리, E사원은 2명 또는 3명으로 팀을 이루어 세종특별시, 서울특별시, 광주광역시, 인천광역시 네 지역으로 출장을 가야 한다. 다음 〈조건〉에 따라 지역별로 출장을 가는 팀을 구성하였을 때, 항상 참인 것은?(단, 모든 직원은 1회 이상 출장을 가며, 지역별 출장일은 서로 다르다)

〈조건〉

- A과장은 네 지역으로 모두 출장을 간다.
- B대리는 모든 특별시로 출장을 간다.
- C대리와 D대리가 함께 출장을 가는 경우는 단 한 번뿐이다.
- 광주광역시에는 E사원을 포함한 2명의 직원이 출장을 간다.
- 한 지역으로만 출장을 가는 사람은 E사원뿐이다.

① B대리는 D대리와 함께 출장을 가지 않는다.

② B대리는 C대리와 함께 출장을 가지 않는다.

③ C대리는 특별시로 출장을 가지 않는다.

④ D대리는 특별시로 출장을 가지 않는다.

⑤ D대리는 E사원과 함께 출장을 가지 않는다.

27 인재연수부 김과장은 사내연수 중 조별과제의 발표 일정을 수립하고자 한다. 다음 〈조건〉에 따라 각 조의 발표 날짜를 정한다고 할 때, B조가 발표할 날짜는 언제인가?

〈조건〉

- 조별과제 발표를 수행할 조는 A조, B조, C조이다.
- 조별과제의 발표는 연수시간에 이루어지며, 연수는 매주 화요일부터 금요일까지 진행된다.
- 달력에는 공휴일 및 창립기념일이 기록되어 있으며, 해당 일은 연수가 진행되지 않는다.
- 각 조는 3일간 발표를 수행한다.
- 조별 발표는 A조 → C조 → B조 순으로 진행된다.
- 각 조는 앞 순서 조의 마지막 발표일 이후 발표가 가능한 가장 빠른 일자에 발표를 시작한다.
- 특정 조의 발표가 끝난 날의 다음 날에는 어느 조도 발표를 할 수 없다.
- 각 조의 발표는 3일간 연속하여 하는 것이 원칙이나, 마지막 날의 발표는 연속하지 않게 별도로 할 수 있다. 다만, 이 경우에도 발표가 가능한 가장 빠른 일자에 마지막 날의 발표를 하여야 한다.

〈5월 달력〉

일	월	화	수	목	금	토
	1	2	3	4	5 어린이날	6
7	8	9 A조 발표	10 A조 발표	11 A조 발표	12	13
14	15	16	17 창립기념일	18	19	20
21	22	23	24	25	26	27 석가탄신일
28	29 대체공휴일	30	31			

① 18 ~ 19일, 22일
② 22 ~ 24일
③ 24 ~ 26일
④ 25 ~ 26일, 30일
⑤ 26일, 30 ~ 31일

28 다음은 N기업의 2025년 상반기 신입사원 채용 현황에 대한 자료이다. 이에 대한 설명으로 옳지 않은 것은?

〈신입사원 채용 현황〉

(단위 : 명)

구분	입사지원자 수	합격자 수
남성	680	120
여성	320	80

① 남성 합격자 수는 여성 합격자 수의 1.5배이다.

② 총 입사지원자 중 합격률은 20%이다.

③ 여성 입사지원자의 합격률은 25%이다.

④ 합격자 중 남성의 비율은 70% 이상이다.

⑤ 총 입사지원자 중 여성 입사지원자의 비율은 30% 이상이다.

29 다음은 2025년 6월 N공항의 원인별 지연 및 결항 통계 자료이다. 이에 대한 설명으로 옳은 것은?

〈2025년 6월 N공항 원인별 지연 및 결항 통계〉

(단위 : 편)

구분	기상	A/C 접속	A/C 정비	여객처리 및 승무원 관련	복합원인	기타	합계
지연	98	1,510	150	30	2	1,210	3,000
결항	14	4	12	0	0	40	70

① 6월에 N공항을 이용하는 비행기가 지연되었을 확률은 98%이다.

② 기타를 제외하고 항공편 지연과 결항에서 가장 높은 비중을 차지하고 있는 원인이 같다.

③ 기상으로 지연된 항공편 수는 기상으로 결항된 항공편 수의 6배이다.

④ A/C 정비로 인해 결항된 항공편 수는 A/C 정비로 인해 지연된 항공편 수의 10%이다.

⑤ 항공편 지연 중 A/C 정비가 차지하는 비율은 결항 중 기상이 차지하는 비율의 $\frac{1}{4}$ 이다.

※ 다음은 주택청약을 신청한 사람들이 가점을 받는 조건에 대한 자료이다. 이어지는 질문에 답하시오. **[30~31]**

〈청약 조건 및 가점〉

혼인 2년 초과 7년 이내 신혼부부 및 3세 이상 6세 이하(만 2세 이상 만 7세 미만을 말함) 자녀를 둔 한부모가족에게 가점제로 공급

가점항목	평가항목	점수(점)	비고
미성년 자녀 수	3명 이상	3	태아(입양) 포함
	2명	2	
	1명	1	
무주택기간	3년 이상	3	신청자가 만 30세가 되는 날(만 30세 이전 혼인한 경우 혼인신고일)부터 공고일 기준 세대구성원(예비신혼부부는 혼인으로 구성될 세대) 전원이 계속하여 무주택인 기간
	1년 이상 3년 미만	2	
	1년 미만	1	
해당 시·도 연속 거주기간	2년 이상	3	시는 특별시·광역시·특별자치시 기준이고, 도는 도·특별자치도 기준
	1년 이상 2년 미만	2	
	1년 미만	1	
주택청약종합저축 납입인정 횟수	24회 이상	3	입주자저축 가입 확인서 기준
	12회 이상 23회 이하	2	
	6회 이상 11회 이하	1	

30 K신혼희망타운에 청약을 신청한 A씨 부부가 당첨을 기다리고 있다. 다음 상황에 따라 가점 기준을 적용한 A씨의 청약 가점은 몇 점인가?(현재 날짜는 2025년 9월 15일이다)

〈상황〉

A씨는 2023년 7월에 결혼하여 바로 혼인신고를 하였다. 부부 모두 무주택 기간이 13개월이며, 청약을 신청한 하남시에서 첫째 아들과 둘째를 임신 중인 아내와 함께 현재 5개월째 거주 중이다. 주택청약종합저축은 예전부터 준비하여 지난달에 38회 납부를 하였다.

① 5점
② 6점
③ 7점
④ 8점
⑤ 9점

31 A씨는 자신의 상황에서 무주택기간과 거주기간이 잘못 기입되어 청약 조건에 따른 가점이 낮게 나왔다고 생각했다. A씨가 다시 확인한 결과 무주택기간은 2년을 더 추가해야 하며, 하남시에서의 거주기간은 10개월이었다. 이때, 수정된 청약 가점은 몇 점인가?(단, 다른 상황은 **30**번 문제와 동일하다)

① 7점
② 8점
③ 9점
④ 10점
⑤ 11점

32 **다음 명제가 모두 참일 때, 항상 참인 명제는?**

- 딸기에는 비타민 C가 키위의 2.6배 정도 함유되어 있다.
- 귤에는 비타민 C가 키위의 1.6배 정도 함유되어 있다.
- 키위에는 비타민 C가 사과의 5배 정도 함유되어 있다.

① 귤의 비타민 C 함유량이 가장 많다.
② 사과의 비타민 C 함유량이 가장 많다.
③ 키위의 비타민 C 함유량이 가장 적다.
④ 키위의 비타민 C 함유량이 가장 많다.
⑤ 딸기의 비타민 C 함유량이 가장 많다.

33 **다음은 국내 여행업계에서 선도적 위치에 있다고 평가받는 N사에 대한 SWOT 분석 결과를 정리한 자료이다. 빈칸에 들어갈 요인으로 가장 적절한 것은?**

〈SWOT 분석 결과〉

강점(Strength)	• 국내 여행업계의 전통적인 강자라는 위상 • 전국 6,000개 이상의 대리점, 850개 이상의 전문 판매점, 300여 개 이상의 전 세계 협력업체 등 강력한 네트워크
약점(Weakness)	• 아웃바운드 자유 여행(FIT) 부문은 저가 여행사들과의 치열한 마케팅 전쟁 부담
기회(Opportunity)	• 내국인이 무비자로 입국 가능한 국가의 증가 • 코로나19 종식 이후 해외 출국자 수 및 국내·해외 여행 수요 증가 추세 • ______________________
위협(Threat)	• 숙박 예약 온라인 플랫폼(OTA) 시장의 성장 • 중국·일본 및 북한 등 주변국 국가와의 정치적·경제적·군사적 갈등

① 자회사들의 수년간 누적된 적자
② 관광 분야 예산 확대 등 정부의 여행 산업 육성 정책
③ 온라인 플랫폼(OTA) 기업들의 본격적인 여행업 진출
④ 여행사를 이용하지 않는 자유 여행(FIT) 수요 증가 경향
⑤ 높은 고객만족도지수 등 고객과의 소통이 원활한 기업이라는 평가

34 현재 A마트에서는 배추를 한 포기당 3,000원에 판매하고 있다고 한다. 다음은 배추의 유통 과정을 나타낸 자료이며, 이를 참고하여 최대의 이익을 내고자 할 때, X · Y산지 중 어느 곳을 선택하는 것이 좋으며, 최종적으로 A마트에서 배추 한 포기당 얻을 수 있는 수익은 얼마인가?(단, 소수점 첫째 자리에서 반올림한다)

〈산지별 배추 유통 과정〉

구분	X산지	Y산지
재배원가	1,000원	1,500원
산지 → 경매인	재배원가에 20%의 이윤을 붙여서 판매한다.	재배원가에 10%의 이윤을 붙여서 판매한다.
경매인 → 도매상인	산지가격에 25%의 이윤을 붙여서 판매한다.	산지가격에 10%의 이윤을 붙여서 판매한다.
도매상인 → 마트	경매가격에 30%의 이윤을 붙여서 판매한다.	경매가격에 10%의 이윤을 붙여서 판매한다.

	산지	이익
①	X	1,003원
②	X	1,050원
③	Y	1,003원
④	Y	1,050원
⑤	Y	1,125원

35 N회사에 근무하는 A씨는 사정이 생겨 다니던 회사를 그만두게 되었다. A씨의 근무기간 및 기본급 등의 기본정보가 다음과 같다면, A씨가 퇴직 시 받게 되는 퇴직금의 세전금액은 얼마인가?(단, A씨의 퇴직일 이전 3개월간 기타수당은 720,000원이며, 퇴직일 이전 3개월간 총일수는 80일이다)

- 입사일자 : 2023년 9월 1일
- 퇴사일자 : 2025년 9월 4일
- 재직일수 : 730일
- 월기본급 : 2,000,000원
- 월기타수당 : 월별 상이
- 퇴직 전 3개월 임금총액 계산(세전금액)

퇴직 이전 3개월간 총일수	기본급(3개월분)	기타수당(3개월분)
80일	6,000,000원	720,000원

- (1일 평균임금)=[퇴직일 이전 3개월간에 지급받은 임금총액(기본급+기타수당)]/(퇴직일 이전 3개월간 총일수)
- (퇴직금)=(1일 평균임금)×(30일)×(재직일수/365)

① 5,020,000원
② 5,030,000원
③ 5,040,000원
④ 5,050,000원
⑤ 5,060,000원

36 갑 ~ 기 6명은 올해 N사에 입사한 신입 직원이다. 신입 직원들에 대한 정보와 이들이 배치될 부서에 대한 정보가 다음과 같을 때, 신입 직원과 배치될 부서가 잘못 연결된 것은?

- 신입 직원들은 서로 다른 부서에 배치되며, 배치되지 않는 신입 직원은 없다.
- 각 신입 직원은 각자의 정보가 부서별 요구사항을 충족하는 부서에만 배치된다.
- 각 신입 직원에 대한 정보는 다음과 같다.

구분	전공	학위	인턴 경험	업무역량		
				데이터분석	재무분석	제2외국어
갑	경영	학사	1	×	×	○
을	인문	석사	–	○	×	×
병	공학	학사	1	×	○	×
정	사회	학사	2	×	○	○
무	공학	학사	–	○	×	×
기	경영	박사	–	×	○	×

- 부서별 신입직원 요구사항은 다음과 같다.

구분	요구사항
총무부	• 경영 전공자, 인턴 경험 보유
투자전략부	• 재무분석 가능, 석사 이상
인사부	• 인턴 등 조직 경험 1회 이상
대외협력부	• 제2외국어 가능자
품질관리부	• 석사 이상, 데이터분석 가능
기술개발부	• 데이터분석 가능자

	부서명	신입 직원
①	투자전략부	기
②	대외협력부	갑
③	품질관리부	을
④	기술개발부	무
⑤	인사부	병

37 다음은 우리나라 자동차 등록번호 부여방법과 N은행 농업금융부 직원들의 자동차 등록번호이다. 〈보기〉 중 자동차 등록번호가 잘못 부여된 것은 모두 몇 개인가?(단, N은행 농업금융부 직원들의 자동차는 모두 비사업용 승용차이다)

〈자동차 등록번호 부여방법〉

- 차량종류 – 차량용도 – 일련번호 순으로 부여한다.
- 차량종류별 등록번호

승용차	승합차	화물차	특수차	긴급차
100 ~ 699	700 ~ 799	800 ~ 979	980 ~ 997	998 ~ 999

- 차량용도별 등록번호

구분	문자열
비사업용 (32개)	가, 나, 다, 라, 마 거, 너, 더, 러, 머, 버, 서, 어, 저 고, 노, 도, 로, 모, 보, 소, 오, 조 구, 누, 두, 루, 무, 부, 수, 우, 주
운수사업용	바, 사, 아, 자
택배사업용	배
렌터카	하, 허, 호

- 일련번호
  1000 ~ 9999 숫자 중 임의 발급

〈보기〉

〈N은행 농업금융부 직원들의 자동차 등록번호〉

- 680 더 3412
- 521 버 2124
- 431 사 3019
- 531 서 9898
- 501 라 4395
- 421 저 2031
- 241 가 0291
- 670 로 3502
- 702 나 2838
- 431 구 3050
- 600 루 1920
- 912 라 2034
- 321 우 3841
- 214 하 1800
- 450 무 8402
- 531 고 7123

① 3개
② 4개
③ 5개
④ 6개
⑤ 7개

38 독일인 A씨는 베를린에서 한국을 경유하여 일본으로 가는 항공권을 구매하였다. A씨의 일정이 다음과 같을 때, A씨가 인천공항에 도착하는 한국시각과 A씨가 참여했을 환승투어가 바르게 짝지어진 것은?(단, 제시된 조건 외에 고려하지 않는다)

〈A씨의 일정〉

한국행 출발시각 (독일시각 기준)	비행시간	인천공항 도착시각	일본행 출발시각 (한국시각 기준)
11월 2일 19:30	12시간 20분		11월 3일 19:30

※ 독일은 한국보다 8시간 느림
※ 비행 출발 1시간 전에는 공항에 도착해야 함

〈환승투어 코스 안내〉

구분	코스	소요시간
엔터테인먼트	• 인천공항 → 파라다이스시티 아트테인먼트 → 인천공항	2시간
인천시티	• 인천공항 → 송도한옥마을 → 센트럴파크 → 인천공항 • 인천공항 → 송도한옥마을 → 트리플 스트리트 → 인천공항	2시간
산업	• 인천공항 → 광명동굴 → 인천공항	4시간
전통	• 인천공항 → 경복궁 → 인사동 → 인천공항	5시간
해안관광	• 인천공항 → 을왕리해변 또는 마시안해변 → 인천공항	1시간

	도착시각	환승투어
①	11월 2일 15:50	엔터테인먼트
②	11월 2일 23:50	산업
③	11월 3일 14:50	해안관광
④	11월 3일 15:50	인천시티
⑤	11월 3일 23:50	전통

※ 다음은 농협의 귀농귀촌 희망자를 위한 적금 상품설명서의 일부이다. 이어지는 질문에 답하시오. [39~40]

1. 상품 개요 및 특징
   - ▷ 상품명 : 귀농출발 적금
   - ▷ 상품특징 : 귀농귀촌 자금 마련을 위해 최장 20년까지 적립할 수 있는 장기 적금 상품
2. 거래 조건

<table>
<tr><th>구분</th><th>내용</th></tr>
<tr><td>가입대상</td><td>개인</td></tr>
<tr><td>대상과목</td><td>자유적립적금</td></tr>
<tr><td>적립금액</td><td>초입금 10만 원 이상 매회 1만 원 이상(계좌별) 매월 5백만 원 이내(1인당)
※ 단, 계약기간 3/4 경과 후 적립할 수 있는 금액은 이전 적립누계액의 1/2 이내</td></tr>
<tr><td>계약기간</td><td>1년 이상 20년 이내(연 단위)</td></tr>
<tr><td>적용이율
(연 %, 세전)</td><td>자유적립적금 기본이율 적용(해당 연차별로 응당일에 변경 적용)
– 적립기간 : 자유적립적금 1년제 금리
– 재예치기간 : 자유적립적금 각각 2년제(재예치 1년차), 3년제(재예치 2년차 이상) 금리</td></tr>
<tr><td>우대이율</td><td>최고 연 0.4%p 내에서 농·축협별 적용(재예치 및 만기 시 적용, 자동 재예치 전 적립액 인출 시 및 만기 후 적용 배제)
<table>
<tr><th>구분</th><th>우대조건</th><th>우대이율(연 %p)</th></tr>
<tr><td rowspan="2">귀농귀촌
우대이율</td><td>귀농귀촌 고객[1]</td><td rowspan="5">각 최고 0.05 이내</td></tr>
<tr><td>「귀농귀촌종합센터」 회원 가입 고객[2]</td></tr>
<tr><td rowspan="3">거래고객
우대이율</td><td>연금(급여) 이체 고객[3]</td></tr>
<tr><td>「귀농start통장」 가입 고객[4]</td></tr>
<tr><td>인터넷(스마트)뱅킹 가입 고객</td></tr>
<tr><td>농·축협별
우대이율</td><td>농·축협별 자체 우대조건
(조합원, 하나로 고객, 공과금 이체 실적 등)</td><td>최고 0.15 이내</td></tr>
</table>
1) 가입 농·축협 소재 시군구 이외의 지역에서 1년 이상 거주하다가 귀농귀촌을 목적으로 가입 농·축협 소재 시군구로 전입한 고객(주민등록등본 등으로 확인)
2) 귀농귀촌종합센터(www.returnfarm.com) 회원으로 가입하고 '마이페이지' 화면을 출력하여 제출한 고객
3) 이 예금 가입월 전 3개월간 농·축협 요구불통장에 공사적연금 또는 급여가 매월 이체된 실적이 있는 고객(급여이체는 하나로가족고객 급여이체 실적인정 기준을 따름)
4) 이 예금과 통장 관리 농·축협이 동일한 경우에 한함</td></tr>
<tr><td>중도해지이율
(연 %, 세전)</td><td>
<table>
<tr><th>경과기간</th><th>이율 / 적용률</th><th>경과기간</th><th>이율 / 적용률</th></tr>
<tr><td>1개월 미만</td><td>보통예탁금 이율</td><td>6개월 미만</td><td>(기준금리)×(경과기간별 적용률)</td></tr>
<tr><td>3개월 미만</td><td>(기준금리)×(경과기간별 적용률)</td><td>12개월 미만</td><td>(기준금리)×(경과기간별 적용률)</td></tr>
</table></td></tr>
<tr><td>중도인출</td><td>– 이 적금은 연 단위 적립원리금별로 중도인출 가능하며, 중도인출 시 연 단위 충족 분은 기본 금리를 적용하고 연 단위 미 충족 분은 만기 후 금리를 적용함
– 적립액 전부를 중도인출 시에는 계좌해지로 처리하며, 중도해지금리를 적용함</td></tr>
<tr><td>양도 및
담보대출</td><td>농·축협의 승낙을 받은 경우 양도 및 담보 제공이 가능</td></tr>
<tr><td>담보대출</td><td>예금담보대출 가능, 적용금리는 예·적금 담보대출 금리 적용</td></tr>
<tr><td>이자지급방식</td><td>만기일시지급식</td></tr>
<tr><td>세제 관련</td><td>세금우대예탁금, 비과세종합저축으로 가입 가능
※ 관련 세법 개정 시 세율이 변경되거나 세금이 부과될 수 있음</td></tr>
</table>

신규 가입 및 해지	영업점에서 신규 가입 및 해지 가능
제한사항	이 적금은 1년 이상 납입이 없을 경우 계약기간(적립기간) 중이라도 추가 적립할 수 없으며, 질권 설정 등의 지급제한사유가 있을 때에는 연 단위 적립원리금별로 구분하여 지급하지 않음
예금자보호	이 예금은 예금자보호법에 따라 예금보험공사가 보호하되, 보호한도는 본 은행에 있는 고객의 모든 예금보호대상 금융상품의 원금과 소정의 이자를 합하여 1인당 '최고 1억 원'이며, 1억 원을 초과하는 나머지 금액은 보호하지 않음

39 **A사원은 내방한 K고객에게 위 상품을 설명하고 있다. 다음 중 A사원이 위 상품에 대해 설명한 내용으로 옳지 않은 것은?**

① "고객님이 지금 40세이시니까 올해 가입하신다면 60세까지 적립 가능합니다."

② "고객님께서 만약 2개월째 되는 날 해지하신다면 보통예탁금 이율을 적용하여 원리금을 지급합니다."

③ "본 예·적금 상품은 담보 제공이 가능하나, 농·축협의 승낙을 받아야 합니다."

④ "이 상품은 질권 설정이 가능합니다."

⑤ "납입하신 원금과 이자를 합하여 1억 원일 경우 예금자보호법에 따라 보호됩니다."

40 **다음은 K고객이 위 상품 가입을 위해 A사원과 나눈 대화의 일부이다. 이를 통해 K고객에게 적용할 수 있는 우대이율은 몇 %p인가?(단, 각 우내소건을 만족할 경우 약관에 명시된 항목별 우대이율 범위에서 최고 이율을 지급한다)**

K고객 : 저는 태어나서 지금까지 서울에서만 살아오다가 이번에 이곳 진천군으로 내려오게 되었습니다. 오늘 전입신청을 했어요. 인터넷에서 귀농귀촌종합센터에 가입해서 이런 저런 정보를 얻게 되었는데, 이 적금이 좋다길래 상담하러 온 것입니다.

A사원 : 네, 찾아와주셔서 정말 고맙습니다. 이 상품에는 우대금리가 적용되는데 혹시 인터넷이나 스마트뱅킹을 사용하고 계신가요?

K고객 : 아니요. 조그마한 식당을 운영했는데, 가게 근처에 농협이 있어 그런 건 사용해본 적이 없었네요. 거래 실적이 좋아 하나로 고객 우수 등급이긴 합니다.

A사원 : 아, 하나로 고객 등급이 높으시군요. 우리 농협은 하나로 고객 우수 등급에게 자체적으로 지급할 수 있는 최고 이율로 우대이율을 지급하고 있습니다.

① 0.15%p
② 0.20%p
③ 0.25%p
④ 0.30%p
⑤ 0.35%p

※ 다음은 ISA상품의 내용 및 절세효과에 대한 설명이다. 이어지는 질문에 답하시오. **[41~42]**

○ ISA(개인종합자산관리계좌)

가입자가 예금, 펀드, ELS 등 다양한 금융상품을 선택하여 통합관리 가능한 계좌

○ 상품내용

구분	일반형	서민형	청년형
가입대상	• 근로소득자 • 사업소득자 • 농어민	• 총급여액 : 5,000만 원 이하 근로자 • 소득금액 : 3,500만 원 이하 사업자 • 농어민[단, 소득이 일반형 기준(근로소득 5,000만 원, 사업소득 3,500만 원)을 초과 시 일반형 적용]	• 일반형 기준 충족자 중 – 15세 이상 29세 이하인 자 – 자산형성지원금 수령자
가입금액	연간 2,000만 원 한도(5년간 총 1억 원) ※ 재형저축, 소득공제장기펀드 보유고객은 2,000만 원에서 해당상품의 연간한도 차감 ※ 연간 가입한도를 초과하는 금액은 개별상품 투자 시 세율 적용		
판매기한	2024.12.31까지(일임형 / 신탁형 ISA 동일)		
최소 가입금액	일임형 ISA : 10,000원 / 신탁형 ISA : 원 단위		
비과세 한도	200만 원	400만 원	200만 원
가입기간	5년	5년	5년
의무기간	5년	3년	3년

○ 세율

구분	세금 계산방식	적용세율
개별상품 투자 시	(순이익)×(세율)	15.4%(이자소득세 14%+지방소득세 1.4%)
ISA계좌 손익통산 시	(순이익)×(세율)	9.9%(이자소득세 9%+지방소득세 0.9%)

※ (순이익)=(투자이익)−(투자손익)

41 김대리는 ISA계좌를 개설하고자 한다. 김대리의 상황이 다음과 같을 때, 김대리가 ISA계좌 개설을 통해 얻을 수 있는 절세금액은?

○ 김대리의 현재 투자현황 및 순이익은 다음과 같다.

상품명	A펀드	B펀드	C채권	D채권
순이익	205만 원	170만 원	220만 원	315만 원

○ 김대리의 연간 총급여액은 5,500만 원이다.

○ 김대리의 나이는 30세이다.

○ 김대리는 연간한도 500만 원의 재형저축을 보유하고 있다.

○ 김대리는 일임형 ISA계좌를 개설하고자 한다.

① 280,500원　② 405,900원

③ 500,500원　④ 698,500원

⑤ 896,500원

42 다음 중 ISA계좌 개설 후 순이익에 대한 세액이 가장 적은 사람부터 순서대로 나열한 것은?

- A : 연간 펀드투자 순이익이 275만 원, 채권 순이익이 210만 원이고 연간 총소득이 3,200만 원인 45세 사업자
- B : 연간 펀드투자 순이익이 25만 원, 채권 순이익이 40만 원이며 연간 총소득이 250만 원인 22세 대학생
- C : 연간 펀드투자 순이익이 110만 원, 채권 순이익이 210만 원이고 연간 총소득이 5,250만 원인 32세 근로자
- D : 연간 펀드투자 순이익이 970만 원, 채권 순이익이 860만 원이며, 연간한도 500만 원의 소득공제장기 펀드를 보유 중이고 연간 총소득이 8,900만 원인 40세 사업자

※ 서민형 ISA계좌가 개설 가능한 경우 일반형 ISA계좌가 아닌 서민형 ISA계좌를, 청년형 ISA계좌가 개설 가능한 경우 일반형 또는 서민형 ISA계좌가 아닌 청년형 ISA계좌를 개설함

① A－B－C－D
② A－C－B－D
③ B－A－C－D
④ B－C－A－D
⑤ C－A－D－B

43 다음 스프레드시트에서 판매량이 20 이상인 제품의 총 판매량을 구하는 함수식은?

	A	B
1	제품명	판매량
2	A	5
3	B	30
4	C	23

① =SUMIF(A2:A4,">20",B2:B4)
② =SUMIF(B2:B4,">20",B2:B4)
③ =SUMIF(A2:A4,">=20",B2:B4)
④ =SUMIF(B2:B4,">=20",B2:B4)
⑤ =SUMIF(B2:B4,">=20",A2:A4)

44 다음 C 프로그램의 실행 결과로 옳은 것은?

```
#include <stdio.h>
int main()
{
    int sum=0;
    int x;
    for(x=1;x<=100;x++)
        sum+=x;
    printf("1+2+ … +100=%d\n",sum);
     return 0;
 }
```

① 5010
② 5020
③ 5040
④ 5050
⑤ 6000

45 **다음 중 C대리의 답변 (가)~(마)에 들어갈 내용으로 옳지 않은 것은?**

A과장 : C대리, 파워포인트 슬라이드 쇼 실행 화면에서 단축키 좀 알려줄 수 있을까? 내 마음대로 슬라이드를 움직일 수가 없어서 답답해서 말이지.
C대리 : 네 과장님, 제가 알려드리겠습니다.
A과장 : 그래, 우선 발표가 끝나고 쇼 실행 화면에서 화면을 검게 하고 싶은데 가능한가?
C대리 : ______(가)______
A과장 : 그렇군. 혹시 흰색으로 설정도 가능한가?
C대리 : ______(나)______
A과장 : 혹시 원하는 슬라이드로 이동하는 방법도 있나? 예를 들어 7번 슬라이드로 바로 넘어가고 싶네만.
C대리 : ______(다)______
A과장 : 슬라이드 쇼 실행 화면에서 모든 슬라이드를 보고 싶은 경우도 있네.
C대리 : ______(라)______
A과장 : 맞다. 형광펜 기능도 있다고 들었는데?
C대리 : ______(마)______

① (가) : [.](마침표) 버튼을 누르시면 됩니다.
② (나) : [,](쉼표) 버튼을 누르시면 됩니다.
③ (다) : [7](해당번호)를 누르고, [Enter↵] 버튼을 누르시면 됩니다.
④ (라) : [+](플러스) 버튼을 누르시면 됩니다.
⑤ (마) : [Ctrl](컨트롤) 버튼과 [I](영어 I) 버튼을 같이 누르시면 됩니다.

제2영역 직무상식평가

공통

01 다음 빈칸에 공통으로 들어갈 용어로 옳은 것은?

> 사용자가 눈으로 보는 현실세계에서 가상 물체를 겹쳐 보여주는 기술로, 실시간으로 부가정보를 갖는 가상세계를 합쳐 하나의 영상으로 보여주므로 증강현실이라고도 한다. 이 기술을 실외에서 실현하는 것이 ________________이다. 실제 환경에 그래픽·문자 등을 겹쳐 실시간으로 보여줌으로써 증강현실을 가능하게 하며, 증강현실에 대한 연구는 ________________ 개발이 주를 이루고 있다. 현재까지 개발된 증강현실 시스템으로는 비디오방식과 광학방식 등의 HMD가 있다.

① 팜톱 컴퓨터(Palmtop Computer)
② 착용 컴퓨터(Wearable Computer)
③ VR(Virtual Reality)
④ AR(Augmented Reality)
⑤ PDA(Personal Digital Assistants)

02 다음에서 설명하는 기술과 가장 관련 있는 것은?

> 20년 전, 지금과 달리 인터넷이 발달하지 않았던 시절에 우리는 컴퓨터와 정보를 공유하기 위해 '플로피 디스켓'과 같은 물리적인 저장 장치를 이용해야만 했다. 인터넷이 등장하면서 우리는 네트워크를 통해 컴퓨터와 소통을 시작했다.
> 지금까지의 네트워크 소통이 주로 사용자의 의도와 조작에 의해 이루어졌다면, 이제는 컴퓨터가 스스로 네트워크를 이용해 다른 컴퓨터와 정보를 교환하고, 그 정보를 사용자에게 전달하거나 혹은 상황에 알맞은 행동을 스스로 할 수 있게 되었다. 구글의 스마트 안경 '구글글래스'나 나이키의 건강관리용 팔찌 '퓨얼밴드'가 이러한 기술의 대표적 예이다.
> 미국의 경우 이러한 기술을 적극적으로 활용하고 있는데, 디즈니랜드는 미키마우스 모형의 곳곳에 센서를 탑재해 놀이기구 현황, 방문객의 위치, 날씨 정보 등을 수집하고 그러한 정보를 방문객에게 실시간으로 전달한다. 또 다른 예로 차량 사고 발생 시 구조 요청이나 보험사에 연락을 하는 등의 사고 처리를 자동으로 할 수 있도록 적용한 차량이 생산되고 있다.

① 앱카드 결제 시스템
② 블루투스 헤드셋
③ MST
④ 대쉬 버튼
⑤ 하이패스 단말기

03 다음 중 네이버나 구글 같은 일반적인 포털사이트에서 검색되지 않는 인터넷 공간을 의미하는 용어는?

① 토르 네트워크(Tor Network)
② 프록시(Proxy)
③ 어나니머스(Anonymous)
④ 레거시(Legacy)
⑤ 딥 웹(Deep Web)

04 다음 빈칸에 공통으로 들어갈 용어로 옳은 것은?

> ____________은/는 디지털 테크놀로지의 문화적 · 인식론적 영향과 사회적 활용을 연구하는 프랑스 철학자 레비(Pierre Levy)가 프랑스의 가톨릭계 신학자이자 고고학자인 테야르 드 샤르댕(Pierre Teilhard de Chardin)의 말에서 빌려온 개념이다. ____________은/는 인류가 오랫동안 집적해 온 공동의 지적 능력과 자산을 바탕으로 사이버 공간에서 이뤄가는 세계를 뜻한다.

① 사이버 스쿼팅
② 누스페어
③ 스마트몹
④ 사이버 리터러시
⑤ 그린 그리드

05 다음 중 시간의 경과에 따라 없어지거나 질이 떨어질 우려가 있는 정보들을 디지털화하여 보관하는 거대한 문서 저장고는?

① 디지털 부머
② 디지털 디바이드
③ 디지털 컨버전스
④ 디지털 아카이브
⑤ 디지털 네트워크

06 **다음에서 설명하는 용어로 옳은 것은?**

한국판 뉴딜 정책의 하나로 데이터 수집・가공・거래・활용 기반을 강화하여 데이터경제를 가속화하고, 5G 이동통신 전국망에 기반하여 모든 산업을 5G 이동통신과 인공지능의 융합 서비스로 하려는 사업이다. 분야별 데이터를 수집하고 가공하는 작업을 통해 새로운 산업을 육성하고, 신속하게 활용할 수 있도록 하는 것이 이 사업의 목표이다.

① 오픈 데이터
② 데이터 사이언스
③ 데이터 마이닝
④ 데이터 레이블링
⑤ 데이터 댐

07 **다음 〈보기〉에서 NFT(Non-Fungible Token)에 대한 설명으로 옳은 것을 모두 고르면?**

〈보기〉

㉠ 개개의 NFT에는 고유한 인식값이 부여되어 서로 대체할 수 없는 가치가 있기 때문에 교환할 수 없다.
㉡ 블록체인에 저장된 NFT 최초 발행자, 소유권 이전 등 거래내역을 공개하기 때문에 위조가 불가능하다.
㉢ NFT는 소유권 거래가 가능하고 고유성・희소성이 있는 디지털 자산이므로 투자 대상으로 주목을 받고 있다.
㉣ 원저작자만이 원본이 되는 저작물을 NFT화할 수 있기 때문에 저작권・소유권 침해를 둘러싼 법적 분쟁 우려가 없다.
㉤ NFT 소유자는 NFT에 대한 소유권과 저작권을 모두 가지므로 저작권 침해 신고를 할 수 있다.

① ㉠, ㉡, ㉢
② ㉠, ㉡, ㉣
③ ㉠, ㉢, ㉤
④ ㉡, ㉢, ㉣
⑤ ㉢, ㉣, ㉤

08 다음 중 인공지능이 데이터를 스스로 학습할 수 있도록 재가공하는 것은?

① 브로드 데이터
② 데이터 버스
③ 데이터 마이닝
④ 데이터 라벨링
⑤ 데이터 베이스

09 다음 빈칸에 들어갈 용어로 옳은 것은?

이것은 다른 사이트의 정보를 복사한 사이트라고 해서 ＿＿＿＿＿＿(이)라고 불린다. 사이트가 네트워크에서 트래픽이 빈번해지면 접속이 힘들고 속도가 떨어지는데, 이를 예방하려면 네트워크의 이용 효율을 향상시켜야 한다. 이것은 다른 사이트들에 원본과 동일한 정보를 복사하여 저장시켜 놓는 것을 뜻한다.

① 게더링 사이트
② 레이더 사이트
③ 옐로 페이지
④ 미러 사이트
⑤ 딥 웹

10 데이터 3법은 개인정보보호에 관한 법이 소관 부처별로 나뉘어 있기 때문에 생기는 불필요한 중복 규제를 없애 4차 산업혁명의 도래에 맞춰 개인과 기업이 정보를 활용할 수 있는 폭을 넓히자는 취지로 마련되었다. 다음 중 데이터 3법에 해당하는 것을 바르게 나열한 것은?

① 개인정보 보호법, 정보통신망법, 신용정보법
② 개인정보 보호법, 신용정보법, 컴퓨터프로그램보호법
③ 개인정보 보호법, 정보통신망법, 컴퓨터프로그램보호법
④ 정보통신망법, 신용정보법, 컴퓨터프로그램보호법
⑤ 정보통신망법, 신용정보법, 사회보호법

일반

11 **다음 중 국제통화기금에 대한 설명으로 옳지 않은 것은?**

① 회원국이 요청할 경우 기술, 금융 등을 직접 지원할 수 있다.
② 본부는 미국 워싱턴에 위치하고 있으며, 1944년에 설립되었다.
③ 전 세계 환율과 국제수지 등을 감시하고 감독하는 국제 금융기구이다.
④ 회원국은 국제무역 규모, 국민소득 등에 따라 일정비율의 투표권을 받는다.
⑤ 국제통화기금의 특별인출권 지분을 가장 많이 가지고 있는 국가는 일본이다.

12 **다음 중 코즈의 정리에 대한 설명으로 옳지 않은 것은?**

① 코즈의 정리는 부정적 외부효과, 긍정적 외부효과 모두에서 작동한다.
② 코즈의 정리는 시장실패 상황에서 실현 가능성이 높은 해결방안이 된다.
③ 코즈의 정리는 소유권이 명확하고, 거래비용이 0인 것을 전제조건으로 한다.
④ 코즈의 정리는 참여자 간 자발적 협상을 통해 외부성의 문제를 해결할 수 있다고 본다.
⑤ 코즈의 정리는 환경오염, 공유자원 관리실패 등의 문제에 대해 정부개입 필요성이 없다고 본다.

13 **다음 중 우상향하는 총공급곡선(AS)을 왼쪽으로 이동시키는 요인으로 옳은 것은?**

① 임금 상승
② 통화량 증가
③ 독립투자 증가
④ 정부지출 증가
⑤ 수입원자재 가격 하락

14 다음은 수제 햄버거 전문점의 햄버거 생산비용에 대한 자료이다. 이에 대한 내용으로 옳지 않은 것은?

햄버거(개)	총비용(원)	햄버거(개)	총비용(원)
0	2,500	3	9,000
1	4,000	4	13,000
2	6,000	5	18,000

① 햄버거 생산을 위한 고정비용은 2,500원이다.
② 햄버거를 5개 생산하는 데 드는 평균비용은 3,600원이다.
③ 햄버거를 4개째 생산하는 데 드는 한계비용은 4,000원이다.
④ 햄버거를 2개 생산하는 데 드는 평균비용은 햄버거 3개를 생산하는 경우와 같다.
⑤ 3개의 햄버거를 생산하는 데 드는 평균비용이 3개째 햄버거의 한계비용보다 작다.

15 다음 중 생산요소 노동(L)과 자본(K)만을 사용하는 생산물시장에서 독점기업의 등량곡선과 등비용선에 대한 설명으로 옳지 않은 것은?(단, MP_L은 노동의 한계생산, w는 노동의 가격, MP_K는 자본의 한계생산, r은 자본의 가격이다)

① 한계기술대체율은 등량곡선의 기울기를 의미한다.
② 한계기술대체율은 두 생산요소의 한계생산물 비율이다.
③ 등비용선 기울기의 절댓값은 두 생산요소 가격의 비율이다.
④ 등량곡선과 등비용선만으로 이윤극대화 생산량을 구할 수 있다.
⑤ 한계기술대체율이 체감하는 경우, '$(MP_L/w) > (MP_K/r)$'인 기업은 노동투입을 증가시키고 자본투입을 감소시켜야 생산비용을 감소시킬 수 있다.

16 종현이는 소득이나 통신요금에 관계없이 소득의 5분의 1을 통신비로 지출한다. 다음 〈보기〉에서 종현이의 통신 수요에 대한 설명으로 옳은 것을 모두 고르면?

〈보기〉

ㄱ. 종현이의 소득이 증가하더라도 통신비의 지출은 변하지 않는다.
ㄴ. 종현이의 통신에 대한 수요곡선은 우하향하는 직선 형태를 가진다.
ㄷ. 통신요금이 10% 상승하면 종현이의 통신 수요량은 10% 하락한다.
ㄹ. 종현이의 통신은 가격변화에 따른 소득효과가 대체효과보다 큰 기펜재이다.

① ㄱ
② ㄷ
③ ㄱ, ㄴ
④ ㄴ, ㄹ
⑤ ㄷ, ㄹ

17 다음 중 정상재들에 대한 무차별곡선의 설명으로 옳지 않은 것은?

① 소비자에게 같은 수준의 효용을 주는 상품묶음의 집합을 그림으로 나타낸 것이다.
② 원점에서 멀어질수록 더 높은 효용수준을 나타낸다.
③ 기수적 효용 개념에 입각하여 소비자의 선택행위를 분석하는 것이다.
④ 무차별곡선들을 모아 놓은 것을 무차별지도라고 부른다.
⑤ 무차별곡선과 예산제약선을 이용하여 소비자균형을 설명한다.

18 다음은 주어진 생산요소(자원과 기술)를 이용하여 최대한 생산할 수 있는 X재와 Y재의 생산량 조합을 나타낸 곡선이다. 이 곡선이 점선과 같이 이동하였을 때, 이에 대한 설명으로 옳지 않은 것은?

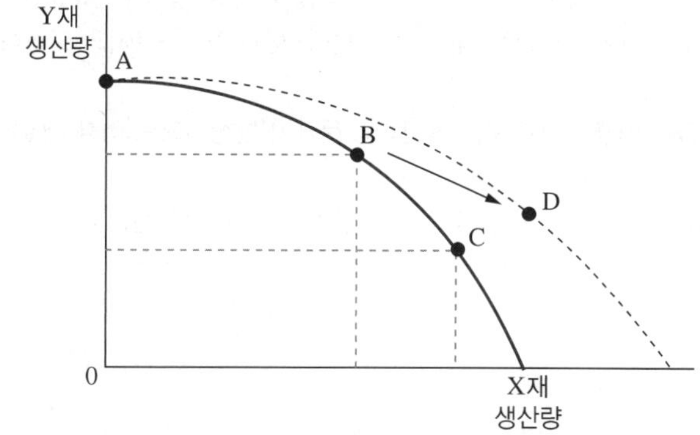

① 생산가능곡선이라고 한다.

② 곡선이 이동한 후 B점은 비효율적이어서 생산하지 않는다.

③ 곡선이 이동한 후 X재 생산량뿐만 아니라 Y재의 생산량도 증가할 수 있다.

④ X재 1단위를 추가로 생산할 때마다 단위당 기회비용은 체감한다.

⑤ 생산요소의 증대 또는 생산기술의 발전으로 곡선이 위와 같이 이동한다.

19 다음 중 독점적 경쟁의 특징으로 옳지 않은 것은?

① 완전경쟁과 마찬가지로 다수의 기업이 존재하며, 진입과 퇴출이 자유롭다.

② 독점적 경쟁기업은 차별화된 상품을 생산함으로써, 어느 정도 시장지배력을 갖는다.

③ 독점적 경쟁기업 간의 경쟁이 판매서비스, 광고 등의 형태로 일어날 때, 이를 비가격경쟁이라고 한다.

④ 독점적 경쟁기업은 독점기업과 마찬가지로 과잉설비를 갖지 않는다.

⑤ 독점적 경쟁기업의 상품은 독점기업의 상품과 달리 대체재가 존재한다.

20 다음 〈보기〉에서 효율임금이론(Efficiency Wage Theory)에 대한 설명으로 옳은 것을 모두 고르면?

〈보기〉

ㄱ. 근로자의 생산성이 임금수준에 영향을 받는다는 사실에 입각해 임금의 하방경직성을 설명하고 있다.
ㄴ. 높은 임금은 근로자들의 태만을 막아주는 기능을 함으로써 근로자의 도덕적 해이를 막을 수 있다고 설명한다.
ㄷ. 기업이 제공하는 임금이 낮아지면 역선택의 문제가 발생하므로 이를 해결하기 위해서 기업은 임금을 낮추지 않는다고 설명한다.
ㄹ. 비자발적 실업이 존재하여도 임금이 하락하지 않는 이유를 설명할 수 있다.

① ㄱ
② ㄴ
③ ㄱ, ㄴ, ㄷ
④ ㄴ, ㄷ, ㄹ
⑤ ㄱ, ㄴ, ㄷ, ㄹ

21 이 정책은 정책 금리가 0에 가까운 초저금리 상태일 때 중앙은행이 경기부양을 목적으로 시중에 돈을 푸는 것을 말한다. 다음 중 자국의 통화가치를 떨어뜨려 수출경쟁력을 높이려는 목적이 있으며, 다른 나라 경제에 영향을 미치기도 하는 이 정책은 무엇인가?

① 출구전략
② 테이퍼링
③ 양적완화
④ 오퍼레이션 트위스트
⑤ 부동자금

22 다음 중 변동환율제도에 대한 설명으로 옳지 않은 것은?

① 원화 환율이 오르면 물가가 상승하기 쉽다.
② 원화 환율이 오르면 수출업자가 유리해진다.
③ 원화 환율이 오르면 외국인의 국내 여행이 증가한다.
④ 기본적으로 환율은 외환시장에서의 수요와 공급에 의해 결정된다.
⑤ 국가 간 자본거래가 활발하게 이루어진다면 독자적인 통화정책을 운용할 수 없다.

23 **다음 중 도덕적 해이에 대한 설명으로 옳지 않은 것은?**

① 금융거래 계약 후 차입자가 자금을 원래의 목적대로 이용하지 않을 경우 발생한다.
② 불완전하게 감시를 받고 있는 사람이 부정직하거나 바람직하지 못한 행위를 하는 경향을 말한다.
③ 보험시장에서 도덕적 해이를 방지하기 위한 방안으로는 공동보험을 들 수 있다.
④ 도덕적 해이 문제를 해결하기 위해서는 성과에 근거한 유인계약제도 등을 활용할 수 있다.
⑤ 보험시장에서 대체로 건강상태가 나쁜 사람들이 보험에 가입하는 것은 도덕적 해이의 한 사례이다.

24 **다음에서 설명하는 화폐의 기능은 무엇인가?**

> 예를 들어 물물교환 경제에서 쌀을 가진 사람이 옷을 구하고자 할 때, 자신이 가진 쌀로 얼마만큼의 옷을 살 수 있는지를 알기 위해서는 다른 상품 간의 교환비율까지 모두 알아야 한다. 그러나 화폐경제에서는 모든 물건의 가치가 같은 화폐 단위로 표시되므로 모든 상품 간의 교환비율을 즉시 알 수 있다.

① 교환매개
② 가치저장
③ 가치척도
④ 지급수단
⑤ 결제수단

25 **다음과 같은 엥겔곡선(EC; Engel Curve)에서 X재는 무엇인가?**

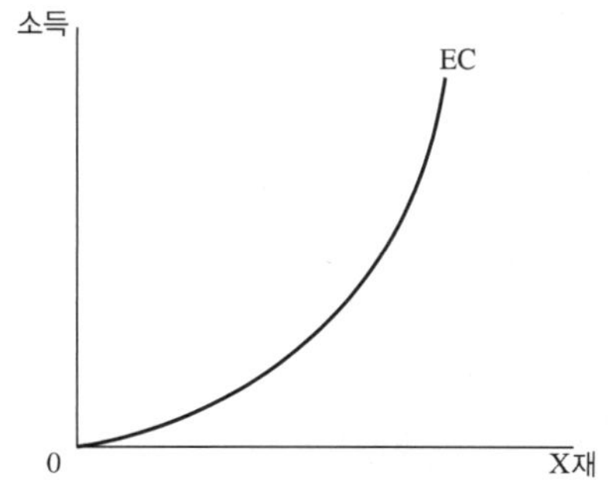

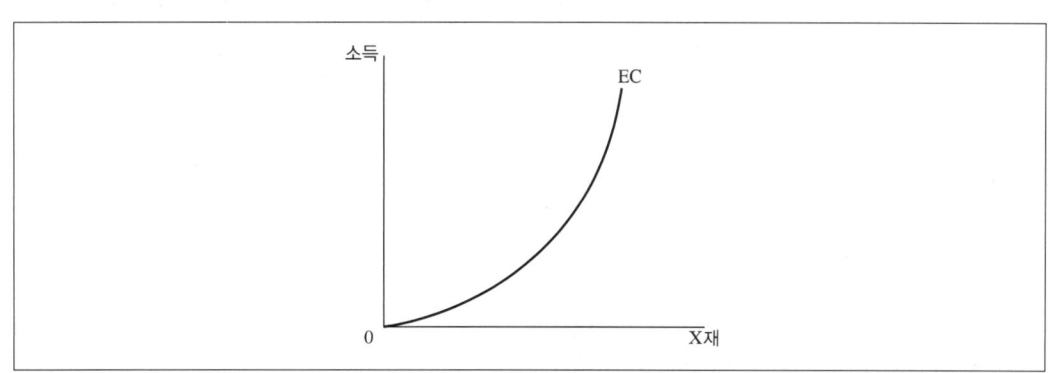

① 열등재
② 필수재
③ 보완재
④ 대체재
⑤ 사치재

IT

11 다음에서 설명하는 저장장치로 옳은 것은?

- 자기디스크가 아닌 반도체를 이용해서 데이터를 저장한다.
- 빠른 속도로 데이터를 읽고 쓰기가 가능하다.
- 물리적으로 움직이는 부품이 없기 때문에 작동에 대한 소음이 없으며 전력 소모가 적다.
- 기계적 지연과 소음이 적고 소형화, 경량화 되어있다.

① HDD
② ODD
③ SSD
④ S-RAM
⑤ D-RAM

12 어떤 논리소자의 진리표가 다음과 같고, 이 소자를 연결한 논리회로가 〈보기〉와 같을 때 출력값(OUT)으로 옳은 것은?

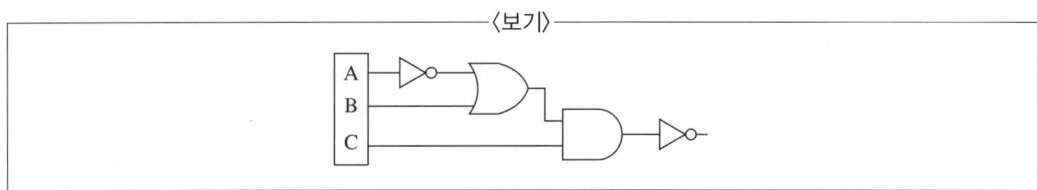

〈보기〉

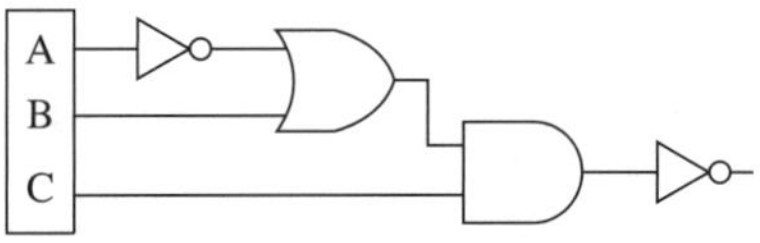

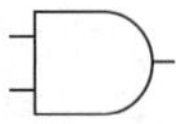

A	B	OUT
0	0	0
0	1	0
1	0	0
1	1	1

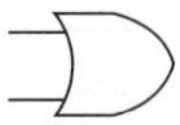

A	B	OUT
0	0	0
0	1	1
1	0	1
1	1	1

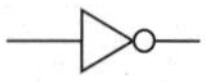

A	OUT
0	1
1	0

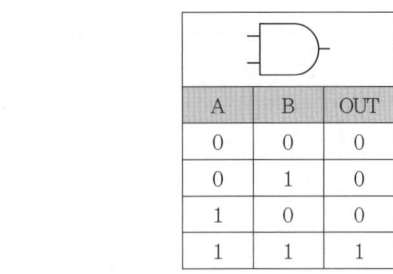

① A=0, B=0일 때, C에 관계없이 결과는 1이다.
② A=1, B=0일 때, C에 따라 결과는 가변이다.
③ B=0, C=1일 때, A에 따라 결과는 가변이다.
④ A=0, C=1일 때, B에 관계없이 결과는 1이다.
⑤ A=B=C=0일 때, 결과는 0이다.

13 **다음은 데이터베이스 암호화 유형에 대한 설명이다. 〈보기〉의 빈칸에 들어갈 용어를 바르게 나열한 것은?**

〈보기〉

- ㄱ 방식은 응용프로그램 서버 내 암복호화 모듈을 설치하여 암복호화를 수행한다.
- ㄴ 방식은 DBMS에 내장 또는 옵션으로 제공되는 암복호화 기능을 이용한다.
- ㄷ 방식은 암복호화 모듈을 DB 서버 내 설치하여 암복호화를 수행한다.

	ㄱ	ㄴ	ㄷ
①	API	TDE	플러그인
②	API	플러그인	TDE
③	플러그인	API	TDE
④	플러그인	TDE	API
⑤	TDE	플러그인	API

14 **다음 중 RAID(Redundant Array of Independent Disks)에 대한 설명으로 옳지 않은 것은?**

① 하드디스크, CD-ROM, 스캐너 등을 연결해 주는 기술
② 단순히 하드디스크의 모음뿐만 아니라 자동으로 복제해 백업 정책을 구현해 주는 기술
③ 서버(Server)에서 대용량의 하드디스크를 이용하는 경우에 필요로 하는 기술
④ 여러 개의 하드디스크를 모아서 하나의 하드디스크처럼 보이게 하는 기술
⑤ 접근 속도와 데이터 보존 신뢰가 우수할수록 높은 등급을 받는 기술

15 **다음 〈보기〉의 빈칸에 들어갈 용어를 바르게 나열한 것은?**

〈보기〉

프로그래밍 언어에는 컴퓨터가 직접 읽을 수 있는 2진 숫자(0, 1 등)로 이루어진 언어인 ㄱ 와 ㄱ 의 명령부와 번지부를 사람이 이해하기 쉬운 기호와 1 : 1로 대응시켜 기호화한 프로그램 언어인 ㄴ 가 있으며, 이를 저급언어라고 한다.

	ㄱ	ㄴ
①	인터프리터 언어	컴파일러 언어
②	컴파일러 언어	인터프리터 언어
③	어셈블리어	기계어
④	기계어	어셈블리어
⑤	인터프리터 언어	컴파일러 언어

16 하나의 시스템을 여러 사용자가 공유하여 동시에 대화식으로 작업을 수행할 수 있으며, 시스템은 일정 시간 단위로 CPU 사용을 한 사용자에서 다음 사용자로 신속하게 전환함으로써 각 사용자 자신만이 컴퓨터를 사용하고 있는 것처럼 보이는 처리 방식의 시스템은?

① 오프라인 시스템(Off-Line System)
② 일괄 처리 시스템(Batch Processing System)
③ 시분할 시스템(Time Sharing System)
④ 분산 시스템(Distributed System)
⑤ 실시간 시스템(Real Time System)

17 다음 〈보기〉의 빈칸에 들어갈 용어를 바르게 나열한 것은?

〈보기〉

- ＿＿ㄱ＿＿은 비밀키를 이용하여 고정된 크기의 입력 블록을 고정된 크기의 출력 블록으로 변형하는 암호 알고리즘으로 암호화와 복호화 과정을 수행한다.
- ＿＿ㄴ＿＿은 주어진 키로부터 난수열이 발생되며, 암호화는 평문에 난수열을 XOR하여 동작하는 알고리즘이다.

	ㄱ	ㄴ
①	스트림 암호 알고리즘	공개키 암호 알고리즘
②	공개키 암호 알고리즘	블록 암호 알고리즘
③	스트림 암호 알고리즘	블록 암호 알고리즘
④	블록 암호 알고리즘	스트림 암호 알고리즘
⑤	공개키 암호 알고리즘	스트림 암호 알고리즘

18 다음 중 관계 데이터베이스에 있어서 관계 대수의 연산이 아닌 것은?

① 디비전(Division)
② 프로젝트(Project)
③ 조인(Join)
④ 포크(Fork)
⑤ 셀렉트(Select)

19 **다음 중 파일에 대한 설명으로 옳지 않은 것은?**

① 순차 파일(Sequential File)은 생성되는 순서에 따라 레코드를 순차적으로 저장하므로 저장 매체의 효율이 가장 높다.

② 직접 파일(Direct File)은 특정 레코드에 접근하기 위해서 디스크의 물리적인 주소로 변환할 수 있는 함수를 사용한다.

③ 색인 순차 파일(Indexed Sequential File)은 순차 및 직접 접근 형태를 모두 지원할 수 있으나 기억 장소의 낭비를 초래한다.

④ 역파일(Inverted File)은 자료마다가 아니라 자료 속성에 따라 논리 레코드를 만들어 구성한 파일이다.

⑤ VSAM 파일(Virtual Storage Access Method File)은 검색 속도를 빠르게 하기 위하여 기본 데이터 구역과 오버플로 구역을 구분한다.

20 **다음 대화에 나타난 정보보안을 위협하는 공격으로 옳은 것은?**

> A대리 : 그동안 무서운 해킹이 있었지. 해커들이 우리 기업의 네트워크를 1년 이상 지속적으로 공격해서 중요 정보가 유출될 뻔했대.
> B대리 : 아! 저도 들었어요. 직원들 PC에 악성코드를 감염시키고, 이를 통해 우리 기업의 네트워크에 침투하였죠.
> C대리 : 네. 이를 방지하기 위해서는 여러 취약점을 분석하여 종합적인 보안체계를 정비해야 하고, 엔드포인트 보안, 접근 권한 관리, 중요 정보의 암호화 등이 필요해요. 저는 DLP 솔루션을 도입하는 방법도 괜찮은 것 같아요.

① APT 공격
② 큐싱(Qshing)
③ 랜섬웨어(Ransom Ware)
④ Drive by Download 공격
⑤ DDos

21 **다음 교착상태의 해결 방법 중 회피(Avoidance) 기법과 가장 밀접한 관계가 있는 것은?**

① 점유 및 대기 방지
② 비선점 방지
③ 환형 대기 방지
④ 은행원 알고리즘 사용
⑤ 상호배제 방지

22 다음 중 빈칸 ㄱ ~ ㄷ 에 들어갈 용어가 바르게 연결된 것은?

〈데이터의 이해〉

ㄱ	정리・분류・체계화 →	ㄴ	일반화 →	ㄷ

	ㄱ	ㄴ	ㄷ
①	데이터	지식	정보
②	데이터	정보	지식
③	정보	데이터	지식
④	정보	지식	데이터
⑤	지식	데이터	정보

23 다음 중 정지 대기(Stop-and-Wait) ARQ에 대한 설명으로 옳지 않은 것은?

① 송신측에서 하나의 블록을 전송하면 수신측에서 에러 발생을 점검한 후 에러 발생 유무 신호를 보내올 때까지 기다린다.

② 한 개의 프레임을 전송하고 수신측으로부터 ACK 및 NAK 신호를 수신할 때까지 정보 전송을 중지하고 기다린다.

③ 수신측의 에러 점검 후 제어 신호를 보내올 때까지 오버헤드(Overhead)의 부담이 크다.

④ 송신측은 여러 개의 블록을 연속적으로 전송한 후 블록 번호를 신호로 전달한다.

⑤ 가장 단순하지만, 수신측의 응답을 기다려야 하므로 다소 비효율적인 부분이 있다.

24 다음 〈보기〉에서 TDM의 특징으로 옳은 것을 모두 고르면?

〈보기〉

ㄱ. 다중화기와 단말 기기의 속도 차로 인하여 버퍼(Buffer)가 필요하다.
ㄴ. 멀티 포인트 방식에서 주로 이용되며, 구조가 간단하고 가격이 저렴하다.
ㄷ. 포인트 투 포인트 방식에서 주로 이용되며, 고속의 디지털 전송이 가능하다.
ㄹ. 저속도(1,200BPS 이하)의 아날로그 전송에 적합하다.

① ㄱ
② ㄱ, ㄴ, ㄷ
③ ㄱ, ㄷ
④ ㄴ, ㄷ, ㄹ
⑤ ㄱ, ㄴ, ㄷ, ㄹ

25 **다음은 시큐어 코딩 기법의 하나인 'JAVA 시큐어 코딩' 기법에 대한 설명이다. 이에 대한 설명으로 옳지 않은 것을 〈보기〉에서 모두 고르면?**

〈보기〉

ㄱ. SQL 삽입 공격 대응을 위한 기법 : Prepared Statement 객체 등을 이용하여 DB에 컴파일된 쿼리문(상수)을 전달한다.

ㄴ. 운영체제 명령어 삽입 공격 대응을 위한 기법 : 컴포넌트에 대한 접근 권한을 외부에 제공하지 않아야 한다.

ㄷ. 위험한 형식의 파일 업로드 공격 대응을 위한 기법 : 공유 아이디 설정을 하지 않는다.

① ㄱ
② ㄴ
③ ㄷ
④ ㄱ, ㄷ
⑤ ㄴ, ㄷ

제3회 NH농협은행 6급 필기전형

〈문항 수 및 시험시간〉

구분	문항 수	시험시간	출제범위		모바일 OMR 답안채점 / 성적분석
직무능력평가	45문항	80분	의사소통능력, 수리능력, 문제해결능력, 자원관리능력, 정보능력		
직무상식평가	25문항		공통(전체)	디지털 상식	
			일반	금융·경제 분야 용어·상식	일반
			IT	소프트웨어 설계·개발, 데이터베이스 구축, 프로그래밍 언어 활용, 정보시스템 구축 관리 등	IT

※ 2024년도 상·하반기 및 2025년도 하반기 NH농협은행 6급 신규직원 채용 안내문을 기준으로 구성하였습니다.
※ 직무상식평가는 지원한 분야에 해당하는 영역을 선택하여 응시하기 바랍니다.

NH농협은행 6급 필기전형	
제3회 모의고사	문항 수 : 70문항 시험시간 : 80분

제1영역 직무능력평가

01 다음 글의 제목으로 가장 적절한 것은?

> 대부분의 사람이 주식 투자를 하는 목적은 자산을 증식하는 것이지만, 항상 이익을 낼 수는 없으며 이익에 대한 기대에는 언제나 손해에 따른 위험이 동반된다. 이러한 위험을 줄이기 위해서 일반적으로 투자자는 포트폴리오를 구성하는데, 이때 전반적인 시장상황에 상관없이 나타나는 위험인 '비체계적 위험'과 시장 상황에 연관되어 나타나는 위험인 '체계적 위험' 두 가지를 동시에 고려해야 한다.
> 비체계적 위험이란 종업원의 파업, 경영 실패, 판매의 부진 등 개별 기업의 특수한 상황과 관련이 있는 것으로 '기업 고유 위험'이라고도 한다. 기업의 특수 사정으로 인한 위험은 예측하기 어려운 상황에서 돌발적으로 일어날 수 있는 것들로, 여러 주식에 분산 투자함으로써 제거할 수 있다. 반면에 체계적 위험은 시장의 전반적인 상황과 관련한 것으로, 예를 들면 경기 변동, 인플레이션, 이자율의 변화, 정치 사회적 환경 등 여러 기업들에 공통으로 영향을 주는 요인들에 기인한다. 체계적 위험은 주식 시장 전반에 관한 위험이기 때문에 비체계적 위험에 대응하는 분산투자의 방법으로도 감소시킬 수 없으므로 '분산 불능 위험'이라고도 한다.
> 그렇다면 체계적 위험에 대응할 방법은 없을까? '베타 계수'를 활용한 포트폴리오 구성으로 투자자는 체계적 위험에 대응할 수 있다. 베타 계수란 주식 시장 전체의 수익률 변동이 발생했을 때 이에 대해 개별 기업의 주가 수익률이 얼마나 민감하게 반응하는가를 측정하는 계수로, 종합주가지수의 수익률이 1% 변할 때 개별 주식의 수익률이 얼마나 변하는가를 나타내며, 수익률의 민감도로 설명할 수 있다. 따라서 투자자는 주식시장이 호황에 진입할 경우 베타 계수가 큰 종목의 투자 비율을 높이지만 불황이 예상되는 경우에는 베타 계수가 작은 종목의 투자 비율을 높여 위험을 최소화할 수 있다.

① 비체계적 위험과 체계적 위험의 사례 분석
② 비체계적 위험을 활용한 경기 변동의 예측 방법
③ 비체계적 위험과 체계적 위험을 고려한 투자 전략
④ 종합주가지수 변동에 민감한 비체계적 위험의 중요성
⑤ 주식 시장이 호황에 진입할 경우 바람직한 투자 방향

02 다음 법률 조항을 근거로 판단한 내용으로 가장 적절한 것은?

> **제74조**
> ① 재산명시절차의 관할법원은 재산명시절차에서 채무자가 제출한 재산목록의 재산만으로 집행채권의 만족을 얻기에 부족한 경우, 그 재산명시를 신청한 채권자의 신청에 따라 개인의 재산 및 신용에 관한 전산망을 관리하는 공공기관·금융기관·단체 등에 채무자 명의의 재산에 관하여 조회할 수 있다.
> ② 채권자가 제1항의 신청을 할 경우에는 조회할 기관·단체를 특정하여야 하며 조회에 드는 비용을 미리 내야 한다.
> ③ 법원이 제1항의 규정에 따라 조회할 경우에는 채무자의 인적 사항을 적은 문서에 의하여 해당 기관·단체의 장에게 채무자의 재산 및 신용에 관하여 그 기관·단체가 보유하고 있는 자료를 한꺼번에 모아 제출하도록 요구할 수 있다.
> ④ 공공기관·금융기관·단체 등은 정당한 사유 없이 제1항 및 제3항의 조회를 거부하지 못한다.
> ⑤ 제1항 및 제3항의 조회를 받은 기관·단체의 장이 정당한 사유 없이 거짓 자료를 제출하거나 자료를 제출할 것을 거부한 때에는 법원의 결정으로 500만 원 이하의 과태료에 처한다.
>
> **제76조**
> ① 누구든지 재산조회의 결과를 강제집행 외의 목적으로 사용하여서는 안 된다.
> ② 제1항의 규정에 위반한 사람은 2년 이하의 징역 또는 500만 원 이하의 벌금에 처한다.

① 채무자 甲이 제출한 재산목록의 재산만으로 집행채권의 만족을 얻기 부족한 경우에는 재산명시절차의 관할법원은 직권으로 금융기관에 甲 명의의 재산에 관해 조회할 수 있다.

② 재산명시절차의 관할법원으로부터 채무자 명의의 재산에 관해 조회를 받은 공공기관은 정당한 사유가 있는 경우 이를 거부할 수 있다.

③ 채무자 乙의 재산조회 결과를 획득한 채권자 丙은 해당 결과를 강제집행 외의 목적으로도 사용할 수 있다.

④ 재산명시절차의 관할법원으로부터 채무자 명의의 재산에 관해 조회를 받은 기관의 장이 정당한 사유 없이 자료 제출을 거부하였다면, 법원의 결정으로 500만 원의 벌금에 처한다.

⑤ 채권자 丁이 채무자 명의의 재산에 관한 조회를 신청할 경우, 조회에 드는 비용은 재산조회가 종료된 후 납부하면 된다.

03 다음 문단을 논리적 순서대로 바르게 나열한 것은?

(가) 이에 대한 대표적인 사례가 S사이다. 그동안 S사는 대주주의 개인회사인 L기획에 일감을 몰아주면서 부당한 이득을 취해왔는데, 이에 대해 A자산운용이 이러한 행위는 주주가치를 훼손하는 것이라며 지적한 것이다. 이에 S사는 L기획과 계약종료를 검토하겠다고 밝혔으며, 이처럼 A자산운용의 요구가 실현되면서 주가는 18.6% 급등하였다. 이 밖에도 C사와 H사 등 자본시장에 영향을 미치고 있다.

(나) 최근 행동주의펀드가 적극적으로 목소리를 내면서 기업들의 주가가 급격히 변동하는 경우가 빈번해지고 있다. 특히 주주제안을 받아들이는 기업의 주가는 급등했지만, 이를 거부하는 기업의 경우 주가가 하락하고 있다. 이에 일각에서는 주주 보호를 위해 상법 개정이 필요하다는 지적이 나오고 있다. 이러한 행동주의펀드는 배당 확대나 이사·감사 선임과 같은 기본적 사안부터 분리 상장, 이사회 정원 변경, 경영진 교체 등 핵심 경영 문제까지 지적하며 개선을 요구하고 있는 추세이다.

(다) 이와 같은 A자산운용의 제안을 수락한 7개의 은행지주는 올해 들어 주가가 8 ~ 27% 급상승하는 결과를 보였으며, 이와 반대로 해당 제안을 장기적 관점에서 기업가치와 주주가치의 실익이 적다며 거부한 K사의 주가는 동일한 기간 주가가 4.15% 하락하는 모습을 보여, 다가오는 주주총회에서의 행동주의펀드 및 소액주주들과 충돌이 예상되고 있다.

(라) 이처럼 시장의 주목도가 높아진 A자산운용의 영향력은 최근 은행주에도 그 영향이 미쳤는데, K금융·S지주·H금융지주·W금융지주·B금융지주·D금융지주·J금융지주 등 은행지주 7곳에 주주환원 정책 도입을 요구한 것이다. 특히 그중 J금융지주에는 평가 결과 주주환원 정책을 수용할 만한 수준에 미치지 못한다고 판단된다며 배당확대와 사외이사의 추가 선임의 내용을 골자로 한 주주제안을 요구하였다.

① (가) – (나) – (다) – (라)
② (나) – (가) – (라) – (다)
③ (나) – (라) – (다) – (가)
④ (다) – (가) – (나) – (라)
⑤ (다) – (라) – (나) – (가)

04 다음 글을 읽고 (가)와 (나)에 대한 추론으로 가장 적절한 것을 고르면?

> 최근 경제신문에는 기업의 사회적 책임을 반영한 마케팅 용어들이 등장하고 있다. 그중 하나인 코즈 마케팅(Cause Marketing)은 기업이 환경, 보건, 빈곤 등과 같은 사회적인 이슈, 즉 코즈(Cause)를 기업의 이익 추구를 위해 활용하는 마케팅 기법으로, 기업이 추구하는 사익과 사회가 추구하는 공익을 동시에 얻는 것을 목표로 한다. 소비자는 사회적인 문제들을 해결하려는 기업의 노력에 호의적인 반응을 보이게 되고, 결국 기업의 선한 이미지가 제품 구매에 영향을 미치는 것이다.
>
> 미국의 카드 회사인 (가) 아메리칸 익스프레스는 1850년 설립 이후 전 세계에 걸쳐 개인 및 기업에 대한 여행이나 금융 서비스를 제공하고 있다. 1983년 아메리칸 익스프레스사는 기존 고객이 자사의 신용카드로 소비할 때마다 1센트씩, 신규 고객이 가입할 때마다 1달러씩 '자유의 여신상' 보수 공사를 위해 기부하기로 하였다. 해당 기간 동안 기존 고객의 카드 사용률은 전년 동기 대비 28% 증가하였고, 신규 카드의 발급 규모는 45% 증가하였다.
>
> 코즈 마케팅을 활발하게 펼치고 있는 대표적인 사회적 기업으로는 미국의 신발 회사인 (나) 탐스(TOMS)가 있다. 탐스의 창업자는 여행을 하던 중 가난한 아이들이 신발을 신지도 못한 채로 거친 땅을 밟으면서 각종 감염에 노출되는 것을 보고 그들을 돕기 위해 신발을 만들었고, 신발 하나를 구매하면 아프리카 아이들에게도 신발 하나를 선물한다는 'One for One' 마케팅을 시도했다. 이를 통해 백만 켤레가 넘는 신발이 기부되었고, 소비자는 만족감을 얻는 동시에 어려운 아이들을 도왔다는 충족감을 얻게 되었다. 전 세계의 많은 소비자들이 동참하면서 탐스는 3년 만에 4,000%의 매출을 올렸다.

① (가)는 기업의 사익보다 공익을 우위에 둔 마케팅을 펼침으로써 신규 고객을 확보할 수 있었다.

② (가)가 큰 이익을 얻을 수 있었던 이유는 소비자의 니즈(Needs)를 정확히 파악했기 때문이다.

③ (나)는 기업의 설립 목적과 어울리는 코즈(Cause)를 연계시킴으로써 높은 매출을 올릴 수 있었다.

④ (나)는 높은 매출을 올렸으나, 기업의 일방적인 기부 활동으로 인해 소비자의 공감을 이끌어 내는 데 실패하였다.

⑤ (나)는 기업의 사회적 책임을 강조하기 위해 기업의 실익을 포기하였지만, 오히려 반대의 효과를 얻을 수 있었다.

※ 다음 글을 읽고 이어지는 질문에 답하시오. [5~6]

인과 관계를 나타내는 인과 진술 '사건 X는 사건 Y의 원인이다.'를 우리는 어떻게 이해해야 할까? '사건 X는 사건 Y의 원인이다.'라는 진술은 곧 '사건 X는 사건 Y보다 먼저 일어났고, X로부터 Y를 예측할 수 있다.'를 뜻한다. 여기서 'X로부터 Y를 예측할 수 있다.'는 것은 '관련된 자료와 법칙을 모두 동원하여 X로부터 Y를 논리적으로 도출할 수 있다.'를 뜻한다.
하지만 관련 자료와 법칙을 우리가 어떻게 모두 알 수 있겠는가? 만일 우리가 그 자료나 법칙을 알 수 없다면, 진술 'X는 Y의 원인이다.'를 입증하지도 반증하지도 못하는 것이 아닐까? 경험주의자들이 이미 주장했듯이 입증하거나 반증하는 증거를 원리상 찾을 수 없는 진술은 무의미하다. 예컨대 '역사는 절대정신의 발현 과정이다.'라는 진술은 입증 증거도 반증 증거도 아예 찾을 수 없고 이 때문에 이 진술은 무의미하다. 그렇다면 만일 관련 자료와 법칙을 모두 알아낼 수 없거나 거짓 자료나 틀린 법칙을 갖고 있다면, 우리가 'X는 Y의 원인이다.'를 유의미하게 진술할 방법이 없는 것처럼 보인다.
하지만 꼭 그렇다고 말할 수는 없다. 다음과 같은 상황을 생각해 보자. 오늘날 우리는 관련된 참된 법칙과 자료를 써서 A로부터 B를 논리적으로 도출함으로써 A가 B의 원인이라는 것을 입증했다. 하지만 1600년에 살았던 갑은 지금은 틀린 것으로 밝혀진 법칙을 써서 A로부터 B를 논리적으로 도출함으로써 '사건 A는 사건 B의 원인이다.'를 주장했다. 이 경우 갑의 진술이 무의미하다고 주장할 필요가 없다. 왜냐하면 갑의 진술 'A는 B의 원인이다.'는 오늘날 참이고 1600년에도 참이었기 때문이다.
따라서 우리는 갑의 진술 'A는 B의 원인이다.'가 1600년 당시에 무의미했다고 말해서는 안 되고, 입증할 수 있는 진술을 그 당시에 갑이 입증하지는 못했다고 말하는 것이 옳다. 갑이 거짓 법칙을 써서라도 A로부터 B를 도출할 수 있다면, 그의 진술은 입증할 수 있는 진술이고, 이 점에서 그의 진술은 유의미하다. 이처럼 우리가 관련 법칙과 자료를 모르거나 틀린 법칙을 썼다고 해서 우리의 인과 진술이 무의미하다고 주장해서는 안 된다. 우리가 관련 법칙과 자료를 지금 모두 알 수 없다 하더라도 우리는 여전히 유의미하게 인과 관계를 주장할 수 있다.
'A는 B의 원인이다.'의 참 또는 거짓 여부가 오늘 결정될 수 없다는 이유에서 그 진술이 무의미하다고 주장해서는 안 된다. 미래의 어느 시점에 그 진술을 입증 또는 반증하는 증거가 나타날 여지가 있다면 그 진술은 유의미하다. 이 진술이 단지 유의미한 진술을 넘어서 참된 진술로 입증되려면, 지금이 아니더라도 언젠가 참인 법칙과 자료로부터 논리적으로 도출할 수 있어야 하겠지만 말이다.

05 윗글로부터 알 수 있는 내용으로 가장 적절한 것은?

① 관련 법칙을 명시할 수 없다면 인과 진술은 무의미하다.

② 반증할 수 있는 인과 진술은 입증할 수 있는 인과 진술과 마찬가지로 유의미한 진술이다.

③ 논리적 도출을 통해 입증된 인과 진술들 가운데 나중에 일어난 사건이 원인이 되는 경우가 있다.

④ 가까운 미래에는 입증될 수 없는 진술 '지구와 가장 가까운 행성계에도 지적 생명체가 산다.'는 무의미하다.

⑤ 관련된 자료들이 현재 알려지지 않아서 앞선 사건으로부터 나중 사건을 논리적으로 도출할 수 없다면, 두 사건 사이에는 인과 관계가 있을 수 없다.

06 윗글을 읽고 다음 사례에 대한 평가로 적절한 것을 〈보기〉에서 모두 고르면?

〈사례〉

과학자 병호는 사건 A로부터 사건 B를 예측한 다음 'A는 B의 원인이다.'라고 주장했다. 반면에 과학자 정호는 사건 C로부터 사건 D를 예측한 다음 'C는 D의 원인이다.'라고 주장했다. 그런데 병호가 A로부터 B를 논리적으로 도출하기 위해 사용한 법칙과 자료는 거짓인 반면 정호가 C로부터 D를 논리적으로 도출하기 위해 사용한 법칙과 자료는 참이다.

〈보기〉

ㄱ. 'A는 B의 원인이다.'와 'C는 D의 원인이다.'는 둘 다 유의미하다.
ㄴ. 'A는 B의 원인이다.'는 거짓이다.
ㄷ. 'C는 D의 원인이다.'는 참이다.

① ㄱ
② ㄴ
③ ㄱ, ㄷ
④ ㄴ, ㄷ
⑤ ㄱ, ㄴ, ㄷ

07 다음은 국가공무원법의 일부 내용이다. 이에 따라 경력경쟁채용시험 대상자에 해당하지 않는 사람은?

〈국가공무원법〉

제28조(신규채용)

① 공무원은 공개경쟁채용시험으로 채용한다.

② 제1항에도 불구하고 다음 각 호의 어느 하나에 해당하는 경우에는 경력 등 응시요건을 정하여 같은 사유에 해당하는 다수인을 대상으로 경쟁의 방법으로 채용하는 시험(이하 "경력경쟁채용시험"이라 한다)으로 공무원을 채용할 수 있다.

1. 제70조 제1항 제3호의 사유로 퇴직하거나 제71조 제1항 제1호의 휴직 기간 만료로 퇴직한 경력직공무원을 퇴직한 날부터 3년(「공무원 재해보상법」에 따른 공무상 부상 또는 질병으로 인한 휴직의 경우에는 5년) 이내에 퇴직 시에 재직한 직급(고위공무원단에 속하는 공무원은 퇴직 시에 재직한 직위와 곤란성과 책임도가 유사한 직위를 말한다. 이하 이 호에서 같다)의 경력직공무원으로 재임용하는 경우 또는 경력직공무원으로 재직하던 중 특수경력직공무원이나 다른 종류의 경력직공무원이 되기 위하여 퇴직한 자를 퇴직 시에 재직한 직급의 경력직공무원으로 재임용하는 경우
2. 공개경쟁채용시험으로 임용하는 것이 부적당한 경우에 같은 종류의 직무에 관한 자격증 소지자를 임용하는 경우
3. 임용예정 직급·직위와 같은 직급·직위(고위공무원단에 속하는 일반직공무원은 임용예정 직위와 곤란성·책임도가 유사한 직위를 말한다)에서의 근무경력 또는 임용예정 직급·직위에 상응하는 근무기간이나 연구 경력이 대통령령 등으로 정하는 기간 이상인 사람을 임용하는 경우
4. 임용 예정직에 관련된 특수 목적을 위하여 설립된 학교(대학원을 포함한다) 중 대통령령으로 정하는 학교의 졸업자로서 각 급 기관에서 실무 수습을 마친 자를 임용하는 경우
5. 1급 공무원을 임용하거나 제23조에 따라 배정된 직무등급이 가장 높은 등급의 직위에 고위공무원단에 속하는 일반직공무원을 임용하는 경우
6. 공개경쟁채용시험으로 결원을 보충하기 곤란한 특수한 직무분야·환경 또는 섬, 외딴 곳 등 특수한 지역에 근무할 자를 임용하는 경우
7. 지방공무원을 그 직급·직위에 해당하는 국가공무원(고위공무원단에 속하는 일반직공무원으로 임용하는 경우에는 해당 직위와 곤란성과 책임도가 유사한 직위의 국가공무원을 말한다)으로 임용하는 경우
8. 외국어에 능통하고 국제적 소양과 전문 지식을 지닌 자를 임용하는 경우
9. 임용 예정직에 관련된 전문계·예능계 및 사학계(史學系)의 고등학교·전문대학 및 대학(대학원을 포함한다)의 학과 중 대통령령으로 정하는 학과의 졸업자로서 인사혁신처장이 정하는 바에 따라 해당 학교장의 추천을 받은 자를 연구 또는 기술 직렬의 공무원으로 임용하는 경우
10. 대통령령 등으로 정하는 임용 예정직에 관련된 과학기술 분야 또는 공개경쟁채용시험으로 결원 보충이 곤란한 특수 전문 분야의 연구나 근무경력이 있는 자를 임용하는 경우
11. 제26조의 4에 따라 수습근무를 마친 자와 제85조에 따라 재학 중 장학금을 받고 졸업한 자를 임용하는 경우
12. 연고지나 그 밖에 지역적 특수성을 고려하여 일정한 지역에 거주하는 자를 그 지역에 소재하는 기관에 임용하는 경우
13. 「국적법」 제4조 및 제8조에 따라 대한민국 국적을 취득한 사람 또는 「북한이탈주민의 보호 및 정착지원에 관한 법률」 제2조 제1호에 따른 북한이탈주민을 임용하는 경우

① 공개경쟁채용시험으로는 결원을 보충하기 어려운 섬의 기관에 A씨를 임용하려는 경우
② 지방공무원이었던 B씨를 동일한 직급에 해당하는 국가공무원으로 임용하려는 경우
③ 휴직 기간 만료로 퇴직한 경력직공무원 C씨가 6년 뒤 퇴직 시에 재직한 직급의 경력직공무원으로 재임용되는 경우
④ 지역적 특수성을 띠고 있는 지역에 거주하는 D씨를 그 지역에 소재한 기관에 임용하려는 경우
⑤ 북한이탈주민인 E씨를 임용하려는 경우

08 다음 글이 비판의 대상으로 삼는 주장으로 가장 적절한 것은?

> 경제 문제는 대개 해결이 가능하다. 대부분의 경제 문제에는 몇 개의 해결책이 있다. 그러나 모든 해결책은 누군가가 상당한 손실을 반드시 감수해야 한다는 특징을 갖고 있다. 하지만 누구도 이 손실을 자발적으로 감수하고자 하지 않으며, 우리의 정치제도는 누구에게도 이 짐을 짊어지라고 강요할 수 없다. 우리의 정치적·경제적 구조로는 실질적으로 제로섬(Zero-sum)적인 요소를 지니는 경제 문제에 전혀 대처할 수 없기 때문이다.
> 대개의 경제적 해결책은 대규모의 제로섬적인 요소를 갖기 때문에 큰 손실을 수반한다. 모든 제로섬 게임에는 승자가 있다면 반드시 패자가 있으며, 패자가 존재해야만 승자가 존재할 수 있다. 경제적 이득이 경제적 손실을 초과할 수도 있지만, 손실의 주체에게 손실의 의미란 상당한 크기의 경제적 이득을 부정할 수 있을 만큼 매우 중요하다. 어떤 해결책으로 인해 평균적으로 사회는 더 잘살게 될 수도 있지만, 이 평균이 훨씬 더 잘살게 된 수많은 사람과 훨씬 더 못살게 된 수많은 사람을 감춘다. 만약 당신이 더 못살게 된 사람 중 하나라면 내 수입이 줄어든 것보다 다른 누군가의 수입이 더 많이 늘었다고 해서 위안을 얻지는 않을 것이다. 결국 우리는 우리 자신의 수입을 보호하기 위해 경제적 변화가 일어나는 것을 막거나 혹은 사회가 우리에게 손해를 입히는 공공정책이 강제로 시행되는 것을 막기 위해 싸울 것이다.

① 빈부격차를 해소하는 것만큼 중요한 정책은 없다.
② 사회의 총생산량이 많아지게 하는 정책이 좋은 정책이다.
③ 경제문제에서 모두가 만족하는 해결책은 존재하지 않는다.
④ 경제적 변화에 대응하는 정치제도의 기능에는 한계가 존재한다.
⑤ 경제정책의 효율성을 높이는 방법은 일관성을 유지하는 것이다.

09 인쇄소에 M1과 M2 두 대의 인쇄기가 있다. 하루에 M1은 50,000장을 인쇄하고, M2는 40,000장을 인쇄할 수 있다. M1의 불량률은 5%이고 M2의 불량률은 4%일 때, 방금 나온 오류 인쇄물이 M1에서 나온 인쇄물일 확률은?(단, 소수점 첫째 자리에서 반올림한다)

① 60% ② 61%
③ 62% ④ 63%
⑤ 64%

10 N은행에서는 새롭게 '더 커지는 적금' 상품을 출시하면서, 이자계산방식을 단리식과 연 복리식으로 선택할 수 있도록 하였다. K씨는 이번 달부터 이 상품에 가입하려고 하는데, 우대금리 조건에 모두 해당하며 단리식으로 이자를 지급받고자 한다. 다음 자료를 참고할 때, K씨가 받는 이자는 연 복리식으로 가입할 경우보다 얼마나 손해인가?(단, $1.024^{\frac{1}{12}}=1.0019$로 계산하고, 손해 금액은 십의 자리에서 반올림한다)

〈더 커지는 적금〉

- 가입기간 : 12개월
- 가입금액 : 매월 초 200,000원 납입
- 적용금리 : 기본금리(연 2.1%)+우대금리(최대 연 0.3%p)
- 저축방법 : 정기적립식, 비과세
- 이자지급방식 : 만기일시지급식
- 우대금리 조건
  - 당행 입출금 통장 보유 시 : +0.1%p
  - 연 500만 원 이상의 당행 예금상품 보유 시 : +0.1%p
  - 급여통장 지정 시 : +0.1%p
  - 이체 실적이 20만 원 이상 시 : +0.1%p

① 99,900원 ② 100,800원
③ 100,900원 ④ 101,800원
⑤ 101,900원

11 연 이율 1.8%를 제공하는 2년 만기 비과세 정기예금에 500만 원을 예치하고 180일 후에 해지하였다면 수령할 총금액은?(단, 이자는 단리를 적용하고, 한 달은 30일로 계산하며, 중도해지금리는 적용하지 않는다)

① 504만 원
② 504만 5천 원
③ 505만 원
④ 505만 5천 원
⑤ 506만 원

12 다음 명제가 모두 참일 때, 항상 참인 것은?

- 수학 수업을 듣지 않는 학생들은 국어 수업을 듣지 않는다.
- 모든 학생들은 국어 수업을 듣는다.
- 수학 수업을 듣는 어떤 학생들은 영어 수업을 듣는다.

① 모든 학생들은 영어 수업을 듣는다.
② 어떤 학생들은 국어와 영어 수업만 듣는다.
③ 어떤 학생들은 국어, 수학, 영어 수업을 듣는다.
④ 모든 학생들은 국어, 수학, 영어 수업을 듣는다.
⑤ 모든 학생들은 국어 수업을 듣거나 수학 수업을 듣는다.

13 다음 명제가 모두 참일 때, 빈칸에 들어갈 명제로 가장 적절한 것은?

- 책상을 정리하면 업무 효율이 높아진다.
- 지각을 하지 않으면 책상을 정리한다.
- ______________________

① 지각을 하면 책상을 정리한다.
② 책상을 정리하지 않으면 지각을 한 것이다.
③ 지각을 하지 않으면 업무 효율이 높아진다.
④ 업무 효율이 높아지면 지각을 하지 않은 것이다.
⑤ 지각을 하지 않으면 업무 효율이 높아지지 않는다.

14 N사의 가～바 지사장은 각각 여섯 개의 지사로 발령받았다. 다음 〈조건〉을 보고, A～F지사로 발령된 지사장의 순서를 바르게 나열한 것은?

〈조건〉

- 본사－A－B－C－D－E－F 순서로 일직선에 위치하고 있다.
- 다 지사장은 마 지사장 바로 옆 지사에 근무하지 않으며, 나 지사장과 나란히 근무한다.
- 라 지사장은 가 지사장보다 본사에 가깝게 근무한다.
- 마 지사장은 D지사에 근무한다.
- 바 지사장이 근무하는 지사보다 본사에 가까운 지사는 1개이다.

① 가－바－나－마－라－다
② 나－다－라－마－가－바
③ 다－나－바－마－가－라
④ 라－바－가－마－나－다
⑤ 바－가－나－마－다－라

15 A～E 5명 중 1명이 테이블 위에 놓여있던 사탕을 먹었다. 이들 중 1명의 진술만 거짓일 때, 거짓을 말하는 사람은 누구인가?

- A : D의 말은 거짓이다.
- B : A가 사탕을 먹었다.
- C : D의 말은 사실이다.
- D : B는 사탕을 먹지 않았다.
- E : D는 사탕을 먹지 않았다.

① A
② B
③ C
④ D
⑤ E

16 N은행 직원 A ~ E는 다음 달에 있는 조합원의 날 행사를 위해 담당 역할을 배정하려고 한다. 행사를 위한 역할에는 '홍보', '구매', '기획', '섭외', '예산' 총 5가지가 있다. 직원 A ~ E 5명 중 1명이 항상 거짓을 말할 때, 바르게 추론한 것은?

- 직원 A : 저는 '홍보'를 담당하고 있고, C는 참을 말하고 있어요.
- 직원 B : 저는 숫자를 다루어야 하는 '예산'과는 거리가 멀어서, 이 역할은 피해서 배정받았죠.
- 직원 C : 저는 친화력이 좋아서 '섭외'를 배정해 주셨어요.
- 직원 D : 저는 '구매'를 담당하고, C는 '기획'을 담당하고 있어요.
- 직원 E : 저는 '예산'을 담당하고 있어요.

① A는 거짓을 말하고 있다.

② B는 예산을 담당한다.

③ C는 섭외를 담당하지 않는다.

④ D는 섭외를 담당한다.

⑤ A는 홍보를 담당하고 있다.

17 N공장에서 제조하는 볼트의 일련번호는 다음과 같이 구성된다. 일련번호는 '형태 – 허용압력 – 직경 – 재질 – 용도' 순으로 표시할 때, 다음 중 직경이 14mm이고, 자동차에 쓰이는 스테인리스 볼트의 일련번호로 옳은 것은?

〈볼트 일련번호 구성〉

형태	나사형	육각	팔각	별
	SC	HX	OT	ST
허용압력(kg/cm^2)	10 ~ 20	21 ~ 40	41~60	61 이상
	L	M	H	P
직경(mm)	8	10	12	14
	008	010	012	014
재질	플라스틱	크롬 도금	스테인리스	티타늄
	P	CP	SS	Ti
용도	항공기	선박	자동차	일반
	A001	S010	M110	E100

① SCP014TiE100

② OTH014SSS010

③ STM012CPM110

④ HXL014SSM110

⑤ SCM012TiM110

18 다음은 2024년 경제자유구역 입주 사업체 투자재원조달 실태조사에 대한 자료이다. 이에 대한 〈보기〉의 설명 중 옳은 것을 모두 고르면?

〈2024년 경제자유구역 입주 사업체 투자재원조달 실태조사〉

(단위 : 백만 원, %)

구분		전체		국내투자		해외투자	
		금액	비중	금액	비중	금액	비중
국내재원	자체	4,025	57.2	2,682	52.6	1,343	69.3
	정부	2,288	32.5	2,138	42.0	150	7.7
	기타	356	5.0	276	5.4	80	4.2
	소계	6,669	94.7	5,096	100.0	1,573	81.2
해외재원	소계	365	5.3	–	–	365	18.8
합계		7,034	100.0	5,096	100.0	1,938	100.0

〈보기〉

ㄱ. 자체 재원조달금액 중 국내투자에 사용되는 금액이 차지하는 비중은 60%를 초과한다.
ㄴ. 해외재원은 모두 해외투자에 사용되고 있다.
ㄷ. 국내재원 중 정부조달금액이 차지하는 비중은 40%를 초과한다.
ㄹ. 국내재원 중 국내투자금액은 해외투자금액의 3배 미만이다.

① ㄱ, ㄴ
② ㄱ, ㄷ
③ ㄴ, ㄷ
④ ㄴ, ㄹ
⑤ ㄷ, ㄹ

19 다음은 어린이집의 시설 및 교직원 현황에 대한 자료이다. 2021년 대비 2024년 직장 어린이집의 교직원 증가율은?

〈어린이집 시설 현황〉

(단위 : 개소)

구분	국·공립 어린이집	법인 어린이집	민간 어린이집	가정 어린이집	부모협동 어린이집	직장 어린이집
2021년	1,826	1,458	14,275	15,525	65	350
2022년	1,917	1,459	14,368	17,359	66	370
2023년	2,034	1,461	14,677	19,367	74	401
2024년	2,116	1,462	15,004	20,722	89	449

〈어린이집 교직원 현황〉

(단위 : 명)

구분	국·공립 어린이집	법인 어린이집	민간 어린이집	가정 어린이집	부모협동 어린이집	직장 어린이집
2021년	17,853	16,572	97,964	55,169	331	3,214
2022년	19,397	17,042	103,656	62,863	348	3,606
2023년	20,980	17,368	112,239	73,895	398	4,204
2024년	22,229	17,491	120,503	82,911	485	5,016

① 약 47%
② 약 51%
③ 약 56%
④ 약 61%
⑤ 약 66%

20 다음은 2020년부터 2024년까지 총 수출액 중 10대 수출품목 비중 변화추이에 대한 그래프이다. 다음 중 총 수출액이 두 번째로 적은 연도는?(단, 총 수출액은 소수점 첫째 자리에서 반올림한다)

〈총 수출액 중 10대 수출품목 비중 변화추이〉

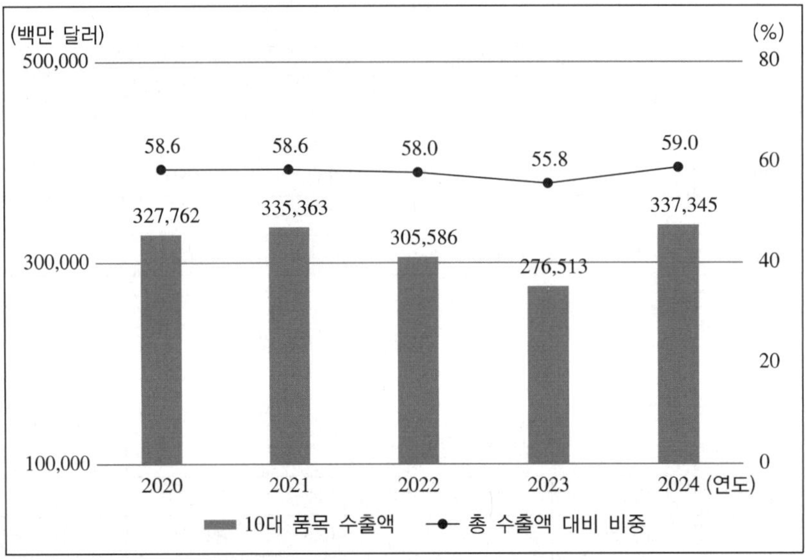

① 2020년
② 2021년
③ 2022년
④ 2023년
⑤ 2024년

21 다음은 월별 환율 현황을 나타낸 자료이다. 이에 대한 〈보기〉의 설명 중 옳은 것을 모두 고르면?

〈월별 환율 현황〉

구분	1월	2월	3월	4월	5월	6월
원/달러	1,120.00	1,124.00	1,125.50	1,129.80	1,132.00	1,135.00
유로/달러	1.17	1.18	1.20	1.19	1.21	1.20
엔/달러	110.50	109.20	110.00	111.50	111.00	112.40

〈보기〉

ㄱ. 한국에 있는 A가 미국에 계신 부모님께 용돈을 송금할 때, 4월보다는 5월에 송금하는 것이 더 경제적이다.
ㄴ. 2월부터 5월까지 유로/달러 환율과 엔/달러 환율의 증감 추이는 동일하다.
ㄷ. 4월에는 유로/달러 환율이 1월에 비해 상승하였다.
ㄹ. 동생을 만나러 유럽에서 미국으로 가는 B는 3월보다 4월에 가는 것이 더 경제적이다.

① ㄱ, ㄴ
② ㄱ, ㄷ
③ ㄴ, ㄷ
④ ㄷ, ㄹ
⑤ ㄱ, ㄷ, ㄹ

22 다음은 성인 500명이 응답한 온라인 도박과 오프라인 도박 관련 조사결과에 대한 자료이다. 이에 대한 〈보기〉의 설명 중 옳은 것을 모두 고르면?

〈온라인 도박과 오프라인 도박 관련 조사결과〉

(단위 : 명)

온라인 \ 오프라인	×	△	○	합계
×	250	21	2	( )
△	113	25	6	144
○	59	16	8	( )
합계	422	( )	( )	500

※ × : 경험이 없고 충동을 느낀 적도 없음
※ △ : 경험은 없으나 충동을 느낀 적이 있음
※ ○ : 경험이 있음

〈보기〉

ㄱ. 온라인 도박 경험이 있다고 응답한 사람은 83명이다.
ㄴ. 오프라인 도박에 대해 '경험은 없으나 충동을 느낀 적이 있음'으로 응답한 사람은 전체 응답자의 10% 미만이다.
ㄷ. 온라인 도박 경험이 있다고 응답한 사람 중 오프라인 도박 경험이 있다고 응답한 사람의 비중은 전체 응답자 중 오프라인 도박 경험이 있다고 응답한 사람의 비중보다 크다.
ㄹ. 온라인 도박에 대해 '경험이 없고 충동을 느낀 적도 없음'으로 응답한 사람은 전체 응답자의 50% 이하이다.

① ㄱ, ㄴ
② ㄱ, ㄷ
③ ㄷ, ㄹ
④ ㄱ, ㄴ, ㄷ
⑤ ㄱ, ㄷ, ㄹ

23 다음은 N은행의 보험상품인 '노란우산'에 대한 자료이다. 빈칸 (가) ~ (다)에 들어갈 내용이 바르게 연결된 것은?

〈노란우산〉

• 상품설명

소기업·소상공인이 폐업이나 노령 등의 생계위협으로부터 생활의 안정을 기하고, 사업재기의 기회를 얻을 수 있도록 중소기업협동조합법 제115조에 따라 중소기업중앙회가 관리 운용하는 사업주의 퇴직금(목돈)마련을 위한 공제제도

• 상품혜택

– 연간 최대 500만 원 소득공제

– 납입부금에 대해 연간 최대 500만 원 소득공제 혜택을 부여하므로 세 부담 높은 사업자의 절세 전략으로 탁월

구분	사업(또는 근로) 소득금액	최대소득공제한도	예상세율	최대절세효과
개인·법인	4천만 원 이하	(가)	6.6 ~ 16.5%	330,000 ~ 825,000원
개인	4천만 원 초과 1억 원 이하	300만 원	16.5 ~ 38.5%	(나)
법인	4천만 원 초과 5,675만 원 이하			
개인	1억 원 초과	200만 원	(다)	770,000 ~ 924,000원

※ 위 예시는 노란우산 소득공제만 받았을 경우의 예상 절세효과 금액임

※ 2024년 종합소득세율(지방소득세 포함) 적용 시 절세효과이며, 세법 제·개정에 따라 변경될 수 있음

※ 법인대표자는 총급여 약 7천만 원(근로소득금액 5,675만 원) 초과 시 근로소득금액에서 소득공제를 받을 수 없음

※ 부동산임대업소득은 소득공제를 받을 수 없음

① (가) – 450만 원

② (나) – 495,000 ~ 1,135,000원

③ (나) – 475,000 ~ 1,155,000원

④ (다) – 38.5 ~ 46.2%

⑤ (다) – 37.5 ~ 43.2%

24 다음은 청소년이 고민하는 문제에 대해 조사한 그래프이다. 13 ~ 18세 청소년이 가장 많이 고민하는 문제와 19 ~ 24세가 두 번째로 많이 고민하고 있는 문제를 바르게 나열한 것은?

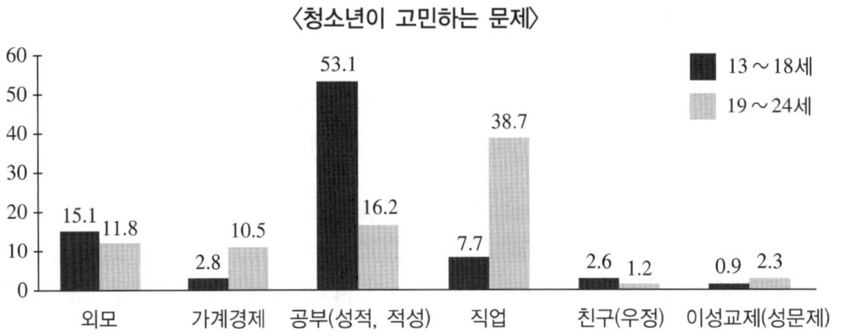

① 직업, 직업
② 공부, 공부
③ 외모, 직업
④ 직업, 공부
⑤ 공부, 외모

25 다음은 2021 ~ 2024년 소비자물가지수 지역별 동향을 나타낸 자료이다. 이에 대한 설명으로 옳지 않은 것은?

〈소비자물가지수 지역별 동향〉

(단위 : %p)

구분	등락률				구분	등락률			
	2021년	2022년	2023년	2024년		2021년	2022년	2023년	2024년
전국	2.2	1.3	1.3	0.7	충북	2.0	1.2	1.2	−0.1
서울	2.5	1.4	1.6	1.3	충남	2.4	1.2	0.5	0.2
부산	2.4	1.5	1.3	0.8	전북	2.2	1.2	1.1	0.0
대구	2.4	1.6	1.4	1.0	전남	2.0	1.4	1.0	0.0
인천	2.0	1.0	0.9	0.2	경북	2.0	1.2	1.0	0.0
경기	2.2	1.2	1.2	0.7	경남	1.9	1.3	1.4	0.6
강원	2.0	1.1	0.7	0.0	제주	1.2	1.4	1.1	0.6

① 2021년부터 부산의 등락률은 하락하고 있다.
② 2021 ~ 2024년 동안 모든 지역의 등락률이 하락했다.
③ 2021년에 등락률이 두 번째로 낮은 곳은 경남이다.
④ 2023년에 등락률이 가장 높은 곳은 서울이다.
⑤ 2024년에 등락률이 가장 낮은 곳은 충북이다.

26 다음은 국내 금융기관에 대한 SWOT 분석 자료이다. 이를 바탕으로 SWOT 전략을 세운다고 할 때, 〈보기〉에서 분석 결과에 대응하는 전략과 그 내용이 바르게 연결된 것을 모두 고르면?

> 국내 대부분의 예금과 대출을 국내 은행이 차지하고 있을 정도로 국내 금융기관에 대한 우리나라 국민들의 충성도는 높은 편이다. 또한 국내 금융기관은 철저한 신용 리스크 관리로 해외 금융기관과 비교해 자산건전성 지표가 매우 우수한 편이다. 시장 리스크 관리도 해외 선진 금융기관 수준에 도달한 것으로 평가받는다. 국내 금융기관은 외환위기와 글로벌 금융위기 등을 거치며 꾸준히 자산건전성을 강화해왔기 때문이다.
> 그러나 은행과 이자 이익에 수익이 편중돼 있다는 점은 국내 금융기관의 가장 큰 약점이 된다. 대부분 예금과 대출 거래 중심의 영업구조로 되어 있기 때문이다. 취약한 해외 비즈니스도 문제로 들 수 있다. 최근 동남아 시장을 중심으로 해외 진출에 박차를 가하고 있지만, 아직은 눈에 띄는 성과가 많지 않은 상황이다.
> 많은 어려움에도 불구하고 국내 금융기관의 발전 가능성은 아직 무궁무진하다. 우선 해외 시장으로 눈을 돌리면 다양한 기회가 열려 있다. 전 세계 신용·단기 자금 확대, 글로벌 무역 회복세로 국내 금융기관의 해외 진출 여건은 양호한 편이다. 따라서 해외 시장 개척을 통해 어떻게 신규 수익원을 확보하느냐가 성장의 새로운 기회로 작용할 전망이다. IT 기술 발달에 따른 핀테크의 등장도 새로운 기회가 될 수 있다. 국내의 발달된 인터넷과 모바일뱅킹 서비스, IT 인프라를 활용한 새로운 수익 창출 가능성이 열려 있는 것이다.
> 역설적으로 핀테크의 등장은 오히려 국내 금융기관의 발목을 잡을 수 있다. 블록체인 기술에 기반한 암호화폐, 간편결제와 송금, 로보어드바이저, 인터넷 은행, P2P 대출 등 다양한 핀테크 분야의 새로운 서비스들이 기존 금융 서비스의 대체재로서 출현하고 있기 때문이다. 금융시장 개방에 따른 글로벌 금융기관과의 경쟁 심화도 넘어야 할 산이다. 특히 중국 은행을 비롯한 중국 금융이 급성장하고 있어 이에 대한 대비책 마련이 시급하다.

〈보기〉

ㄱ. SO전략 – 높은 국내 시장 점유율을 기반으로 국내 핀테크 사업에 진출한다.
ㄴ. WO전략 – 위기 관리 역량을 강화하여 해외 금융시장에 진출한다.
ㄷ. ST전략 – 해외 금융기관과 비교해 우수한 자산건전성을 강조하여 글로벌 금융기관과의 경쟁에서 우위를 차지한다.
ㄹ. WT전략 – 해외 비즈니스 역량을 강화하여 해외 금융시장에 진출한다.

① ㄱ, ㄴ
② ㄱ, ㄷ
③ ㄴ, ㄷ
④ ㄴ, ㄹ
⑤ ㄷ, ㄹ

27 N기업 부사장이 해외출장에서 귀국하는 날짜가 정해져 8월 5일 이후에 워크숍 날짜를 정하기로 하였다. 〈조건〉에 따라 A ~ C부서의 과장 이상의 직급인 직원들이 모두 참석할 수 있는 날짜로 정한다고 할 때, 다음 중 적절한 기간은 언제인가?

〈8월 일정표〉

월	화	수	목	금	토	일
						1
2 부사장 귀국	3 차장 이상 오후 회의	4	5 부사장 외부 일정	6 부사장 외부 일정	7 부사장 외부 일정	8
9	10 B부서 과장 연차	11	12	13	14	15
16	17 B부서 부장 연차	18	19	20 A, C부서 전체 회식	21	22
23	24	25	26 C부서 차장 외부 출장	27 A부서 차장 외부 출장	28	29
30	31 부사장 외부 일정					

※ 일정에 제시되지 않은 임직원은 워크숍에 참석할 수 있음

〈조건〉

- 워크숍에 참석하는 부서는 A, B, C부서이다.
- A부서는 과장 2명과 차장 1명, B부서와 C부서는 각각 과장 1명, 차장 1명, 부장 1명이 있다.
- 회사 일정이 있는 날과 회식 전날에는 워크숍 진행이 불가능하다.
- 워크숍은 1박 2일 일정이며, 일요일은 제외한다.
- 부사장과 부장이 모두 참석할 수 있는 날짜로 정한다.
- B부서와 C부서의 과장은 워크숍에 참여하지 않는다.

① 6 ~ 7일
② 9 ~ 10일
③ 14 ~ 15일
④ 18 ~ 19일
⑤ 30 ~ 31일

28 다음은 2024년 공무원 징계 현황에 대한 자료이다. 이에 대한 설명으로 옳지 않은 것을 〈보기〉에서 모두 고르면?

〈공무원 징계 현황〉

(단위 : 건)

징계 사유	경징계	중징계
A	3	25
B	174	48
C	170	53
D	160	40
기타	6	5

〈보기〉

ㄱ. 경징계 총 건수는 중징계 총 건수의 3배이다.
ㄴ. 전체 징계 건수 중 경징계 총 건수의 비율은 70% 미만이다.
ㄷ. 징계 사유 D로 인한 징계 건수 중 중징계의 비율은 20% 미만이다.
ㄹ. 전체 징계 사유 중 징계의 비율이 가장 높은 것은 C이다.

① ㄱ, ㄴ
② ㄱ, ㄷ
③ ㄴ, ㄷ
④ ㄴ, ㄹ
⑤ ㄷ, ㄹ

※ 다음은 N은행에서 판매하는 적금상품을 정리한 자료이다. 이어지는 질문에 답하시오. **[29~30]**

〈적금상품 정보〉

구분	대상연령	입금가능금액		이자율(%)		만기기간	만족도
		최소	최대	만기	중도해지		
A적금	만 19세 이상	2만 원	20만 원	4	1	3년	★★
B적금	제한없음	5만 원	50만 원	2.5	1	2년	★★
C적금	20대	5만 원	20만 원	5	2	2년	★★★
D적금	20 ~ 30대	2만 원	30만 원	3.5	0.5	3년	★
E적금	만 20세 이상	2만 원	40만 원	3	1	2년	★★★

〈항목별 환산점수 방법〉

ⓐ 대상연령 폭이 넓은 순대로 5점부터 1점까지 정수로 점수를 부여한다.
ⓑ 입금가능금액의 최소·최대 금액 차이가 큰 순서대로 5점부터 1점까지 정수로 점수를 부여한다.
ⓒ 만기이자율이 높은 순서대로 5점부터 1점까지 정수로 점수를 부여한다.
ⓓ [(만기이자율)−(중도해지이자율)]의 값으로 점수를 부여하며, 1%당 1점으로 계산한다(단, 2.5%는 2.5점이다).
ⓔ 5−(만기기간)의 값으로 점수를 부여하며, 1년마다 1점으로 계산한다.
ⓕ 만족도의 ★의 개수로 1점씩 부여한다.

29 다음 중 환산점수 총점이 가장 높은 적금상품은 무엇인가?

① A적금
② B적금
③ C적금
④ D적금
⑤ E적금

30 다음 고객이 원하는 조건을 고려하여 추천해 줄 수 있는 적금으로 가장 적절한 것은?(단, 만족도는 '★ : 낮음, ★★ : 보통, ★★★ : 높음'이다)

> 고객 : 안녕하세요. 전 만 35세이고요, 적금을 들고 싶습니다. 처음 가입하려고 보니 걱정되어 만기기간은 짧고, 만족도는 보통 이상인 상품 중에 만기이자율이 높은 상품을 들고 싶어요. 어떤 상품이 괜찮을까요?

① A적금
② B적금
③ C적금
④ D적금
⑤ E적금

※ 다음은 N기업의 출장비 지급 규정이다. 이어지는 질문에 답하시오. [31~32]

〈출장비 지급 규정〉

• 일비는 직급별로 지급되는 금액을 기준으로 출장일수에 맞게 지급한다.
• 교통비는 대중교통(버스, 기차 등) 및 택시를 이용한 금액만 실비로 지급한다.
• 숙박비는 1박당 제공되는 숙박비를 넘지 않는 선에서 실비로 지급한다.
• 식비는 직급별로 지급되는 금액을 기준으로 1일당 3식으로 계산하여 지급한다.

〈출장 시 지급 비용〉

(단위 : 원)

구분	일비(1일)	숙박비(1박)	식비(1식)
사원	20,000	100,000	6,000
대리	30,000	120,000	8,000
과장	50,000	150,000	10,000
부장	60,000	180,000	10,000

31 대리 1명과 과장 1명이 2박 3일간 부산으로 출장을 다녀왔다면, 지급받을 수 있는 출장비는 총 얼마인가?

〈부산 출장 지출내역〉

• 서울 시내버스 및 지하철 이동 : 3,200원(1인당)
• 서울 – 부산 KTX 이동(왕복) : 121,800원(1인당)
• 부산 ○○호텔 스탠다드룸 : 150,000원(1인당, 1박)
• 부산 시내 택시 이동 : 10,300원

① 1,100,300원
② 1,124,300원
③ 1,179,300원
④ 1,202,300원
⑤ 1,302,300원

32 사원 2명과 대리 1명이 1박 2일간 강릉으로 출장을 다녀왔다면, 지급받을 수 있는 출장비는 총 얼마인가?

〈강릉 출장 지출내역〉

• 서울 – 강릉 자가용 이동(왕복) : 주유비 100,000원
• 강릉 ○○호텔 트리플룸 : 80,000원(1인당, 1박)
• 식비 : 총 157,000원

① 380,000원
② 480,000원
③ 500,000원
④ 537,000원
⑤ 542,000원

※ 다음은 N사에서 제공하는 임직원 복지 혜택에 대한 설명이다. 이어지는 질문에 답하시오. **[33~34]**

〈임직원 복지 혜택 세부사항〉

구분	내용	대상	금액
명절 상여금	설날·추석 명절 상여금으로 매년 1월과 9월에 월급여의 일정 비율만큼 월급여에 합하여 지급함	해당 월 입사 2년 차 이상에 해당하는 자	월급여의 10%
경조사비	부모, 배우자, 자녀의 경조사의 경우 직급에 따라 일정 금액을 경조사일이 속한 달의 다음 달 급여에 월급여와 합하여 지급함(결혼, 돌, 장례식 등)	제한없음	– 사원, 주임, 대리 : 부모·배우자(200,000원), 자녀(100,000원) – 과장 이상 : 300,000원
여름·겨울 휴가비	여름·겨울 휴가비로 매년 7월과 12월에 직급에 따라 일정 금액을 월급여와 합하여 지급함	해당 월 입사 1년 차 이상에 해당하는 자	〈여름〉 – 사원, 주임 : 250,000원 – 대리 : 350,000원 – 과장 이상 : 500,000원 〈겨울〉 – 사원, 주임 : 150,000원 – 대리 : 250,000원 – 과장 이상 : 500,000원
문화생활비	임직원 문화생활 활성화를 위해 입사일 다음 해부터 매년 입사일이 속한 달의 월급여에 합하여 지급함	해당 월 입사 1년 차 이상에 해당하는 자	100,000원
자기계발비	임직원 자기계발을 위해 직급에 따라 일정 금액을 매년 3월 급여에 합하여 지급함	제한없음	– 사원, 주임 : 300,000원 – 대리 이상 : 200,000원
출산축하금(경조사비와는 별개)	재직기간 중 출산했을 경우 휴가 1년(남성은 3개월)과는 별개로 추가 휴가 6개월(남성은 2개월) 또는 출산축하금 중 택 1하여 지원함(출산축하금의 경우 출산일이 속한 달 월급여에 합하여 지급함)	제한없음	– 여성 : 5,000,000원 – 남성 : 2,000,000원 부부 모두 재직 시 부부 합산을 여성 월급여 통장에 입금
자녀학자금	대학생 자녀가 있을 경우, 매년 4월과 10월에 월급여에 합하여 지원함	직급 과장 이상	등록금에서 장학금을 제외한 금액의 70%를 지원함

33 다음은 2025년 1월 2일에 A주임이 회계팀에 문의한 내용이다. 상반기에 복지 혜택까지 포함된 A주임의 총급여는 얼마인가?(단, 상반기는 1 ~ 6월이며, 출산예정일은 변동이 없다)

〈문의 내용〉

안녕하세요? 재작년 3월 2일에 입사한 영업팀 주임 A입니다. 올 상반기 제가 받을 급여가 총 얼마인지 알고 싶어 문의하게 되었습니다. 현재 월급여는 320만 원이고, 5월부터는 대리로 진급함과 동시에 350만 원으로 인상될 것이라고 전달받았습니다. 작년 12월 저희 아버님이 돌아가셨고, 올해 6월에 타 회사에 근무 중인 아내가 첫 아이를 출산할 예정입니다. 그리고 출산축하금으로 받을 거예요.

① 1,940만 원
② 2,120만 원
③ 2,240만 원
④ 2,460만 원
⑤ 2,620만 원

34 임직원 복지 혜택 세부사항의 일부 내용이 다음과 같이 변경되었다면, 상반기에 복지 혜택까지 포함된 33번 A주임의 총급여는 얼마인가?

〈변경 후 내용〉

- 명절상여금 : 입사 1년 차 이상, 월급여의 5%
- 경조사비 : 직급 · 사유 관계없이 200,000원
- 여름 · 겨울 휴가비 : 입사 2년 차 이하 직급 관계없이 100,000원, 입사 3년 차 이상은 기존 내용과 동일
- 문화생활비 : 항목 삭제
- 자기계발비 : 사원 직급에게만 매년 3월 500,000원 한도 내에서 업무 관련 자기계발비 증명자료 제출 시 지급
- 출산축하금 : 여성 · 남성 관계없이 3,000,000원 지급 및 부부 모두 재직 시 각각 지급
- 자녀학자금 : 매년 3월 2,000,000원 지급

① 1,985만 원
② 2,104만 원
③ 2,255만 원
④ 2,316만 원
⑤ 2,562만 원

※ 다음은 청년도약플러스적금 상품설명서이다. 이어지는 질문에 답하시오. [35~36]

〈청년도약플러스적금〉

구분	내용
가입대상	청년도약계좌를 일시 납입 방식으로 가입한 실명의 개인(1인 1계좌)
상품유형	자유적립식 예금
가입금액 및 저축방법	월 1만 원 이상 50만 원 이하 ※ 매월(해당 월의 초일부터 말일까지) 자유롭게 저축(만기일 전일까지 저축 가능)
계약기간	12개월
가입채널	N뱅킹
이자지급시기	만기일시지급식 : 만기해지 또는 중도해지 시 이자를 일시에 지급
기본이율	연 4.0%
우대이율	연 1.0%p • 저축장려 우대이율(연 1.0%p) : 청년도약플러스적금 만기 전일 기준 '청년도약계좌 일시납입 계좌'를 보유한 경우 ※ 우대이율은 적용 조건을 충족하는 경우 만기해지 시 계약기간 동안 적용
중도해지이율 (단위 : 연 %)	• 1개월 미만 : 0.1 • 1개월 이상 6개월 미만 : (기본이율)×50%×(경과월수)÷(계약월수) (단, 최저금리는 0.1) • 6개월 이상 8개월 미만 : (기본이율)×60%×(경과월수)÷(계약월수) (단, 최저금리는 0.2) • 8개월 이상 10개월 미만 : (기본이율)×70%×(경과월수)÷(계약월수) (단, 최저금리는 0.2) • 10개월 이상 11개월 미만 : (기본이율)×80%×(경과월수)÷(계약월수) (단, 최저금리는 0.2) • 11개월 이상 : (기본이율)×90%×(경과월수)÷(계약월수) (단, 최저금리는 0.2) ※ 경과월수 : 입금일 다음 날로부터 해지월 입금해당일까지를 월수로 하고, 1개월 미만은 절상 ※ 계약월수 : 신규일 다음 날로부터 만기월 신규해당일까지를 월수로 하고, 1개월 미만은 절상 ※ 이율은 소수점 둘째 자리까지 표시(소수점 셋째 자리에서 절사)
계약해지방법	• N뱅킹, 영업점 및 고객센터를 통해 해지 • 비대면으로 신규 가입한 계좌는 만기자동해지의 신청 없이 만기일에 자동해지되어 근거계좌(N은행 출금계좌)로 입금됨

35 **다음 중 청년도약플러스적금 상품에 대한 설명으로 옳은 것은?**

① 경과월수가 11개월일 때 중도해지할 경우 이율은 연 2.93%이다.
② 청년도약계좌와 달리 여러 명이 한 계좌에 자유롭게 예금할 수 있다.
③ 청년도약플러스적금을 가입하기 위해서는 영업점에 방문해야 한다.
④ 비대면으로 신규 가입할 경우 만기 시 자동으로 N은행 출금계좌로 입금된다.
⑤ 중도해지 시 계약월수는 입금일 다음 날로부터 해지월 입금해당일까지를 월수로 한다.

36 **청년도약플러스적금에 가입한 A와 B는 다음과 같이 중도해지하였다. A와 B의 연이율 차이는?**

• A : 8개월 중도해지, 청년도약계좌 일시 납입 계좌 보유 • B : 4개월 중도해지, 청년도약계좌 일시 납입 계좌 미보유

① 0.8%p
② 1.2%p
③ 1.8%p
④ 2.2%p
⑤ 2.4%p

37 다음 기본체계에 따라 금융기관 등이 의무적으로 해야 할 일이 아닌 것을 〈보기〉에서 모두 고르면?

〈혐의거래보고 기본체계〉

1) 혐의거래보고의 대상

금융기관 등은 ① 원화 2천만 원 또는 외화 1만 달러 상당 이상의 거래로서 금융재산이 불법재산이거나 금융거래 상대방이 자금세탁행위를 하고 있다고 의심할 만한 합당한 근거가 있는 경우, ② 범죄수익 또는 자금세탁행위를 알게 되어 수사기관에 신고한 경우에는 의무적으로 금융정보분석원에 혐의거래보고를 하여야 한다.

의무보고대상거래를 보고하지 않을 경우에는 관련 임직원에 대한 징계 및 기관에 대한 과태료 부과 등 적절한 제재조치를 할 수 있다. 또한, 혐의거래 중 거래액이 보고대상 기준금액 미만인 경우에 금융기관은 이를 자율적으로 보고할 수 있다.

2) 혐의거래보고의 방법 및 절차

영업점직원은 업무지식과 전문성, 경험을 바탕으로 고객의 평소 거래상황, 직업, 사업내용 등을 고려하여 취급한 금융거래가 혐의거래로 의심되면 그 내용을 보고책임자에게 보고한다.

보고책임자는 특정금융거래정보보고 및 감독규정의 별지 서식에 의한 혐의거래보고서에 보고기관, 거래상대방, 의심스러운 거래내용, 의심스러운 합당한 근거, 보존하는 자료의 종류 등을 기재하여 온라인으로 보고하거나 문서로 제출하되, 긴급한 경우에는 우선 전화나 팩스로 보고하고 추후 보완할 수 있다.

〈보기〉

ㄱ. A은행은 창구에서 3천만 원을 현금으로 인출하려는 고객의 금융재산이 불법재산이라고 의심할 만한 합당한 근거가 있어 혐의거래보고를 한다.

ㄴ. B은행이 자금세탁행위로 신고하여 검찰수사를 받고 있는 거래에 대하여 B은행은 혐의거래보고서를 금융정보분석원에 제출한다.

ㄷ. C은행은 10억 원을 해외송금하는 거래자에 대해 뚜렷이 의심할 만한 근거는 없으나 거액의 거래이므로 혐의거래보고를 한다.

ㄹ. D은행은 의심할 만한 합당한 근거가 있는 거래에 대해 혐의거래보고서를 완벽하게 작성하지 못했지만 신속한 조사를 위해 팩스로 검찰청에 제출한다.

ㅁ. E은행은 5백만 원을 현금으로 인출하는 거래에 대해 의심할 만한 합당한 근거를 찾고 혐의거래보고서를 금융정보분석원에 제출한다.

① ㄱ, ㄴ
② ㄷ, ㄹ
③ ㄴ, ㄷ, ㅁ
④ ㄴ, ㄹ, ㅁ
⑤ ㄷ, ㄹ, ㅁ

38 다음은 지방자치단체 여성 공무원 현황에 대한 자료이다. 이에 대한 설명으로 옳지 않은 것은?

〈지방자치단체 여성 공무원 현황〉

(단위 : 백 명, %)

구분	2019년	2020년	2021년	2022년	2023년	2024년
전체 공무원	2,660	2,725	2,750	2,755	2,780	2,795
여성 공무원	705	750	780	805	820	830
여성 공무원 비율	26.5	27.5	28.4	29.2	29.5	29.7

① 2019년 이후 여성 공무원 수는 매년 증가하고 있다.
② 2022년 전체 공무원 수는 전년 대비 증가하였다.
③ 2023년 남성 공무원 수는 1,960백 명이다.
④ 2024년 여성 공무원 비율은 2019년과 비교했을 때, 3.2%p 증가했다.
⑤ 2024년에 남성 공무원이 차지하는 비율과 여성 공무원이 차지하는 비율의 차이는 40%p 미만이다.

39 다음은 우표 발행 현황에 대한 자료이다. 이에 대한 설명으로 옳은 것은?

〈우표 발행 현황〉

(단위 : 십만 장)

구분	2020년	2021년	2022년	2023년	2024년
보통우표	1,670	1,640	770	1,100	1,050
기념우표	430	560	400	350	360
나만의 우표	50	40	30	20	10
합계	2,150	2,240	1,200	1,470	1,420

① 2020년부터 2024년까지 보통우표와 기념우표 발행 수의 증감 추이는 같다.
② 기념우표와 나만의 우표 모두 발행 수가 가장 적은 해는 2023년이다.
③ 보통우표와 기념우표 발행 수가 가장 큰 차이를 보이는 해는 2020년이다.
④ 2022년 전체 발행 수에서 나만의 우표가 차지하고 있는 비율은 3% 이상이다.
⑤ 2020년 대비 2024년 나만의 우표 발행 수의 감소율은 70%이다.

40 다음은 N은행 직원들의 이번 주 추가근무 계획표이다. 하루에 5명 이상 추가근무를 할 수 없고, 직원들은 각자 일주일에 10시간을 초과하여 추가근무를 할 수 없다. 1명만 추가근무 일정을 수정할 수 있을 때, 규칙에 어긋난 요일과 그 날에 속한 사람 중 일정을 변경해야 할 직원은 누구인가?(단, 주말은 1시간당 1.5시간으로 계산한다)

〈추가근무 계획표〉

성명	추가근무 일정	성명	추가근무 일정
김혜정	월요일 3시간, 금요일 3시간	김재건	수요일 1시간
이설희	토요일 6시간	신혜선	수요일 4시간, 목요일 3시간
임유진	토요일 3시간, 일요일 1시간	한예리	일요일 6시간
박주환	목요일 2시간	정지원	월요일 6시간, 목요일 4시간
이지호	화요일 4시간	최명진	화요일 5시간
김유미	금요일 6시간, 토요일 2시간	김우석	목요일 1시간
이승기	화요일 1시간	차지수	금요일 6시간
정해리	월요일 5시간	이상엽	목요일 6시간, 일요일 3시간

요일	직원
① 월요일	김혜정
② 화요일	최명진
③ 목요일	신혜선
④ 목요일	이상엽
⑤ 토요일	임유진

41 다음은 임직원 출장여비 지급규정과 N차장의 출장비 지출 내역이다. N차장이 받을 수 있는 여비는?

〈임직원 출장여비 지급규정〉

- 출장여비는 일비, 숙박비, 식비, 교통비로 구성된다.
- 일비는 출장일수에 따라 매일 10만 원씩 지급한다.
- 숙박비는 숙박일수에 따라 실비 지급한다. 다만, 항공 또는 선박 여행 시 항공기 내 또는 선박 내에서의 숙박은 숙박비를 지급하지 아니한다.
- 식비는 일수에 따라 식사 여부에 상관없이 1일 3식으로 지급하며, 1끼니당 1만 원씩 지급한다. 단, 항공 또는 선박 여행 시에는 기내식이 포함되지 않을 경우만 지급하며, 출장 마지막 날 저녁은 지급하지 않는다.
- 교통비는 교통편의 운임 혹은 유류비 산출액을 실비 지급한다.

〈N차장의 2박 3일 출장비 지출 내역〉

3월 8일	3월 9일	3월 10일
• 인천 – 일본 항공편 84,000원 (아침 기내식 포함 ×) • 점심 식사 7,500원 • 일본 J공항 – B호텔 택시비 10,000원 • 저녁 식사 12,000원 • B호텔 숙박비 250,000원	• 아침 식사 8,300원 • 호텔 – 거래처 택시비 16,300원 • 점심 식사 10,000원 • 거래처 – 호텔 택시비 17,000원 • B호텔 숙박비 250,000원	• 아침 식사 5,000원 • 일본 – 인천 항공편 89,000원 (점심 기내식 포함)

① 880,000원
② 1,053,000원
③ 1,059,100원
④ 1,086,300원
⑤ 1,106,300원

42 모스크바 지사에서 일하고 있는 A대리는 밴쿠버 지사와의 업무협조를 위해 4월 22일 오전 10시 15분에 밴쿠버 지사로 업무협조 메일을 보냈다. 다음 〈조건〉에 따라 밴쿠버 지사에서 가장 빨리 메일을 읽었을 때, 모스크바의 시각은?

〈조건〉

- 밴쿠버는 모스크바보다 10시간이 늦다.
- 밴쿠버 지사의 업무시간은 오전 10시부터 오후 6시까지다.
- 밴쿠버 지사에서는 4월 22일 오전 10시부터 15분간 전력 점검이 있었다.

① 4월 22일 오전 10시 15분
② 4월 23일 오전 10시 15분
③ 4월 22일 오후 8시 15분
④ 4월 23일 오후 8시 15분
⑤ 4월 23일 오후 10시 15분

43 다음 파이썬 프로그램의 실행 결과로 옳은 것은?

```
>>> print ("1", "2", "3", "4", "5")
```

① 1
② 12345
③ 122333444555
④ 1 2 3 4 5
⑤ 1, 2, 3, 4, 5

44 다음 시트에서 [F2:F6] 영역처럼 표시하려고 할 때, [F5] 셀에 입력할 수식으로 옳은 것은?

	A	B	C	D	E	F
1	카페이름	주제	가입 인원	즐겨찾기 멤버	전체 글	순위
2	영카	영화	172,789	22,344	827,581	4
3	농산물	건강	679,497	78,293	1,074,510	3
4	북카페	문화	71,195	8,475	891,443	5
5	강사모	반려동물	1,847,182	283,602	10,025,638	1
6	부동산	경제	1,126,853	183,373	784,700	2

① =RANK(C2,C2:C6)

② =RANK.EQ(C2,C2:C6)

③ =RANK(C5,C2:C6)

④ =RANK(F5,F2:F6)

⑤ =IF(RANK(C5,C2:C6)<=1,RANK(F5,F2:H6),"")

45 다음 명령을 수행했을 때 출력되는 결과값으로 옳은 것은?

```
#include <stdio.h>

int main(void)
{
  int ary[3];
  int i;
  ary[0]=1; ary[1]=2; ary[2]=3;
  for (i=0; i<3; i++)
    printf("%d번째 주사위 번호 : %d ₩n",i+1,ary[i]);
  return 0;
}
```

① 1번째 주사위 번호 : 1
2번째 주사위 번호 : 2
3번째 주사위 번호 : 3

② 0번째 주사위 번호 : 1
1번째 주사위 번호 : 2
2번째 주사위 번호 : 3

③ 0번째 주사위 번호 : 2
1번째 주사위 번호 : 3
2번째 주사위 번호 : 4

④ 1번째 주사위 번호 : 3
2번째 주사위 번호 : 3
3번째 주사위 번호 : 3

⑤ 실행되지 않는다.

제2영역 직무상식평가

공통

01 다음 중 우리 사회 여러 분야에서 막강한 영향력을 지닌 포털을 그저 시장 논리에 맡겨둘 수 없다는 여론이 형성되어 제정된 것으로, 포털 시장에도 유·무선 통신 시장처럼 경쟁 상황 평가를 도입해야 한다는 내용을 골자로 한 것은 무엇인가?

① 크립토재킹
② IT 거버넌스
③ 레그테크
④ 아웃링크
⑤ ICT 뉴노멀법

02 다음 〈보기〉 중 블록체인 시스템(Block Chain System)에 대한 설명으로 옳지 않은 것을 모두 고르면?

〈보기〉

㉠ 모든 거래 데이터를 사슬(체인)형태로 중앙 서버에 저장한다.
㉡ 한 사용자가 다른 사용자의 거래 데이터를 열람할 수 있다.
㉢ 일부 네트워크가 해킹당하면 전체 시스템이 마비된다.
㉣ 블록체인에 기록된 내용은 암호화되어 저장되므로 신뢰성이 높다.
㉤ 의사결정을 위한 작업증명의 대가로 암호화폐를 받는 과정을 채굴이라고 한다.

① ㉠, ㉢
② ㉡, ㉢
③ ㉡, ㉣
④ ㉢, ㉤
⑤ ㉣, ㉤

03 다음 빈칸 ㉠～㉢에 들어갈 용어가 바르게 짝지어진 것은?

> ___㉠___은/는 센서 네트워크와 외부 네트워크(인터넷)를 연결하는 ___㉡___ 역할을 하며 ___㉢___에게 임무를 부여하고, 감지된 모든 이벤트를 수집한다.

	㉠	㉡	㉢
①	싱크 노드	센서 노드	게이트웨이
②	센서 노드	싱크 노드	게이트웨이
③	싱크 노드	게이트웨이	센서 노드
④	센서 노드	게이트웨이	싱크 노드
⑤	게이트웨이	센서 노드	싱크 노드

04 다음에서 설명하는 기술은 무엇인가?

> 이 장치는 병렬성(Parallelism)이 뛰어나다는 점에서 인간의 뇌 구조와 유사하여, 인공지능이 인간의 뇌와 같이 사고할 수 있도록 하는 일종의 비지도 기계학습인 딥러닝(Deep Learning)에 많이 활용되고 있다.

① GPU
② AI
③ HDD
④ CPU
⑤ SSD

05 다음 중 반도체 칩이 내장된 태그(Tag), 라벨(Label), 카드(Card) 등에 저장된 데이터를 무선주파수를 이용하여 비접촉으로 읽어내는 인식시스템은?

① SCM
② ESS
③ NFC
④ TPMS
⑤ RFID

06 다음 중 최신기술을 사용함으로써 효율적인 금융감독업무가 가능하도록 한 기술을 의미하는 것은?

① 핀테크
② 섭테크
③ 애드테크
④ 블랙테크
⑤ 프롭테크

07 다음 〈보기〉 중 마이데이터(MyData)에 대한 설명으로 옳은 것을 모두 고르면?

〈보기〉

㉠ 분산되어 있는 개인데이터를 정보 객체를 주축으로 하여 통합하고 처리하는 행위를 말한다.
㉡ 마이데이터에서 개인은 자신과 관련된 데이터의 공개범위 및 이용범위에 대해 제3자에게 결정하도록 위임한다.
㉢ 제3자는 개인의 데이터를 활용하고자 할 때마다 매번 개인의 동의를 얻어야 할 의무가 있다.
㉣ 개인이 자신과 관련된 데이터의 제거를 일방적으로 요구하더라도 개인데이터 보유자는 이를 따라야 한다.

① ㉠, ㉢
② ㉡, ㉣
③ ㉢, ㉣
④ ㉠, ㉡, ㉣
⑤ ㉡, ㉢, ㉣

08 다음에서 설명하는 내용에 대한 특징으로 옳지 않은 것은?

은행의 송금・결제망을 표준화시키고 개방해서 하나의 애플리케이션으로 모든 은행의 계좌 조회, 결제, 송금 등을 할 수 있는 금융서비스를 말한다.

① 새로운 핀테크 기업의 시장 진입이 가능해진다.
② 오픈뱅킹은 사파리나 오페라 등의 웹브라우저에서는 사용이 어렵다.
③ 은행의 독점적인 서비스 제공 방식에서 종합 금융 플랫폼으로 발전한다.
④ 은행이 가진 고객 데이터를 타 은행이나 핀테크 기업과 공유하여 이용하도록 하는 제도이다.
⑤ 소비자는 여러 애플리케이션이나 보안 프로그램을 설치할 필요 없이 다양한 금융서비스를 하나로 통합하여 사용할 수 있다.

09 다음은 RFID 기술의 개념도이다. RFID에 대한 설명으로 옳지 않은 것은?

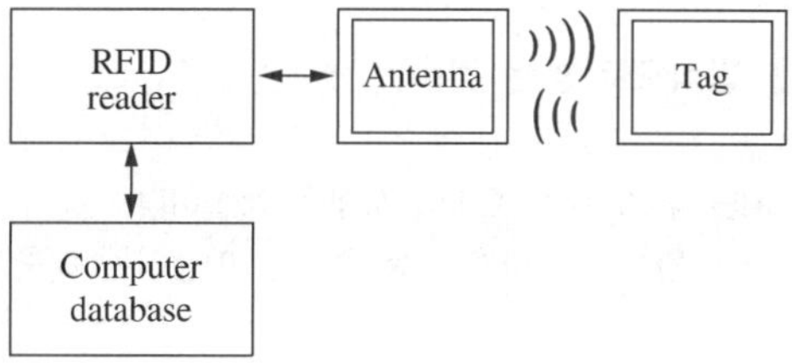

① IC칩에 내장된 정보는 수정할 수 없으므로 위·변조를 할 수 없다.
② 바코드 기술을 대체하고 있다.
③ IC칩과 무선을 통해 다양한 개체의 정보를 관리할 수 있는 인식 기술이다.
④ 하이패스, 도서관 출납 시스템에 이용되며, 최근엔 음식물 쓰레기 처리기에도 기술이 적용되고 있다.
⑤ NFC는 13.56MHz의 주파수 대역을 사용하는 RFID 기술의 일종이다.

10 다음 중 데이터 3법에 대한 설명으로 옳지 않은 것은?

① 개인정보보호법, 정보통신망법, 신용정보보호법 개정을 통칭한다.
② 개인 식별이 어렵도록 가공한 가명정보를 통계 작성, 공익적 기록 보존, 과학적 연구 등에 정보 소유자 사전 동의 없이 사용할 수 있다.
③ 금융 분야에 축적된 방대한 데이터를 활용하여 금융상품을 개발하고 다른 산업과의 부가가치를 얻는 것을 목적으로 신용정보보호법 개정안이 마련되었다.
④ 정보통신망법에 따라 행정안전부, 금융위원회, 방송통신위원회 등으로 분산된 개인정보보호 감독기관을 통합하기 위해 개인정보보호위원회로 일원화한다.
⑤ EU의 경우에는 은행권 데이터를 개방하는 PSD2를 마련했으며, 개인정보를 어떻게 다룰 것인지에 대한 GDPR을 전면 시행 중에 있다.

| 일반 |

11 다음에서 설명하는 대출 방식으로 옳은 것은?

> • 금리가 일정 기간이 지난 후 오르는 조항이 포함된 대출이다.
> • 초기에 낮은 상환 부담을 원하거나 향후 소득 증가를 예상하는 대출자에게 적합하다.

① 소호 대출
② 스텝업 대출
③ 중금리 대출
④ 비상금 대출
⑤ 버팀목 대출

12 다음 중 가격하한제에 대한 설명으로 옳지 않은 것은?

① 가격하한제는 공급자를 보호하기 위한 제도이다.
② 암시장 증가, 품질저하 등의 문제를 일으킬 수 있다.
③ 가격하한제를 시행하면 노동의 초과공급이 발생한다.
④ 근로자의 임금보장, 노동생산성 향상에 기여할 수 있다.
⑤ 가격하한제는 노동시장보다 상품시장에서 더욱 많이 시행된다.

13 다음 중 실질임금이 시장에서의 균형보다 상당 기간 높게 유지될 수 있는 이유로 옳지 않은 것은?

① 기업이 노동자보다 위험기피적인 성향을 가지고 있다.
② 노동조합원들이 협상을 통해 높은 임금을 요구한다.
③ 실질임금을 높여주는 경우 노동자들이 더욱 열심히 일한다.
④ 실질임금을 높여주는 경우 노동자들의 이직률이 낮아진다.
⑤ 실질임금을 낮추는 경우 최저생계비가 유지되지 않아 노동자들의 건강이 악화된다.

14 **금융위기 발생 시 은행 예금의 대규모 인출(뱅크런) 예방 등 금융시스템의 건전성을 유지하기 위해 예금보험제도가 도입된다. 이 제도에 대한 다음의 대화 중 옳은 말을 하는 사람을 모두 고르면?**

> 정도 : 신용도가 다른 저축은행이라도 동일한 종류의 위험을 대비하고 있으므로 예금보험공사에 내는 연금보험료는 같아야 해.
> 성일 : 변액연금이나 펀드, 후순위채권 등은 예금보험 대상이 아니야.
> 해영 : 지역농협은 예금보험에 가입해 있지만 농협중앙회는 예금보험에 가입해 있지 않고 자체 기금으로 예금을 보호한다고 알고 있어.
> 수현 : 예금보험제도에 가입한 금융회사가 파산하면 예금보험공사가 이자를 포함해서 금융회사당 최대 1억원의 예금을 보장해 준대.
> 재한 : 그 이유는 사후적인 예금의 지급보증을 통해 뱅크런을 예방하고, 금융기관의 연쇄도산을 방지하기 위해서야.

① 성일, 수현
② 정도, 해영
③ 성일, 해영, 수현
④ 정도, 성일, 해영
⑤ 성일, 수현, 재한

15 **다음과 같은 로렌츠곡선에 대한 설명으로 옳은 것은?**

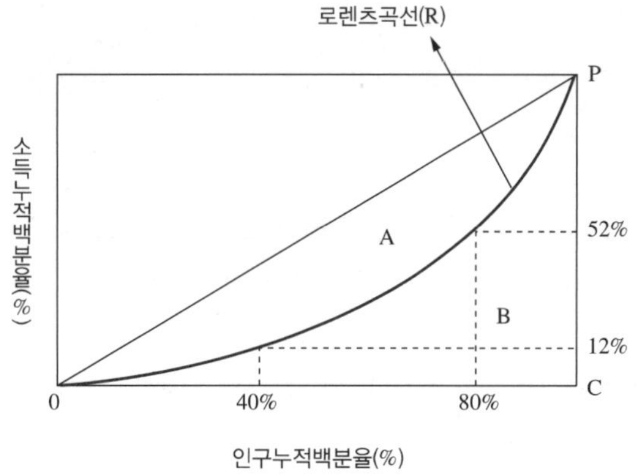

① 10분위분배율의 값은 4이다.
② 지니계수는 삼각형 OCP의 면적을 면적 A로 나눈 값으로 산출한다.
③ 중산층 붕괴현상이 발생하면 A의 면적은 감소하고, B의 면적은 증가한다.
④ 불경기로 인해 저소득층의 소득이 상대적으로 크게 감소하면 A의 면적이 커진다.
⑤ 미국의 서브프라임모기지 사태는 로렌츠곡선을 대각선에 가깝도록 이동시킨다.

16 **도담이는 만기가 도래한 적금 3,000만 원을 기대수익률이 10%인 주식에 투자해야 할지 이자율이 5%인 예금에 저축해야 할지 고민 중이다. 결국 도담이가 주식에 투자하기로 결정한 경우, 이 선택에 대한 연간 기회비용은 얼마인가?**

① 0원
② 150만 원
③ 300만 원
④ 3,000만 원
⑤ 3,300만 원

17 **다음 중 경제학자 케인스의 '절약의 역설'에 대한 설명으로 옳은 것은?**

① 케인스의 거시모형에서 소비는 미덕이므로 저축할 필요가 없고, 따라서 예금은행의 설립을 불허해야 하는 상황
② 모든 개인이 저축을 줄이는 경우 늘어난 소비로 국민소득이 감소하고, 결국은 개인의 저축을 더 늘릴 수 없는 상황
③ 모든 개인이 저축을 늘리는 경우 총수요의 감소로 국민소득이 줄어들고, 결국은 개인의 저축을 더 늘릴 수 없는 상황
④ 모든 개인이 저축을 늘리는 경우 늘어난 저축이 투자로 이어져 국민소득이 증가하고, 결국은 개인의 저축을 더 늘릴 수 있는 상황
⑤ 모든 개인이 저축을 늘리는 경우 늘어난 저축이 소비와 국민소득의 증가를 가져오고, 결국은 개인의 저축을 더 늘릴 수 있는 상황

18 다음 A, B에 해당하는 사례로 옳은 것을 〈보기〉에서 골라 바르게 연결한 것은?

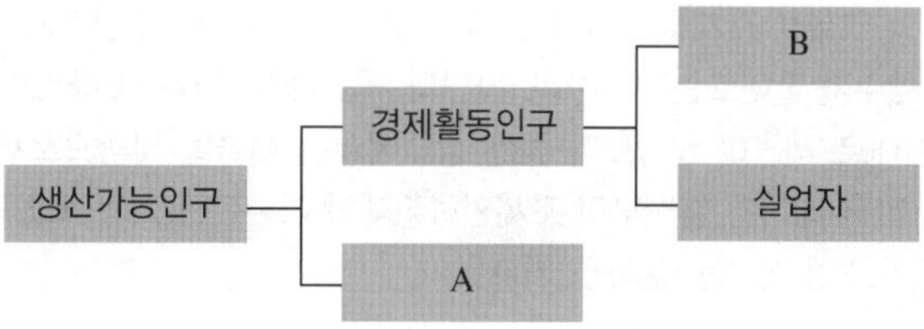

〈보기〉

ㄱ. 실직한 뒤에 구직활동을 포기한 아버지
ㄴ. 교통사고를 당해 휴직 중인 어머니
ㄷ. 아버지가 운영하는 가게에서 무보수로 아르바이트를 하고 있는 누나
ㄹ. 일거리가 적어 일주일에 하루만 일하는 형
ㅁ. 내년도 대학입시를 준비하는 동생

	A	B
①	ㄱ	ㄴ, ㄷ, ㄹ, ㅁ
②	ㄱ, ㄴ	ㄷ, ㄹ, ㅁ
③	ㄱ, ㅁ	ㄴ, ㄷ, ㄹ
④	ㄴ, ㅁ	ㄱ, ㄷ, ㄹ
⑤	ㄹ, ㅁ	ㄱ, ㄴ, ㄷ

19 다음 사례에서 당해 GDP로 계산되는 금액은 얼마인가?

H자동차는 N타이어에서 타이어 40개를 600만 원에 구입하였고, M기업에서 에어컨 10대를 400만 원에 구입하여 자동차 10대를 생산하였다. 이렇게 생산한 자동차 10대 중 6대는 1억 8천만 원에 판매하고 나머지 4대 1억 2천만 원어치는 재고로 갖고 있다. 또한 H자동차는 판매대금 1억 8천만 원 중 6,000만 원은 임금으로 지급하였다.

① 1억 2천만 원
② 1억 8천만 원
③ 2억 4천만 원
④ 2억 8천만 원
⑤ 3억 원

20 다음에서 설명하는 경제 개념으로 옳은 것은?

세수와 세율 사이의 역설적 관계를 나타내는 곡선이다. 이 곡선에 따르면 세율이 일정 수준을 넘으면 근로의욕이 감소하므로 세수가 줄어드는 현상이 나타난다. 즉, 세율이 t(X)보다 낮은 상태에서는 세율을 올리면 세수가 늘어나고, 반대로 세율이 t(X)보다 높은 상태에서는 세율을 낮춤으로써 세수를 증대시킬 수 있다. 이 곡선은 1980년대 미국 레이건 행정부의 조세인하정책의 이론적 근거가 되었으며, 이로 인해 미국 정부의 거대한 재정적자 증가를 초래하는 결과를 가져왔다.

① 래퍼 커브(Laffer Curve)
② 로렌츠 커브(Lorenz Curve)
③ 디맨드 커브(Demand Curve)
④ 필립스 커브(Philips Curve)
⑤ 쿠즈네츠 커브(Kuznets Curve)

21 다음 중 재화에 대한 설명으로 옳지 않은 것은?

① A재와 B재가 대체관계일 때 A재의 가격상승은 B재의 수요 증가를 가져온다.
② A재와 B재가 보완관계일 때 B재의 가격상승은 A재의 수요 감소를 가져온다.
③ 가격하락에 따른 수요가 감소한다면 그 재화는 기펜재이다.
④ 기펜재의 가격소비곡선은 우상향한다.
⑤ 기펜재는 수요의 법칙이 지켜지지 않는다.

22 여러 가지 자산운용서비스를 하나로 묶어서 고객의 투자성향에 따라 종합금융서비스를 제공하고, 그 대가로 일정률의 수수료를 받는 상품은?

① CMA(Cash Management Account)
② 사모펀드(Private Equity Fund)
③ 랩 어카운트(Wrap Account)
④ ETF(Exchange Traded Fund)
⑤ 헤지펀드(Hedge Fund)

23 다음 중 환매조건부채권(RP)에 대한 설명으로 옳지 않은 것은?

① 일정 기간 경과 후 일정한 가격으로 동일 채권을 다시 매수하거나 매도할 것을 조건으로 한 채권매매방식이다.
② 자금의 수요자는 채권매각에 따른 자본손실 없이 단기간 필요한 자금을 보다 쉽게 조달할 수 있다.
③ 국공채나 특수채・신용우량채권 등을 담보로 발행하기 때문에 안정성이 높고, 예금자 보호도 받을 수 있다.
④ 환매조건부채권의 매도는 거래 상대방을 제한할 필요는 없으므로 일반법인 및 개인까지도 거래 상대방이 될 수 있다.
⑤ 발행 목적에 따라 여러 가지 형태가 존재하지만, 주로 중앙은행과 시중은행 사이의 유동성을 조절하는 수단으로 활용된다.

24 재화나 서비스는 소비의 경합성과 배제성 여부에 따라 다음 표와 같이 네 개의 부분으로 구분된다. 빈칸에 들어갈 예가 바르게 연결된 것은?

구분	배제성	비배제성
경합성	자동차, 아이스크림	(가)
비경합성	(나)	국방, 법률, 공원

	(가)	(나)
①	혼잡한 유료 도로	혼잡한 무료 도로
②	혼잡한 무료 도로	혼잡한 유료 도로
③	혼잡한 무료 도로	혼잡하지 않은 유료 도로
④	혼잡한 유료 도로	혼잡하지 않은 무료 도로
⑤	혼잡하지 않은 유료 도로	혼잡한 무료 도로

25 다음 중 전략적 자산분배의 실행단계를 순서대로 바르게 나열한 것은?

㉠ 자산집단의 선택
㉡ 선택된 자산집단의 기대수익, 원금, 상관관계의 추정
㉢ 투자자의 투자목적과 투자제약조건을 파악
㉣ 효율적인 최적자산의 구성

① ㉠－㉢－㉡－㉣
② ㉠－㉢－㉣－㉡
③ ㉡－㉣－㉢－㉠
④ ㉢－㉠－㉡－㉣
⑤ ㉢－㉠－㉣－㉡

| IT |

11 **다음 중 은행가 알고리즘(Banker's Algorithm)에 대한 설명으로 옳지 않은 것은?**

① 운영체제는 자원의 상태를 감시하고, 사용자 프로세스는 사전에 자신의 작업에서 필요한 자원의 수를 제시한다.

② 교착상태 회피 알고리즘이다.

③ 안정상태를 유지할 수 있는 요구만을 수락한다.

④ 안정상태일 때 다른 프로세스들이 자원을 해제할 때까지 대기한다.

⑤ 불안전 상태를 초래할 사용자의 요구는 나중에 만족될 수 있을 때까지 계속 거절한다.

12 **다음 중 불 대수의 기본 법칙으로 옳지 않은 것은?**

① $A+\overline{A}\cdot B=A+B$

② $A\cdot(\overline{A}+B)=A\cdot B$

③ $A+A\cdot B=A$

④ $A+A=1$

⑤ $A+B=B+A$

13 **다음 논리 회로에서 출력되는 f의 값은?**

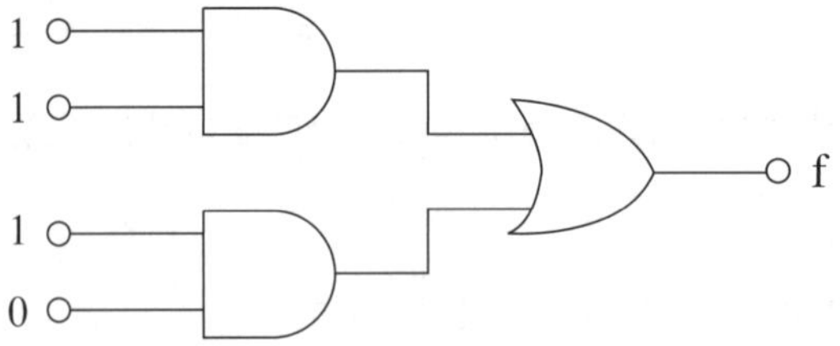

① 1

② 2

③ $\frac{1}{2}$

④ 0

⑤ $\frac{1}{3}$

14 다음 중 사용자와 하드웨어 사이에서 중재자 역할을 수행하며, 하드웨어 자원을 관리하고 시스템 및 응용 프로그램의 실행에 도움을 제공하는 것은?

① 컴파일러
② 운영체제
③ 인터프리터
④ 어셈블러
⑤ 디버깅

15 다음 중 로더(Loader)가 수행하는 기능으로 옳지 않은 것은?

① 재배치가 가능한 주소들을 할당된 기억장치에 맞게 변환한다.
② 로드 모듈은 주기억장치로 읽어 들인다.
③ 프로그램의 수행 순서를 결정한다.
④ 프로그램을 적재할 주기억장치 내의 공간을 할당한다.
⑤ 주기억장치 내에 프로그램이 올라갈 공간을 확보한다.

16 다음 중 운영체제의 발달 과정을 순서대로 바르게 나열한 것은?

㉠ 일괄 처리 시스템	㉡ 분산 처리 시스템
㉢ 다중 모드 시스템	㉣ 시분할 시스템

① ㉠ – ㉢ – ㉣ – ㉡
② ㉠ – ㉣ – ㉢ – ㉡
③ ㉡ – ㉠ – ㉣ – ㉢
④ ㉢ – ㉡ – ㉣ – ㉠
⑤ ㉢ – ㉣ – ㉡ – ㉠

17 **입교 지원현황을 조회하고자 할 때, 다음 SQL 구문으로 알 수 없는 것은?**

SELECT 지원, 지원학과, 전화번호 FROM 지원자 WHERE 점수>59 ORDER BY 지원학과, 점수 DESC

① 지원자 테이블을 검색한다.
② 점수가 60점 이상인 지원자만을 검색한다.
③ 지원자 전체에 대해 점수순(내림차순)으로 정렬된다.
④ 지원학과별 점수 순위를 알 수 있다.
⑤ 지원학과별로 60점 이상의 점수를 가진 사람을 검색한다.

18 **다음 빈칸 ㉠, ㉡에 들어갈 수를 바르게 연결한 것은?**

분산 데이터베이스의 불법적인 접근을 차단하기 위하여 데이터 암호화가 필요하다. DES 알고리즘에서는 평문을 __㉠__ 비트로 블록화를 하고, 실제 키의 길이는 __㉡__ 비트를 이용한다.

	㉠	㉡
①	64	56
②	64	32
③	32	16
④	32	8
⑤	32	4

19 다음은 스케줄링에 대한 자료이다. 빈칸 ㉠과 ㉡에 해당하는 알고리즘을 〈보기〉에서 찾아 바르게 연결한 것은?

> **〈스케줄링〉**
>
> • 스케줄링이란?
> 다중 프로그래밍을 지원하는 운영체제에서 CPU 활용의 극대화를 위해 프로세스를 효율적으로 CPU에게 할당하는 것
>
> • 스케줄링 알고리즘
> – __㉠__ 스케줄링 : 한 프로세스가 CPU를 점유하고 있을 때 다른 프로세스가 CPU를 빼앗을 수 있는 방식
> – __㉡__ 스케줄링 : 한 프로세스에 CPU가 할당되면 작업이 완료되기 전까지 CPU를 다른 프로세스에 할당할 수 없는 방식

〈보기〉

가. FIFO(First In First Out)
나. 우선순위
다. R-R(Round Robin)
라. 마감시간
마. MLQ(Multi-Level Queue)

	㉠	㉡
①	가, 다	나, 라, 마
②	나, 라	가, 다, 마
③	다, 마	가, 나, 라
④	다, 라	가, 나, 마
⑤	라, 마	가, 나, 다

20 다음 중 CGI(Common Gateway Interface)에 대한 설명으로 옳지 않은 것은?

① HTTP 서버에서 외부 프로그램을 수행하기 위한 인터페이스이다.
② 프로그램에 사용되는 언어에는 C, C++, Java, Perl, ASP 등이 있다.
③ 사용자가 방명록, 카운터, 게시판 등을 HTML 문서와 연동하기 위해 사용한다.
④ 서버 측 스크립트가 HTML 페이지를 만들어 모든 브라우저에서 사용할 수 있다.
⑤ 브라우저가 서버를 경유하여 데이터베이스 서버에 질의를 내는 등 대화형 웹페이지를 작성할 때 이용된다.

21 다음 중 그리드 컴퓨팅과 클라우드 컴퓨팅의 차이점으로 옳지 않은 것은?

	구분	그리드 컴퓨팅	클라우드 컴퓨팅
①	컴퓨터의 위치	지리적으로 분산된 컴퓨터를 각기 다른 조직이 관리	지리적으로 분산되어 있지만, 중앙에서 단일 조직이 관리
②	컴퓨터 구성	다양한 기종이 혼재함	동일한 기종이 대부분
③	기술표준	리소스 관리, 스케줄링, 데이터 관리 보안 등의 표준 존재	표준이 존재하지 않음
④	상호 접속성	고려하지 않음	중시
⑤	용도	대규모 연산 등 병렬성이 높은 애플리케이션	웹 애플리케이션 등 범용적 용도로 사용

22 다음 중 인가된 사용자 혹은 외부의 침입자에 의해 컴퓨터 시스템의 허가되지 않은 사용이나 오용 또는 악용과 같은 침입을 알아내기 위한 시스템은?

① 침입 탐지 시스템(Intrusion Detection System)
② 전자 인증 시스템(Electronic Authentication System)
③ 암호화 시스템(Encryption System)
④ 방화벽 시스템(Firewall System)
⑤ 샌드박스 시스템(Sandbox System)

23 다음 중 패킷교환 방식에 대한 설명으로 옳지 않은 것은?

① 패킷길이가 제한된다.
② 전송 데이터가 많은 통신환경에 적합하다.
③ 노드나 회선의 오류 발생 시 다른 경로를 선택할 수 없어 전송이 중단된다.
④ 저장 – 전달 방식을 사용한다.
⑤ 패킷 전송 방식으로는 버추얼 서킷 방식과 데이터그램 방식이 있다.

24 다음 트리(Tree)에서 Degree의 수는?

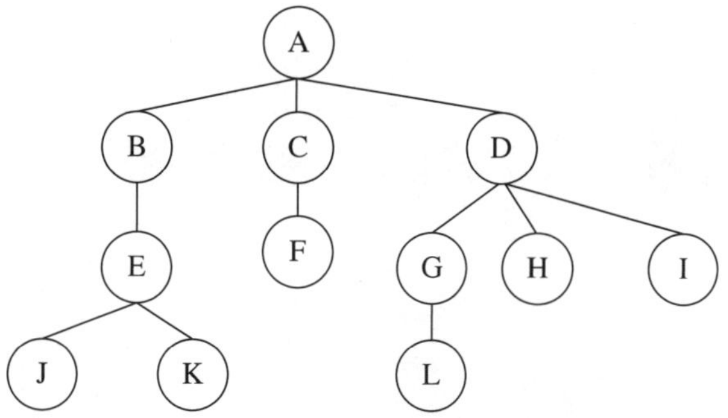

① 2
② 3
③ 4
④ 5
⑤ 6

25 다음 〈보기〉 중 로봇 3원칙에 대한 설명으로 옳지 않은 것을 모두 고르면?

〈보기〉

㉠ 1942년 미국에서 처음 언급된 내용으로 로봇개발에 있어 사람이 준수하여야 할 내용을 담았다.
㉡ 로봇 3원칙에 따르면 로봇은 인간에게 해를 끼치는 행위를 하지 말아야 한다.
㉢ 로봇 3원칙에 따르면 로봇은 다른 인간에게 해를 가하더라도 인간의 명령을 따라야 한다.
㉣ 로봇 3원칙에 따르면 로봇은 자신이 망가지더라도 인간의 명령에 따라야 한다.

① ㉠, ㉡
② ㉠, ㉢
③ ㉡, ㉢
④ ㉡, ㉣
⑤ ㉢, ㉣

4권

제4회
NH농협은행 6급
필기전형

〈문항 수 및 시험시간〉

구분	문항 수	시험시간	출제범위		모바일 OMR 답안채점 / 성적분석
직무능력평가	45문항	80분	의사소통능력, 수리능력, 문제해결능력, 자원관리능력, 정보능력		
직무상식평가	25문항		공통(전체)	디지털 상식	
			일반	금융・경제 분야 용어・상식	일반
			IT	소프트웨어 설계・개발, 데이터베이스 구축, 프로그래밍 언어 활용, 정보시스템 구축 관리 등	IT

※ 2024년도 상・하반기 및 2025년도 하반기 NH농협은행 6급 신규직원 채용 안내문을 기준으로 구성하였습니다.
※ 직무상식평가는 지원한 분야에 해당하는 영역을 선택하여 응시하기 바랍니다.

NH농협은행 6급 필기전형	
제4회 모의고사	문항 수 : 70문항 시험시간 : 80분

제 1 영역 직무능력평가

01 다음 글의 주제로 가장 적절한 것은?

> 경제학에서는 한 재화나 서비스 등의 공급이 기업에 집중되는 양상에 따라 시장 구조를 크게 독점시장, 과점시장, 경쟁시장으로 구분하고 있다. 소수의 기업이 공급의 대부분을 차지할수록 독점시장에 가까워지고, 다수의 기업이 공급을 나누어 가질수록 경쟁시장에 가까워진다. 이렇게 시장 구조를 구분하기 위해서 사용하는 지표 중의 하나가 바로 '시장집중률'이다.
> 시장집중률을 이해하기 위해서는 먼저 '시장점유율'에 대한 이해가 있어야 한다. 시장점유율이란 시장 안에서 특정 기업이 차지하고 있는 비중을 의미하는데, 생산량·매출액 등을 기준으로 측정할 수 있다. Y기업의 시장점유율을 생산량 기준으로 측정한다면 '(Y기업의 생산량)÷(시장 내 모든 기업의 생산량의 총합)×100%'로 나타낼 수 있다.
> 시장점유율이 시장 내 한 기업의 비중을 나타내는 수치라면, 시장집중률은 시장 내 일정 수의 상위 기업들이 차지하는 비중을 나타내는 수치, 즉 일정 수의 상위 기업의 시장점유율을 합한 값이다. 몇 개의 상위 기업을 기준으로 삼느냐는 나라마다 자율적으로 결정하고 있는데, 우리나라에서는 상위 3대 기업의 시장점유율을 합한 값을, 미국에서는 상위 4대 기업의 시장점유율을 합한 값을 시장집중률로 채택하여 사용하고 있다. 이렇게 산출된 시장집중률을 통해 시장 구조를 구분해 볼 수 있는데, 시장집중률이 높으면 그 시장은 공급이 소수의 기업에 집중되어 있는 독점시장으로 구분하고, 시장집중률이 낮으면 공급이 다수의 기업에 의해 분산되어 있는 경쟁시장으로 구분한다. 한국개발연구원에서는 어떤 산업에서의 시장집중률이 80% 이상이면 독점시장, 60% 이상 80% 미만이면 과점시장, 60% 미만이면 경쟁시장으로 구분하고 있다.
> 시장집중률을 측정하는 기준에는 여러 가지가 있기 때문에 어느 것을 기준으로 삼느냐에 따라 측정 결과에 차이가 생기며 이에 대한 경제학적인 해석도 달라진다. 어느 시장의 시장집중률을 '생산량' 기준으로 측정했을 때 A, B, C기업이 상위 3대 기업이고 시장집중률이 80%로 측정되었다고 하더라도, '매출액' 기준으로 측정했을 때는 D, E, F기업이 상위 3대 기업이 되고 시장집중률이 60%가 될 수도 있다. 이처럼 시장집중률은 시장 구조를 구분하는 데 매우 유용한 지표이며, 이를 통해 시장 내의 공급이 기업에 집중되는 양상을 파악해 볼 수 있다.

① 시장 구조의 변천사
② 시장집중률의 개념과 의의
③ 독점시장과 경쟁시장의 비교
④ 우리나라 시장점유율의 특성
⑤ 시장집중률을 확대하기 위한 방안

02 다음 문단을 논리적 순서대로 바르게 나열한 것은?

(가) 개념사를 역사학의 한 분과로 발전시킨 독일의 역사학자 코젤렉은 '개념은 실재의 지표이자 요소'라고 하였다. 이 말은 실타래처럼 얽혀 있는 개념과 정치·사회적 실재, 개념과 역사적 실재의 관계를 정리하기 위한 중요한 지침으로 작용한다. 그에 의하면 개념은 정치적 사건이나 사회적 변화 등의 실재를 반영하는 거울인 동시에 정치·사회적 사건과 변화의 실제적 요소이다.

(나) 개념은 정치적 사건과 사회적 변화 등에 직접 관련되어 있거나 그것을 기록, 해석하는 다양한 주체들에 의해 사용된다. 이러한 주체들, 즉 '역사 행위자'들이 사용하는 개념은 여러 의미가 포개어진 층을 이룬다. 개념사에서는 사회·역사적 현실과 관련하여 이러한 층들을 파헤치면서 개념이 어떻게 사용되어 왔는가, 이 과정에서 그 의미가 어떻게 변화했는가, 어떤 함의들이 거기에 투영되었는가, 그 개념이 어떠한 방식으로 작동했는가 등에 대해 탐구한다.

(다) 이상에서 보듯이 개념사에서는 개념과 실재를 대조하고 과거와 현재의 개념을 대조함으로써, 그 개념이 대응하는 실재를 정확히 드러내고 있는가, 아니면 실재의 이해를 방해하고 더 나아가 왜곡하는가를 탐구한다. 이를 통해 코젤렉은 과거에 대한 '단 하나의 올바른 묘사'를 주장하는 근대 역사학의 방법을 비판하고, 과거의 역사 행위자가 구성한 역사적 실재와 현재 역사가가 만든 역사적 실재를 의미있게 소통시키고자 했다.

(라) 사람들이 '자유', '민주', '평화' 등과 같은 개념들을 사용할 때, 그 개념이 서로 같은 의미를 갖는 것은 아니다. '자유'의 경우, '구속받지 않는 상태'를 강조하는 개념으로 쓰이는가 하면, '자발성'이나 '적극적인 참여'를 강조하는 개념으로 쓰이기도 한다. 이러한 정의와 해석의 차이로 인해 개념에 대한 논란과 논쟁이 늘 있어 왔다. 바로 이러한 현상에 주목하여 출현한 것이 코젤렉의 '개념사'이다.

(마) 또한 개념사에서는 '무엇을 이야기 하는가.'보다는 '어떤 개념을 사용하면서 그것을 이야기하는가.'에 관심을 갖는다. 개념사에서는 과거의 역사 행위자가 자신이 경험한 '현재'를 서술할 때 사용한 개념과 오늘날의 입장에서 '과거'의 역사 서술을 이해하기 위해 사용한 개념의 차이를 밝힌다. 그리고 과거의 역사를 현재의 역사로 번역하면서 양자가 어떻게 수렴될 수 있는가를 밝히는 절차를 밟는다.

① (나) – (가) – (마) – (다) – (라)
② (나) – (라) – (마) – (다) – (가)
③ (라) – (가) – (나) – (마) – (다)
④ (라) – (나) – (가) – (다) – (마)
⑤ (라) – (다) – (나) – (가) – (마)

03 N은행에 새로 입사한 사원에 대한 정보는 다음과 같다. 신입사원 중 여성 1명을 뽑았을 때, 경력자가 뽑힐 확률은?

- 신입사원의 60%는 여성이다.
- 신입사원의 20%는 여성 경력직이다.
- 신입사원의 80%는 여성이거나 경력직이다.

① $\frac{1}{3}$
② $\frac{2}{3}$
③ $\frac{1}{5}$
④ $\frac{3}{5}$
⑤ $\frac{1}{2}$

04 N은행에서 외국인 지사업무를 맡고 있는 S씨는 한 외국 투자자가 출금한 명세표를 보고 있다. 명세표가 다음과 같을 때, 빈칸에 들어갈 금액은?(단, 일의 자리에서 반올림한다)

- 계좌번호 : 165-542-3642
- 거래종류 : 외화보통예금 일반 출금
- 출금액 : USD 2,400
- 거래날짜 : 2025-09-24
- 현금수수료 : ____________
- 수수료 적용환율 : 달러당 1,080.2원
- 수수료율 : 2%

※ 수수료 대상금액은 출금액의 80%로 함
※ (현금수수료)=(수수료 대상금액)×(수수료 적용환율)×(수수료율)

① 40,340원
② 41,180원
③ 41,480원
④ 41,540원
⑤ 42,380원

05 다음은 개정된 종합부동산세율과 세금 납부자에 대한 정보이다. 이를 참고할 때, 세금 납부자 갑 ~ 병의 개정 전 세금과 개정 후 세금 차이의 총합은 얼마인가?(단, 제시된 자료 외의 부동산은 없다)

〈종합부동산세율〉

(단위 : %)

구분	2주택 이하		3주택 이상 (단, 조정대상지역의 경우 2주택)	
	개정 전	개정 후	개정 전	개정 후
3억 원 이하	0.5	0.6	0.6	1.2
3억 원 초과 6억 원 이하	0.7	0.8	0.9	1.6
6억 원 초과 12억 원 이하	1	1.2	1.3	2.2
12억 원 초과 50억 원 이하	1.4	1.6	1.8	3.6
50억 원 초과 94억 원 이하	2	2.2	2.5	5
94억 원 초과	2.7	3	3.2	6

〈세금 납부자 정보〉

- 갑 : 일반 지역의 2주택 소유자로, 주택의 공시가격은 각각 8억 원과 9억 원이다.
- 을 : 조정대상지역의 1주택 소유자로, 주택의 공시가격은 12억 원이다.
- 병 : 일반 지역의 3주택 소유자로, 주택의 공시가격은 각각 12억 원, 27억 원, 15억 원이다.

① 131,300,000원
② 136,500,000원
③ 140,800,000원
④ 145,400,000원
⑤ 152,000,000원

06 다음은 중국에 진출한 프랜차이즈 커피전문점에 대해 SWOT 분석을 한 결과이다. (가) ~ (라)에 들어갈 전략이 바르게 연결된 것은?

〈SWOT 분석 결과〉

S(Strength)	W(Weakness)
• 풍부한 원두커피의 맛 • 독특한 인테리어 • 브랜드 파워 • 높은 고객 충성도	• 중국 내 낮은 인지도 • 높은 시설비 • 비싼 임대료
O(Opportunity)	**T(Threat)**
• 중국 경제 급성장 • 서구문화에 대한 관심 • 외국인 집중 • 경쟁업체 진출 미비	• 중국의 차 문화 • 유명 상표 위조 • 커피 구매 인구의 감소

(가)	(나)
• 브랜드가 가진 미국 고유문화 고수 • 독특하고 차별화된 인테리어 유지 • 공격적 점포 확장	• 외국인 많은 곳에 점포 개설 • 본사 직영으로 인테리어
(다)	**(라)**
• 고품질 커피로 상위 소수고객에 집중	• 녹차 향 커피 • 개발 상표 도용 감시

	(가)	(나)	(다)	(라)
①	SO전략	ST전략	WO전략	WT전략
②	WT전략	ST전략	WO전략	SO전략
③	SO전략	WO전략	ST전략	WT전략
④	ST전략	WO전략	SO전략	WT전략
⑤	WT전략	WO전략	ST전략	SO전략

07 다음 명제가 모두 참일 때, 항상 참인 것은?

• 연필을 좋아하는 사람은 지우개를 좋아한다. • 볼펜을 좋아하는 사람은 수정테이프를 좋아한다. • 지우개를 좋아하는 사람은 샤프를 좋아한다. • 성준이는 볼펜을 좋아한다.

① 볼펜을 좋아하는 사람은 연필을 좋아한다.
② 지우개를 좋아하는 사람은 볼펜을 좋아한다.
③ 성준이는 수정테이프를 좋아한다.
④ 연필을 좋아하는 사람은 수정테이프를 좋아한다.
⑤ 샤프를 좋아하는 사람은 볼펜을 좋아한다.

08 다음 명제가 모두 참일 때, 항상 참이 아닌 것은?

• 커피를 좋아하는 사람은 홍차를 좋아하지 않는다. • 탄산수를 좋아하지 않는 사람은 우유를 좋아한다. • 녹차를 좋아하는 사람은 홍차를 좋아한다. • 녹차를 좋아하지 않는 사람은 탄산수를 좋아한다.

① 커피를 좋아하는 사람은 녹차를 좋아하지 않는다.
② 탄산수를 좋아하지 않는 사람은 녹차를 좋아한다.
③ 커피를 좋아하는 사람은 탄산수를 좋아한다.
④ 탄산수를 좋아하는 사람은 홍차를 좋아한다.
⑤ 홍차를 좋아하는 사람은 커피를 싫어한다.

09 **다음 명제가 모두 참일 때, 빈칸에 들어갈 명제로 가장 적절한 것은?**

전제1. 유행에 민감한 모든 사람은 고양이를 좋아한다. 전제2. ________________________ 결론. 고양이를 좋아하는 어떤 사람은 쇼핑을 좋아한다.

① 고양이를 좋아하는 모든 사람은 유행에 민감하다.
② 유행에 민감한 어떤 사람은 쇼핑을 좋아한다.
③ 쇼핑을 좋아하는 모든 사람은 고양이를 좋아하지 않는다.
④ 유행에 민감하지 않은 어떤 사람은 쇼핑을 좋아한다.
⑤ 고양이를 좋아하지 않는 모든 사람은 쇼핑을 좋아한다.

10 **N기업의 영업1팀은 강팀장, 김대리, 이대리, 박사원, 유사원 5명으로 이루어져 있었으나 최근 인사이동으로 인해 팀원 구성에 변화가 일어났고, 다음 〈조건〉에 따라 자리를 새롭게 배치하려고 한다. 다음 중 항상 옳은 것은?**

〈조건〉

- 영업1팀의 김대리는 영업2팀의 팀장으로 승진하였다.
- 이번 달 영업1팀에 김사원과 이사원이 새로 입사하였다.
- 자리는 일렬로 위치해 있으며, 영업1팀은 영업2팀과 마주하고 있다.
- 자리의 가장 안쪽 옆은 벽이며, 반대편 끝자리의 옆은 복도이다.
- 각 팀의 팀장은 가장 안쪽인 왼쪽 끝에 앉는다.
- 이대리는 영업2팀 김팀장의 대각선에 앉는다.
- 박사원의 양 옆은 신입사원이 앉는다.
- 김사원의 자리는 이사원의 자리보다 왼쪽에 있다.

① 유사원과 이대리는 서로 인접한다.
② 박사원의 자리는 유사원의 자리보다 왼쪽에 있다.
③ 이사원의 양 옆 중 한쪽은 복도이다.
④ 김사원은 유사원과 인접하지 않는다.
⑤ 이대리는 강팀장과 서로 인접한다.

11 영업지원팀 무팀장은 새로 출시한 상품 홍보를 지원하기 위해 월요일부터 목요일까지 매일 남녀 1명씩 두 사람을 홍보팀으로 보내야 한다. 영업지원팀에는 현재 남자 사원 4명(기태, 남호, 동수, 지원)과 여자 사원 4명(고은, 나영, 다래, 리화)이 근무하고 있다. 다음 〈조건〉을 만족할 때, 옳지 않은 것은?

〈조건〉

(가) 매일 다른 사람을 보내야 한다.
(나) 기태는 화요일과 수요일에 휴가를 간다.
(다) 동수는 다래의 바로 이전 요일에 보내야 한다.
(라) 고은은 월요일에는 근무할 수 없다.
(마) 남호와 나영은 함께 근무할 수 없다.
(바) 지원은 기태 이전에 근무하지만 화요일은 갈 수 없다.
(사) 리화는 고은과 나영 이후에 보낸다.

① 고은이 수요일에 근무한다면 기태는 리화와 함께 근무한다.
② 다래가 수요일에 근무한다면 화요일에는 동수와 고은이 근무한다.
③ 리화가 수요일에 근무한다면 남호는 화요일에 근무한다.
④ 고은이 화요일에 근무한다면 지원은 월요일에 근무할 수 없다.
⑤ 지원이 수요일에 근무한다면 다래는 화요일에 근무한다.

12 다음은 2022년 상반기부터 2024년 하반기까지 내용별 이메일 수신량 비율 추이를 나타낸 자료이다. 이에 대한 설명으로 옳은 것은?

〈내용별 이메일 수신량 비율 추이〉

(단위 : %)

구분	2022년 상반기	2022년 하반기	2023년 상반기	2023년 하반기	2024년 상반기	2024년 하반기
성인 스팸 이메일	14.0	11.5	26.5	49.0	21.0	29.5
대출·금융 스팸 이메일	1.0	2.0	10.5	8.0	2.0	0.5
일반 이메일	85.0	86.5	63.0	43.0	77.0	70.0
합계	100	100	100	100	100	100

① 일반 이메일의 경우 2023년 하반기부터 수신량 비율이 계속 증가하고 있다.
② 성인 스팸 이메일 수신량은 2022년 상반기보다 2024년 하반기에 더 많았다.
③ 2023년 하반기 대출·금융 스팸 이메일 수신량 비율은 전년 동기 수신량 비율의 4배이다.
④ 성인 스팸 이메일 수신량 비율은 2022년 상반기 대비 2024년 상반기에 60% 이상 증가하였다.
⑤ 일반 이메일 수신량 비율의 전반기 대비 증감 추이는 대출·금융 스팸 이메일 수신량 비율의 전반기 대비 증감 추이와 같다.

13 영희는 회사에서 150km 떨어져 있는 지역에 운전하여 출장을 가게 되었다. 회사에서 출발하여 일정한 속력으로 가던 중 회사로부터 60km 떨어진 곳에서 차에 이상이 생겨 원래 속력에서 50% 느리게 운전했다. 목적지에 도착하는 데 총 1시간 30분이 걸렸다면 고장이 나기 전 처음 속력은?

① 180km/h
② 160km/h
③ 140km/h
④ 120km/h
⑤ 100km/h

14 귀하는 N회사의 인사관리 부서에서 근무 중이다. 오늘 회의시간에 생산부서의 인사평가 자료를 취합하여 보고해야 하는데 자료 취합 중 파일에 오류가 생겨 일부 자료가 훼손되었다. 다음 중 (가) ~ (다)에 들어갈 점수로 가장 적절한 것은?(단, 각 평가는 100점 만점이고, 종합순위는 각 평가지표 점수의 총합으로 결정한다)

〈인사평가 점수 현황〉

(단위 : 점)

구분	역량	실적	자기계발	성실성	종합순위
A사원	70	(가)	80	70	4
B대리	80	85	(나)	70	1
C과장	(다)	85	70	75	2
D부장	80	80	60	70	3

※ 점수는 5점 단위로 부여함

	(가)	(나)	(다)
①	60	70	55
②	65	65	65
③	65	60	65
④	75	65	55
⑤	75	60	65

15 다음은 산업별 월간 국내카드 승인액이다. 이에 대한 〈보기〉의 설명 중 옳은 것을 모두 고르면?

〈산업별 월간 국내카드 승인액〉

(단위 : 억 원)

구분	2024년 8월	2024년 9월	2024년 10월	2024년 11월	2024년 12월	2025년 1월
도매 및 소매업	3,116	3,245	3,267	3,261	3,389	3,241
운수업	161	145	165	159	141	161
숙박 및 음식점업	1,107	1,019	1,059	1,031	1,161	1,032
사업시설관리 및 사업지원 서비스업	40	42	43	42	47	48
교육 서비스업	127	104	112	119	145	122
보건 및 사회복지 서비스업	375	337	385	387	403	423
예술, 스포츠 및 여가 관련 서비스업	106	113	119	105	89	80
협회 및 단체, 수리 및 기타 개인 서비스업	163	155	168	166	172	163

〈보기〉

ㄱ. 교육 서비스업의 2025년 1월 국내카드 승인액의 전월 대비 감소율은 25% 이상이다.

ㄴ. 2024년 11월 운수업과 숙박 및 음식점업의 국내카드 승인액의 합은 도매 및 소매업의 국내카드 승인액의 40% 미만이다.

ㄷ. 2024년 10월 ~ 2025년 1월까지 사업시설관리 및 사업지원 서비스업과 예술, 스포츠 및 여가 관련 서비스업 국내카드 승인액의 전월 대비 증감 추이는 동일하다.

ㄹ. 2024년 9월 협회 및 단체, 수리 및 기타 개인 서비스업의 국내카드 승인액은 보건 및 사회복지 서비스업 국내카드 승인액의 35% 이상이다.

① ㄱ, ㄴ

② ㄱ, ㄷ

③ ㄴ, ㄷ

④ ㄴ, ㄹ

⑤ ㄷ, ㄹ

16 N카드회사에서는 새로운 카드상품을 개발하기 위해 고객 1,000명을 대상으로 카드 이용 시 선호하는 부가서비스에 대해 조사하였다. 조사 결과를 토대로 N카드회사 상품개발팀 직원들이 나눈 대화로 옳은 것은?

〈카드 이용 시 고객이 선호하는 부가서비스〉

(단위 : %)

구분	남성	여성	전체
포인트 적립	19	21	19.8
무이자 할부	17	18	17.4
주유 할인	15	6	11.4
쇼핑 할인	8	15	10.8
외식 할인	8	9	8.4
영화관 할인	8	11	9.2
통화료 / 인터넷 할인	7	8	7.4
은행수수료 할인	8	6	7.2
무응답	10	6	8.4

※ 총 8가지 부가서비스 중 선호하는 서비스 택 1, 무응답 가능

① P대리 : 이번 조사 자료는 N카드를 이용하고 계신 고객 중 1,000명을 대상으로 선호하는 부가서비스에 대해 조사한 것으로 성별 비율은 각각 50%입니다.

② K사원 : 조사 과정에서 응답하지 않은 고객은 남성 50명, 여성 34명으로 총 84명입니다.

③ S주임 : 남성과 여성 모두 가장 선호하는 부가서비스는 포인트 적립이며, 두 번째로는 남성은 주유 할인, 여성은 무이자 할부로 차이를 보이고 있습니다.

④ K과장 : 부가서비스별로 선호하는 비중의 표준편차가 남성에 비해 여성이 더 큽니다.

⑤ R부장 : 이번 조사 결과를 참고했을 때, 남성과 여성이 선호하는 부가서비스가 서로 정반대인 것으로 보이니 성별을 구분하여 적합한 부가서비스를 갖추도록 개발해야겠습니다.

17 희진이의 빵집에는 빵을 1개씩만 구울 수 있는 오븐이 있고, 단팥빵과 크림빵을 굽는 데는 각각 3분, 7분이 걸리며, 1개를 굽고 나서 바로 다음 것을 굽는다. 희진이가 반죽을 만드는 데 걸리는 시간은 12분이고, 반죽은 신선도를 유지하기 위해 1시간에 한 번씩 만든다. 희진이가 1시간을 모두 활용하여 단팥빵과 크림빵을 굽는다고 할 때, 굽는 순서를 다르게 할 수 있는 방법은 총 몇 가지인가?(단, 희진이는 모든 빵을 2개 이상 만든다)

① 200가지 ② 212가지

③ 224가지 ④ 248가지

⑤ 252가지

18 다음은 한국은행의 통화신용정책 운영의 일반원칙이다. 이에 따라 추론한 내용으로 옳지 않은 것을 〈보기〉에서 모두 고르면?

〈통화신용정책 운영의 일반원칙〉

한국은행법은 통화신용정책의 목적으로 '물가안정을 도모함으로써 국민경제의 건전한 발전에 이바지'하며, '정책을 수행함에 있어 금융안정에 유의'하여야 함을 명시하고 있다. 한국은행은 이러한 목적에 부합하는 구체적인 목표와 기본방향하에서 통화신용정책을 수행함으로써 정책의 투명성, 예측가능성 및 유효성을 제고하고자 한다.

- **(물가안정목표제)** 한국은행은 통화신용정책의 핵심 목적인 물가안정의 효율적 달성을 위해 신축적 물가안정목표제를 운영하며, 현재 물가안정목표는 소비자물가 상승률(전년 동기 대비) 기준 2%이다.
  - (중기적 운영 시계) 소비자물가 상승률은 통화신용정책 외에도 다양한 대내외 경제・금융 요인의 영향을 받으므로, 물가안정목표는 일시적・불규칙적 요인에 따른 물가변동과 통화신용정책의 파급시차 등을 고려하여 중기적 시계에서 달성하고자 하는 목표이다.
  - (미래지향적 운영) 물가상승률이 중기적 시계에서 목표수준에 안정적으로 수렴하도록 통화신용정책을 미래지향적으로 운영하되, 물가상승률이 목표수준을 지속적으로 상회하거나 하회할 위험을 균형 있게 고려한다. 물가안정목표 수준으로의 수렴 가능성은 물가 및 성장 전망과 더불어 전망경로상의 불확실성 및 위험요인, 인플레이션 안착 정도, 금융안정 상황 등에 대한 종합적인 평가에 기초하여 판단한다.
  - (신축적 운영) 중기적 시계에서의 물가안정목표 달성을 저해하지 않는 범위 내에서 실물경제의 성장을 뒷받침할 수 있도록 통화신용정책을 운영한다.
- **(금융안정에 대한 고려)** 중기적 시계에서 물가안정목표를 달성함에 있어 금융안정이 뒷받침되어야 하며, 통화신용정책 운영 시 금융안정 상황을 신중히 고려한다.
  - (금융시장 안정 노력) 금융불안 발생 시 통화정책의 파급경로가 제약되고, 거시경제의 안정이 저해될 수 있다는 점에서 금융시장 안정 및 중개기능 회복을 위해 노력한다.
  - (금융불균형 유의) 부채 누증 등 지속적인 금융불균형은 궁극적으로 거시경제의 안정을 저해할 수 있다는 점에서 통화신용정책을 운영함에 있어 이에 유의한다.
  - (금융안정 점검) 한국은행은 금융안정 상황을 정기적으로 점검・평가・공표하여 통화신용정책 운영이 금융불균형의 과도한 누적을 초래하지 않도록 유의한다.
  - (거시건전성 정책과의 조화) 경제 전반에 영향을 미치는 통화신용정책만으로 금융안정을 추구하는 데에는 한계가 있으므로, 금융불균형 누적 억제를 위해서는 통화신용정책과 거시건전성 정책이 조화롭게 운영될 필요가 있다.

〈보기〉

ㄱ. 통화신용정책 운영 시 정책의 파급시차에 따라 예상치 못한 물가변동이 발생할 수 있다.
ㄴ. 물가안정목표의 중기적 달성을 위해 통화신용정책을 엄격히 운영하여 경제기조의 일관성을 강화하여야 한다.
ㄷ. 거시적인 금융불균형을 해소하기 위해서는 통화신용정책보다 거시건전성 정책을 강조하여야 한다.
ㄹ. 정기적인 금융안정 상황 공표는 금융불균형의 해소에 기여한다.

① ㄱ, ㄴ
② ㄱ, ㄷ
③ ㄴ, ㄷ
④ ㄴ, ㄹ
⑤ ㄷ, ㄹ

※ 다음 글을 읽고 이어지는 질문에 답하시오. [19~20]

특허권은 발명에 대한 정보의 소유자가 특허 출원 및 담당관청의 심사를 통하여 획득한 특허를 일정 기간 독점적으로 사용할 수 있는 법률상 권리를 말한다. 한편 영업 비밀은 생산 방법, 판매 방법, 그 밖에 영업 활동에 유용한 기술상 또는 경영상의 정보 등으로, 일정 조건을 갖추면 법으로 보호받을 수 있다. 법으로 보호되는 특허권과 영업 비밀은 모두 지식 재산인데, 정보 통신 기술(ICT) 산업은 이 같은 지식 재산을 기반으로 창출된다. 지식 재산 보호 문제와 더불어 최근에는 ICT 다국적 기업이 지식 재산으로 거두는 수입에 대한 과세 문제가 불거지고 있다.
일부 국가에서는 ICT 다국적 기업에 대해 ㉠ 디지털세 도입을 진행 중이다. 디지털세는 이를 도입한 국가에서 ICT 다국적 기업이 거둔 수입에 대해 부과되는 세금이다. 디지털세의 배경에는 법인세 감소에 대한 각국의 우려가 있다. 법인세는 국가가 기업으로부터 걷는 세금 중 가장 중요한 것으로, 재화나 서비스의 판매 등을 통해 거둔 수입에서 제반 비용을 제외하고 남은 이윤에 대해 부과하는 세금이라 할 수 있다.
많은 ICT 다국적 기업이 법인세율이 현저하게 낮은 국가에 자회사를 설립하고 그 자회사에 이윤을 몰아주는 방식으로 법인세를 회피한다는 비판이 있어 왔다. 예를 들면 ICT 다국적 기업 Z사는 법인세율이 매우 낮은 A국에 자회사를 세워 특허의 사용 권한을 부여한다. 그리고 법인세율이 A국보다 높은 B국에 설립된 Z사의 자회사에서 특허 사용으로 수입이 발생하면 Z사는 B국의 자회사로 하여금 A국의 자회사에 특허 사용에 대한 수수료인 로열티를 지출하도록 한다. 그 결과 Z사는 B국의 자회사에 법인세가 부과될 이윤을 최소화한다. ICT 다국적 기업의 본사를 많이 보유한 국가에서도 해당 기업에 대한 법인세 징수는 문제가 된다. 그러나 그중 어떤 국가들은 ICT 다국적 기업의 활동이 해당 산업에서 자국이 주도권을 유지하는 데 중요하기 때문에라도 디지털세 도입에는 방어적이다.
ICT 산업을 주도하는 국가에서 더 중요한 문제는 ICT 지식 재산 보호의 국제적 강화일 수 있다. 이론적으로 봤을 때 지식 재산의 보호가 약할수록 유용한 지식 창출의 유인이 저해되어 지식의 진보가 정체되고, 지식 재산의 보호가 강할수록 해당 지식에 대한 접근을 막아 소수의 사람만이 혜택을 보게 된다. 전자로 발생한 손해를 유인 비용, 후자로 발생한 손해를 접근 비용이라고 한다면 지식 재산 보호의 최적 수준은 두 비용의 합이 최소가 될 때일 것이다. 각국은 그 수준에서 자국의 지식 재산 보호 수준을 설정한다. 특허 보호 정도와 국민 소득의 관계를 보여 주는 한 연구에서는 국민 소득이 일정 수준 이상인 상태에서는 국민 소득이 증가할수록 특허 보호 정도가 강해지는 경향이 있지만, 가장 낮은 소득 수준을 벗어난 국가들은 그들보다 소득 수준이 낮은 국가들보다 오히려 특허 보호가 약한 것으로 나타났다. 이는 지식 재산 보호의 최적 수준에 대해서도 국가별 입장이 다름을 시사한다.

19 윗글에서 알 수 있는 내용으로 적절하지 않은 것은?

① 영업 비밀의 범위
② 디지털세를 도입하게 된 배경
③ 법으로 보호되는 특허권과 영업 비밀의 공통점
④ 영업 비밀이 법적 보호 대상으로 인정받기 위한 절차
⑤ 이론적으로 지식 재산 보호의 최적 수준을 설정하는 기준

20 윗글의 밑줄 친 ㉠에 대한 설명으로 적절하지 않은 것은?

① 여러 국가에 자회사를 설립하는 것과 관련이 있다.
② 도입된 국가에서 ICT 다국적 기업이 거둔 수입에 대해 부과된다.
③ 지식 재산 보호와는 관련이 없다.
④ 법인세 감소에 대한 우려가 디지털세를 도입하게 된 배경이다.
⑤ ICT 다국적 기업의 본사를 많이 보유한 국가 중에는 디지털세 도입에 방어적인 곳이 있다.

21 다음은 은행별 신용등급별에 따른 금리를 세부 항목으로 나타낸 자료이다. 이에 대한 설명으로 옳지 않은 것은?

〈은행별 신용등급에 따른 금리 현황〉

(단위 : %)

구분		신용등급별 금리					
		1 ~ 2등급	3 ~ 4등급	5 ~ 6등급	7 ~ 8등급	9 ~ 10등급	평균금리
M은행	대출금리	3.44	4.18	4.93	6.62	8.13	4.59
	기준금리	1.94	1.98	1.95	1.95	1.97	1.97
	가산금리	1.50	2.20	2.98	4.67	6.16	2.62
P은행	대출금리	3.70	3.78	4.22	6.61	8.34	4.33
	기준금리	1.99	1.98	1.97	1.95	2.05	1.97
	가산금리	1.71	1.80	2.25	4.66	6.29	2.36
Q은행	대출금리	3.91	4.79	6.21	7.69	10.43	4.77
	기준금리	2.02	2.07	2.07	2.11	2.11	2.04
	가산금리	1.89	2.72	4.14	5.58	8.32	2.73
R은행	대출금리	4.09	4.93	6.64	8.65	9.50	4.59
	기준금리	2.01	2.01	2.03	2.02	2.00	2.01
	가산금리	2.08	2.92	4.61	6.63	7.50	2.58
S은행	대출금리	3.58	4.89	6.76	9.87	10.83	4.16
	기준금리	1.92	1.94	1.96	1.97	1.98	1.93
	가산금리	1.66	2.95	4.80	7.90	8.85	2.23
T은행	대출금리	4.38	4.64	6.65	9.99	9.82	6.83
	기준금리	2.10	2.13	2.12	2.10	2.08	2.11
	가산금리	2.28	2.51	4.53	7.89	7.74	4.72
U은행	대출금리	3.69	4.68	7.87	11.17	–	5.04
	기준금리	1.95	1.96	1.97	1.96	–	1.96
	가산금리	1.74	2.72	5.90	9.21	–	3.08

① 주어진 은행 중 1 ~ 2등급이 가장 저렴하게 이용할 수 있는 금리 조건을 가진 은행은 M은행이다.
② 5 ~ 6등급 가운데 가산금리만 비교해 보자면, 가장 적은 금리는 가장 많은 금리의 절반보다 적다.
③ 등급이 하락할수록 모든 종류의 금리는 증가하는 경향성을 띄고 있다.
④ Q은행의 경우 기준금리는 3 ~ 4등급과 5 ~ 6등급이 동일하다.
⑤ 평균금리 가운데 대출금리가 가장 높은 은행은 T은행이다.

22 다음 피부양자 가입요건에 따라 직장가입자 A씨의 피부양자로 등재가 불가능한 사람은?

〈피부양자 대상〉

1. 직장가입자에 의하여 주로 생계를 유지하는 자
   가. 직장가입자의 배우자, 직계존속(배우자의 직계존속 포함), 직계비속(배우자의 직계비속 포함) 및 그 배우자, 형제 · 자매
   나. 부양요건에 충족하는 자 : 피부양자 인정기준 중 부양요건 참조(국민건강보험법 시행규칙 별표 1)
   다. 재산세 과세표준의 합이 5억 4천만 원 이하인 경우 인정 또는 재산세 과세표준의 합이 5억 4천만 원을 초과하면서 9억 원 이하인 경우는 연간소득 1천만 원 이하이면 인정
   라. 형제 · 자매의 경우에는 재산세 과세표준의 합이 1억 8천만 원 이하이어야 함(단, 65세 이상, 30세 미만, 장애인, 국가유공 · 보훈대상상이자만 인정)
2. 보수 또는 소득이 없는 자 : 피부양자 자격의 인정기준 중 소득 및 재산요건 참조(국민건강보험법 시행규칙 별표 1의 2)

〈피부양자 자격의 인정기준 중 소득 및 재산요건〉

1. 직장가입자의 피부양자가 되려는 사람은 다음 각 목에서 정하는 소득요건을 모두 충족하여야 한다.
   가. 국민건강보험법 시행령(이하 "영"이라 한다) 제41조 제1항 각 호에 따른 소득의 합계액이 연간 3,400만 원 이하일 것
   나. 영 제41조 제1항 제3호의 사업소득(이하 "사업소득"이라 한다)이 없을 것. 다만, 피부양자가 되려는 사람이 다음의 어느 하나에 해당하는 경우 해당되는 사업소득 요건을 충족하면 사업소득이 없는 것으로 본다.
      1) 사업자등록이 되어 있지 않은 경우 사업소득의 합계액이 연간 500만 원 이하일 것
      2) 「장애인복지법」 제32조에 따라 장애인으로 등록한 사람, 「국가유공자 등 예우 및 지원에 관한 법률」 제4조 · 제73조 및 제74조에 따른 국가유공자 등(법률 제11041호로 개정되기 전의 「국가유공자 등 예우 및 지원에 관한 법률」 제73조의 2에 따른 국가유공자 등을 포함한다)으로서 같은 법 제6조의 4에 따른 상이등급 판정을 받은 사람과 「보훈보상대상자 지원에 관한 법률」 제2조에 따른 보훈보상대상자로서 같은 법 제6조에 따른 상이등급 판정을 받은 사람인 경우 사업소득의 합계액이 연간 500만 원 이하일 것
   다. 피부양자가 되려는 사람이 폐업 등에 따른 사업 중단 등의 사유로 소득이 발생하지 않게 된 경우, 「도시 및 주거환경정비법」에 따른 주택재건축사업으로 발생한 사업소득을 제외하면 가목 및 나목의 요건을 충족하는 경우 등 관계 자료에 의하여 공단이 인정한 경우에는 가목 및 나목의 요건을 충족하는 것으로 본다.
   라. 피부양자가 되려는 사람이 기혼자인 경우에는 부부 모두 가목부터 다목까지의 요건을 충족하여야 한다.

① 재산세 과세표준의 합은 8억 원이며, 연간소득이 800만 원인 아버지
② 사업소득과 연간소득이 전혀 없는 미성년자 아들
③ 재산세 과세표준의 합이 2억 원이며, 국가유공자인 형
④ 재산세 과세표준의 합이 5억 원인 어머니
⑤ 연간소득과 사업소득이 연간 총 400만 원으로, 보훈보상대상자이며 할머니와 사별한 할아버지

23 A씨는 N은행 예 · 적금 상품을 알아보던 중 청년희망주택적금을 발견하였다. 다음 〈조건〉으로 정기적금을 들 때, 만기해지 시 받을 적금의 총액은 얼마인가?(단, 이자 소득에 대한 세금은 고려하지 않는다)

〈조건〉

- 상품명 : N은행 청년희망주택적금
- 가입기간 : 24개월
- 가입금액 : 매월 초 300,000원 납입
- 적용금리 : 연 2.1%
- 저축방법 : 정기적립식
- 이자지급방식 : 만기일시지급식, 단리식

① 7,000,875원
② 7,111,875원
③ 7,222,875원
④ 7,357,500원
⑤ 7,444,875원

24 다음은 월별 환율 현황을 나타낸 자료이다. 이에 대한 설명으로 옳은 것을 〈보기〉에서 모두 고르면?

〈월별 환율 현황〉

구분	7월	8월	9월	10월	11월	12월
원/달러(USD)	1,140.30	1,138.25	1,140.50	1,141.40	1,141.55	1,141.20
원/위안(CNY)	163.50	163.30	163.25	162.90	163.10	163.05
원/100엔(JPY)	1,011.70	1,009.20	1,011.55	1,011.90	1,012.20	1,011.60

〈보기〉

ㄱ. 중국에 있는 A가 한국에 있는 동생에게 위안화로 돈을 송금할 때, 10월보다는 11월에 송금하는 것이 더 경제적이다.
ㄴ. 8월부터 12월까지 원/달러 환율과 원/100엔 환율의 전월 대비 증감 추이는 동일하다.
ㄷ. 달러/위안 환율은 7월에 비해 11월에 하락하였다.
ㄹ. 일본에 있는 B가 일본에서 엔화로 유학자금을 마련하여 중국으로 유학을 가는 경우, 12월보다 8월에 가는 것이 더 경제적이다.

① ㄱ, ㄴ
② ㄷ, ㄹ
③ ㄱ, ㄴ, ㄷ
④ ㄴ, ㄷ, ㄹ
⑤ ㄱ, ㄴ, ㄷ, ㄹ

25 다음은 확정급여형과 확정기여형 2가지의 퇴직연금제도에 대한 자료이다. A의 근무정보 및 예상투자수익률 등에 대한 정보가 〈보기〉와 같을 때, 퇴직연금제도별로 A가 수령할 것으로 예상되는 퇴직금 총액이 바르게 연결된 것은?

〈퇴직연금제도〉

○ 확정급여형(DB형)
- 근로자가 받을 퇴직금 급여의 수준이 사전에 결정되어 있는 퇴직연금제도로서, 회사는 금융기관을 통해 근로자의 퇴직금을 운용하고 근로자는 정해진 퇴직금을 받는 제도이다.
- (퇴직금)=(직전 3개월의 평균임금)×(근속연수)

○ 확정기여형(DC형)
- 회사가 부담해야 할 부담금 수준이 사전에 결정되어 있는 퇴직연금제도로서, 회사가 회사부담금을 금융기관에 납부하고, 회사부담금 및 근로자부담금을 근로자가 직접 운용해서 부담금(원금) 및 그 운용손익을 퇴직금으로 받는 제도이다.
- $(\text{퇴직금})=\frac{(\text{연 임금총액의 총합})}{12}\times[1+(\text{운용수익률})]$

〈보기〉

- A는 퇴직하려는 회사에 2015년 5월 7일에 입사하였고, 2025년 6월 8일에 퇴직할 예정이다.
- A의 퇴직 직전 3개월의 평균임금은 900만 원이다.
- A의 월급은 매년 1월 1일에 50만 원씩 인상되었다.
- A의 예상 운용수익률은 매년 10%이다.
- 매년 회사의 퇴직금 부담률은 A의 당해 연도 평균월급의 50%이다.

	확정급여형	확정기여형
①	1억 원	7,425만 원
②	1억 원	6,750만 원
③	9,000만 원	7,425만 원
④	9,000만 원	6,750만 원
⑤	9,000만 원	6,620만 원

26 다음은 우리나라 시 · 도별 아동 십만 명당 안전사고 사망자 수에 대한 자료이다. 이에 대한 설명으로 옳지 않은 것은?

〈시 · 도별 아동 십만 명당 안전사고 사망자 수〉

(단위 : 명)

구분	2022년	2023년	2024년
전국	2.9	3.1	2.8
서울특별시	2.1	2.0	2.0
부산광역시	2.6	3.4	3.0
대구광역시	2.3	4.5	2.2
인천광역시	0.9	1.7	3.4
광주광역시	0.4	4.7	4.5
대전광역시	2.9	1.7	3.6
울산광역시	7.2	3.4	2.3
세종특별자치시	8.2	4.1	6.5
경기도	2.4	2.9	2.4
강원도	3.4	2.0	3.6
충청북도	3.0	4.0	3.7
충청남도	3.9	4.6	2.0
전라북도	2.3	3.9	2.8
전라남도	3.9	4.4	4.1
경상북도	4.2	4.3	3.6
경상남도	6.4	3.7	4.0
제주특별자치도	5.1	7.1	5.6

① 울산광역시의 아동 십만 명당 안전사고 사망자 수는 2022년 대비 2024년에 60% 이상 감소하였다.
② 2023년과 2024년에 전년 대비 증감 추이가 경상남도와 동일한 시 · 도는 3곳이다.
③ 2023년 아동 십만 명당 안전사고 사망자 수가 6.0명을 넘는 시 · 도가 존재한다.
④ 부산광역시는 2022년부터 2024년까지 매년 아동 십만 명당 안전사고 사망자 수가 광주광역시보다 많다.
⑤ 2022년 전라남도의 아동 십만 명당 안전사고 사망자 수는 2024년 인천광역시의 아동 십만 명당 안전사고 사망자 수보다 10% 이상 많다.

27 다음 인허가보증상품에 대한 설명을 바탕으로 할 때, 보증료를 가장 많이 내는 회사는?

〈인허가보증상품〉

• 개요
주택사업과 관련하여 국가, 지방자치단체 등으로부터 인·허가를 받을 경우에 부담하여야 할 시설물 설치 등 인·허가 조건의 이행을 책임지는 보증상품이다.

• 보증료
(보증료)=(보증금액)×(보증료율)×(보증기간에 해당하는 일수)÷365
– 신용평가등급별 보증료율 : 최저 연 0.122%~최고 연 0.908%
– 신용평가등급은 1등급부터 4등급까지 있으며, 각 등급의 보증료율은 1등급은 0.122%, 2등급은 0.244%, 3등급은 0.488%, 4등급은 0.908%이다.

	회사명	보증금액	신용등급	보증기간
①	☆☆	1.5억 원	1	1년
②	●●	3억 원	2	2년
③	◇◇	3억 원	4	3년
④	■■	5억 원	3	4년
⑤	▽▽	2.5억 원	2	2년

28 다음은 OECD 회원국의 고용률을 조사한 자료이다. 이에 대한 설명으로 옳지 않은 것은?

〈OECD 회원국 고용률 추이〉

(단위 : %)

구분	2020년	2021년	2022년	2023년				2024년	
				1분기	2분기	3분기	4분기	1분기	2분기
OECD 전체	65.0	65.0	66.5	66.5	65.0	66.0	66.5	67.0	66.3
미국	67.5	67.5	68.7	68.5	68.7	68.7	69.0	69.3	69.0
일본	70.6	72.0	73.3	73.0	73.5	73.5	73.7	73.5	74.5
영국	70.0	70.5	73.0	72.5	72.5	72.7	73.5	73.7	74.0
독일	73.0	73.5	74.0	74.0	73.0	74.0	74.5	74.0	74.5
프랑스	64.0	64.5	63.5	64.5	63.0	63.0	64.5	64.0	64.0
한국	64.5	64.5	65.7	65.7	64.6	65.0	66.0	66.0	66.0

① 조사 기간 동안 프랑스와 한국의 고용률은 OECD 전체 고용률을 넘은 적이 한 번도 없었다.
② 2020년부터 영국의 고용률은 계속 증가하고 있다.
③ 2024년 1분기 6개 국가의 고용률 중 가장 높은 국가와 가장 낮은 국가의 고용률 차이는 10%p이다.
④ 2024년 1분기와 2분기에서 고용률이 변하지 않은 국가는 프랑스와 한국이다.
⑤ 2024년 2분기 OECD 전체 고용률은 전년 동분기 대비 2% 증가하였다.

29 다음은 N은행의 계좌번호 생성 방법이다. 이를 통해 생성한 계좌번호와 그에 대한 내용으로 옳지 않은 것은?

〈계좌번호 생성 방법〉

000-00-000000
- 1 ~ 3번째 자리 : 지점번호
- 4 ~ 5번째 자리 : 계정과목
- 6 ~ 10번째 자리 : 일련번호(지점 내 발급 순서)
- 11번째 자리 : 체크기호(난수)

〈지점번호〉

지점	번호	지점	번호	지점	번호
국회	736	영등포	123	동대문	427
당산	486	삼성역	318	종로	553
여의도	583	신사동	271	보광동	110
신길동	954	청담동	152	신용산	294

〈계정과목〉

구분	보통예금	저축예금	적금	당좌예금	가계종합	기업자유
번호	01	02	04	05	06	07

① 271-04-540616 : N은행의 신사동지점에서 발행된 계좌번호이다.
② 553-01-480157 : 입금과 인출을 자유롭게 할 수 있는 통장이다.
③ 954-04-126541 : 일정한 금액을 주기적으로 불입하는 조건으로 개설했다.
④ 294-05-004325 : 신용산지점에서 4,325번째 개설된 당좌예금이다.
⑤ 427-02-040483 : 마지막 자리 숫자 3은 앞의 10자리 숫자가 정확하게 기재되었는지 오류를 확인할 수 있는 기호이다.

30 다음은 육류의 원산지 표시방법을 나타낸 자료이다. 이에 대한 설명으로 옳은 것을 〈보기〉에서 모두 고르면?

〈원산지 표시방법〉

구분	표시방법
(가) 돼지고기, 닭고기, 오리고기	육류의 원산지 등은 국내산과 수입산으로 구분하고, 다음 항목의 구분에 따라 표시한다. 1) 국내산의 경우 괄호 안에 '국내산'으로 표시한다. 다만 수입한 돼지를 국내에서 2개월 이상 사육한 후 국내산으로 유통하거나, 수입한 닭 또는 오리를 국내에서 1개월 이상 사육한 후 국내산으로 유통하는 경우에는 '국내산'으로 표시하되, 괄호 안에 축산물명 및 수입국가명을 함께 표시한다. 예 삼겹살(국내산), 삼계탕 국내산(닭, 프랑스산), 훈제오리 국내산(오리, 일본산) 2) 수입산의 경우 수입국가명을 표시한다. 예 삼겹살(독일산) 3) 원산지가 다른 돼지고기 또는 닭고기를 섞은 경우 그 사실을 표시한다. 예 닭갈비(국내산과 중국산을 섞음)
(나) 배달을 통하여 판매·제공되는 닭고기	1) 조리한 닭고기를 배달을 통하여 판매·제공하는 경우, 그 조리한 음식에 사용된 닭고기의 원산지를 포장재에 표시한다. 2) 1)에 따른 원산지 표시는 위 (가)의 기준에 따른다. 예 찜닭(국내산), 양념치킨(브라질산)

※ 수입국가명은 우리나라에 축산물을 수출한 국가명을 말함

〈보기〉

ㄱ. 국내산 돼지고기와 프랑스산 돼지고기를 섞은 돼지갈비를 유통할 때, '돼지갈비(국내산과 프랑스산을 섞음)'로 표시한다.
ㄴ. 덴마크산 돼지를 수입하여 1개월간 사육한 후 그 삼겹살을 유통할 때, '삼겹살 국내산(돼지, 덴마크산)'으로 표시한다.
ㄷ. 중국산 훈제오리를 수입하여 2개월 후 유통할 때, '훈제오리 국내산(오리, 중국산)'으로 표시한다.
ㄹ. 국내산 닭을 이용하여 양념치킨으로 조리한 후 배달 판매할 때, '양념치킨(국내산)'으로 표시한다.

① ㄱ, ㄴ
② ㄱ, ㄹ
③ ㄴ, ㄷ
④ ㄱ, ㄷ, ㄹ
⑤ ㄴ, ㄷ, ㄹ

31 S통신, L통신, K통신 3사는 모두 A ~ G카드와의 제휴를 통해 전월에 일정 금액 이상 카드 사용 시 통신비를 할인해 주고 있다. 통신비의 최대 할인금액과 할인조건이 다음과 같을 때, 이에 대한 설명으로 옳은 것은?

〈통신비 할인 정보〉

제휴카드	통신사	최대 할인금액	할인조건
A카드	S통신	20,000원	• 전월 카드 사용 100만 원 이상 시 2만 원 할인 • 전월 카드 사용 50만 원 이상 시 1만 원 할인
	L통신	9,000원	• 전월 카드 사용 30만 원 이상 시 할인
	K통신	8,000원	• 전월 카드 사용 30만 원 이상 시 할인
B카드	S통신	20,000원	• 전월 카드 사용 100만 원 이상 시 2만 원 할인 • 전월 카드 사용 50만 원 이상 시 1만 원 할인
	L통신	9,000원	• 전월 카드 사용 30만 원 이상 시 할인
	K통신	9,000원	• 전월 카드 사용 50만 원 이상 시 9천 원 할인 • 전월 카드 사용 30만 원 이상 시 6천 원 할인
C카드	S통신	22,000원	• 전월 카드 사용 100만 원 이상 시 2.2만 원 할인 • 전월 카드 사용 50만 원 이상 시 1만 원 할인 • 전월 카드 1회 사용 시 5천 원 할인
D카드	L통신	9,000원	• 전월 카드 사용 30만 원 이상 시 할인
	K통신	9,000원	• 전월 카드 사용 30만 원 이상 시 할인
E카드	K통신	8,000원	• 전월 카드 사용 30만 원 이상 시 할인
F카드	K통신	15,000원	• 전월 카드 사용 50만 원 이상 시 할인
G카드	L통신	15,000원	• 전월 카드 사용 70만 원 이상 시 1.5만 원 할인 • 전월 카드 사용 30만 원 이상 시 1만 원 할인

① S통신을 이용할 경우 가장 많은 통신비를 할인받을 수 있는 제휴카드는 A카드이다.
② 전월에 33만 원을 사용했을 경우 L통신에 대한 할인금액은 G카드보다 D카드가 더 많다.
③ 전월에 52만 원을 사용했을 경우 K통신에 대한 할인금액이 가장 많은 제휴카드는 F카드이다.
④ S통신의 모든 제휴카드는 전월 실적이 50만 원 이상이어야 통신비 할인이 가능하다.
⑤ 전월에 23만 원을 사용했을 경우 K통신에 대해 통신비를 할인받을 수 있는 제휴카드는 1곳이다.

32 N기업 대외협력처 A과장, B대리, C대리, D주임, E주임, F주임, G사원 7명은 항공편을 이용해 멕시코로 출장을 가게 되었다. 대외협력처 직원들이 다음 〈조건〉에 따라 항공기의 1열 A석부터 3열 C석까지의 좌석에 앉는다고 할 때, 반드시 참인 것은?

구분	A석	B석	C석
1열			
2열			C대리
3열			

앞 ↕ 뒤

좌 ↔ 우

〈조건〉

- C대리는 2열 C석에 앉는다.
- 2열 A석과 3열 C석은 다른 승객이 이미 앉은 좌석이므로 대외협력처 직원이 앉을 수 없다.
- A과장은 3열에 앉는다.
- 사원은 대리보다 앞쪽에 앉는다.
- E주임은 이동 중 보고할 사항이 있으므로 B대리의 옆 좌석에 앉아야 한다.
- 대리끼리는 이웃해 앉을 수 없다.
- 이웃해 앉는다는 것은 앞뒤 혹은 좌우로 붙어 앉는 것을 의미한다.

① B대리가 1열 B석에 앉는다면 E주임은 1열 C석에 앉는다.
② A과장이 3열 A석에 앉는다면 F주임은 3열 B석에 앉는다.
③ G사원과 F주임은 이웃해 앉는다.
④ D주임은 F주임과 이웃해 앉을 수 없다.
⑤ E주임이 1열 A석에 앉는다면 G사원은 1열 C석에 앉는다.

33 다음은 N사에 근무하는 K사원의 급여명세서이다. K사원의 시간외근무 시간과 세후 급여가 바르게 연결된 것은?

〈급여지급명세서〉

사원번호	A26	성명	K
소속	총무부	직급	사원

• 지급 내역

(단위 : 원)

지급항목			과세 항목		
과세 대상	기본급여	2,400,000	소득세	근로소득세	(　　)
	시간외수당	(　　)		지방소득세	(　　)
	직책수당	0	4대 보험	국민연금	(　　)
	상여금	0		건강보험	(　　)
	특별수당	120,000		장기요양보험	(　　)
비과세 대상	교통비	150,000		고용보험	(　　)
	교육지원	0			
	식대	100,000			
급여 총액		2,950,000	과세 총액		(　　)

※ $(\text{시간외수당})=(\text{기본급})\times\frac{(\text{시간외근무 시간})}{200}\times 150\%$

※ 소득세 및 4대보험료율(과세대상 급여 기준)

- 근로소득세 : 3%
- 지방소득세 : 근로소득세의 10%
- 국민연금 : 4.5%
- 건강보험 : 3.5%
- 장기요양보험 : 건강보험료의 10%
- 고용보험 : 0.9%

	시간외근무 시간	세후 급여
①	8시간	2,611,150원
②	8시간	2,624,850원
③	10시간	2,611,150원
④	10시간	2,624,650원
⑤	10시간	2,631,250원

※ 다음은 N은행 적금 상품 중 하나인 'N적금'에 대한 자료이다. 이어지는 질문에 답하시오. **[34~35]**

〈N적금〉

- 가입대상
  만 40세 이상 개인 및 개인사업자(1인 1계좌)
- 가입기간
  12개월
- 가입금액
  매월 1 ~ 30만 원(단, 초입금은 10만 원 이상)
- 기본금리
  연 0.7%, 단리식
- 우대금리
  최대 연 0.3%p

조건	우대금리
가입 월부터 만기 전전월 말까지 급여 또는 연금이 2개월 이상 당행 계좌로 입금 시	0.2%p
비대면 채널(인터넷 / 스마트뱅킹)에서 가입	0.1%p

  – 우대금리는 만기해지 시 적용(중도해지 시 미적용)
  – 연금 : 4대 연금(국민연금 / 공무원연금 / 사학연금 / 군인연금), N은행 연금 및 기타연금(타행에서 입금되는 기타연금은 '연금' 문구가 포함된 경우 연금으로 인정)
- 세제혜택안내
  비과세종합저축으로 가입 가능(전 금융기관 통합한도 범위 내)
- 이자지급방법
  만기일시지급식
- 가입 / 해지안내
  – 가입 : 영업점, 인터넷 / 스마트뱅킹에서 가능
  – 해지 : 영업점, 인터넷 / 스마트뱅킹에서 가능
- 추가입금
  자유적립식 상품으로 가입금액 한도 내 추가입금 가능
- 양도 및 담보 제공
  은행의 승인을 받은 경우 양도 및 질권설정 가능
- 원금 또는 이자 지급 제한
  계좌에 질권설정 및 법적 지급 제한이 등록될 경우 원금 및 이자 지급 제한

34 다음 〈보기〉에서 'N적금'에 대한 설명으로 옳은 것을 모두 고르면?

〈보기〉

ㄱ. 해당 적금은 비대면 채널을 통하여 판매되고 있다.
ㄴ. 은행에 신고하는 경우 해당 상품에 대해 질권설정이 가능하다.
ㄷ. 타행의 연금에 가입한 경우에도 만기 전전월 말 이전의 가입 기간 중 2개월 이상 연금이 당행 계좌로 입금된다면 우대금리를 적용받을 수 있다.
ㄹ. 중도에 해지하더라도 요건을 충족하는 항목에 대하여는 우대금리를 적용받을 수 있다.

① ㄱ, ㄴ
② ㄱ, ㄷ
③ ㄴ, ㄷ
④ ㄴ, ㄹ
⑤ ㄷ, ㄹ

35 최과장은 'N적금'에 가입하였다. 최과장에 대한 정보가 다음과 같을 때, 최과장이 만기에 수령할 원리금을 구하면?(단, 이자 소득에 대한 세금은 고려하지 않는다)

〈정보〉

- 최과장은 만 41세로, 2024년 12월 1일에 스마트뱅킹을 통하여 N은행의 'N적금'에 가입하였다.
- 최과장은 가입기간 동안 매월 1일마다 20만 원을 적립할 예정이다.
- 최과장은 2024년 1월부터 급여를 N은행 입출금계좌를 통하여 지급받고 있었으며, 만기해지일까지 지속된다.
- 해당 적금 계좌에 대하여 질권설정을 하지 않았으며, 지급제한 사항도 해당되지 않는다.

① 2,075,000원
② 2,210,000원
③ 2,350,000원
④ 2,413,000원
⑤ 2,620,000원

※ 다음은 외국인 농촌여행상품 운영 및 홍보지원에 대한 공고문이다. 이어지는 질문에 답하시오. [36~37]

〈외국인 농촌여행상품 운영 및 홍보지원〉

1. 지원기간
   2025.03.03.(월) ~ 2025.12.14.(일) (예산 소진 시까지)
2. 참가자격
   외국인 관광객을 유치하는 종합여행업
   – 관광진흥법 제4조 및 법 시행령 제2조 제1항 제1호 가목*으로 등록된 업체
   *종합여행업 : 국내외를 여행하는 내국인 및 외국인을 대상으로 하는 여행업
3. 상품구성
   농촌관광지* 1회 이상 유료 방문 및 주변 관광지로 구성
   *8개 지자체(경기, 강원, 충북, 충남, 전남, 경북, 경남, 제주)의 농촌체험휴양마을 및 융복합사업장
   ※ 전북지역 농촌관광상품의 경우 별도 공고 예정
4. 지원내용
   ① 운영비 : 체험, 숙박, 식사비, 버스임차료 등 지원
   – 기존상품 : 체험, 숙박, 식사비의 50%, 항목별 최대 3만 원/인(숙박비 5만 원/인)
   예 산머루농원, 돼지보러오면돼지, 아홉굿마을, 의야지바람마을, 은아목장, 수미마을, 산머루마을 등 포함 농촌여행상품
   – 특별상품 : 체험, 숙박, 식사비의 90%, 항목별 최대 3만 원/인(숙박비 5만 원/인)
   – 버스임차료 : 버스임차료의 50%(최대 40만 원/일)
   ② 홍보비 : 홍보물 제작비, 팸투어 행사비, 해외박람회 참가비 등 지원
   – 홍보물 제작비용의 50%, 팸투어 행사비의 50%, 해외박람회 참가비 50%
5. 농촌관광지 적용 대상
   농촌관광지 적용 대상 리스트 첨부파일 참고
6. 결과 발표
   농촌여행의 모든 것, 웰촌 홈페이지, 공지사항 게시 및 개별 연락
7. 접수 및 문의처
   이메일 접수 후 원본은 우편으로 제출
   ※ 유의사항 : 서류는 반드시 한글 또는 워드파일로 작성하여 1개 파일로 제출

36 B여행사는 외국인 농촌여행상품 운영 및 홍보지원 공고문을 보고 궁금한 점이 생겨 게시판에 문의사항을 남겼다. 이에 대한 대답으로 적절하지 않은 것은?

① Q : 여행업체로 등록되어 있지는 않지만 국내외 내국인 및 외국인을 대상으로 여행업을 3년간 해왔습니다. 신청이 가능한가요?
   A : 관광진흥법 제4조 및 법 시행령 제2조 제1항 제1호 가목으로 등록된 업체여야 신청 가능합니다.

② Q : 농촌관광지를 2회 유료 방문하는 상품구성을 하려고 합니다. 횟수는 상관없나요?
   A : 농촌관광지를 1회 이상 유료 방문해야 하는 최소 충족조건만 지키면 됩니다.

③ Q : 기존상품과 특별상품에 버스임차료 지원율은 다른가요?
   A : 기존상품과 특별상품 모두 버스임차료의 지원율은 50%로 하루에 최대 40만 원입니다.

④ Q : 접수는 이메일로 가능한가요?
   A : 이메일 접수는 받지 않으며 서류는 한글 또는 워드파일로 작성하여 우편으로 제출해야 합니다.

⑤ Q : 전북지역으로 여행가고 싶은데, 상품구성을 알 수 있을까요?
   A : 전북지역 상품의 경우 별도로 구성하여 공고할 예정입니다. 조금만 기다려 주세요.

37 다음 운영비 지급신청서에 따라 S여행사가 팀별로 지급받을 운영비 금액이 바르게 연결된 것은?

〈농촌관광상품 운영비 지급신청서〉

• 여행사 현황

여행사명	S여행	대표자	김○○
주소	서울시 마포구 큰우물로 75		
거래은행	N은행	계좌번호	123456-56-123456(예금주 : 김○○)
연락처	(담당자) 박○○ (연락처) 02-1600-1234		

• 관광객 유치실적

구분	국적	방문일자	농촌 관광지명	인원수 (명)	운영비(원)			
					식사	체험	숙박	총계
팀 1	싱가포르	2025.9.14.	수미마을	15	120,000	150,000	750,000	1,020,000
팀 2	중국	2025.9.21.	산머루마을	27	189,000	810,000	890,000	1,889,000

※ 팀 단위로 작성하되 식사비, 체험비, 숙박비는 농촌관광지에 실제 지급한 총금액을 작성

위와 같이 외국인 농촌여행상품 운영비 지급신청서를 제출합니다.

2025년 ○○월 ○○일

대표자명 (인)

	팀 1	팀 2
①	408,000원	755,600원
②	408,000원	795,600원
③	510,000원	944,500원
④	510,000원	994,500원
⑤	512,000원	994,000원

38 다음은 N은행 A지점의 만족도를 조사한 자료이다. 이에 대한 설명으로 옳지 않은 것은?

〈서비스 만족도 조사 결과〉

(단위 : 명, %)

구분	응답자 수	비율
매우 만족	(가)	20
만족	33	22
보통	(나)	(다)
불만족	24	16
매우 불만족	15	(라)
합계	150	100

① 방문 고객 150명을 대상으로 지점 서비스 만족도를 조사하였다.

② 응답한 고객 중 30명이 본 지점의 서비스를 '매우 만족'한다고 평가하였다.

③ 내방 고객의 약 $\frac{1}{3}$이 본 지점의 서비스 만족도를 '보통'으로 평가하였다.

④ '불만족' 이하 구간이 26%의 비중을 차지하고 있다.

⑤ 고객 중 $\frac{1}{5}$이 '매우 불만족'으로 평가하였다.

39 농도 10% 설탕물 480g에 농도 20% 설탕물 120g을 섞었다. 이 설탕물에서 한 컵의 설탕물을 퍼내고, 퍼낸 설탕물의 양만큼 다시 물을 부었더니 농도 11%의 설탕물 600g이 되었다. 이때 컵으로 퍼낸 설탕물의 양은?

① 30g
② 50g
③ 60g
④ 90g
⑤ 100g

40 K기업은 N브랜드 의류를 생산하여 수출하는 기업이다. 최근 해외에서 N브랜드의 인지도가 높아짐에 따라 수출량도 함께 증가하여 상당한 매출을 달성하고 있다. 다음은 K기업의 지난 2024년 2월의 수출입거래 현황과 주요국 통화 환율 추이이다. K기업의 주거래은행에서 관리하고 있는 당좌계좌의 잔액이 2월 1일 기준 1천만 원이었다면, 2월 22일 기준 당좌계좌 잔액은 얼마인가?(단, 환전은 결제일 당일 기준 환율에 의해 이루어지며, 기타 비용은 발생하지 않는다)

■ K기업의 2024년 2월 수출입거래 현황

- 2/1 미국 A사와 N브랜드 의류 수출계약
  - 수출물량 : 1,000box
  - 단가 : 1pcs당 10달러(1box=10pcs)
  - 인도일 : 2/14
  - 결제일 : 인도일+3
- 2/3 일본 C사와 P원단 수입계약
  - 수입물량 : 1,000rolls
  - 단가 : 1m당 50엔(1roll=50m)
  - 인수일 : 2/9
  - 결제일 : 인수일+12

■ 2024년 2월 주요국 통화 환율 추이(휴일 제외)

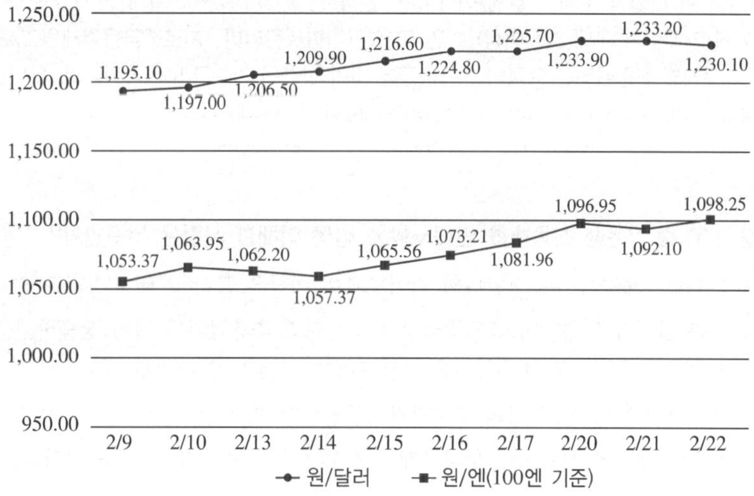

① 5,045,500원
② 9,100,500원
③ 102,734,375원
④ 104,087,500원
⑤ 105,267,500원

※ 다음은 N은행의 신용대출별 금리 현황 및 우대 안내에 대한 자료이다. 이어지는 질문에 답하시오. **[41~42]**

〈N은행 신용대출별 금리 현황〉

1. 신용등급별 금리

(단위 : 연 %)

구분		신용등급별 금리					
		1～3등급	4등급	5등급	6등급	7～10등급	평균금리
N은행	대출금리	3.74	4.14	5.19	7.38	8.44	6.17
	기준금리	1.74	1.79	1.77	1.78	1.72	1.74
	가산금리	2.00	2.35	3.42	5.60	6.72	4.43

※ 기준금리는 6개월마다 공시가 적용되며, 가산금리는 최초 계약기간 또는 6개월 중 짧은 기간에 해당하는 금리로 정함

2. 우대금리 : 최대 연 1.5%p 우대
   ① 당행 우량 고객 : 연 0.2%p
   ② 카드사용 우대 : 최대 연 0.3%p
      – 최근 3개월간 매월 30만 원 이상(연 0.1%p), 60만 원 이상(연 0.2%p), 90만 원 이상(연 0.3%p)의 A카드 이용실적이 있는 경우
   ③ 타행 대출상환 조건 : 연 0.3%p
   ④ 한도대출 사용률 40% 초과 : 연 0.3%p
   ⑤ 급여(연금)이체 실적 우대 : 월 급여 100만 원당 연 0.1%p 가산, 최대 연 0.3%p
   ⑥ 자동이체 거래실적 우대(3건 이상) : 연 0.1%p(아파트관리비 / 지로 / 금융결제원CMS / 펌뱅킹)
3. 최종금리 : 고객별 최종금리는 고객의 신용등급에 따라 산출된 기준금리와 가산금리, 우대금리에 따라 차등 적용
   ※ (최종금리)=(기준금리)+(가산금리)−(우대금리)=(대출금리)−(우대금리)

41 다음 갑～무 중 N은행 신용대출 안내사항을 잘못 이해한 사람은 누구인가?

① 갑 : 1년으로 계약기간을 잡았다면 적어도 1번 이상은 금리 조정이 있겠군.
② 을 : 다른 금리가 일정하여도 기준금리가 오른다면 최종금리도 같이 상승하겠군.
③ 병 : 등급이 낮아질수록 대출금리와 가산금리 모두 반드시 증가하는군.
④ 정 : 우대금리에 따라 5등급의 대출자가 4등급보다 더 낮은 금리로 돈을 빌릴 수도 있겠군.
⑤ 무 : 각각의 평균금리는 해당 행의 5개 숫자를 모두 더하여 5로 나눈 것이겠군.

42 다음은 갑 ~ 무 5명의 신용등급 및 우대금리 적용사항에 대한 자료이다. 대출금과 계약기간이 모두 동일하고 같은 상환 방식으로 상환한다고 할 때, 지불해야 할 상환액이 많은 순으로 바르게 나열한 것은?

〈신용등급 및 우대금리 적용사항〉

구분	신용등급	우대금리 적용사항
갑	2	– M카드 사용액이 30만 원이다.
을	6	– 급여 200만 원을 매달 N은행으로 이체하고 있다. – 최근 3개월간 A카드 사용액이 매월 40만 원이다. – N은행 우량 고객이다.
병	4	– 총대출액 한도의 40%를 초과한다. – N은행 우량 고객이다. – 최근 3개월간 A카드 사용액이 매월 60만 원이다.
정	7	– 최근 3개월간 A카드 사용액이 매월 100만 원이다. – 아파트관리비와 펌뱅킹을 자동이체로 내고 있다. – 타행 대출상환 조건을 만족한다.
무	5	– N은행 우량 고객이다. – 급여 300만 원을 매달 N은행으로 이체하고 있다. – 총대출액 한도의 40%를 초과한다. – 타행 대출상환 조건을 만족한다.

① 정 > 을 > 무 > 병 > 갑
② 정 > 을 > 갑 > 무 > 병
③ 정 > 을 > 무 > 갑 > 병
④ 정 > 갑 > 을 > 무 > 병
⑤ 정 > 갑 > 무 > 을 > 병

※ 다음은 C언어에 대한 내용이다. 이어지는 질문에 답하시오. **[43~45]**

• C언어 문자 표기

서식	설명
' '	문자 표기
%c	문자 1개 출력
%s	문자열 출력
%d	10진수 출력
\	줄바꿈

• C언어 연산

구분	연산자	설명
증감 연산자	++, --	증가, 감소(예 x++ : x값이 1씩 증가)
산술 연산자	+, -, *, /, %	더하기, 빼기, 곱하기, 나누기, 나머지
더하기 할당 연산자	+=	$x+=y=x=x+y$
관계 연산자	<, <=, ==, >=, >	대소 판별
대입 연산자	=	대입
논리 연산자	&&, ||, !	AND, OR, NOT
조건 연산자	(조건식)? 실행문 1 : 실행문 2	조건 판정

43 다음 프로그램의 실행 결과로 옳은 것은?

```
#include <studio.h>

int main( )
{
    int num1;

    num1=1+2;

    printf("%d\n",num1);

    return 0;
}
```

① 3
② 1+2
③ 2
④ num1=1+2
⑤ 1+2;

44 다음 프로그램의 실행 결과로 나온 값의 합은?

```
#include <studio.h>

int main( )
{
    printf("%d\n",1%3);
    printf("%d\n",2%3);
    printf("%d\n",3%3);
    printf("%d\n",4%3);
    printf("%d\n",5%3);
    printf("%d\n",6%3);

    return 0;
}
```

① 3
② 4
③ 5
④ 6
⑤ 7

45 다음 프로그램의 실행 결괏값이 100이 되도록 빈칸에 들어갈 알맞은 값은?

```
#include <studio.h>

int main( )
{
    int num1;
    int num2=5;

    num1=10-num2;

    num1+= _______;

    printf("%d\n",num1);

    return 0;
}
```

① 80
② 85
③ 95
④ 100
⑤ 110

제2영역 직무상식평가

공통

01 다음 사례에 등장하는 ㉠에 대한 설명으로 옳은 것은?

> 최근 ___㉠___ 서비스를 강화하는 기업들이 늘어나고 있다. 모바일이나 온라인 쇼핑몰에서 물건을 구매한 뒤 오프라인 매장에서 찾을 수 있도록 하는 등 온·오프라인, 모바일의 경계를 허무는 서비스를 제공하는 것이다.

① 쇼루밍, 역쇼루밍족의 등장과 관련이 있다.
② 위치 기반 서비스나 NFC를 활용한 서비스를 제공하기도 한다.
③ ㉠은 기업 주도적으로 온·오프라인 채널을 확장하는 특징이 있다.
④ 젊은 층의 고객을 유치하는 데 더욱 유리하다.
⑤ 애플리케이션으로 커피를 주문하고 매장에서 수령하는 것도 이에 해당한다.

02 다음에서 설명하는 기술은 무엇인가?

> • 현실 세계의 배경에 3D의 가상 이미지를 중첩하여 영상으로 보여주는 기술이다.
> • 스마트폰 카메라로 주변을 비추면 인근에 있는 상점의 위치, 전화번호 등의 정보가 입체영상으로 표시된다.

① SSO(Single Sign On)
② 사물인터넷(Internet of Things)
③ RSS(Rich Site Summary)
④ 가상현실(Virtual Reality)
⑤ 증강현실(Augmented Reality)

03 **다음 중 사용자들이 정해진 PC 없이도 웹상에 자료를 저장하여 어디에서나 프로그램을 실행할 수 있는 분산형 IT 인프라서비스를 의미하는 용어는?**

① 유틸리티(Utility)
② 클라우드컴퓨팅(Cloud Computing)
③ 블로트웨어(Bloatware)
④ 블루투스(Bluetooth)
⑤ 링 네트워크(Ring Network)

04 **다음 중 가상이동통신망사업자(MVNO)에 대한 설명으로 옳은 것은?**

① 무선인터넷 게임에 등장하는 가상의 이동통신사업자이다.
② 이동통신업체의 통신망을 빌려 이동통신서비스를 제공하는 업체이다.
③ 원격으로 로봇을 조종하는 서비스를 제공하는 업체이다.
④ 가상의 이동통신망을 사용해 온라인게임서비스를 제공하는 사업자이다.
⑤ 주파수의 제한을 받으며, 무선통신시장에 신규 사업자의 진입과 유사한 효과를 확보하기는 어렵다.

05 **다음 중 페이징 기법과 세그먼테이션 기법에 대한 설명으로 옳지 않은 것은?**

① 페이징 기법에서는 주소 변환을 위한 페이지 맵 테이블이 필요하다.
② 페이지 크기로 일정하게 나누어진 주기억장치의 단위를 페이지 프레임이라고 한다.
③ 세그먼테이션 기법을 이용하는 궁극적인 이유는 기억공간을 절약하기 위해서이다.
④ 페이징 기법에서는 하나의 작업을 다양한 크기의 논리적인 단위로 나눈 후 주기억장치에 적재시켜 실행한다.
⑤ 세그먼테이션 기법에서는 기억장치 보호를 위해 기억장치 보호키를 주로 사용한다.

06 다음 글의 빈칸에 들어갈 내용에 대한 설명으로 옳지 않은 것은?

> A국의 최근 결제 방식에 대해 조사한 결과 코로나19 이후 비현금 결제 비중이 크게 증가했고, 카드나 모바일 결제가 가능한 가게도 증가하는 추세입니다. A국은 지난해까지만 해도 카드나 모바일 결제 등 비현금 결제율이 27%에 그칠 정도로 현금이 주요한 결제 수단이었습니다. 하지만 코로나19 이후 여러 사람이 사용하는 지폐를 통한 바이러스 감염 위험의 증가와 비대면 소비 증가로 인해 카드나 모바일을 통한 결제가 크게 늘어났습니다. 이에 따라 ______________ 이/가 가속화될 것이라는 전망이 전문가들 사이에서 이야기되고 있습니다.

① 디지털화폐와 같은 다른 지급 수단이 현금의 역할을 대체하는 사회
② 금융 거래의 투명성이 강화되어 뇌물·탈세·자금세탁 등의 여러 금융범죄 예방
③ 화폐 제조에 소요되는 사회적 비용 감소
④ 금융기관의 내부 통제 시스템 강화
⑤ 디지털 소외 계층의 금융 소외 현상 및 소비활동 제한 심화

07 다음 〈보기〉 중 임베디드 금융(Embedded Finance)과 관련 있는 설명으로 옳지 않은 것을 모두 고르면?

〈보기〉

> ㉠ 임베디드 금융의 참가자 중에 가장 중요한 역할을 하는 주체는 전통적인 금융 서비스 기능을 제공하는 금융회사이다.
> ㉡ 임베디드 금융은 금융회사가 비금융회사와 제휴를 맺고 자사의 금융 서비스 중 필요한 일부만을 비금융회사에 제공하는 일종의 플랫폼 렌털 사업으로 볼 수 있다.
> ㉢ 비대면 금융 서비스에 대한 수요의 급증, 금융기관의 디지털 전환 가속화, IT·디지털 기술의 발달, 금융 규제의 완화 등은 임베디드 금융 성장을 촉진한다.
> ㉣ 임베디드 금융 시장의 구조는 금융회사, 비금융회사, 핀테크 회사 등이 참가하여 수익을 나눠 갖는 방식으로 이루어진다.

① ㉠, ㉡
② ㉠, ㉣
③ ㉡, ㉢
④ ㉡, ㉣
⑤ ㉢, ㉣

08 다음 〈보기〉 중 데이터 마이닝에 대한 설명으로 옳은 것을 모두 고르면?

〈보기〉

㉠ 기대했던 정보뿐만 아니라 기대하지 않았던 정보를 찾아내는 기술을 의미한다.
㉡ 계획적으로 축적한 대용량의 데이터를 대상으로 한다.
㉢ 선형 회귀분석이나 로지스틱 분석방법 등이 적용된다.

① ㉠
② ㉡
③ ㉢
④ ㉠, ㉡
⑤ ㉡, ㉢

09 다음 중 IoT(Internet of Things)의 특징으로 옳지 않은 것은?

① 사물에 부착된 센서를 통해 실시간으로 데이터를 주고받는다.
② 사용자가 언제 어디서나 컴퓨터 자원을 활용할 수 있도록 정보 환경을 제공한다.
③ 인터넷에 연결된 기기는 인간의 개입 없이도 서로 알아서 정보를 주고받는다.
④ 유형의 사물 외에 공간이나 결제 프로세스 등의 무형의 사물도 연결할 수 있다.
⑤ 블루투스, NFC, 네트워크 등의 기술은 IoT를 통한 기기들의 소통을 돕는다.

10 다음 중 클라우드 컴퓨팅의 특징으로 옳지 않은 것은?

① 자신의 컴퓨터가 아닌 인터넷으로 연결된 다른 컴퓨터로 정보를 처리하는 기술이다.
② 인터넷상의 서버를 통하여 IT 관련 서비스를 한 번에 사용할 수 있는 컴퓨팅 환경을 의미한다.
③ 모든 컴퓨팅 기기를 네트워크로 연결하여 컴퓨터의 계산능력을 극대화한 분산 컴퓨팅을 의미한다.
④ 이용자가 정보를 인터넷상의 서버에 저장하면 여러 IT 기기를 통해 언제 어디서든 해당 정보를 이용할 수 있다.
⑤ 컴퓨팅 자원을 필요한 만큼 빌려 쓰고 이에 대한 사용요금을 지급하는 방식의 컴퓨팅 서비스를 말한다.

| 일반 |

11 다음 〈보기〉 중 가격상한제에 대한 설명으로 옳은 것을 모두 고르면?

〈보기〉

ㄱ. 가격상한제를 통해 재화와 서비스의 품질 증대를 기대할 수 있다.

ㄴ. 가격상한제가 도입되면 수요가 증가하고 거래량이 감소하여 후생손실(Deadweight Loss)이 발생하게 된다.

ㄷ. 가격상한가를 균형가격보다 낮은 상태로 유지할 경우 공급곡선과 수요곡선은 점차 가파르게 된다.

ㄹ. 2022년 말 유럽연합(EU) 및 주요 선진 7개국(G7) 등이 러시아산 원유에 60달러의 가격상한제를 도입하였다.

① ㄱ, ㄴ
② ㄱ, ㄷ
③ ㄴ, ㄷ
④ ㄴ, ㄹ
⑤ ㄷ, ㄹ

12 다음 빈칸 ㉠ ~ ㉣에 들어갈 숫자가 바르게 연결된 것은?

- 카드론 : 장기카드대출이라고 하며, 카드사에서 고객의 신용카드 사용실적, 신용도 등을 종합적으로 판단하여 최장 ___㉠___ 개월까지 자금을 빌려주는 서비스이다.
- 현금서비스 : 단기카드대출이라고 하며, 통상적으로 신용카드 한도의 ___㉡___% 내에서 대출이 이루어진다.
- 리볼빙 : 일부결제금액이월약정이라고 하며, 카드대금이 100만 원이고 일부결제금액이 10만 원일 경우 리볼빙 비율은 ___㉢___%이다.
- 대출철회제도 : 카드론 등 실행 후 ___㉣___ 일 이내에 대출상품에 대한 철회 의사표시를 하고, 원리금을 상환함으로써 계약을 철회할 수 있다.

※ 단, 본인의 신용도와 이용실적에 따라 조정될 수 있음

① ㉠ : 24, ㉡ : 50
② ㉠ : 36, ㉢ : 10
③ ㉡ : 40, ㉢ : 15
④ ㉡ : 40, ㉣ : 10
⑤ ㉢ : 10, ㉣ : 7

13 **다음 내용으로부터 공통적으로 추론할 수 있는 경제현상은?**

> • 채무자가 채권자보다 유리하다.
> • 실물자산보유자가 금융자산보유자보다 유리하다.
> • 현재 현금 10만 원은 다음 달에 받게 될 현금 10만 원보다 훨씬 가치가 있다.

① 높은 실업률
② 환율의 급속한 하락
③ 물가의 급속한 상승
④ 통화량의 급속한 감소
⑤ 이자율의 급속한 상승

14 **다음 상황을 의미하는 경제용어로 옳은 것은?**

> 일본의 장기불황과 미국의 금융위기 사례에서와 같이 금리를 충분히 낮추는 확장적 통화정책을 실시해도 가계와 기업이 시중에 돈을 풀어놓지 않는 상황을 말한다. 특히 일본의 경우 1990년대 제로금리를 고수했음에도 불구하고 소위 '잃어버린 10년'이라고 불리는 장기불황을 겪었다. 불황 탈출을 위해 확장적 통화정책을 실시했지만 경제성장률은 계속 낮았다. 이후 경기 비관론이 팽배해지고 디플레이션이 심화되면서 모든 경제주체가 투자보다는 현금을 보유하려는 유동성 선호경향이 강해졌다.

① 유동성 함정
② 공개시장조작
③ 죄수의 딜레마
④ 동태적 비일관성
⑤ 구축효과

15 **다음 중 거시경제의 총수요와 총공급에 대한 설명으로 옳은 것은?**

① 명목임금 경직성하에서 물가수준이 하락하면 기업이윤이 줄어들어서 기업들의 재화와 서비스 공급이 감소하므로 단기총공급곡선은 왼쪽으로 이동한다.
② 폐쇄경제에서 확장적 재정정책의 구축효과는 변동환율제도에서 동일한 정책의 구축효과보다 더 크게 나타날 수 있다.
③ 케인스의 유동성 선호이론에 의하면 경제가 유동성 함정에 빠지는 경우 추가적 화폐공급이 투자적 화폐수요로 모두 흡수된다.
④ 장기균형 상태에 있던 경제에 원유가격이 일시적으로 상승하면 장기적으로 물가는 상승하고 국민소득은 감소한다.
⑤ 단기 경기변동에서 소비와 투자가 모두 경기순응적이며, 소비의 변동성은 투자의 변동성보다 크다.

16 **다음 중 효율임금이론에 대한 설명으로 옳지 않은 것은?**

① 낮은 임금수준은 역선택을 발생시킨다.

② 임금의 하방경직성을 설명한다.

③ 실업의 존재를 설명한다.

④ 임금수준이 높으면 근로자들의 태만이 증가한다.

⑤ 임금수준이 생산성에 영향을 미친다.

17 **다음은 단순케인스모형에서 투자와 저축의 곡선을 나타낸 그래프이다. 현재 국민총생산이 Y_0 에서 달성되고 있을 경우, 단순케인스모형에서 저축함수의 성격과 현재 생산물시장의 상황에 대한 설명으로 옳은 것은?**

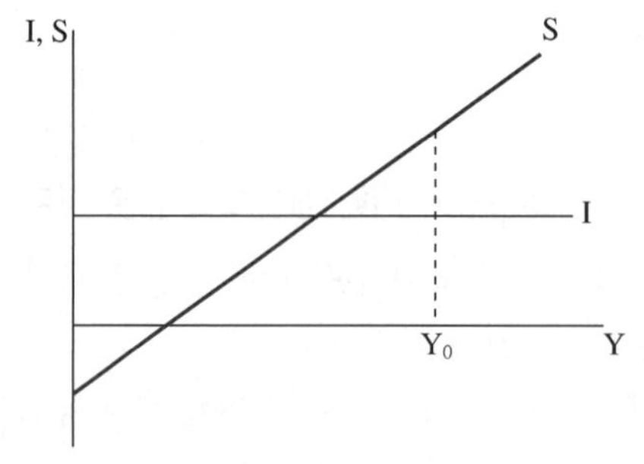

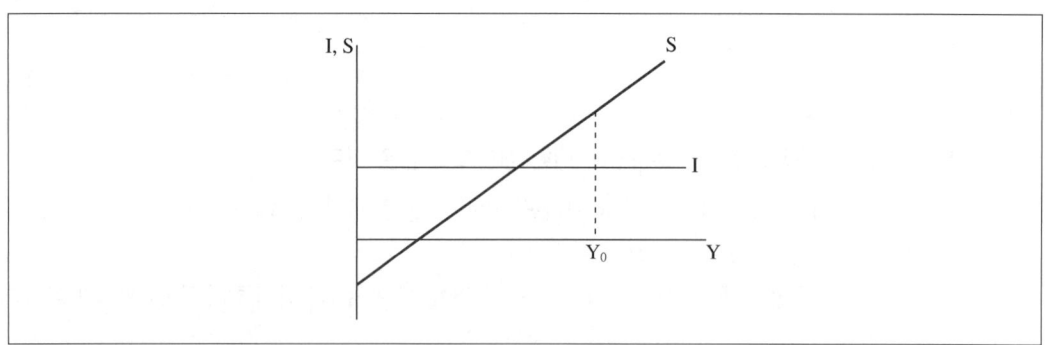

① 저축은 국민소득의 증가함수이고, 의도했던 것보다 재고가 증가한다.

② 저축은 국민소득의 증가함수이고, 의도했던 것보다 재고가 감소한다.

③ 저축은 국민소득의 증가함수이고, 의도했던 재고와 변화가 없다.

④ 저축은 이자율의 증가함수이고, 의도했던 것보다 재고가 증가한다.

⑤ 저축은 이자율의 증가함수이고, 의도했던 것보다 재고가 감소한다.

18 X재의 시장수요곡선은 Q=120−2P이다. 이 시장이 꾸르노(Cournot) 복점시장인 경우의 시장균형생산량과 독점시장인 경우의 시장균형생산량의 차이는 얼마인가?(단, Q는 생산량, P는 가격을 나타내고, 각 시장에 참여하는 기업들의 한계비용은 0이다)

① 20
② 30
③ 40
④ 50
⑤ 60

19 다음 중 향후 경기국면을 예측하기 위해 우리나라 통계청에서 발표하는 선행종합지수의 구성지표가 아닌 것은?

① 건설수주액
② 기계류내수출하지수
③ 코스피지수
④ 소비자기대지수
⑤ 도시가계소비지출

20 다른 조건이 일정할 때, 통화승수의 증가를 가져오는 요인으로 옳은 것을 〈보기〉에서 모두 고르면?

〈보기〉

㉠ 법정지급준비금 증가
㉡ 초과지급준비율 증가
㉢ 현금통화비율 하락

① ㉠
② ㉡
③ ㉢
④ ㉠, ㉡
⑤ ㉡, ㉢

21 어떤 산업에서 임금이 상승할 경우, 노동공급은 증가하고 노동수요는 감소하는 상태에서 균형을 이루고 있다. 이 산업에서 생산물 가격이 하락할 때, 새로운 균형 달성을 위한 임금수준과 고용량의 변화에 대한 설명으로 옳은 것은?(단, 생산물시장과 생산요소시장은 완전경쟁이고, 기업들은 이윤극대화를 추구한다)

① 임금 상승, 고용량 감소
② 임금 상승, 고용량 증가
③ 임금 하락, 고용량 감소
④ 임금 하락, 고용량 증가
⑤ 임금 및 고용량 변화 없음

22 다음은 노동의 수요 공급곡선을 나타낸 그래프이다. 최저임금이 W_1 에서 W_2 가 되었을 때, 비자발적 실업자 수는 몇 명인가?

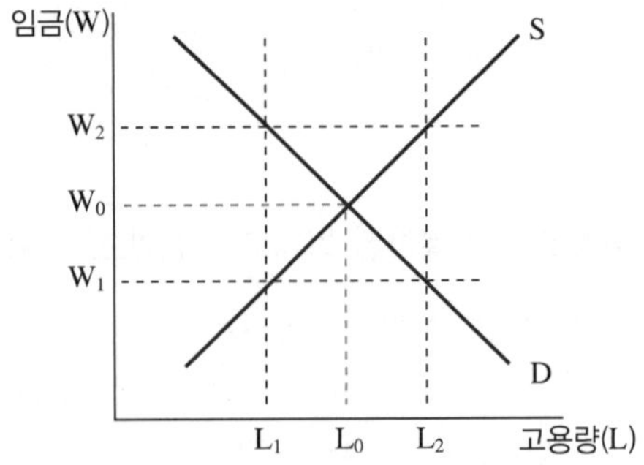

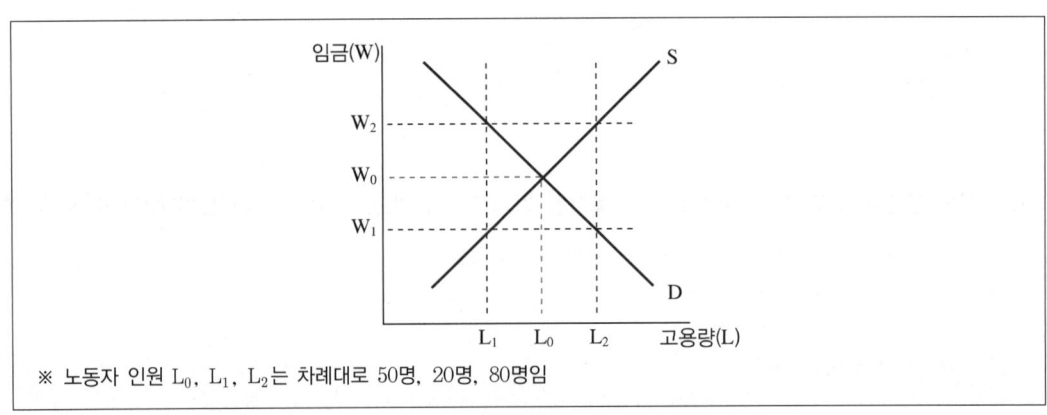

※ 노동자 인원 L_0, L_1, L_2는 차례대로 50명, 20명, 80명임

① 30명
② 60명
③ 70명
④ 100명
⑤ 120명

23 **일반적으로 불황기에는 물가가 하락하고 호황기에는 물가가 상승한다. 그러나 호황기에는 물론 불황기에도 물가가 계속하여 상승하는 현상이 있다. 이 현상을 스태그플레이션이라고 하는데 이 현상을 나타내는 두 단어로 옳은 것은?**

① 경기호황, 인플레이션
② 경기호황, 디플레이션
③ 경기불황, 인플레이션
④ 경기불황, 디플레이션
⑤ 경기불황, 바이플레이션

24 **다음 중 한 나라의 물가와 물가를 측정하는 방식에 대한 설명으로 옳지 않은 것은?**

① 화폐가치의 변화는 물가지수를 이용하여 알 수 있다.
② 소비자물가지수(CPI)는 기준 연도의 수량을 가중치로 이용한다.
③ 생산자물가지수(PPI)에는 수입재의 가격 변동이 반영된다.
④ 신축된 주택과 사무실의 가격은 GDP디플레이터 계산에 포함되지 않는다.
⑤ GDP디플레이터는 명목GDP를 실질GDP로 나눈 것에 100을 곱해 사후적으로 산출한다.

25 **다음 중 케인스의 이론에 대한 설명으로 옳지 않은 것은?**

① 노동시장에서 명목임금은 하방경직성을 갖는다.
② 투자는 기업가의 심리에 큰 영향을 받는다.
③ 경기침체 시에는 확대재정정책이 필요하다.
④ 공급은 스스로의 수요를 창조하므로 만성적인 수요부족은 존재하지 않는다.
⑤ 저축의 역설이라는 관점에서 '소비는 미덕, 저축은 악덕'이라고 주장한다.

11 **다음 글의 빈칸에 들어갈 용어로 옳은 것은?**

마이데이터란 개인이 자신의 정보를 적극적으로 관리 및 통제하는 것은 물론이고, 이러한 정보를 신용이나 자산관리 등에 능동적으로 활용하는 일련의 과정을 말한다. 즉, 금융 데이터의 주인을 금융회사가 아닌 개인으로 정의하는 개념이다. 데이터 3법의 개정으로 2020년 8월부터 사업자들이 개인의 동의를 받아 금융정보를 통합관리해 주는 ________이/가 가능해졌다.

① 마이데이터 산업
② 마이데이터 활용
③ 마이데이터 통합관리
④ 마이데이터 재사용
⑤ 마이데이터 분석관리

12 **프라이빗 블록체인은 퍼블릭 블록체인과 다르게 기업이나 특정 개인들만 참여할 수 있도록 시스템 되어있는 폐쇄형의 블록체인의 네트워크를 뜻한다. 프라이빗 블록체인은 운영과 참여의 주체가 분명하기 때문에 인센티브 제도인 코인을 사용하지 않아도 된다는 점이 특징이다. 다음 중 이러한 프라이빗 블록체인의 특징으로 옳지 않은 것은?**

① 허가성
② 빠른 처리속도
③ 프라이버시
④ 그룹화
⑤ 개방성

13 **다음 중 다른 테이블을 참조하는 외래키에 대한 설명으로 옳은 것은?**

① 외래키 필드의 값은 유일해야 하므로 중복된 값이 입력될 수 없다.
② 외래키 필드의 값은 Null 값일 수 없으므로 값이 반드시 입력되어야 한다.
③ 한 테이블에서 특정 레코드를 유일하게 구별할 수 있는 속성이다.
④ 하나의 테이블에는 여러 개의 외래키가 존재할 수 있다.
⑤ 외래키는 반드시 다른 릴레이션을 참조해야 한다.

14 다음에서 설명하는 디렉터리 구조에 해당하는 것은?

> • 트리 구조에서 링크를 추가하여 순환을 허용하는 그래프 구조이다.
> • 디렉터리와 파일 공유에 융통성이 있다.
> • 탐색 알고리즘이 간단하여 파일, 디렉터리에 접근하기 쉽다.
> • 불필요한 파일을 제거하여 사용 공간을 늘이기 위해 참조 계수기가 필요하다.

① 일반적 그래프 디렉터리 구조
② 1단계 디렉터리 구조
③ 2단계 디렉터리 구조
④ 트리 디렉터리 구조
⑤ 비순환 그래프 디렉터리 구조

15 다음 제시된 스택(Stack)의 연산 종류와 ㉠~㉤에서 설명하는 내용이 바르게 연결된 것은?

스택(Stack)의 연산 종류
(가) push()
(나) isfull()
(다) isempty()

㉠ 스택의 맨 위에 있는 데이터 값을 반환한다.
㉡ 스택에 데이터를 삽입한다.
㉢ 스택에서 데이터를 삭제하여 반환한다.
㉣ 스택에 원소가 없으면 true 값을 반환하고 있으면 false 값을 반환한다.
㉤ 스택에 원소가 없으면 false 값을 반환하고 있으면 true 값을 반환한다.

	(가)	(나)	(다)
①	㉠	㉡	㉣
②	㉠	㉢	㉤
③	㉡	㉢	㉤
④	㉡	㉤	㉣
⑤	㉢	㉣	㉤

16 다음 기억장치의 계층구조에서 상위층으로 갈수록 나타나는 기억장치의 특징으로 옳지 않은 것은?

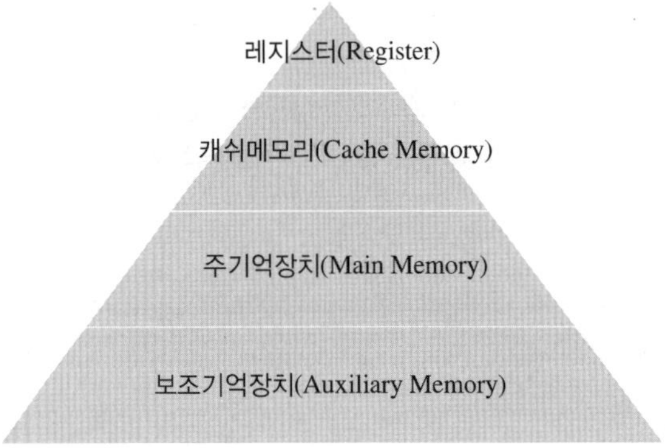

① 저장 용량이 증가한다.
② 비트당 가격이 높아진다.
③ 액세스 시간이 짧아진다.
④ CPU에 의한 액세스 빈도가 높아진다.
⑤ 접근 속도가 빨라진다.

17 다음 중 네트워크와 네트워크를 연결하는 인터네트워킹(Internetworking) 장비에 해당하지 않는 것은?

① 리피터(Repeater)
② 브리지(Bridge)
③ 스위치(Switch)
④ 레지스터(Register)
⑤ 라우터(Router)

18 TOS 필드는 패킷에 포함되어 있는 TOS 필드 등급을 패킷마다 지정하여 처리 우선순위를 결정한다. 다음 중 4bit의 이진수로 표현되는 TOS 필드 값의 의미가 잘못 연결된 것은?

① 1000 – 지연 최소화를 가장 우선
② 0100 – 처리량을 가장 우선
③ 0010 – 정확성을 가장 우선
④ 0001 – 비용 최소화를 가장 우선
⑤ 0000 – 일반적인 서비스

19 다음 그림에서 보이는 레지스터의 상태를 바탕으로 CPU에 두 개의 범용 레지스터와 하나의 상태 레지스터가 존재할 때, 두 범용 레지스터의 값이 동일한지 조사하기 위한 방법으로 옳은 것은?

Zero	Sign	Carry	Overflow

① 두 개의 레지스터의 내용을 뺀 후, Zero 여부를 조사한다.
② 두 개의 레지스터의 내용을 더한 후, Zero 여부를 조사한다.
③ 두 개의 레지스터의 내용을 뺀 후, Overflow 여부를 조사한다.
④ 두 개의 레지스터의 내용을 더한 후, Carry 여부를 조사한다.
⑤ 두 개의 레지스터의 내용을 뺀 후, Carry 여부를 조사한다.

20 다음 〈보기〉 중 정규화 목적에 대한 설명으로 옳은 것을 모두 고르면?

〈보기〉

㉠ 데이터 구조의 안정성 유지
㉡ 데이터 구조의 무결성 유지
㉢ 데이터 중복을 배제하여 삽입, 삭제, 갱신 이상 발생 방지
㉣ 자료 저장 공간의 최대화
㉤ 데이터 삽입 시 릴레이션을 재구성할 필요성을 줄임

① ㉡, ㉣
② ㉠, ㉢, ㉣
③ ㉡, ㉢, ㉤
④ ㉠, ㉡, ㉢, ㉤
⑤ ㉠, ㉡, ㉢, ㉣, ㉤

21 **다음 중 서비스 거부 공격(DoS)에 대한 설명으로 옳지 않은 것은?**

① 라우터의 필터링 기능과 협정 접속률(CAR) 기능을 이용하여 차단한다.

② 접속 트래픽과 DoS 공격 패킷을 구분해야 하는데 이를 위해 모니터링 툴과 침입 방지 시스템을 적절히 이용한다.

③ 다량의 패킷을 목적지 서버로 전송하거나 서비스 대기 중인 포트에 특정 메시지를 대량으로 전송하여 서비스를 불가능하게 한다.

④ 로컬 호스트의 프로세서를 과도하게 사용함으로서 서비스에 장애를 준다.

⑤ 공격의 목적은 네트워크 기능을 마비시키는 것이다.

22 **후위(Postfix) 형식으로 표기된 다음 수식을 스택(Stack)으로 처리하는 경우 스택의 탑(TOP) 원소의 값을 바르게 나열한 것은?[단, 연산자(Operator)는 한 자리의 숫자로 구성되는 두 개의 피연산자(Operand)를 필요로 하는 이진(Binary) 연산자이다]**

4 5 + 2 3 * −

① 4, 5, 2, 3, 6, −1, 3

② 4, 5, 9, 2, 3, 6, −3

③ 4, 5, 9, 2, 18, 3, 16

④ 4, 5, 9, 2, 3, 6, 3

⑤ 4, 5, 9, 2, 3, −6, −3

23 **다음 중 암호화 알고리즘과 이에 대한 설명으로 옳지 않은 것은?**

① 암호화 : 평문을 암호문으로 변환하는 과정
② 복호화 : 암호문을 평문으로 변환하는 과정
③ 암호문 : 해독 가능한 형태의 메시지
④ 양방향 암호화 : 암호화된 암호문을 복호화할 수 있는 기법
⑤ 단방향 암호화 : 해싱(Hashing)을 이용한 암호화 방식으로 양방향과는 다른 개념이며, 평문을 암호문으로 암호화는 가능하지만 암호문을 평문으로 복호화하는 것은 불가능한 기법

24 **다음 중 대규모로 저장된 데이터 안에서 체계적이고 자동적으로 통계적 규칙이나 패턴을 찾아내는 것을 의미하는 용어는?**

① 데이터 마이닝
② 웹 마이닝
③ 오피니언 마이닝
④ 소셜 마이닝
⑤ 현실 마이닝

25 **다음 소프트웨어 재사용에 대한 설명 중 옳은 것을 모두 고르면?**

• 소프트웨어 재사용 원칙 ㉠ 특정 응용 분야가 아닌 일반적으로 활용할 수 있어야 한다. ㉡ OS 또는 DBMS에서 운영되어야 한다. ㉢ 가능한 한 실행 하드웨어 기종과 무관해야 한다. • 실무에서의 소프트웨어 재사용 구형의 문제점 ㉣ 재사용을 위한 소프트웨어 부품은 관리 및 지원이 부족하다. ㉤ 공통으로 사용할 수 있는 소프트웨어 모듈이 적다.

① ㉠, ㉣, ㉤
② ㉠, ㉡, ㉢, ㉤
③ ㉠, ㉢, ㉣, ㉤
④ ㉡, ㉢, ㉣
⑤ ㉡, ㉢, ㉣, ㉤

5권

NH농협은행 6급 필기전형 정답 및 해설

NH농협은행 6급 필기전형

제1회 모의고사 정답 및 해설

제 1 영역 직무능력평가

01	02	03	04	05	06	07	08	09	10	11	12	13	14	15	16	17	18	19	20
②	⑤	③	④	②	③	⑤	②	②	③	①	②	④	④	②	④	③	①	⑤	①
21	22	23	24	25	26	27	28	29	30	31	32	33	34	35	36	37	38	39	40
⑤	⑤	⑤	②	④	④	②	③	⑤	⑤	②	④	⑤	①	②	②	③	③	①	①
41	42	43	44	45															
⑤	③	③	②	①															

01

정답 ②

제시문은 인공 신경망에 대해 설명하는 글이므로 이를 읽고 가질 수 있는 질문은 '앞으로 인공 신경망을 활용할 수 있는 분야가 무엇일까?'이다.

오답분석

① 퍼셉트론이 0 아니면 1의 출력값을 도출하는 방식은 이미 제시되어 있다.
③ 기본 단위는 퍼셉트론으로 이미 제시되어 있다.
④ 인공 신경망이 사과를 구분하기 위해 학습을 하는 과정에서 사과 사진과 사과의 색깔 및 형태 등에 대한 학습 데이터가 필요하였다고 제시되어 있다.
⑤ 퍼셉트론을 층으로 배치하여 복잡한 판단을 내릴 수 있다고 제시되어 있다.

02

정답 ⑤

세 번째 문단에 따르면 타인으로부터 특정 블록이 완성되어 전파된 경우, 채굴 중이었던 특정 블록을 포기하고 타인의 블록을 채택한 후 다음 순서의 블록을 채굴하는 것이 가장 합리적이다.

오답분석

① 마지막 문단에 따르면 선거를 하듯 노드 투표를 통해 과반수의 지지를 받은 블록체인이 살아남아 승자가 되는 방식으로 블록체인 네트워크 참여자들은 장부의 일치성을 유지시켜 나간다.
② 두 번째 문단에 따르면 특정 숫자 값을 산출하는 행위를 채굴이라 하고 이 숫자 값을 가장 먼저 찾아내서 전파한 노드 참가자에게 비트코인과 같은 보상이 주어진다.
③ 마지막 문단에 따르면 네트워크에 분산해 장부에 기록하고 참가자가 그 장부를 공동관리하는 분산원장 방식이 중앙집중형 거래 기록보관 방식보다 보안성이 높다.
④ 마지막 문단에 따르면 블록체인의 일치성은 이처럼 개별 참여자가 자기의 이익을 최대로 얻기 위해 더 긴 블록체인으로 갈아타게 되면서 유지되는 것이다.

03

정답 ③

제9조 제1항에 따르면, 자율준수관리자는 경쟁법규 위반 가능성이 높은 분야의 임직원을 대상으로 반기당 2시간 이상의 교육을 실시하여야 한다. 따라서 반기당 4시간의 교육을 실시하는 것은 세칙에 부합한다.

오답분석

① 제6조 제2항에 따르면, 임직원은 담당 업무 수행 중 경쟁법규 위반사항 발견 시 지체 없이 이를 자율준수관리자에게 보고하여야 한다.
② 제7조 제1항에 따르면, 자율준수관리자는 경쟁법규 자율준수를 위한 매뉴얼인 자율준수편람을 제작 및 배포하여야 하는 의무를 지닌다.
④ 제10조 제2항과 제3항에 따르면, 자율준수관리자는 경쟁법규 위반을 행한 임직원에 대하여 관련 규정 교육이수의무를 부과할 수 있으나, 직접 징계를 할 수는 없고, 징계 등의 조치를 요구할 수 있다.
⑤ 제11조 제3항에 따르면, 자율준수이행 관련 자료를 작성하여 5년간 보관하여야 하는 자는 자율준수관리자가 아니라 자율준수담당자이다.

04

정답 ④

제시문은 우리 몸의 면역 시스템에서 중요한 역할을 하는 킬러 T세포가 있음을 알려주고, 이것의 역할과 작용 과정을 차례로 설명하며 마지막으로 킬러 T세포의 의의에 대해 이야기하는 글이다. 따라서 (라) 우리 몸의 면역 시스템에 중요한 역할을 하는 킬러 T세포 – (가) 킬러 T세포의 역할 – (마) 킬러 T세포가 작용하기 위해 거치는 단계 – (다) 킬러 T세포의 작용 과정 – (나) 킬러 T세포의 의의 순으로 나열하는 것이 적절하다.

05

정답 ②

(나) 문단에서는 주택청약종합저축에 가입된 사람도 가입요건을 충족하면 청년 우대형 청약통장으로 전환하여 가입할 수 있음을 설명하고 있다. 따라서 (나) 문단의 핵심 화제로 가장 적절한 것은 '기존 주택청약종합저축 가입자의 청년 우대형 청약통장 가입 가능 여부'이다.

06

정답 ③

ㄱ. 스위스 지방자치단체들 간의 사회적·경제적 격차는 그다지 심하지 않고 완벽에 가까운 사회보장제도가 시행되고 있다고 하였으므로 제시문을 통해 추론할 수 있는 내용이다.
ㄹ. 스위스는 만장일치 혹은 압도적 다수를 의사결정 방식으로 채택하고 있는데 이러한 제도는 타협이 이루어질 때까지 많은 시간이 소요되어 시급한 문제의 처리가 어렵다고 하였으므로 제시문을 통해 추론할 수 있는 내용이다.

오답분석

ㄴ. 직접민주주의 제도를 통해 연방정부 또는 연방의회가 이미 인준한 헌법이나 법률조항을 거부하기도 한다고 하였으므로 적절하지 않은 내용이다.
ㄷ. 연방정부를 구성하는 7인의 연방장관이 모든 안건을 만장일치 혹은 압도적 다수로 결정하기 때문에 국가수반이나 행정부의 수반이 없는 것과 다름없다고 하였으므로 적절하지 않은 내용이다.

07

정답 ⑤

설문지의 경우, 조사대상자의 의견을 작성해야 하는 문항 외에 공란을 두고 직접 쓰도록 하는 것은 정확한 정보를 얻는 데 효과적이지 않다. 오히려 조사대상자로부터 정확한 정보를 얻을 수 있도록 최대한 많은 선택지를 제공하는 것이 좋다. 따라서 많은 선택지를 넣는 것보다 공란을 만들 것을 제안하는 부서장의 피드백은 적절하지 않다.

오답분석

① 04번 질문의 경우, 누구와의 거래기간을 묻는지 정확하게 알 수 없다.
② 02번 질문의 경우, 은행 이용 실태 조사와 무관한 질문을 하고 있다.
③ 모든 질문이 정중한 표현을 사용하지 않고 있다.
④ 설문지에 목적이 제시되어 있지 않다.

08

정답 ②

제시문은 사람들의 인식을 넓히고, 새로운 시각과 아이디어를 주는 등 현대미술의 역할에 대해 서술하고 있다.

09

정답 ②

빈칸 앞 문장은 빈칸 뒷 문장에서 일반인이 현대미술을 예술가만의 미술로 치부하는 이유이다. 따라서 서로 인과관계에 있으므로 빈칸에 들어갈 접속어로 가장 적절한 것은 '그래서'이다.

10

정답 ③

속력 6km/h로 뛰어간 거리를 $x$km라 하면, 속력 3km/h로 걸어간 거리는 $(10-x)$가 된다. 시간에 대한 방정식을 세우면 다음과 같다.

$$\frac{x}{6}+\frac{10-x}{3}=2$$

$\rightarrow x+2(10-x)=12$

$\therefore x=8$

따라서 N대리가 속력 6km/h로 뛰어간 거리는 8km이다.

11

정답 ①

12장의 카드 중 3장의 카드를 고를 때, 3장 모두 3글자가 적힌 카드를 고르는 경우의 수는 다음과 같다.

- 12장의 카드 중 3장을 고르는 경우의 수 : ${}_{12}C_3=220$가지
- 7장의 카드 중 3장을 고르는 경우의 수 : ${}_{7}C_3=35$가지

따라서 구하고자 하는 확률은 $\frac{35}{220}=\frac{7}{44}$이다.

12

정답 ②

매년 말에 일정 금액(x억 원)을 n년 동안 일정한 이자율(r)로 은행에 적립하였을 때 금액의 합(S)은 다음과 같다.

$$S=\frac{x\{(1+r)^{n+1}-1\}}{r}$$

연 이자율(r)은 10%이고, 복리 적금 금액의 합(S)은 1억 원이므로 다음과 같은 식이 성립한다.

$$1=\frac{x(1.1^{20}-1)}{0.1} \rightarrow x=\frac{1\times0.1}{5.7}=\frac{1}{57}\fallingdotseq0.01754\text{억 원}$$

따라서 만의 자리 미만은 버린다고 하였으므로 매년 말에 적립해야 하는 금액은 175만 원이다.

13

정답 ④

고객 K가 만기 시 수령하는 이자액을 계산하면 다음과 같다.

$$150,000\times\frac{36\times37}{2}\times\frac{0.02}{12}=166,500\text{원}$$

또한 가입 기간 동안 납입한 적립 원금은 $150,000\times36=5,400,000$원이다.

따라서 은행원 A가 고객 K에게 안내할 만기 시 원리금은 $5,400,000+166,500=5,566,500$원이다.

14

정답 ④

- A사원 : 9월에 비해 10월에 엔/달러 환율이 1.2만큼 상승했다.
- D사원 : 8월에 비해 9월에 엔/달러 환율이 하락했기 때문에 미국 여행을 떠난 일본 여행객들에게 유리하게 작용한다.
- E사원 : 원/달러 환율과 위안/달러 환율을 비교하여 원화와 위안화의 가치를 비교할 수 있다. 6월과 7월의 위안/달러 환율은 6.2로 동일하고, 원/달러 환율은 6월에 비해 7월에 상승했으므로 원화가 위안화에 비해 그 가치가 떨어졌다고 할 수 있다. 따라서 한국에서 중국으로 송금할 경우 6월보다 7월에 경제적 부담이 더 크게 된다.

오답분석

- B사원 : 10월에 원/달러의 환율은 전월 대비 하락했다.
- C사원 : 원/달러의 환율이 상승하면 한국 제품의 가격 경쟁력이 상승하므로 수출에 유리하게 작용한다. 8월에 원/달러 환율은 상승하고, 엔/달러 환율은 하락했기 때문에 한국의 수출 환경이 나아졌다고 할 수 있다.

15

정답 ②

A대리와 E대리의 진술이 서로 모순이므로, 2명 중 1명은 거짓을 말하고 있다.

i) A대리의 진술이 거짓인 경우

A대리의 말이 거짓이라면 B사원의 말도 거짓이 되고, D사원의 말도 거짓이 되므로 모순이다.

ii) A대리의 진술이 진실인 경우

A대리, B사원, D사원의 말이 진실이 되고, C사원과 E대리의 말이 거짓이 된다.

〈진실〉

- A대리 : A대리・E대리 출근, 결근 사유 모름
- B사원 : C사원 출근, A대리 진술은 진실
- D사원 : B사원 진술은 진실

〈거짓〉

- C사원 : D사원 결근 거짓 → D사원 출근
- E대리 : D사원 결근, D사원이 A대리한테 결근 사유 전함 거짓 → D사원 출근, A대리는 결근 사유 듣지 못함

따라서 출근하지 않은 사람은 B사원이다.

16

정답 ④

'지구 온난화 해소'를 A, '탄소 배출을 줄인다.'를 B, '기후 위기가 발생한다.'를 C라고 하면, 첫 번째 명제는 A → B, 두 번째 명제는 ~A → C이다. 두 번째 명제의 대우는 ~C → A이므로 ~C → A → B가 성립한다. 따라서 빈칸에 들어갈 명제는 ~C → B인 '기후 위기가 발생하지 않으려면 탄소 배출을 줄여야 한다.'이다.

17

정답 ③

㉡ 여름방학 때 봉사활동을 하고자 하는 학생의 50% 이상이 1학년인 것은 맞으나, 아르바이트를 하고자 하는 학생의 37.5%만이 1학년이다. 따라서 옳지 않은 내용이다.

㉢ 1학년과 2학년은 '봉사 – 외국어 학습 – 음악・미술 – 기타 – 주식투자'의 순서로 관심을 보였으나, 3학년은 '외국어 학습 – 봉사 – 음악・미술 – 주식투자 – 기타', 4학년은 '외국어 학습 – 주식투자 – 음악・미술 – 봉사 – 기타'의 순서이므로 옳지 않은 내용이다.

18

정답 ①

㉠ 해외연수 경험이 있는 지원자의 합격률은 $\frac{95}{95+400+5}\times100=\frac{95}{500}\times100=19\%$로, 해외연수 경험이 없는 지원자의 합격률인 $\frac{25+15}{25+80+15+130}\times100=\frac{40}{250}\times100=16\%$보다 높다.

㉡ 인턴 경험이 있는 지원자의 합격률은 $\frac{95+25}{95+400+25+80}\times100=\frac{120}{600}\times100=20\%$로, 인턴 경험이 없는 지원자의 합격률인 $\frac{15}{5+15+130}\times100=\frac{15}{150}\times100=10\%$보다 높다.

오답분석

㉢ 인턴 경험과 해외연수 경험이 모두 있는 지원자 합격률(19.2%)은 인턴 경험만 있는 지원자 합격률(23.8%)보다 낮다.

㉣ 인턴 경험과 해외연수 경험이 모두 없는 지원자와 인턴 경험만 있는 지원자 간 합격률 차이는 23.8−10.3=13.5%p이다.

19

정답 ⑤

건강식품과 기타식품의 건수 합은 2,113+1,692=3,805천 건이며, 일반·간이 신고 전체 건수의 절반은 8,942÷2=4,471천 건으로 건강식품과 기타식품 건수 합보다 많다.

오답분석

㉠ 50달러 초과 100달러 이하의 수입통관 건수의 비중은 $\frac{5,764}{15,530}\times100 \fallingdotseq 37.1\%$로 가장 크다.

㉡ 1회당 구매금액이 200달러 초과인 수입통관 총건수는 400+52=452천 건이고, 200달러 이하인 수입통관 총건수는 15,530−452=15,078천 건이다. 따라서 200달러 이하인 총건수가 452×30=13,560천 건보다 많다.

㉢ 전체 수입통관 건수 대비 의류 수입통관 건수의 비중은 $\frac{2,962}{15,530}\times100 \fallingdotseq 19.1\%$로 가장 크다.

㉣ 핸드백, 가전제품, 시계 품목의 수입통관 건수의 합은 전체 수입통관 건수의 $\frac{1,264+353+327}{15,530}\times100=\frac{1,944}{15,530}\times100 \fallingdotseq 12.5\%$를 차지한다.

20

정답 ①

3차년도의 이자비용(A)은 2차년도의 사채장부가액(E)의 10%이므로 930백만 원이 되며 이자비용(A)과 액면이자(B, 600백만 원)의 차이가 상각액(C)이 되므로 상각액(C)은 330백만 원이 된다. 이 상각액(C)을 2차년도의 사채장부가액(E)에 더해주면 3차년도의 사채장부가액(E)이 되며, 그 값은 96억 3천만 원이 되어 96억 원을 넘어선다. 따라서 옳지 않은 내용이다.

오답분석

②·③ 사채장부가액은 매년 증가할 수밖에 없는 구조이므로 전년도의 사채장부가액의 10%인 이자비용 역시 매년 증가하게 된다. 또한, 상각액에서 액면이자 6억 원은 매년 일정하므로 상각액도 매년 증가하게 된다.

④ 산식의 구조상 1차년도에 3,000백만 원으로 주어진 미상각잔액은 매년 상각을 거치면서 감소하게 되므로 옳은 내용이다.

⑤ '(당해 연도 사채장부가액)=(전년도 사채장부가액)+(당해 연도 상각액)'이므로 이를 변형하면 '(당해 연도 사채장부가액)−(전년도 사채장부가액)=(당해 연도 상각액)'이 된다. 따라서 옳은 내용이다.

21

정답 ⑤

해외출장 일정을 고려해 이동수단별 비용(경제성)을 구하면 다음과 같다.

- 렌터카 : (50+10)×3=$180 → 중
- 택시 : 1×(100+50+50)=$200 → 하
- 대중교통 : 40×4=$160 → 상

두 번째 조건에 따라 이동수단별 평가표를 점수로 환산한 후 최종점수를 구하면 다음과 같다.

이동수단	경제성	용이성	안전성	최종점수
렌터카	2	3	2	7
택시	1	2	4	7
대중교통	3	1	4	8

따라서 해외영업팀이 선택하게 될 이동수단은 대중교통이고, 비용은 $160이다.

22

정답 ⑤

- A고객 : 만 62세이므로 (가)보험이나 (나)보험에 가입이 가능하다. 두 상품 모두 A고객이 선호하는 월납 방식 선택이 가능하며, 암 보장형 상품에 해당한다. 하지만 (가)보험은 이미 납입한 보험료에 대해 80%까지만 환급이 가능하므로 A고객의 요구조건을 충족하지 못한다. 따라서 (나)보험 가입이 적절하다.
- B고객 : 단발성 납입을 선호하므로 월납 등 정기적인 납부방식이 적용된 (가)·(나)보험보다 (다)보험이 적합하다. 또한 필요기간만 가입하는 것을 선호하므로 보험기간이 1년, 3년으로 타 상품에 비해 상대적으로 단기인 (다)보험을 추천하는 것이 적절하다.

23

정답 ⑤

먼저 모든 면접위원의 입사 후 경력은 3년 이상이어야 한다는 조건에 따라 A, E, F, H, I, L직원은 면접위원으로 선정될 수 없다.
이사 이상의 직급으로 6명 중 50% 이상 구성되어야 하므로 자격이 있는 C, G, N은 반드시 면접위원으로 포함한다.
다음으로 인사팀을 제외한 부서는 2명 이상 선출될 수 없으므로, 고객지원팀과 개발팀(M과장)은 더 선출할 수 없고, 인사팀은 반드시 2명을 포함해야 하므로 D과장은 반드시 선출된다. 이를 정리하면 다음과 같다.

구분	1	2	3	4	5	6
경우 1	C이사	D과장	G이사	N이사	B과장	J과장
경우 2	C이사	D과장	G이사	N이사	B과장	K대리
경우 3	C이사	D과장	G이사	N이사	J과장	K대리

따라서 B과장이 면접위원으로 선출됐더라도 K대리가 선출되지 않는 경우도 있다.

24

정답 ②

오답분석

ㄴ. 순직군경에 해당하는 내용이다.
ㄹ. 전상군경에 해당하는 내용이다.

25

정답 ④

'등록대상 유가족 및 가족 요건'의 배우자를 보면 배우자 및 사실상의 배우자가 독립유공자와 혼인 또는 사실혼 후 당해 독립유공자 외의 자와 사실혼 중에 있거나 있었던 경우는 제외되므로, 이혼한 경우는 유족으로서 인정받을 수 없다.

오답분석

① '등록대상 유가족 및 가족 요건'의 부모를 보면 부모 중 국가유공자를 주로 부양 또는 양육한 자가 우선한다고 되어 있다.
② 친사녀는 특별한 소건이 없이 2순위에 해당한다.
③ '등록대상 유가족 및 가족 요건'의 자녀를 보면 직계비속이 없어 입양한 자 1인에 한하여 자녀로 본다고 되어 있다.
⑤ '등록대상 유가족 및 가족 요건'의 배우자를 보면 사실상의 배우자, 즉 사실혼 관계의 배우자를 포함한다고 되어 있다.

26

정답 ④

E의 아버지는 경찰공무원으로 전투 중 사망하셨기에 전몰군경에 해당한다. 그러므로 국가유공자 및 유가족 등록을 위해 제출해야 하는 서류는 다음과 같다.

- 고인의 유공자 등록신청서 1부
- 고인의 병적증명서나 전역증(군인이 아닌 경우 경력증명서) 1부
- 고인의 제적등본(사망일자 확인) 1통
- 신청인의 유족 등록신청서 1부
- 신청인의 가족관계기록사항에 관한 증명서 1통
- 신청인의 반명함판 사진 1매
- 요건관련확인서 발급신청서 1부
- 사망입증서류 1부

따라서 혼인관계증명서는 배우자인 경우에만 제출하면 되므로, E가 제출할 필요가 없는 서류이다.

27

정답 ②

(가) : 순수보장형 1년 납입보험료가 22만 원이므로 3년 납입보험료 누계액은 $22\times3=66$만 원이다.

(나) : (해지환급금)=(납입보험료 누계액)$\times\frac{(\text{환급률})}{100}$이므로, 순수보장형 보험에 가입하여 20년 후에 해지할 시 해지환급금은 $220\times0.15=33$만 원이다.

(다) : (환급률)=$\frac{(\text{해지환급금})}{(\text{납입보험료 누계액})}\times100$이므로, 환급형 보험으로 가입하여 20년 후에 해지할 시 환급률은 $\frac{1,140}{1,200}\times100=95\%$이다.

따라서 각 빈칸에 들어갈 수치는 (가) 66, (나) 33, (다) 95이다.

28

정답 ③

보증비율이 85%일 때 기준금리가 가장 높은 은행은 B은행(1.98%)이다.

오답분석

① 가산금리의 평균금리가 가장 높은 은행은 E은행(2.3%)이다.
② F은행은 보증비율이 90%일 때 가산금리가 가장 낮다.
④ B・C・D・E은행은 보증비율이 높을수록 대출금리가 낮지만, A은행과 F은행은 그렇지 않다.
⑤ 보증비율이 80% 미만일 때, 가산금리가 가장 낮은 은행은 F은행(1.92%)이다.

29

정답 ⑤

미국의 점수 총합은 $5.0+1.9+4.2+4.3=15.4$점으로 프랑스의 총점 $3.4+2.8+5.0+3.7=14.9$점보다 높다.

오답분석

① 기술력 분야에서 점수가 가장 높은 국가는 프랑스이다.
② 시장지배력 분야의 점수는 일본이 1.7점으로 3.4점인 프랑스보다 낮다.
③ 브랜드파워 분야에서 각국 점수 중 최댓값과 최솟값의 차이는 $4.3-1.1=3.2$점이다.
④ 성장성 분야에서 점수가 가장 높은 국가는 한국이고, 시장지배력 분야에서 점수가 가장 높은 국가는 미국이다.

30

정답 ⑤

최대 10일을 유급으로 사용할 수 있기 때문에 모두 사용하여도 통상임금에 변화는 없다.

오답분석

① 다태아가 아니면 최대 90일 중 출산 이후 45일 이상의 기간이 보장되어야 하기 때문에 50일 전에 신청할 수 없다.
② 같은 자녀에 대해 부부 동시 육아휴직이 가능하다.
③ 가족 돌봄 휴직에서 자녀 양육 사유 중 손자녀가 해당되므로 신청할 수 있다.
④ 하루 1시간만 통상임금이고, 그 외의 시간은 80%를 받는다. 하루 최대 5시간씩 주 25시간 가능하므로 100%를 받는 시간은 5시간, 80%를 받는 시간은 20시간이다. 따라서 최대 $5\times10,000+20\times8,000=210,000$원을 지원받을 수 있다.

31

정답 ②

㉠ : 남편의 출산 전후 휴가는 최대 10일까지 사용할 수 있다.
㉡ : 육아기 근로시간 단축은 육아휴직을 포함하여 최대 2년까지 가능하므로 총 22개월을 신청할 수 있다.
㉢ : 남편은 출산한 날로부터 90일 이내에 청구해야 하므로 63일을 이내에 청구해야 한다.
㉣ : 출산 전후 휴가 중 통상임금의 100%가 지급되기 때문에 100만 원을 받을 수 있다.

따라서 빈칸 ㉠~㉣에 들어갈 수의 총합은 $10+22+63+100=195$이다.

32

정답 ④

첫 번째 조건에 따라 재무팀은 5층 C에 배치되어 있다. 일곱 번째 조건에 따라 인사팀과 노무복지팀의 위치를 각각 6층의 A와 C, 6층의 B와 D, 5층의 B와 D의 경우로 나누어 생각해 볼 수 있다. 이때 인사팀과 노무복지팀의 위치가 6층의 A와 C, 6층의 B와 D일 경우 나머지 조건들을 고려하면 감사팀은 총무팀 바로 왼쪽에 배치되어 있어야 된다는 여섯 번째 조건에 모순된다.

그러므로 인사팀과 노무복지팀의 위치는 5층의 B와 D이고, 이를 토대로 나머지 조건들을 고려하면 다음의 배치도를 얻을 수 있다.

〈5층 사무실 배치도〉

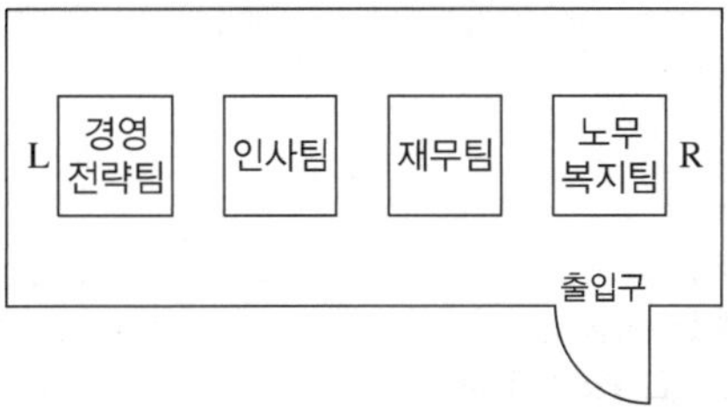

〈6층 사무실 배치도〉

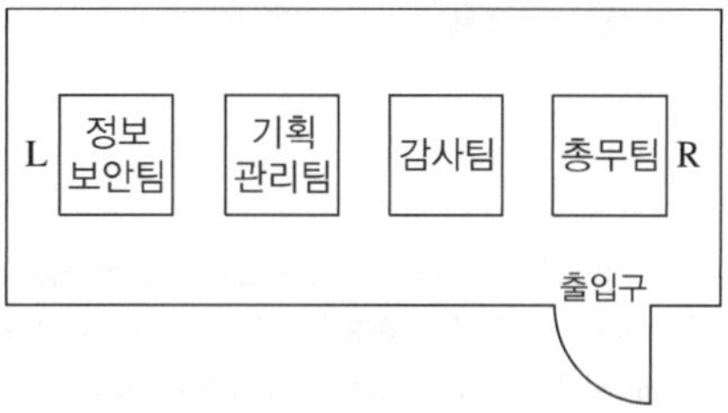

따라서 감사팀 위치는 6층의 C이다.

33

정답 ⑤

조건의 명제들을 논리 기호화하면 다음과 같다.

- 첫 번째 명제 : (~연차 ∨ 출퇴근) → 주택
- 두 번째 명제 : 동호회 → 연차
- 세 번째 명제 : ~출퇴근 → 동호회
- 네 번째 명제 : (출퇴근 ∨ ~연차) → ~동호회

먼저 두 번째 명제의 경우, 동호회행사비 지원을 도입할 때에만이라는 한정 조건이 있으므로 역(연차 → 동호회) 또한 참이다. 만약 동호회행사비를 지원하지 않는다고 가정하면, 두 번째 명제의 역의 대우(~동호회 → ~연차)와 세 번째 명제의 대우(~동호회 → 출퇴근)에 따라 첫 번째 명제가 참이 되므로, 출퇴근교통비 지원과 주택마련자금 지원을 도입하게 된다. 그러나 다섯 번째 조건에 따라 주택마련자금 지원을 도입한다면 다른 복지제도를 도입할 수 없으므로 모순이 된다. 따라서 동호회행사비를 지원하는 것이 참인 것을 알 수 있다.

동호회행사비를 지원한다면, 네 번째 명제의 대우[동호회 → (~출퇴근 ∧ 연차)]에 따라 출퇴근교통비 지원은 도입되지 않고, 연차 추가제공은 도입된다. 그리고 다섯 번째 명제의 대우에 따라 주택마련자금 지원은 도입되지 않는다. 따라서 N기업이 도입할 복지제도는 동호회행사비 지원과 연차 추가제공 2개이다.

34

정답 ①

어떤 남자는 경제학을 좋아하고, 경제학을 좋아하는 남자는 국문학을 좋아하고, 국문학을 좋아하는 남자는 영문학을 좋아한다. 따라서 어떤 남자는 영문학을 좋아한다.

35

정답 ②

C사원과 E사원의 근무 연수를 정확히 알 수 없으므로 근무 연수가 높은 순서대로 나열하면 B－A－C－E－D 또는 B－A－E－C－D가 된다. 따라서 근무 연수가 가장 높은 B사원의 경우 제시된 조건에 따라 최대 근무 연수인 4년 차에 해당한다.

36

정답 ②

하루에 6명 이상 근무해야 하므로 하루에 2명까지만 휴가를 쓸 수 있다. 따라서 A사원이 4일 이상 휴가를 쓰면서 최대 휴가 인원인 2명을 유지할 수 있는 기간은 6 ~ 11일만 가능하다.

오답분석

① A사원은 4일 이상 휴가를 사용해야 하므로 6 ~ 11일 중 토·일요일을 제외하고 3일만 사용한 7 ~ 11일은 불가능하다.

37

정답 ③

오답분석

- A지원자 : 9월에 복학 예정이기 때문에 인턴 기간이 연장될 경우 근무할 수 없으므로 부적합하다.
- B지원자 : 경력 사항이 없으므로 부적합하다.
- D지원자 : 근무시간(9 ~ 18시) 이후에 업무가 불가능하므로 부적합하다.
- E지원자 : 포토샵을 활용할 수 없으므로 부적합하다.

38

정답 ③

오답분석

① 5일에 N은행 단합대회로 사내행사가 있으므로 홍보행사를 진행할 수 없다.
② 9일부터 10일까지 가래떡 데이 홍보행사가 있으므로 홍보행사를 진행할 수 없다.
④ 21일에 1인 가구 대상 소포장 농산물 홍보행사가 있으므로 홍보행사를 진행할 수 없다.
⑤ 명절선물세트 홍보는 설 연휴 이전에 마쳐야 하므로 홍보일로 불가능하다.

39

정답 ①

다른 직원들과 연차가 겹치지 않고, 행사도 없으므로 가능한 날짜이다.

오답분석

② 가래떡 데이 홍보행사가 있으므로 연차를 쓸 수 없다.
③ 명절선물세트 홍보행사가 있으므로 연차를 쓸 수 없다.
④・⑤ 명절 연휴를 포함하는 주 이전에 연차를 사용해야 하므로 연차를 쓸 수 없다.

40

정답 ①

- B씨 가족이 주간권을 구매할 경우의 할인금액
  $(54,000\times0.4)+\{(54,000+46,000+43,000)\times0.1\}=35,900$원
- B씨 가족이 야간권을 구매할 경우의 할인금액
  $(45,000\times0.4)+\{(45,000+39,000+36,000)\times0.1\}=30,000$원

따라서 할인금액의 차이는 $35,900-30,000=5,900$원이다.

41

정답 ⑤

6건 가입한 사례 수를 비교할 때, 서비스 종사자 가입 건수는 $259\times0.041\fallingdotseq10.6$건, 기능원 및 관련 종사자 가입 건수는 $124\times0.062\fallingdotseq7.7$건으로 기능원 및 관련 종사자 가입 건수가 더 적다.

오답분석

① 직업별로 5건 가입한 사례 수를 비교했을 때, 사무 종사자 가입 건수는 $410\times0.189\fallingdotseq77.5$건으로 가장 많다.
② 3건 가입한 사례 수를 구하면 판매 종사자 가입 건수는 $443\times0.145\fallingdotseq64.2$건, 서비스 종사자 가입 건수는 $259\times0.205\fallingdotseq53$건이다.
③ 2건 가입한 비율을 볼 때, 전문가 및 관련종사자는 20.1%, 단순 노무 종사자는 33.8%로 다른 가입 건수보다 비율이 높음을 알 수 있다.
④ 기계조작 및 조립 종사자의 평균 건수는 3.7건이고, 단순 노무 종사자의 평균 건수는 2.8건이므로 기계조작 및 조립 종사자의 평균 건수가 단순 노무 종사자의 평균 건수보다 많음을 알 수 있다.

42

정답 ③

ㄱ. 근로자가 총 100명이고 전체에게 지급된 임금의 총액이 2억 원이므로, 근로자 1명당 평균 월 급여액은 $\frac{2억\ 원}{100명}$=200만 원이다.

ㄴ. 월 210만 원 이상 급여를 받는 근로자 수는 26+22+8+4=60명이다. 따라서 총 100명의 절반인 50명보다 많으므로 옳은 설명이다.

오답분석

ㄷ. 월 180만 원 미만의 급여를 받는 근로자 수는 6+4=10명이다. 따라서 전체 근로자 중 $\frac{10}{100}$×100=10%의 비율을 차지하고 있으므로 옳지 않은 설명이다.

43

정답 ③

• main()에서 f라는 배열 생성

f[0]	f[1]	f[2]	f[3]
1	2	3	4

C언어 첨자는 0부터 시작

• h(f, 4, 2) 함수 호출

(double *f, int d, double x)
f 4 2를 의미

• I는 d가 4이므로 3부터 0까지 1씩 감소(3, 2, 1, 0 반복문 4번 수행)

res=res * x+f[i]

i=3 4=0 * 2+f[3]
4

i=2 11=4 * 2+f[2]
3

i=1 24=11 * 2+f[1]
2

i=0 49=24 * 2+f[0]
1

따라서 출력형식이 3.1f이므로 49.0이 출력된다.

44

정답 ②

MOD 함수는 어떤 숫자를 특정 숫자로 나누었을 때 나오는 나머지를 알려주는 함수로, 짝수 혹은 홀수를 구분할 때도 사용할 수 있는 함수이다.

오답분석

① SUMIF 함수 : 조건에 맞는 셀의 값들의 합을 알려주는 함수이다.
③ INT 함수 : 실수의 소수점 이하를 제거하고 정수로 변경할 때 사용하는 함수이다.
④ NOW 함수 : 현재의 날짜와 시간을 알려주는 함수이며, 인수는 필요로 하지 않는다.
⑤ VLOOKUP 함수 : 특정 범위의 첫 번째 열에 입력된 값을 이용하여 다른 열에 있는 값을 찾을 때 사용하는 함수이다.

45

정답 ①

x>50은 참이고, y<100도 참이므로 and 연산자는 두 조건이 모두 참일 때만 참이다.
따라서 전체 조건이 참이 되어 “조건이 참이다.”가 출력된다.

제2영역 직무상식평가

공통

01	02	03	04	05	06	07	08	09	10
②	①	⑤	③	⑤	④	④	⑤	③	⑤

01 정답 ②

엣지 컴퓨팅은 분산 컴퓨팅 모델에 적합하다.

오답분석

① 클라우드 환경의 일부로 보기 때문에 클라우드렛, 중앙이 아닌 주변에서 처리되기 때문에 포그 컴퓨팅이라고도 불린다.
③·⑤ 데이터를 중앙으로 보내지 않고, 데이터가 생긴 곳 또는 근거리에서 처리하기 때문에 데이터 처리 시간이 단축되고, 인터넷 대역폭 사용량이 감소한다.
④ 데이터를 실시간으로 빠르게 대응하는 점 등을 이용하여 자율주행 자동차 등에 사용된다.

02 정답 ①

디도스(DDoS)는 특정 사이트를 마비시키기 위해 여러 대의 컴퓨터가 일제히 공격을 가하는 해킹 수법을 말한다. 특정 컴퓨터의 자료를 삭제하거나 훔치는 것이 목적이 아니라 정당한 신호를 받지 못하도록 방해하는 분산서비스 거부를 말하며, 여러 대의 컴퓨터가 일제히 공격해 대량 접속이 일어나게 함으로써 해당 사이트의 기능이 마비되게 한다.

03 정답 ⑤

오답분석

① RFID(Radio Frequency IDentification) : 극소형 칩에 상품 정보를 저장하고 안테나를 달아 무선으로 데이터를 송신하는 장치를 말한다.
② IDS(Intrusion Detection System) : 단순한 접근 제어 기능을 넘어서서 네트워크나 시스템의 사용을 실시간 모니터링하고, 침입을 탐지하는 보안 제품을 말한다.
③ VPN(Virtual Private Network) : 우리말로 가상사설망이며, 인터넷망과 같은 공중망을 사설망처럼 이용해 회선비용을 크게 절감할 수 있는 기업통신 서비스를 말한다.
④ NFC(Near Field Communication) : 10cm 이내의 가까운 거리에서 다양한 무선 데이터를 주고받는 통신 기술을 말한다.

04 정답 ③

스마트 팩토리(Smart Factory)란 ICT 기술이 융합되어 제품을 생산하고 유통하는 전 과정이 자동으로 이루어지는 공장을 의미한다. 공장 내 모든 설비와 장치가 연결되어 실시간으로 모든 공정을 모니터링하고 분석할 수 있다.

05 정답 ⑤

인트라넷은 인터넷 관련기술과 통신규약을 이용하여 기업체, 연구소 등 조직 내부의 각종 업무를 수행할 수 있도록 한 네트워크 환경이다. 조직의 각종 정보를 표준화하여 서버를 통해 공유함으로써 조직 구성원들 간에는 정보 공유가 용이하고, 외부의 침입은 방지하며, 1994년 미국의 제약회사인 일라이 릴리 앤드 컴퍼니에서 처음으로 활용해 커다란 성과를 거둔 이후로 우리나라의 많은 기업들도 인트라넷을 사용하고 있다.

오답분석

① 광역통신망(WAN) : 국가나 대륙과 같은 넓은 지역에 걸쳐 구축한 컴퓨터 네트워크를 의미한다.
② 근거리통신망(LAN) : 같은 건물이나 단지 등 소규모 공간 내의 소수의 장치들을 서로 연결한 네트워크를 의미한다.
③ 이더넷(Ethernet) : 가장 대표적인 버스 구조 방식의 근거리 통신망(LAN)을 의미한다.
④ 엑스트라넷(Extranet) : 인트라넷이 기업체 등의 한 조직 내에서만 국한된 정보시스템을 의미한다면, 엑스트라넷은 다른 기업체나 고객 등 외부 사용자들에게도 접근이 허용된 시스템을 의미한다.

06 정답 ④

기존에는 수치와 같은 정형화된 데이터를 분석했다면, 빅데이터 기술은 수치뿐 아니라 문자, 영상 등의 비정형화된 데이터 분석까지도 가능하다.

07 정답 ④

로보어드바이저는 투자의 판단근거, 투자자의 궁금점 등에 대한 개별상담이 어렵고, 언어표현 능력이 부족하다는 단점이 있다.

08 정답 ⑤

금융회사로 하여금 내부 통제와 법규 준수를 용이하게 하는 정보기술인 '레그테크(Regtech)'는 저비용으로 규제 수준에 대한 신뢰도를 높이며, 규제 변화에 유연하고 능동적으로 대처할 수 있도록 한다. 주로 데이터 관리, 위험 분석 및 예측 분야를 중심으로 활용되고 있다.

09

정답 ③

애그테크는 농업을 의미하는 'Agriculture'와 기술을 의미하는 'Technology'의 합성어로, 식량 부족 시대의 도래에 대비하기 위해 첨단기술을 활용해 최소 면적에서 최대 생산량을 얻는 것이 목적이다. 애그테크를 적용하면 작물에 최적화되도록 온도, 습도, 일조량, 풍향 등의 환경이 자동으로 조절되고, 작물에 어떤 비료를 언제 줬는지 등의 상세한 정보를 확인해 수확시기를 예측하거나 당도를 끌어올릴 수 있다.

10

정답 ⑤

디파이(De-Fi)는 탈중앙화된 금융시스템을 일컫는 말로, 정부나 기업 등 중앙기관의 통제 없이 인터넷 연결만 가능하면 블록체인 기술을 통해 다양한 금융서비스를 제공하는 것을 의미한다. 중앙의 통제 없이 활용 가능하기 때문에 탈중앙성과 검열저항성이라는 장점이 있고, 블록체인 기술을 활용하기 때문에 모든 거래 기록이 투명하다. 또한 접근성이 높은 편이고, 디파이의 디앱끼리 자유롭게 응용해서 개발 연동 가능하다. 하지만 보안사고 등이 발생했을 때 책임을 질 주체가 없어 문제가 되고 있다.

일반

11	12	13	14	15	16	17	18	19	20
③	⑤	③	③	①	①	②	②	⑤	①
21	22	23	24	25					
⑤	③	⑤	②	①					

11

정답 ③

금융감독원의 감독체계는 사전감독을 원칙으로 한다. 이를 통해 소비자들에게 제공되는 금융상품 또는 서비스 등의 위험을 최소화하고, 신뢰할 수 있는 상품 및 서비스를 제공할 수 있게 한다.

12

정답 ⑤

ㄷ. 정부가 인센티브를 제공하여 쌀 생산량 감소를 유도하면 쌀 농부(생산자)는 쌀 가격 상승과 인센티브까지 포함하여 잉여가 증가하는 반면, 정부는 제공하는 인센티브, 소비자는 쌀 가격 상승에 따른 잉여 감소로 결과적으로 사회적 후생은 감소하게 된다.

ㄹ. 정부가 쌀을 매입함으로써 가격이 방어되어 생산자 입장에서는 쌀 생산량을 늘리는 요인이 된다.

오답분석

ㄱ. 쌀 가격이 하락할 것으로 예상될 때, 시장 균형가격보다 높은 가격으로 정부가 매입하여 가격을 방어할 수 있나.

ㄴ. 쌀 가격 상승에 따라 쌀 소비를 줄이는 요인이 된다.

13

정답 ③

빅맥지수를 활용한 구매력 평가환율은 $6,600 \div 4.9 \fallingdotseq 1,346.93$원/달러이다. 구매력 평가환율 대비 원화가치가 20% 저평가되어 있으므로, 실제 명목환율은 $1,346.93 \times 1.2 \fallingdotseq 1,616.31$원/달러이다.

14

정답 ③

국제 금융시장은 단기 금융시장, 장기 금융시장, 파생금융상품시장, 외환시장으로 분류하며 블록체인 시장은 해당되지 않는다.

오답분석

① 단기 금융시장 : 만기가 1년 이내인 금융상품이 거래되는 시장으로, 주로 일시적인 자금조달이 이루어진다.

② 장기 금융시장 : 만기 1년 이상의 채권 또는 주식 등이 거래되는 시장으로, 장기적인 자금조달이 이루어진다.

④ 파생금융상품시장 : 통화, 채권, 주식 등 금융상품을 기초자산으로 하여 해당 자산의 가격변동을 상품화하여 거래가 이루어진다.

⑤ 외한시장 : 이종통화 간 매매 또는 금융상품 매매에 따른 외환 거래 등이 이루어진다.

15

정답 ①

가치의 역설은 사용가치가 높은 재화가 더 낮은 교환가치를 가지는 역설적인 현상으로, 희소가치가 높은 다이아몬드의 한계효용이 물의 한계효용보다 크기 때문에 다이아몬드의 가격이 물의 가격보다 비싸다고 설명한다.

오답분석

② 물은 필수재이고, 다이아몬드는 사치재이다.
③ 같은 물이라 해도 장소나 상황 등에 따라 가격이 달라질 수 있으므로 항상 다이아몬드보다 가격이 낮다고 할 수 없다.
④·⑤ 상품의 가격은 총효용이 아닌 한계효용에 의해 결정되며, 한계효용이 높아지면 상품의 가격도 비싸진다.

16

정답 ①

침투가격전략은 기업이 신제품을 출시할 때 처음에는 경쟁제품보다 낮은 가격을 제시한 후 점차적으로 가격을 올리는 전략으로, 수요탄력성이 클 때, 규모의 경제가 가능할 때, 원가 경쟁력이 있을 때, 가격 민감도가 높을 때, 낮은 가격으로 잠재 경쟁자들의 진입을 막거나 후발 주자가 저가 정책으로 기존 경쟁제품으로부터 고객을 가져오고 시장점유율을 확보할 수 있을 때 사용하는 것이 옳다.

17

정답 ②

오쿤의 법칙에 따르면 경기 회복기에는 고용의 증가 속도보다 국민총생산의 증가 속도가 더 크고, 불황기에는 고용의 감소 속도보다 국민총생산의 감소 속도가 더 크다. 구체적으로 실업률이 1% 늘어날 때마다 국민총생산은 2.5%의 비율로 줄어드는데, 이와 같은 실업률과 국민총생산의 밀접한 관계를 오쿤의 법칙이라 한다.

오답분석

① 왈라스 법칙(Walars' Law)
③ 엥겔의 법칙(Engel's Law)
④ 슈바베의 법칙(Schwabe's Law)
⑤ 그레셤의 법칙(Gresham's Law)

18

정답 ②

국민총소득(GNI; Gross National Income)은 한 나라의 국민이 생산활동에 참여한 대가로 받은 소득의 합계이다. 그러므로 GNI에는 우리 국민이 해외에서 벌어들인 대외수취 요소소득이 포함되고, GDP 중에서 외국인에게 지급한 대외지급 요소소득은 제외된다. 또한, 실질GNI는 물가 등을 감안한 국민 소득의 실질구매력을 나타내는 지표이다.

오답분석

① GNI는 실질구매력을 나타내는 소득지표이므로 2019년 1분기부터 2020년 2분기까지의 GNI의 전년 동기 대비 성장률이 감소 추세에 있다. 따라서 소비는 감소할 것이다.
③ 교역조건이 개선되면 수출 한 단위로 수입할 수 있는 수입 재화의 양이 늘어나기 때문에 이를 반영한 실질GNI의 성장률은 실질GDP의 성장률보다 높게 된다.
④ 문제에서 2019년 기준이라고 명시되어 있기 때문에 두 성장률 지표는 불변가격 기준인 실질변수이다.
⑤ 대외지급 요소소득이 낮다면 해외로 빠져나가는 돈이 줄어들기 때문에 GNI성장률이 GDP성장률보다 높아진다.

19

정답 ⑤

독점적 경쟁시장에서는 한계비용과 한계수입이 같아지도록 가격을 설정하는 것이 이윤을 극대화할 수 있다.

20

정답 ①

소비자 주권은 소비자들이 어떤 물건을 얼마나 사느냐에 따라 기업들이 생산하는 물건의 종류와 수량이 정해지고, 이에 따라 사회적 자원배분이 결정된다는 의미이다. 즉, 자본주의체제에서 무엇을 생산할 것인가가 소비자들의 선택에 달려 있다는 의미이므로 사유재산제도와는 직접적 연관이 없다.

오답분석

② 누구나 사용할 수 있는 공유재산은 누구의 재화도 아니라는 인식으로 인해 제대로 보존·유지되지 못하는 반면, 사유재산제도는 개인의 소유욕을 제도적으로 보장하여 사회의 생산적 자원이 보존·유지·증식되도록 한다.
④ 부의 분산에 기반하여 다양한 가치가 만들어지고 의사결정의 권력도 분산된다.

21

정답 ⑤

수요의 가격탄력성이란 어떤 재화의 가격이 변할 때 그 재화의 수요량이 얼마나 변하는지를 나타내는 지표이다. 수요의 가격탄력성은 수요량의 변화율을 가격의 변화율로 나누고 음의 부호(−)를 부가하여 구할 수 있으며, 이 값이 1보다 큰 경우를 '탄력적'이라고 하고 가격 변화에 따라 수요량이 민감하게 변한다는 것을 의미한다. 따라서 가격 변화율은 10%, 제품 판매량은 5% 감소하였으므로 수요의 가격탄력성은 $\frac{5\%}{10\%}=0.5$이다.

22

정답 ③

가. 최저임금제가 실시되기 전에는 노동수요와 노동공급이 400명으로 일치하는 임금 80만 원에서 형성되었다.

나. 정부가 최저임금제를 100만 원으로 설정할 경우, 100만 원 이하로는 임금을 책정할 수 없으므로 실질적으로 임금이 100만 원으로 인상된 효과와 동일하다.

다. 임금이 100만 원인 경우 노동공급량은 600명이고 노동수요량은 200명이므로 초과공급된 400명이 실업자가 된다.

오답분석

마. 최저임금제는 숙련된 노동자나 취업된 노동자에게는 유리한 제도이지만 미숙련 노동자나 취업준비생에게는 불리한 제도이다.

23

정답 ⑤

오답분석

① 수요곡선이 우하향하고 공급곡선이 우상향하는 경우 물품세가 부과되면 조세부과에 따른 자중적 손실의 크기는 세율의 제곱에 비례한다.

②·③ 다른 조건이 일정할 때 수요가 가격에 탄력적이면 소비자 부담은 작아지고 자중적 손실은 커진다.

④ 단위당 조세액 중 일부만 소비자에게 전가되므로 세금부과 후에 시장가격은 단위당 조세액보다 작게 상승한다.

24

정답 ②

올해가 좋은 해일 확률은 80%이고, 나쁜 해일 확률은 20%이므로 각각의 기대수익률을 계산하면 다음과 같다.

- 주식 A에 투자할 경우
  (0.8×30%)+[0.2×(−10%)]=22%
- 주식 B에 투자할 경우
  (0.8×20%)+[0.2×(−5%)]=15%
- 포트폴리오 C에 투자할 경우
  (0.5×22%)+(0.5×15%)=18.5%

25

정답 ①

오답분석

다·라. 교역 이후 가격 하락으로 소비자 잉여는 (B+D)만큼 증가하여 (A+B+D)가 되고, 생산자 잉여는 B만큼 감소하여 C가 된다. 즉, 교역으로 소비자들이 얻는 이익(B+D)이 농민들이 입는 손해(B)보다 크기 때문에 소비자 잉여와 생산자 잉여를 합하여 구하는 사회적 잉여는 농산물 수입 이전보다 D만큼 증가한 (A+B+C+D)가 된다.

IT

11	12	13	14	15	16	17	18	19	20
③	②	④	⑤	④	④	⑤	④	①	③
21	22	23	24	25					
②	①	②	④	②					

11

정답 ③

오답분석

① 커스컴(Cuscom) : 단골(Custom)과 통신(Communication)의 합성어로, 정보를 전달하는 데 있어 정해진 소수의 사람들을 상대로 하는 매체를 말한다.

② 빅데이터(Big Data) : 데이터의 생성 양·주기·형식 등이 기존 데이터에 비해 너무 커서 이전의 방법으로는 수집·저장·분석·검색이 어려운 데이터를 말한다.

④ 유비쿼터스(Ubiquitous) : 언제 어디에서나 컴퓨터 자원을 활용할 수 있도록 현실 세계와 가상 세계를 결합시킨 것을 말한다.

⑤ 스쿠프(Scoop) : 보도기관에서 특종기사를 경쟁관계의 타사보다 앞서 보도하는 것을 말한다.

12

정답 ②

FANG이란 미국 IT 업계를 선도하는 기업으로 페이스북(Facebook), 아마존(Amazon), 넷플릭스(Netflix), 구글(Google) 4개 기업을 말한다.

13

정답 ④

가. 상호배제를 제외한 3가지 조건 중 하나를 부정한다.

나. 비선점 부정에 대한 설명이다.

다. 점유와 대기 부정에 대한 설명이다.

교착상태 예방 방법 3가지

- 교착상태가 발생하지 않도록 사전에 시스템을 제어하는 기법이다.
- 교착상태 발생 4가지 조건 중 상호배제를 제외한 어느 하나를 제거(부정)함으로써 수행한다.
  1) 점유와 대기 부정 : 프로세스가 실행되기 전 필요한 모든 자원을 할당하여 프로세스 대기를 없애거나 자원이 점유되지 않은 상태에서 자원을 요구한다.
  2) 비선점 부정 : 자원을 점유하고 있는 프로세스가 다른 자원을 요구할 때 점유하고 있는 자원을 반납하고, 요구한 자원을 사용하기 위해 기다린다.
  3) 환형대기 부정 : 자원을 선형 순서로 분류하여 고유 번호를 할당하고, 각 프로세스는 현재 점유한 자원의 고유 번호보다 앞뒤 어느 한쪽 방향으로만 자원을 요구한다.

교착상태 필요충분조건 4가지

1) 상호배제 : 한 프로세스가 사용 중이면 다른 프로세스가 기다리는 경우로, 프로세스에게 필요한 자원의 배타적 통제권을 요구한다. 한 번에 한 개의 프로세스만이 공유 자원을 사용한다.
2) 점유와 대기 : 프로세스들은 할당된 자원을 가진 상태에서 다른 자원을 기다린다.
3) 비선점 : 다른 프로세스에 할당된 자원은 사용이 끝날 때까지 강제로 빼앗을 수 없다.
4) 환형대기 : 각 프로세스는 순환적으로 다음 프로세스가 요구하는 자원을 가지고 있고, 자신에게 할당된 자원을 점유하면서 앞뒤에 있는 프로세스의 자원을 요구한다.

14

정답 ⑤

컴퓨터의 성능을 확대시키기 위한 방식에는 수직적 성능확대와 수평적 성능확대가 있다.

오답분석

① 분산 컴퓨팅이란 여러 대의 컴퓨터를 연결하여 상호 협력하게 함으로써 컴퓨터의 성능과 효율을 높이는 것을 말한다.
②·③ 데이터의 증가에 따라 이를 저장하고 처리하기 위해 컴퓨터 용량이 지속적으로 확대되어야 하며, 분산 컴퓨팅의 기본적인 목적은 성능확대와 고가용성에 있다.

15

정답 ④

㉠ 제로 트러스트 모델(Zero Trust Model)이란 아무도 신뢰하지 않는다는 뜻으로 내·외부를 막론하고 적절한 인증 절차 없이는 그 누구도 신뢰하지 않는다.
㉢ 기업 내부에서 IT 인프라 시스템에 대한 접근 권한이 있는 내부인에 의해 보안 사고가 발생함에 따라 새롭게 만들어진 IT 보안 모델이다.
㉣ MFA(Multi-Factor Authentication)란 사용자 다중 인증을 말하며, 패스워드 강화 및 추가적인 인증 절차를 통해 접근 권한을 부여하는 것이다. 또한, IAM(Identity and Access Management)은 식별과 접근 관리를 말하며, ID와 패스워드를 종합적으로 관리해 주는 역할 기반의 사용자 계정 관리 솔루션이다.

오답분석

㉡ 네트워크 설계의 방향은 내부에서 외부로 설정한다.

16

정답 ④

저작권자는 디자인 파일, 생산된 제품 또는 그 파생물을 배포할 때 파생된 문서, 장비와 관련된 저작권 표시를 요구할 수 있다.

17

정답 ⑤

모뎀은 주변장치에 해당하며, 통신을 위해 사용한다.
반면, 중앙처리장치(CPU)는 주기억장치, 레지스터, 제어장치, 연산(산술 / 논리)장치로 구성된다.

18

정답 ④

인덱스를 이용하면 전체 데이터를 검색하지 않고도 원하는 정보를 빠르게 검색할 수 있으며, 레코드 수가 증가하더라도 검색 속도에 큰 변화가 없다.

19

정답 ①

데이터 모델링 특징

㉠ 추상화 : 현실 세계를 일정한 형식에 맞추어 표현
㉡ 단순화 : 현실 세계를 약속된 규약이나 제한된 표기법과 언어로 표현
㉢ 명확화 : 누구나 이해하기 쉽도록 모호함을 제거하고 정확하게 현상을 기술

20

정답 ③

프로그램 개발 단계에서는 단계별 결과를 바로 확인해야 하는 프로그램 테스트 작업이 자주 수행되므로 컴파일러보다는 결과 확인에 시간이 적게 소요되는 인터프리터가 유리하다.

21

정답 ②

소프트웨어 역공학(Reverse Engineering)은 현재 프로그램으로부터 데이터, 아키텍처, 절차에 대한 분석 및 설계 정보를 추출하는 과정으로 소프트웨어를 분석하여 소프트웨어 개발 과정과 데이터 처리 과정을 설명하는 분석 및 설계 정보를 재발견하거나 다시 만드는 작업이다.

22

정답 ①

프로그램의 처리 순서

원시(Source) 프로그램 → 컴파일러(Compiler) → 목적(Object) 프로그램 → 실행 가능한 프로그램 → 로더(Loader)

23

정답 ②

오답분석

① 제산법(Division Method) : 레코드 키 값을 해시표의 크기보다 큰 수 중 가장 작은 소수로 나누어 나머지 값을 홈 주소로 삼는 방법이다.
③ 무작위법(Random Method) : 난수 생성 프로그램을 이용하여 각 키의 홈 주소를 얻는 방법이다.
④ 중간제곱법(Mid – Square Method) : 값을 제곱하여 결괏값 중 중간 자릿수를 선택하여 그 값을 홈 주소로 이용하는 방법이다.
⑤ 폴딩법(Folding Method) : 키 교환 방법의 일종으로 키를 두 부분 이상으로 분할하고 이것을 가산하는 방법이다.

24

정답 ④

소프트웨어 개발방법론

구분	구조적 방법론	객체지향 방법론
시스템 분석도구	자료 흐름도(DFD)	유스케이스 다이어그램
시스템 설계도구	구조도	시퀀스 다이어그램

25

정답 ②

관계 데이터베이스 언어의 종류

- 데이터 정의어(DDL) : 데이터 간의 관계 정의를 위한 언어
  - ㉠ CREATE : 객체 정의 및 생성
  - ㉢ ALTER : 객체의 변경
- 데이터 제어어(DCL) : 데이터에 대한 접근을 제어하기 위한 언어
  - ㉡ GRANT : 객체에 대한 권한 부여
  - ㉥ COMMIT : 트랜잭션 종료, 데이터의 변경 확정
- 데이터 조작어(DML) : 데이터베이스 사용자 또는 응용 프로그램의 데이터 검색, 등록, 삭제, 갱신 등의 처리를 위한 언어
  - ㉣ INSERT : 테이블의 전체 또는 일부 칼럼에 값을 입력
  - ㉤ SELECT : 테이블에 저장된 데이터 값 조회

NH농협은행 6급 필기전형

제2회 모의고사 정답 및 해설

제 1 영역 직무능력평가

01	02	03	04	05	06	07	08	09	10	11	12	13	14	15	16	17	18	19	20
②	①	③	④	②	⑤	②	④	④	④	③	④	⑤	③	①	④	②	②	②	②
21	22	23	24	25	26	27	28	29	30	31	32	33	34	35	36	37	38	39	40
④	⑤	⑤	④	④	⑤	④	④	⑤	④	③	⑤	②	②	③	②	③	④	②	③
41	42	43	44	45															
④	③	④	④	④															

01

정답 ②

제시문은 여성 고위공무원과 공공기관의 임원 여성 비율을 확대하기 위한 정부의 정책과 이에 대한 성과 그리고 민간부문에 대한 지원 계획을 밝히며 여성 고위관리직 확대를 위한 정부의 노력을 설명하는 글이다. 따라서 글의 주제로 가장 적절한 것은 ②이다.

02

정답 ①

'상속 농지 중에서 총 $10,000m^2$까지는 자기의 농업경영에 이용하지 않더라도 제3자에게 임대할 수 있다.'고 하였으므로 ㄷ은 적절하지 않은 내용이다.

오답분석

ㄱ. '농업인이란 $1,000m^2$ 이상의 농지에서 농작물을 경작하는 자'이므로, 농업인으로 볼 수 있다.
ㄴ. '농지소유자가 정당한 사유 없이 그 농지를 주말·체험영농에 이용하지 않는 경우, 그때부터 1년 이내에 그 농지를 처분하여야' 하므로 적절한 내용이다.
ㄹ. 상속 농지를 한국농촌공사에 위탁하여 임대하는 경우에는 $20,000m^2$까지 소유할 수 있으므로, A·B농지 모두를 계속 소유할 수 있다.

03

정답 ③

제시문은 애그테크의 정의와 효과, 적용되는 기술을 설명하는 글이다. 그러므로 애그테크에 대한 정의인 (다) 문단이 가장 앞으로 와야 하고, 이어서 애그테크의 효과에 대한 (가) 문단이 와야 한다. 이후 애그테크에 적용되는 다양한 기술을 설명한 (나) 문단이 배치되어야 하고, 결론인 (라) 문단이 배치되어야 한다. 따라서 (다) – (가) – (나) – (라) 순으로 나열하는 것이 적절하다.

04

정답 ④

두 번째 문단의 '이런 이유로 완벽하게 ~ 불가능하다.'를 통해 민주제는 대의 제도를 실현하는 것이 점진적이든 급진적이든 관계없이 폭력 혁명이 아니면 불가능한 것임을 알 수 있다.

오답분석

① 첫 번째 문단의 '민주제는 '민주(民主)' ~ 전제정이다.'를 통해 민주제는 전제정이 될 수밖에 없다는 내용을 보여주고 있다.
② 마지막 문단의 '정부의 형태가 ~ 공화정이 가능하다.'를 통해 대의 제도가 우선 실현되어야 공화정이 이루어질 수 있다고 했으므로 대의 제도는 필요조건임을 알 수 있다.
③ 두 번째 문단의 '한 국가의 통치자의 ~ 접근할 수 있다.'를 통해 통치자의 수가 적을수록 공화정에 접근하게 됨을 알 수 있다.
⑤ 첫 번째 문단의 '공화정에서는 입법부에서 ~ 독단적으로 집행한다.'를 통해 집행권의 분리 여부에 따라 공화정과 전제정을 나누는 것을 알 수 있다.

05

정답 ②

ㄱ. 사무관리규칙 제7조 제2항에 따르면 문서는 수신자에게 도달됨으로써 그 효력이 발생한다. 따라서 ㅁㅁ사업의 즉시시행을 지시하는 문서는 8월 12일부터 유효하므로, 8월 10일이 사업 시작일이 될 수 없다. 해당 사업의 시행은 빨라도 문서가 지역사업과에 도달한 8월 12일부터이므로 사업기간은 8월 12일 혹은 그 이후 실제 사업이 시작된 날부터 기산해야 한다. 제7조 제1항에 따르면 김부장의 결재는 문서 자체로서 성립하지만, 문서 내용상의 효력은 발생하지 않는다.

ㄹ. 사무관리규칙 제30조 제1항에 따르면 보조기관이 서명하여 발신할 수 있는 문서는 보조기관 상호 간에 발신하는 문서의 시행문이다. 그러나 김대리가 보내는 문서는 대외기관인 K공사에 발신하는 문서이므로 보조기관이 아닌 이사장의 서명을 첨부하여 발신하여야 한다.

오답분석

ㄴ. 사무관리규칙 제25조에 따르면 언론기관에 보도자료를 제공하는 경우, 담당부서 담당자 연락처를 기재하여야 한다. 따라서 해당 자료의 담당자인 미래전략팀 이주임의 연락처를 기재한 김주임의 행동은 옳다.

ㄷ. 사무관리규칙 제13조 제1항에 따르면 대외기관인 K공사에 발신하는 문서는 이사장 명의로 발신하여야 하지만, 단서 조항에 따라 권한을 위임받은 최부장은 자신의 명의로 문서를 발신할 수 있다.

06

정답 ⑤

판촉 행사의 진행에 지장을 주지 않는 것부터 우선적으로 제거해야 한다. 따라서 회식은 행사 이후에 진행되기 때문에 행사에 영향이 없으므로, 회식비부터 조정하는 것이 가장 적절하다.

07

정답 ②

삼각지는 본래 지명 새벌(억새 벌판)의 경기 방언인 새뿔을 각각 석 삼(三)과 뿔 각(角)으로 잘못 해석하여 바꾼 것이므로, 뿔 모양의 지형에서 유래되었다는 내용은 적절하지 않다.

오답분석

① 평지나 큰 들이 있는 곳에는 坪(평), 平(평), 野(야), 原(원) 등의 한자가 많이 쓰였다.
③ 조선 시대에는 촌락의 특수한 기능이 지명에 반영되는 경우가 많았는데, 하천 교통이 발달한 곳의 지명에는 ~도(渡), ~진(津), ~포(浦) 등의 한자가 들어간다.
④ 우리나라의 지명 중 山(산), 谷(곡), 峴(현), 川(천) 등은 산악 지형이 대부분인 한반도의 산과 골짜기를 넘는 고개, 그 사이를 굽이치는 하천을 반영한 것이다.
⑤ 김포공항에서 유래된 공항동은 서울의 인구 증가로 인해 새롭게 만들어진 동이므로, 공항동 지명의 역사는 일제에 의해 바뀐 한자어 지명인 고잔동 지명의 역사보다 짧다.

08

정답 ④

공문서의 전달과 관리의 내왕, 관물의 수송 등을 주로 담당했던 역과 관리나 일반 여행자에게 숙박 편의를 제공했던 원의 역원취락(驛院聚落)은 주요 역로를 따라 발달했다는 빈칸 앞의 내용을 통해 역(驛)~, ~원(院) 등의 한자가 들어가는 지명은 과거에 육상 교통이 발달했던 곳임을 알 수 있다.

09

정답 ④

제시문에 따르면 C방식에서는 정당 소속 후보자들이 무소속 후보자들에 비해 우선적으로 앞 번호를 배정받으며, D방식에서는 원내 의석을 가진 정당의 후보자, 원내 의석이 없는 정당의 후보자, 무소속 후보자 순으로 번호를 배정받는다. 따라서 C방식과 D방식에서 원내 의석이 없는 정당의 후보자는 무소속 후보자에 비해 앞 번호 기호를 배정받음을 추론할 수 있다.

10

정답 ④

A의 적금은 월 10만 원, 연 이자율 2% 단리로 개월에 따른 이자를 구하면 다음과 같다.

- 1개월 후 : $100,000 \times \frac{1\times2}{2} \times \frac{0.02}{12} ≒ 167$원
- 2개월 후 : $100,000 \times \frac{2\times3}{2} \times \frac{0.02}{12} = 500$원
- 3개월 후 : $100,000 \times \frac{3\times4}{2} \times \frac{0.02}{12} = 1,000$원
- 4개월 후 : $100,000 \times \frac{4\times5}{2} \times \frac{0.02}{12} ≒ 1,667$원

⋮

- 8개월 후 : $100,000 \times \frac{8\times9}{2} \times \frac{0.02}{12} = 6,000$원
- 9개월 후 : $100,000 \times \frac{9\times10}{2} \times \frac{0.02}{12} = 7,500$원

⋮

- 12개월 후 : $100,000 \times \frac{12\times13}{2} \times \frac{0.02}{12} = 13,000$원

B의 예금 1년 이자는 $1,200,000 \times 0.006 = 7,200$원이다.
따라서 9개월 후 A의 적금 이자가 B의 예금 이자보다 더 많아진다.

11

정답 ③

경주용 자동차가 1시간 10분 동안 정비를 받는 횟수는 2번으로 정비를 받는 시간은 총 10분이다. 그러므로 경주하는 시간은 $\frac{70}{60} - \frac{10}{60} = \frac{60}{60} = 1$시간이다.
따라서 경주용 자동차가 경주한 거리는 $300 \times 1 = 300$km이다.

12

정답 ④

제시된 환전 수수료 공식을 달러 및 유로에 적용하면 다음과 같다.

- 미화 : $(1,300-1,100)\times(1-0.7)\times660=39,600$원
- EUR : $(1,520-1,450)\times(1-0.5)\times550=19,250$원

따라서 A씨가 내야 할 환전 수수료는 총 $39,600+19,250=58,850$원이다.

13

정답 ⑤

B은행의 창구이용, 자동화기기의 총 수수료 평균은 약 933원으로 다른 은행들보다 가장 크다.

오답분석

① 자동화기기 마감 전 수수료가 700원 이상인 은행은 A · B · I · K · N은행으로 총 5곳이다.
② 자동화기기, 인터넷뱅킹, 모바일뱅킹이 모두 면제인 은행은 P은행과 Q은행 2곳이다.
③ '운영하지 않음'을 제외한 A ~ R은행의 창구이용 수수료의 평균은 약 756원이다.
④ '면제'를 제외한 A ~ R은행의 자동화기기 마감 전 수수료 평균은 600원이며, 마감 후 수수료 평균은 770원이다.

14

정답 ③

보기에 있는 국가들의 2010년 대비 2040년의 고령화율을 구하면 다음과 같다.

ㄱ. 한국 : $\frac{33}{11}=3$배

ㄴ. 미국 : $\frac{26}{13}=2$배

ㄷ. 일본 : $\frac{36}{18}=2$배

ㄹ. 브라질 : $\frac{21}{7}=3$배

ㅁ. 인도 : $\frac{16}{4}=4$배

따라서 2040년의 고령화율이 2010년 대비 3배 이상이 되는 국가는 ㄱ. 한국(3배), ㄹ. 브라질(3배), ㅁ. 인도(4배)이다.

15

정답 ①

유효슈팅 대비 골의 비율은 울산이 $\frac{18}{60}\times 100=30\%$, 상주가 $\frac{12}{30}\times 100=40\%$로 상주가 울산보다 높다.

오답분석

② 슈팅 개수의 상위 3개 구단은 '전북, 울산, 대구'이나 유효슈팅 개수의 상위 3개 구단은 '전북, 울산, 포항'이다.
③ 슈팅 대비 골의 비율은 전북이 $\frac{27}{108}\times 100=25\%$, 성남이 $\frac{12}{60}\times 100=20\%$로, 그 차이는 $25-20=5\%$p이므로 10%p 이하이다.
④ 골의 개수가 적은 하위 두 팀은 9개인 포항과 10개인 서울로 골 개수의 합은 $9+10=19$개이다. 이는 전체 골 개수인 $18+27+12+9+12+10+12=100$개의 $\frac{19}{100}\times 100=19\%$이므로 15% 이상이다.
⑤ 경기당 평균 슈팅 개수가 가장 많은 구단은 18개로 전북이고, 가장 적은 구단은 7개로 서울이므로 그 차이는 $18-7=11$개이다. 또한 경기당 평균 유효슈팅 개수가 가장 많은 구단은 12개로 전북이고, 가장 적은 구단은 3개로 서울이므로 그 차이는 $12-3=9$개이다. 따라서 경기당 평균 슈팅 개수가 가장 많은 구단과 가장 적은 구단의 차이가 더 크다.

16

정답 ④

E과제에 대한 전문가 3의 점수는 $70\times 5-(100+40+70+80)=60$점이고, A ~ E과제의 평균점수와 최종점수를 구하면 다음과 같다.

(단위 : 점)

구분	평균점수	최종점수
A과제	$\frac{100+70+60+50+80}{5}=72$	$\frac{70+60+80}{3}=70$
B과제	$\frac{80+60+40+60+60}{5}=60$	$\frac{60+60+60}{3}=60$
C과제	$\frac{60+50+100+90+60}{5}=72$	$\frac{60+90+60}{3}=70$
D과제	$\frac{80+100+90+70+40}{5}=76$	$\frac{80+90+70}{3}=80$
E과제	70	$\frac{60+70+80}{3}=70$

따라서 평균점수와 최종점수가 같은 과제는 B, E과제이다.

17

정답 ②

- 2015년 유엔 정규분담률의 전년 대비 증가율 : $\frac{2.26-2.173}{2.173}\times100 \fallingdotseq 4.0\%$
- 2021년 유엔 정규분담률의 전년 대비 증가율 : $\frac{2.039-1.994}{1.994}\times100 \fallingdotseq 2.3\%$

따라서 바르게 나열된 것은 ②이다.

18

정답 ②

전년 대비 2024년 가구 수의 감소율이 가장 높은 부문은 귀농(−5.3%)으로 남성과 여성의 비율 차이는 68.6−31.4=37.2%p이다.

오답분석

① 2023년 대비 2024년에 가구 수가 증가한 부문은 '귀어'뿐이다. 따라서 (2023년 가구 수)×1.012=917가구이므로 2023년 귀어 가구 수는 $\frac{917}{1.012} \fallingdotseq 906$가구이다.

③ 연령대별 비율에서 각각 가장 낮은 비율의 연령대는 모두 70대 이상이며, 비율의 총합은 6.4+6.3+4.5=17.2%p이다.

④ 30대 이하 귀농인 수는 12,055×0.113≒1,362명이고, 60대 귀촌인 수는 472,474×0.105≒49,609명이다. 따라서 49,609−1,362=48,247명 적다.

⑤ 귀농과 귀어의 가구당 가구원의 수를 구하면 다음과 같다.

- 귀농 : $\frac{17,856}{11,961} \fallingdotseq 1.5$명
- 귀어 : $\frac{1,285}{917} \fallingdotseq 1.4$명

따라서 귀농이 더 많다.

19

정답 ②

전체 쓰레기 중 종이컵이 차지하는 비율은 '(전체 쓰레기 중 일회용품이 차지하는 비율)×(일회용품 쓰레기 중 종이컵이 차지하는 비율)'로 구할 수 있다. 2022년 전체 쓰레기 중 종이컵이 차지하는 비율은 0.28×0.183×100≒5.1%이고, 2024년 전체 쓰레기 중 종이컵이 차지하는 비율은 0.41×0.169×100≒6.9%이다. 따라서 전체 쓰레기 중 종이컵이 차지하는 비율은 2022년이 2024년보다 6.9−5.1=1.8%p 낮다.

20

정답 ②

예비심사는 필요시에 시행한다.

오답분석

① 3월에 나는 공고는 1차이므로, 접수 기간인 4월 1일까지 접수를 해야 한다.

③ 지원대상 선정은 4월과 8월, 사업수행 협약 체결도 4월과 8월로 같다.

④ 사업 수행 단계에서 방송광고 제작 계약서는 협약 후 45일 이내에 제출하여야 하며, 사업 수행 완료 후 기금 지원 신청 단계에서 '완성된 방송광고물'이 필요하므로 협약 후 3개월 이내에 방송광고물을 완성해야 하는 것을 알 수 있다.

⑤ 지원 신청 단계 내 신청 자격을 통해 알 수 있다.

21

정답 ④

'도서관에 간 날'을 A, '공부를 충분히 한 날'을 B, '집에 늦게 돌아온 날'을 C라고 하면, 첫 번째 명제는 A → B, 마지막 명제는 C → B이므로 C → A → B가 성립하기 위해서 필요한 두 번째 명제는 C → A나 그 대우인 ~A → ~C이다. 따라서 빈칸에 들어갈 명제는 '도서관에 가지 않은 날은 집에 늦게 돌아온 날이 아니다.'이다.

22

정답 ⑤

8인이 앉을 수 있는 원탁의 각 자리에 임의로 번호를 붙이면 다음과 같다.

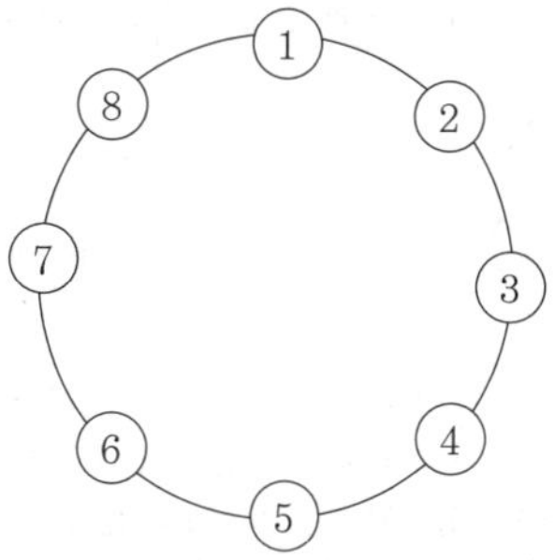

원탁은 회전하여도 배치가 바뀌지 않으므로 1에 B대리가 앉는다고 가정하면, 두 번째 조건에 따라 5번과 8번에는 대리가 앉을 수 없고, 세 번째 조건에 따라 2번에는 D과장이 앉게 된다. 네 번째 조건에 따라 F팀장은 대리 직급과 마주 보고 앉아야 하나, 5번과 8번에는 대리 직급이 앉을 수 없으므로 맞은 편 자리인 4번에 앉지 못한다. 또한 6번은 대리 직급이 아닌 D과장과 마주 보고 있으므로 앉을 수 없으며, 다섯 번째 조건에 따라 3번에도 앉을 수 없으므로 F팀장은 남은 7번 자리에 앉는다. 네 번째 조건에 따라 3번에는 무조건 대리가 앉게 되므로 3번과 6번에는 A대리 또는 C대리가 앉아야 하며 마지막 조건에 따라 8번은 E과장이 앉는다. 마지막으로 여섯 번째 조건에 따라, A대리는 왼쪽 자리가 비어 있는 3번에 앉고, G팀장은 그 왼쪽인 4번에 앉게 된다.

따라서 H부장은 남은 자리인 5번에 앉으므로 H부장의 오른쪽에 앉은 사람은 G팀장이다.

23

정답 ⑤

먼저 C는 첫 번째, 세 번째 결과에 따라 A 바로 전 또는 바로 뒤 순서로 출근한 E보다 먼저 출근하였으므로 A보다 먼저 출근한 것을 알 수 있다. 마찬가지로 D 역시 두 번째, 다섯 번째 결과에 따라 F 바로 뒤에 출근한 B보다 먼저 출근하였으므로 F보다 먼저 출근한 것을 알 수 있다.

또한 E는 네 번째 결과에 따라 F보다 늦게 출근하였으므로 결국 C, D, B보다 늦게 출근하였음을 알 수 있다. 그러므로 E가 다섯 번째 또는 마지막 순서로 출근하였음을 알 수 있으나, 꼴찌에는 해당하지 않으므로 결국 E는 다섯 번째로 출근하였고, A가 마지막 여섯 번째로 출근하였음을 알 수 있다.

이때 주어진 결과만으로는 C와 D의 순서를 비교할 수 없으므로 A～F의 출근 순서는 다음과 같이 나타낼 수 있다.

구분	첫 번째	두 번째	세 번째	네 번째	다섯 번째	여섯 번째
경우 1	D	F	B	C	E	A
경우 2	D	C	F	B	E	A
경우 3	C	D	F	B	E	A

따라서 D가 C보다 먼저 출근했다면, D는 반드시 첫 번째로 출근하므로 자신을 포함한 A～F의 출근 순서를 알 수 있다.

오답분석

① A는 모든 경우에서 마지막에 출근하므로 B의 출근 시각을 알 수 없다.
② 경우 2와 경우 3에서 B가 C보다 나중에 출근하므로 C의 출근 시각을 알 수 없다.
③ 경우 1에서 C는 자신과 E, A의 출근 순서를 알 수 있으나, D, F, B의 출근 순서는 알 수 없다.
④ F는 반드시 D보다 늦게 출근하므로 앞서 출근한 D의 출근 시각을 알 수 없다.

24

정답 ④

매년 갚아야 할 금액을 a원이라고 하면 다음과 같은 식이 성립한다.

$$(1.8\times10^7)\times(1+0.01)^6=\frac{a(1.01^6-1)}{1.01-1}$$

$$\rightarrow (1.8\times10^7)\times1.06=\frac{a(1.06-1)}{0.01}$$

$\therefore\ a=3.18\times10^6$

따라서 매년 318만 원씩 갚아야 한다.

25

정답 ④

두 사원이 1 ~ 9층에 내리는 경우의 수는 $9\times9=81$가지이다.

A가 1 ~ 9층에 내리는 경우의 수는 9가지, B는 A가 내리지 않은 층에서 내려야 하므로 B가 내리는 경우의 수는 8가지이다.

따라서 서로 다른 층에 내릴 확률은 $\frac{9\times8}{81}=\frac{8}{9}$이다.

26

정답 ⑤

먼저 첫 번째 조건에 따라 A과장은 네 지역으로 모두 출장을 가므로 E사원과 함께 광주광역시로 출장을 가는 직원은 A과장임을 알 수 있다. 다음으로 두 번째 조건에 따라 모든 특별시에는 A과장과 B대리가 출장을 가므로 C대리와 D대리는 특별시로 함께 출장을 갈 수 없다. 결국 세 번째 조건에서 C대리와 D대리가 함께 출장을 가는 지역은 인천광역시임을 알 수 있다. 또한 마지막 조건에 따라 한 지역으로만 출장을 가는 사람은 E사원뿐이므로 C대리와 D대리는 세종특별시 또는 서울특별시 중 한 곳으로 출장을 더 가야 한다. 출장 지역에 따른 팀원을 정리하면 다음과 같다.

구분	세종특별시	서울특별시	광주광역시	인천광역시
경우 1	A과장, B대리, C대리	A과장, B대리, D대리	A과장, E사원	A과장, C대리, D대리
경우 2	A과장, B대리, D대리	A과장, B대리, C대리	A과장, E사원	A과장, C대리, D대리

따라서 항상 참인 것은 'D대리는 E사원과 함께 출장을 가지 않는다.'이다.

27

정답 ④

A조의 발표기간 3일 중 마지막 발표는 11일이므로, 다음 순서인 C조는 그다음 날인 12일에는 발표를 시작할 수 없다. 또한 그다음 연수일은 화요일인 16일이나, 17일이 창립기념일이므로 첫 번째 날과 두 번째 날의 발표를 연속할 수 없다. 그러므로 발표는 18일에 시작하여야 한다. 즉, C조는 18 ~ 19일에 발표를 하고, 마지막 날의 발표는 다음 연수일인 23일에 하게 된다. 따라서 B조는 그다음 날인 24일을 제외하고 가장 빠른 발표 가능일인 25 ~ 26일에 발표를 하고, 마지막 발표는 30일에 하게 된다.

28

정답 ④

합격자 중 남성의 비율은 $\frac{120}{120+80}\times100=\frac{120}{200}\times100=60\%$이므로 옳지 않은 설명이다.

오답분석

① 남성 합격자 수는 여성 합격자 수의 $\frac{120}{80}=1.5$배이다.

② 총 입사지원자 중 합격률은 $\frac{120+80}{680+320}\times100=\frac{200}{1,000}\times100=20\%$이다.

③ 여성 지원자의 합격률은 $\frac{80}{320}\times100=25\%$이다.

⑤ 총 입사지원자 중 여성 입사지원자의 비율은 $\frac{320}{680+320}\times100=\frac{320}{1,000}\times100=32\%$이므로 30% 이상이다.

29

정답 ⑤

• 지연 중 A/C 정비가 차지하는 비율 : $\frac{150}{3,000}\times100=5\%$

• 결항 중 기상이 차지하는 비율 : $\frac{14}{70}\times100=20\%$

따라서 항공편 지연 중 A/C 정비가 차지하는 비율은 결항 중 기상이 차지하는 비율의 $\frac{5}{20}=\frac{1}{4}$ 이다.

오답분석

① 6월 동안 운항된 전체 비행기 수를 알 수 없으므로 확률을 알 수 없다.
② 기타를 제외하고 지연이 발생한 원인 중 가장 높은 비중을 차지하고 있는 것은 A/C 접속이며, 결항이 발생한 원인 중 가장 높은 비중을 차지하고 있는 것은 기상이다.
③ 기상으로 지연된 항공편 수는 기상으로 결항된 항공편 수의 $\frac{98}{14}=7$배이다.
④ A/C 정비로 인해 결항된 항공편 수는 A/C 정비로 인해 지연된 항공편 수의 $\frac{12}{150}\times100=8\%$이다.

30

정답 ④

A씨 부부는 2023년 7월에 결혼을 하고 바로 혼인신고를 했으므로 현재 2025년 9월 15일까지 2년이 초과된 신혼부부로 청약 조건 자격에 부합한다. A씨의 상황을 가점 기준에 적용하여 해당하는 항목의 점수를 정리하면 다음과 같다.

가점항목	내용	점수
미성년 자녀 수	첫째 아들과 둘째 태아로 자녀 2명	2점
무주택기간	13개월(=1년 1개월)	2점
해당 시·도 연속 거주기간	5개월째 해당 시에 거주 중	1점
주택청약종합저축 납입인정 횟수	주택청약종합저축 38회 납부	3점

따라서 A씨의 청약 가점은 2+2+1+3=8점이다.

31

정답 ③

수정된 사항은 무주택기간과 거주기간이며, 무주택기간은 2년을 더하여 1년 1개월+2년=3년 1개월이 되고, 해당 시의 거주기간은 10개월로 1년 미만이므로 그 전 가점과 같다. A씨의 상황에 수정된 사항을 적용하여 가점을 정리하면 다음과 같다.

가점항목	내용	점수
미성년 자녀 수	첫째 아들과 둘째 태아로 자녀 2명	2점
무주택기간	3년 1개월	3점
해당 시·도 연속 거주기간	10개월	1점
주택청약종합저축 납입인정 횟수	주택청약종합저축 38회 납부	3점

따라서 A씨의 청약 가점은 2+3+1+3=9점이다.

32

정답 ⑤

제시된 조건에 따라 과일의 비타민 C 함유량을 정리하면, '사과 – 키위(=5사과) – 귤(=1.6키위=8사과) – 딸기(=2.6키위=13사과)' 순서이다. 따라서 딸기의 비타민 C 함유량이 가장 많고, 사과의 비타민 C 함유량이 가장 적은 것을 알 수 있다.

33

정답 ②

기회는 외부 환경에서 비롯된 요인 중 해당 회사에 긍정적으로 작용할 수 요인을 뜻한다. 따라서 관광 분야 예산 확대 등 정부의 여행 산업 육성 정책은 여행 산업에 긍정적인 영향을 끼치므로 N사에는 충분히 기회로 활용할 수 있는 외부적 요인이 된다.

오답분석

① 약점은 내부 환경에서 비롯된 요인 중에서 기업 목표 달성을 저해할 수 있으나 통제가 가능한 요인을 말한다. 따라서 자회사들의 수년간 누적된 적자는 경영 목표 달성을 방해할 수 있으나 노력의 정도에 따라 통제 가능하므로 약점 요인에 해당한다.

③·④ 위협은 외부 환경에서 비롯된 요인 중에서 통제하기 어려우며 해당 회사에 부정적으로 작용할 수 요인을 뜻한다. 여행사를 이용하지 않는 여행객의 증가 추세는 여행사인 N사에는 경영 여건을 위협하는 외부적 요인이므로 위협 요인에 해당한다. 또한 온라인 플랫폼(OTA) 기업들의 여행업 진출은 새로운 경쟁자와의 경쟁 심화를 초래할 수 있는 외부적 요인이므로 위협 요인에 해당한다.

⑤ 강점은 경영 자원 등 기업 목표 달성을 촉진할 수 있는 통제 가능한 내부적 요인을 뜻한다. 따라서 고객과의 소통이 원활한 기업이라는 평가는 이미 충분히 갖추고 있는 강점 요인에 해당한다.

34

정답 ②

X산지와 Y산지의 배추의 재배원가에 대하여 각 유통 과정에 따른 판매가격을 계산하면 다음과 같다.

(단위 : 원)

구분	X산지	Y산지
재배원가	1,000	1,500
산지 → 경매인	1,000원×(1+0.2)=1,200	1,500원×(1+0.1)=1,650
경매인 → 도매상인	1,200원×(1+0.25)=1,500	1,650원×(1+0.1)=1,815
도매상인 → 마트	1,500원×(1+0.3)=1,950	1,815원×(1+0.1)=1,996.5≒1,997

따라서 X산지에서 재배한 배추를 구매하는 것이 좋으며, 최종적으로 A마트에서 얻는 수익은 3,000−1,950=1,050원이다.

35

정답 ③

먼저 A씨의 퇴직금을 구하기 위해서는 1일 평균임금을 구해야 한다.

3개월간 임금 총액은 6,000,000+720,000=6,720,000원이고, 1일 평균임금은 6,720,000원/80=84,000원이다.

따라서 퇴직금은 84,000원×30일×$\frac{730}{365}$=5,040,000원이다.

36

정답 ②

부서별로 하나씩 배치 가능한 인력들을 살펴보면 다음과 같다.

- 총무부의 경우, 경영 전공자인 갑, 기 중 인턴 경험이 있는 갑이 배치된다.
- 투자전략부의 경우, 재무분석이 가능한 병, 정, 기 중 석사 이상의 학위를 보유한 기가 배치된다.
- 대외협력부의 경우, 제2외국어 가능자인 갑, 정 중 총무부로 배치되어야 하는 갑을 제외한 정이 배치된다.
- 품질관리부의 경우, 데이터분석이 가능한 을, 무 중 석사 이상의 학위를 보유한 을이 배치된다.
- 나머지 인력인 병, 무 중 인턴 경험이 있는 병은 인사부로 배치되며, 데이터 분석이 가능한 무는 기술개발부로 배치된다.

이를 표로 정리하면 다음과 같다.

부서명	신입 직원
총무부	갑
투자전략부	기
인사부	병
대외협력부	정
품질관리부	을
기술개발부	무

따라서 신입 직원과 배치될 부서가 잘못 연결된 것은 ②이다.

37

정답 ③

• 702 나 2838 : '702'는 승합차에 부여되는 자동차 등록번호이다.
• 431 사 3019 : '사'는 운수사업용 차량에 부여되는 자동차 등록번호이다.
• 912 라 2034 : '912'는 화물차에 부여되는 자동차 등록번호이다.
• 214 하 1800 : '하'는 렌터카에 부여되는 자동차 등록번호이다.
• 241 가 0291 : '0291'은 발급될 수 없는 일련번호이다.

따라서 보기에서 비사업용 승용차의 자동차 등록번호로 잘못 부여된 것은 모두 5개이다.

38

정답 ④

• A씨가 인천공항에 도착한 현지 날짜 및 시각

독일시각	11월 2일 19시 30분
소요시간	+12시간 20분
시차	+8시간
	=11월 3일 15시 50분

인천공항에 도착한 시각은 한국시각으로 11월 3일 15시 50분이고, A씨는 3시간 40분 뒤에 일본으로 가는 비행기를 타야 한다. 비행 출발 시각 1시간 전에는 공항에 도착해야 하므로, 참여 가능한 환승투어 코스는 소요시간이 2시간 이내인 엔터테인먼트, 인천시티, 해안관광이며, A씨의 인천공항 도착시각과 환승투어 코스가 바르게 짝지어진 것은 ④이다.

39

정답 ②

중도해지이율에 관한 약관을 통해 계약이 1개월 미만 경과했을 경우에는 보통예탁금 이율을, 3개월 미만 경과했을 경우에는 (기준금리)×(경과기간별 적용률)에 따른 이율을 적용함을 알 수 있다. 따라서 2개월째 해지하게 된다면 3개월 미만 경과기간에 따른 중도해지이율을 적용받는다.

40

정답 ③

K고객은 귀농귀촌 고객 조건을 만족하여 0.05%p, 귀농귀촌종합센터 회원 가입 고객이므로 0.05%p, 농·축협별 자체 우대조건을 만족하여 0.15%p의 우대이율을 각각 적용받을 수 있다. 따라서 K고객이 받을 수 있는 우대이율은 총 0.25%p이다.

41

정답 ④

김대리는 연간 총급여액이 5천만 원을 초과하므로 서민형 ISA는 개설할 수 없다. 또한 나이 제한에 걸려 청년형 ISA도 개설할 수 없다. 따라서 김대리가 개설할 수 있는 ISA는 일반형 ISA이고, 일반형 ISA계좌 개설 시 김대리의 총투자순이익 중 비과세한도인 200만 원을 초과하는 7,100,000원만 과세 대상이다. 일반형 ISA계좌 개설에 따라 김대리의 현재 투자로 인한 세금과 ISA계좌 개설 시의 세금을 비교하면 다음과 같다.

(단위 : 원)

총순이익	개별상품 투자 시 세금(A)	ISA계좌 세금(B)	세금감면 효과(A−B)
205+170+220+315 =910만 원	9,100,000×0.154 =1,401,400	(9,100,000−2,000,000) ×0.099=702,900	1,401,400−702,900 =698,500

따라서 ISA계좌 개설로 인해 김대리가 얻을 수 있는 절세금액은 698,500원이다.

42

정답 ③

D의 경우, 연간 가입한도는 2,000만 원에서 소득공제장기펀드의 연간한도인 500만 원을 제한 1,500만 원이다. 그러나 총투자순이익이 1,830만 원이므로 이 중 1,500만 원만 ISA계좌의 세율 혜택을 보고, 나머지 330만 원은 개별상품 투자세율의 적용을 받는다. 가입자별로 가입할 ISA계좌 형태 및 세액을 계산하면 다음과 같다.

(단위 : 원)

가입자	가입 ISA계좌 형태	총투자순이익	세액	비고
A	서민형 ISA	4,850,000	(4,850,000−4,000,000)×0.099=84,150	
B	청년형 ISA	650,000	0	비과세
C	일반형 ISA	3,200,000	(3,200,000−2,000,000)×0.099=118,800	
D	일반형 ISA	18,300,000	(15,000,000−2,000,000)×0.099=1,287,000	

따라서 ISA계좌 개설 후 순이익에 대한 세액이 가장 작은 사람부터 순서대로 나열하면 B－A－C－D이다.

43

정답 ④

판매량 조건을 찾아 총합을 구해야 하므로 SUMIF 함수를 사용해야 하며 조건식은 「=SUMIF(조건을 찾을 범위,조건,합을 구할 범위)」이다. 판매량이 기재된 범위에서 판매량 20 이상인 셀이 합산의 조건이므로 함수식으로 옳은 것은 「=SUMIF(B2:B4,">=20",B2:B4)」이다.

44

정답 ④

1부터 100까지의 값은 변수 x에 저장한다. 1, 2, 3, …에서 초깃값은 1이고, 최종값은 100이며, 증분값은 1씩 증가시키면 된다. 따라서 1부터 100까지를 덧셈하려면 99 단계를 반복 수행해야 하므로 결과는 5050이 된다.

45

정답 ④

(플러스) 버튼을 누를 경우 슬라이드가 확대된다. 따라서 모든 슬라이드를 보기 위해서는 (하이픈, 마이너스) 버튼을 눌러야 한다.

제2영역 직무상식평가

공통

01	02	03	04	05	06	07	08	09	10
②	④	⑤	②	④	⑤	①	④	④	①

01 정답 ②

제시문은 AR에 대한 설명이고, 빈칸에 들어갈 말은 AR을 실외에서 실현하는 착용 컴퓨터이다. 착용 컴퓨터는 일상생활에서 사용하기 편리하고 휴대 또는 착용 가능한 형태의 컴퓨터로, 언제 어디서나 사용자의 요구에 응할 수 있는 유비쿼터스 컴퓨팅 환경을 제공한다.

02 정답 ④

제시문은 사물인터넷(IoT; Internet of Things)에 대한 설명이다. 사물인터넷은 비교적 최근에 개발된 기술로, 간단하게는 주위의 환경을 파악하여 사용자에게 제공하거나 사용자가 원격으로 기기를 조작할 수 있는 것에서부터 조금 더 발전시켜 주변 환경에 대한 정보를 파악하여 자동적으로 환경 변화에 알맞은 대응을 할 수 있도록 응용되고 있다.

미국 온라인 쇼핑몰인 아마존닷컴(Amazon)은 2015년 4월 대쉬버튼(Dash Button)을 선보였다. 생활용품 등의 제품별로 제작된 버튼을 가진 사용자가 필요할 때 해당 제품의 버튼을 누르는 것만으로 주문, 결제 단계가 자동적으로 진행된다. 사용자의 주문 성향과 주문 시점과 남은 수량 등을 파악하여 주문까지 자동으로 할 수 있게 하는 등의 추가 기술이 따른다면 일상생활에 엄청난 편리함을 가져다줄 수 있는 기술이다.

03 정답 ⑤

딥 웹(Deep Web)은 별도로 암호화된 네트워크에 존재하기 때문에 특정한 인터넷 브라우저를 통해서만 접속이 가능하다. 일반적인 검색엔진에 있는 정보의 5배 이상에 달하는 정보량이 있다.

오답분석

① 토르 네트워크(Tor Network) : 전 세계에서 자발적으로 제공되는 가상 컴퓨터와 네트워크를 여러 차례 경유하여 이용자의 인터넷 접속 흔적을 추적할 수 없도록 하는 서비스이다.
② 프록시(Proxy) : 데이터를 가져올 때 해당 사이트에서 바로 자신의 PC로 가져오는 것이 아니라 임시 저장소를 거쳐서 가져오는 것을 말한다.
③ 어나니머스(Anonymous) : 전 세계에서 활동하는 인터넷 해커들의 집단이다.
④ 레거시(Legacy) : 과거에 대발되어 현재에도 사용 중인 낡은 하드웨어나 소프트웨어로 새로 제안되는 방식이나 기술을 부각시키는 의미로서 주로 사용된다.

04 정답 ②

누스페어란 Noo(정신)와 Sphere(시공간)를 결합시킨 사회철학 용어로, 인류가 오랫동안 집적해온 공동의 지적 능력과 자산을 바탕으로 사이버 공간에서 이루어가는 세계를 가리킨다.

오답분석

① 사이버 스쿼팅 : 인터넷상의 컴퓨터 주소인 도메인을 투기나 판매 목적으로 선점하는 행위를 말한다.
③ 스마트몹 : PDA, 휴대전화, 메신저, 인터넷, 이메일 등 첨단 정보통신기술을 바탕으로 긴밀한 네트워크를 이루어 정치, 경제, 사회 등의 제반 문제에 참여하는 사람들의 집단을 말한다.
④ 사이버 리터러시 : 사이버 공간에서 허구와 진실을 가려내고 성적 편견, 상업주의 등 온라인상의 문제적 글들을 구별할 수 있는 능력을 말한다.
⑤ 그린 그리드 : 전 세계 데이터 센터의 전력 소모를 낮추는 방법을 찾기 위한 IT 회사와 전문가들의 컨소시엄을 말한다.

05 정답 ④

디지털 아카이브(Digital Archive)

단순히 콘텐츠 저장뿐만 아니라 영상이 담고 있는 내용과 정보를 디지털화해 보관한다. 이로 인해 비용 절감은 물론 제작 환경까지 극대화시킬 수 있는 차세대 방송 시스템이다.

06 정답 ⑤

데이터 댐

정부가 2020년 7월 14일 확정·발표한 정책인 '한국판 뉴딜'의 10대 대표과제 중 하나로, 데이터 수집·가공·거래·활용 기반을 강화하여 데이터경제를 가속화하고, 5G 전국망을 통한 전 산업 5G와 AI 융합을 확산시키는 것이다.

오답분석

① 오픈 데이터 : 누구나 자유롭게 사용할 수 있는 데이터로 정부와 자치단체를 중심으로 보유한 데이터를 자유롭게 사용할 수 있게 공개하고 있는 데이터이다.
② 데이터 사이언스 : 정형, 비정형 형태를 포함한 다양한 데이터부터 지식과 인사이트를 추출하는 데 과학적 방법론, 프로세스, 알고리즘, 시스템을 동원하는 융합 분야이다.
③ 데이터 마이닝 : 많은 데이터 가운데 숨겨져 있는 유용한 상관관계를 발견하여 미래에 실행 가능한 정보를 추출하고 의사결정에 이용하는 과정을 말한다.
④ 데이터 레이블링 : 인공지능을 만드는 데 필요한 학습 데이터를 입력하는 작업으로, 객체 인식은 각 영상에서 객체를 구분하고 객체가 있는 위치와 크기 등을 기록해야 한다. 예컨대 동물 인식은 동영상에서 동물이 있는 영역에 박스를 친 뒤 해당 객체가 어떤 동물인지 이름을 적는 식이다.

07

정답 ①

오답분석

㉣ 저작물을 NFT화하는 과정을 민팅이라 하며, 누구나 민팅을 할 수 있기 때문에 NFT를 생산한 사람이 원저작자인지 또는 원저작자의 허락을 얻었는지 보장할 수 없다. 따라서 NFT는 저작권・소유권 침해를 둘러싼 법적 분쟁 우려가 있다.

㉤ NFT 소유자는 소유권만을 가질 뿐이며 저작권은 원저작자에게 있기 때문에 제3자가 저작권을 침해했을 때 소유자는 이를 신고할 수 없다.

08

정답 ④

데이터 라벨링(Data Labelling)

사진・문서 등 사람이 만든 데이터를 인공지능(AI)이 스스로 인식할 수 있는 형태로 재가공하는 작업이다. AI가 학습할 데이터인 동영상이나 사진에 등장하는 사물 등에 라벨을 달아 주입하면 된다. AI는 이를 바탕으로 데이터들을 학습하면서 유사한 이미지를 인식하며 고품질의 알고리즘을 구축한다.

09

정답 ④

미러 사이트(Mirror Site)

'미러(Mirror)'는 자료의 복사본 모음을 뜻하며, 미러 사이트들은 가장 일반적으로 동일한 정보를 여러 곳에서 제공하기 위해, 특히 클라이언트가 요청하는 대량의 안정적인 다운로드를 위해서 만들어진다. 또한 웹 사이트 또는 페이지가 일시적으로 닫히거나 완전히 폐쇄되어도 자료들을 보존하기 위해 만들어진다.

10

정답 ①

데이터 3법이란 개인정보 보호법・정보통신망법・신용정보법을 일컫는 말이다.

일반

11	12	13	14	15	16	17	18	19	20
⑤	②	①	⑤	④	②	③	④	④	⑤
21	22	23	24	25					
③	⑤	⑤	③	②					

11

정답 ⑤

국제통화기금의 특별인출권 지분을 가장 많이 가지고 있는 국가는 미국으로 약 17%를 보유하고 있다. 따라서 국제통화기금에서 처리하는 안건은 85% 이상의 동의가 필요하기 때문에 미국의 찬성이 없으면 사실상 안건 처리가 불가능하다.

12

정답 ②

대부분의 시장실패 상황은 거래비용이 높거나 정보가 불확실한 경우가 많다. 따라서 코즈의 정리는 실제 시장실패 상황에 적용하기에 실현 가능성이 떨어진다는 단점이 존재한다.

오답분석

① 코즈의 정리는 어떠한 외부효과에 놓이더라도 협상을 통해 외부성 문제를 해결할 수 있다고 본다.

③ 코즈의 정리 전제조건에 대한 설명이다.

④・⑤ 코즈의 정리는 환경오염, 공유자원 관리실패 등과 같은 외부성이 야기하는 문제에 대해 정부개입이 필요하지 않으며 당사자 간 협상을 통해 해결할 수 있다고 본다.

13

정답 ①

우상향하는 총공급곡선이 왼쪽으로 이동하는 경우는 부정적인 공급충격이 발생하는 경우이다. 따라서 임금이 상승하는 경우 기업의 입장에서는 부정적인 공급충격이므로 총공급곡선이 왼쪽으로 이동하게 된다.

오답분석

②・③・④ 총수요곡선을 오른쪽으로 이동시키는 요인이다.

⑤ 총공급곡선을 오른쪽으로 이동시키는 요인이다.

14

정답 ⑤

햄버거 전문점에서 햄버거를 생산하기 위해서는 생산요소 구입에 따른 비용이 발생한다. 이 경우 평균비용은 총비용을 산출량으로 나누어 계산하고, 한계비용은 산출량을 한 단위 증가시킬 때 총비용의 증가분으로 계산하다. 햄버거 전문점에서 생산하는 햄버거 수량에 따른 비용을 보면 생산량이 0일 때도 2,500원의 비용이 발생하므로 고정비용은 2,500원이다. 햄버거 1개를 생산하기 위한 평균비용은 4,000원이고, 이와 같은 방법을 사용하면 햄버거 2개 → 3,000원, 3개 → 3,000원, 4개 → 3,250원, 5개 → 3,600원이다. 또한 1개의 햄버거 한계비용은 1,500원이고, 이와 같은 방법을 사용하면 햄버거 2개째 → 2,000원, 3개째 → 3,000원,

4개째 → 4,000원, 5개째 → 5,000원이다. 따라서 햄버거 3개를 생산하는 경우 평균비용은 3,000원이고, 3개째 햄버거의 한계비용도 3,000원으로 평균비용과 한계비용이 같다.

15

정답 ④

등량곡선과 등비용선으로 알 수 있는 것은 비용제약하에서 산출량이 극대화되는 지점 또는 주어진 생산량을 최소의 비용으로 생산할 수 있는 지점이다.

16

정답 ②

통신비(X재)가 항상 소득의 $\frac{1}{5}$이면, $P_X \cdot X = \frac{1}{5}M$이 성립한다. 즉, X재의 수요함수는 $X = \frac{0.2M}{P_X}$(M : 상승)이므로 X재 수요곡선이 직각쌍곡선이다. 수요곡선이 직각쌍곡선이면 수요의 가격탄력성은 항상 1이고, X재 수요의 소득탄력성도 1이다. 따라서 X재는 기펜재가 아니라 정상재이다.

17

정답 ③

무차별곡선이론에서는 기수적 효용이 아니라 서수적 효용을 가정한다.

18

정답 ④

생산가능곡선(PPC; Production Possibility Curve)이란 두 재화 생산의 등량곡선이 접하는 무수히 많은 점들을 연결한 계약곡선을 재화공간으로 옮겨놓은 것으로, 생산가능곡선상의 모든 점들에서 생산이 파레토 효율적으로 이루어진다. 즉, 경제 내의 모든 생산요소를 가장 효율적으로 투입했을 때 최대로 생산가능한 재화의 조합을 나타내는 곡선을 생산가능곡선이라고 한다. 일반적으로 생산가능곡선은 우하향하고 원점에 대해 오목한 형태인데, 그 이유는 X재 생산의 기회비용이 체증하기 때문이다.

19

정답 ④

독점적 경쟁기업의 경우 장기에는 장기균형산출량이 시설규모의 최적 산출량에 미달한다. 즉, 독점적 경쟁기업은 독점의 경우와 마찬가지로 장기에는 초과설비를 보유하게 된다는 것이다.

20

정답 ⑤

효율임금이론(Efficiency Wage Theory)

- 효율임금(Efficiency Wage)은 근로자의 생산성을 높이기 위해 기업 스스로 균형임금보다 높은 임금을 지불하는 것이다. 효율임금에 따르면 기업이 균형임금보다 높은 임금을 지불하면 효율이 높아지기 때문에 노동의 초과공급이 있는 경우에도 높은 임금을 유지하는 것이 기업에 이익이라는 것이다.
- 임금을 높게 유지하면 태업을 들켜 해고될 때의 기회비용이 높게 유지되므로 노동자들이 태업을 하지 않고 열심히 일하게 되어 생산성이 높게 유지된다.
- 임금을 높게 유지하면 노동자들의 사기가 유지되고, 그에 따라 생산성도 제고된다.
- 효율임금이론은 새케인스학파의 이론에 매우 중요한 위치를 차지하고 있는 것으로, 임금의 경직성을 설명하고 있다.

21

정답 ③

양적완화는 기준금리가 너무 낮아서 금리 인하로 인한 효과가 더 이상 없다고 판단될 때, 중앙은행이 시중에 돈을 풀어서 시장에 유동성을 공급하는 정책이다. 한 나라의 양적완화는 다른 나라에도 영향을 미칠 수 있다.

오답분석

① 출구전략 : 경기침체기에 취했던 완화정책을 서서히 거두어들이는 전략이다.
② 테이퍼링(Tapering) : '점점 가늘어지다.'라는 뜻의 'Taper'에서 유래되었으며, 양적완화 정책을 축소시켜 나가는 일종의 출구전략이다.
④ 오퍼레이션 트위스트(Operation Twist) : 장기국채는 사들이고, 단기국채는 파는 방식으로 금리를 조절하는 공개시장조작 방식이다.
⑤ 부동자금 : 투기적 이익을 얻기 위해 시장에 유동하고 있는 대기성 자금으로 현금통화, 요구불예금, 저축성예금, 머니마켓펀드, 종합자산관리계좌 등으로 구성된다.

22

정답 ⑤

변동환율제도에서는 중앙은행이 외환시장에 개입하여 환율을 유지할 필요가 없고, 외환시장의 수급 상황이 국내 통화량에 영향을 미치지 않으므로 독자적인 통화정책의 운용이 가능하다.

23

정답 ⑤

사전적으로 보험금을 지급받을 가능성이 높은 사람만 보험에 가입하려고 하는 것은 역선택의 한 사례이다.

24

정답 ③

화폐의 가치척도 기능이란 재화 및 용역의 상대적인 가치관계를 공통적인 화폐 단위로 표시하여 교환의 편의성을 제공하는 화폐의 기능을 말한다.

25

정답 ②

소득증가 비율보다 X재 구입량의 증가율이 더 작으므로 X재는 필수재이다.

IT

11	12	13	14	15	16	17	18	19	20
③	③	①	①	④	③	④	④	⑤	①
21	22	23	24	25					
④	②	④	③	⑤					

11

정답 ③

제시문은 SSD(Solid State Driv)에 대한 설명이다. HDD는 플래터와 헤드를 이용해 데이터를 저장하는 기존 방식의 하드웨어로 고속으로 디스크를 회전시켜 저장하는 방식으로 충격에 약하며 소음이 발생한다. 이러한 HDD의 단점을 보완한 SSD의 사용이 증가하고 있다.

12

정답 ③

진리표를 나타내면 다음과 같다.

구분	A	B	C	OUT
1	0	0	0	1
2	1	0	0	1
3	0	1	0	1
4	0	0	1	0
5	1	1	0	1
6	1	0	1	1
7	0	1	1	0
8	1	1	1	0

B=0, C=1인 경우는 진리표의 4번과 6번이다. A가 0일 때 결과는 0이고, A가 1일 때 결과는 1이므로 결과는 A에 따라 가변이다.

오답분석

① A=0, B=0인 경우는 진리표의 1번과 4번이다. 각각의 결과는 C값에 따라 1과 0 두 가지이다.
② A=1, B=0인 경우는 진리표의 2번과 6번이다. 결과는 C값에 관계없이 1이다.
④ A=0, C=1인 경우는 진리표의 4번과 7번이다. 결과는 B값에 관계없이 0이다.
⑤ A=B=C=0인 경우는 진리표의 1번의 경우이며, 이때 결과는 1이다.

13

정답 ①

ㄱ. API 방식 : 응용프로그램 서버 내 암복호화 모듈을 설치하여 암복호화를 수행하는 방식으로, DB 서버의 부하 발생 가능성이 낮고, AP 서버의 부하 발생 가능성이 높다.

ㄴ. TDE 방식 : DBMS에 내장 또는 옵션으로 제공되는 암복호화 기능을 이용하는 방식으로, DBMS를 새로 도입하는 경우 고려해 볼 수 있다.

ㄷ. 플러그인 방식 : 암복호화 모듈을 DB 서버 내 설치하여 암복호화를 수행하는 방식으로, DB 서버의 부하가 발생할 수 있다.

14

정답 ①

RAID는 여러 개의 하드디스크가 있을 때 동일한 데이터를 다른 위치에 중복해서 저장하는 기술로, 하드디스크의 모음뿐만 아니라 자동으로 복제해 백업 정책을 구현한다.

15

정답 ④

ㄱ. 기계어

ㄴ. 어셈블리어

오답분석

- 인터프리터 언어 : 유사 코드를 이용하여 쓰인 언어로서, 인터프리터에 의해 통역되어 계산기를 제어한다.
- 컴파일러 언어 : 고급언어로 쓰인 프로그램을 즉시 실행될 수 있는 형태의 프로그램으로 바꾸어 주는 번역 프로그램이다.

16

정답 ③

오답분석

① 오프라인 시스템 : 컴퓨터가 통신 회선 없이 사람을 통하여 자료를 처리하는 시스템이다.

② 일괄 처리 시스템 : 데이터를 일정량 또는 일정 기간 모아서 한꺼번에 처리하는 시스템이다.

④ 분산 시스템 : 여러 대의 컴퓨터를 통신망으로 연결하여, 작업과 자원을 분산시켜 처리하는 시스템이다.

⑤ 실시간 시스템 : 실시간 장치로 시스템을 계속 감시하여, 장치의 상태가 바뀔 때 그와 동시에 제어동작을 구동시키는 시스템이다.

17

정답 ④

ㄱ. 블록 암호 알고리즘

ㄴ. 스트림 암호 알고리즘

오답분석

- 공개키 암호 알고리즘 : 송신자와 수신자가 다른 키를 사용하는 알고리즘으로 인증 등의 다양한 분야에 활용할 수 있는 장점과 암호화 시간이 느린 단점이 있다. RSA, 엘가말, EOC 등이 대표적이다.

18

정답 ④

순수 관계 연산자

셀렉트(Select), 조인(Join), 프로젝트(Project), 디비전(Division)

19

정답 ⑤

VSAM 파일(Virtual Storage Access Method File)은 오버플로 구역을 두지 않고 미리 예비 구역(Virtual Storage)을 두어 삽입이 일어나게 되면 예비 구역을 사용하는 방식이다.

20

정답 ①

APT(Advanced Persistent Threat) 공격은 해커가 여러 보안 위협을 만들어 특정 기업 등의 네트워크에 지속적으로 공격을 가하는 것으로 기업 내 직원의 PC를 감염시키고 이를 통해 기업의 데이터베이스 등에 접근하여 정보를 빼간다.

오답분석

② 큐싱(Qshing) : QR코드(Quick Response Code)를 통해 악성 앱을 내려받도록 유도하거나 악성 프로그램을 설치하게 하여 직접 악성코드를 감염시키는 기법이다.

③ 랜섬웨어(Ransom Ware) : 컴퓨터 내 특정 파일을 암호화해 열지 못하게 하고, 이를 인질로 돈을 요구하는 기법이다.

④ Drive by Download 공격 : 보안이 취약한 웹 사이트에 악성코드를 심어놓고 보안패치가 없는 컴퓨터가 웹 서핑만으로도 악성코드에 감염되게 하는 기법이다.

⑤ DDos(디도스) : 여러 대의 공격자를 분산 배치하여 동시에 서비스 거부를 함으로써 시스템이 더 이상 정상적인 서비스를 제공할 수 없도록 하는 기법이다.

21

정답 ④

교착상태의 회피 기법은 예방보다 덜 엄격한 조건을 요구하여, 자원을 좀 더 효율적으로 이용하는 것을 목적으로 한다. 회피 기법에는 '프로세스의 시작 거부'와 '자원 할당의 거부(은행원 알고리즘)' 두 가지가 있다.

22

정답 ②

ㄱ. 데이터 : 객관적인 사실, 과학적인 실험이나 관측 결과로 얻은 수치 등을 의미한다.

ㄴ. 정보 : 데이터를 일정한 규칙에 따라 정리하고 분류하여 체계화한 형태를 의미한다.

ㄷ. 지식 : 수많은 구체화된 정보로부터 일반화된 사항을 의미한다.

23

정답 ④

연속적(Continuous) ARQ 방식에 대한 설명으로, 연속적(Continuous) ARQ 방식은 정지 대기 ARQ의 오버헤드를 줄이기 위하여 연속적으로 데이터 블록을 전송하는 방식이다.

24

정답 ③

오답분석

ㄴ · ㄹ. 주파수 분할 다중화기(FDM)에 대한 특징이다.

25

정답 ⑤

ㄴ. '컴포넌트에 대한 접근 권한을 외부에 제공하지 않아야 한다.'는 Android－JAVA 시큐어 코딩 기법 중 외부에서 접근이 가능한 컴포넌트 공격 대응을 위한 시큐어 코딩 기법이다.

ㄷ. '공유 아이디 설정을 하지 않는다.'는 Android－JAVA 시큐어 코딩 기법 중 공유 아이디에 의한 접근통제 통과 공격 대응을 위한 코딩 기법이다.

- 운영체제 명령어 삽입 공격 대응을 위한 기법 : 웹 인터페이스를 통해 서버 내부로 시스템 명령어를 전달시키지 않도록 응용프로그램을 구성하고, 외부에서 전달되는 값을 검증 없이 시스템 내부 명령어로 사용하지 않는다.
- 위험한 형식의 파일 업로드 공격 대응을 위한 기법 : 화이트리스트 방식으로 허용된 확장자만 업로드를 허용한다.

NH농협은행 6급 필기전형

제3회 모의고사 정답 및 해설

제1영역 직무능력평가

01	02	03	04	05	06	07	08	09	10	11	12	13	14	15	16	17	18	19	20
③	②	②	③	②	③	③	②	②	①	②	③	③	④	①	⑤	④	①	③	③
21	22	23	24	25	26	27	28	29	30	31	32	33	34	35	36	37	38	39	40
④	②	④	②	②	②	②	③	②	⑤	④	③	③	④	④	②	⑤	⑤	③	④
41	42	43	44	45															
④	③	④	③	①															

01

정답 ③

제시문은 주식에 투자할 때 나타나는 비체계적 위험과 체계적 위험에 대해 각각 설명하고, 이러한 위험에 대응하는 방법도 함께 설명하고 있다. 따라시 글의 제목으로 가장 적절한 것은 ③이다.

02

정답 ②

제74조 제4항에 따라 재산명시절차의 관할법원으로부터 조회를 받은 공공기관은 정당한 사유 없이 조회를 거부하지 못한다. 즉, 정당한 사유가 있다면 조회를 거부할 수 있으므로 옳은 판단이다.

오답분석

① 제74조 제1항에 따라 재산명시절차의 관할법원은 재산명시를 신청한 채권자의 신청에 따라 공공기관·금융기관 등에 채무자 명의의 재산에 관하여 조회할 수 있다. 즉, 관할법원은 직권이 아닌 채권자의 신청이 있어야 금융기관에 甲 명의의 재산에 관해 조회할 수 있다.
③ 제76조 제1항에 따라 누구든지 재산조회의 결과를 강제집행 외의 목적으로 사용해서는 안 된다. 따라서 채권자 丙은 채무자 乙의 재산조회 결과를 강제집행 외의 목적으로 사용할 수 없다.
④ 제74조 제5항에 따라 조회를 받은 기관 등의 장이 정당한 사유 없이 자료 제출을 거부할 경우 법원의 결정으로 500만 원 이하의 과태료에 처한다. 즉, 벌금이 아닌 과태료이므로 옳지 않다. 한편, 500만 원 이하의 벌금형은 재산조회의 결과를 강제집행 외의 목적으로 사용한 경우에 해당한다.
⑤ 제74조 제2항에 따라 채권자가 채무자 명의의 재산에 관한 조회를 신청할 경우 조회에 드는 비용을 미리 내야 한다. 따라서 채권자 丁은 재산조회가 종료된 후가 아닌 재산조회를 신청할 때 비용을 납부해야 한다.

03

정답 ②

첫 번째로 최근 행동주의펀드가 기업의 주가에 영향을 미치고 있다는 내용을 필두로 하여 행동주의펀드가 어떻게 기업에 그 영향을 미치는지에 대해 서술하는 (나) 문단이 와야 하고, 다음에는 이에 대한 대표적인 사례를 서술하는 (가) 문단이 이어지는 것이 적절하다. (다) 문단의 내용을 살펴보면 일부 은행에서는 A자산운용의 제안을 수락했고, 특정 은행에서는 이를 거부했다는 내용을 언급하고 있으므로 해당 제안에 대한 구체적인 내용을 다루고 있는 (라) 문단이 먼저 오는 것이 더 자연스럽다. 따라서 (나) – (가) – (라) – (다) 순으로 나열하는 것이 적절하다.

04

정답 ③

(나)의 설립 목적은 신발을 신지 못한 채 살아가는 아이들을 돕기 위한 것이었고, 이러한 설립 목적은 가난으로 고통받는 제3세계의 아이들이라는 코즈(Cause)와 연계되어 소비자들은 제품 구매 시 만족감과 충족감을 얻을 수 있었다.

오답분석

①·⑤ 코즈 마케팅은 기업이 추구하는 사익과 사회가 추구하는 공익을 동시에 얻는 것을 목표로 하므로 기업의 실익을 얻으면서 공익과의 접점을 찾는 마케팅 기법으로 볼 수 있다.

②·④ 코즈 마케팅은 기업의 노력에 대한 소비자의 호의적인 반응과 그로 인한 기업의 이미지가 제품 구매에 영향을 미친다. 즉, 기업과 소비자의 관계가 중요한 역할을 하므로 소비자의 공감을 얻어낼 수 있어야 성공적으로 적용할 수 있다.

05

정답 ②

마지막 문단에서 '미래의 어느 시점에 그 진술을 입증 또는 반증하는 증거가 나타날 여지가 있다면 그 진술은 유의미하다.'라는 문장을 통해 반증할 수 있는 인과 진술 역시 유의미한 진술임을 알 수 있다.

오답분석

① 네 번째 문단에 따르면 관련 법칙과 자료를 모르거나 틀린 법칙을 썼다고 해서 인과 진술이 무의미하다고 주장할 수는 없다.

③ 첫 번째 문단에 따르면 '사건 X는 사건 Y의 원인이다.'라는 진술은 '사건 X는 사건 Y보다 먼저 일어났고, X로부터 Y를 예측할 수 있다.'를 뜻한다. 즉, 먼저 일어난 사건이 항상 원인이 된다.

④ 마지막 문단에 따르면 미래의 어느 시점에 그 진술을 입증 또는 반증하는 증거가 나타날 여지가 있다면 그 진술은 유의미하다.

⑤ 네 번째 문단에 따르면 관련 법칙과 자료를 지금 모두 알 수 없다 하더라도 우리는 여전히 유의미하게 인과 관계를 주장할 수 있다.

06

정답 ③

ㄱ. 'C는 D의 원인이다.'는 C로부터 D를 논리적으로 도출하기 위해 사용한 자료와 법칙이 모두 참이므로 유의미한 진술이다. 'A는 B의 원인이다.'의 경우 거짓 법칙과 자료를 사용하였지만, 거짓 법칙을 써서라도 A로부터 B를 논리적으로 도출할 수 있다면 이는 유의미한 진술이다.

ㄷ. 참인 법칙과 자료로부터 논리적으로 도출한 진술이므로 참된 진술로 입증될 수 있다.

오답분석

ㄴ. 진술이 참된 진술로 입증되려면 참인 법칙과 자료로부터 논리적으로 도출할 수 있어야 한다. 그러나 병호가 A로부터 B를 논리적으로 도출하기 위해 사용한 법칙과 자료는 거짓이므로 병호의 진술이 참인지 거짓인지는 판단할 수 없다.

07

정답 ③

제2항 제1호에 따르면 휴직 기간 만료로 퇴직한 경력직공무원을 퇴직한 날로부터 3년 이내에 퇴직 시에 재직한 직급의 경력직공무원으로 재임용하는 경우 경력경쟁채용시험을 통해 채용할 수 있다. 즉, 퇴직한 날로부터 3년 이내에 재임용되는 경우이므로 퇴직한 지 6년이 지난 C씨는 경력경쟁채용시험 대상자에 해당하지 않는다.

08

정답 ②

제시문의 핵심 논점은 첫 번째 문단의 끝에서 '제로섬(Zero-sum)적인 요소를 지니는 경제 문제'와 두 번째 문단의 끝에서 '우리 자신의 수입을 보호하기 위해 경제적 변화가 일어나는 것을 막거나 혹은 사회가 우리에게 손해를 입히는 공공정책이 강제로 시행되는 것을 막기 위해 싸울 것'에 대한 것이다. 제시문은 사회경제적인 총합이 많아지는 정책, 즉 '사회의 총생산량이 많아지게 하는 정책이 좋은 정책'이라는 주장에 대한 비판이라고 할 수 있다.

09

정답 ②

M1의 오류 인쇄물은 50,000×0.05=2,500장이고 M2는 40,000×0.04=1,600장이다.

따라서 $\frac{2,500}{2,500+1,600}\times100 ≒ 60.9\%$이므로 방금 나온 오류 인쇄물이 M1에서 나온 오류 인쇄물일 확률은 61%이다.

10

정답 ①

K씨는 우대금리 조건에 모두 해당하므로 최대 연 0.3%p가 기본금리에 적용되어 최종금리는 2.1+0.3=2.4%이다.
단리식으로 적금에 가입했을 때와 연 복리식으로 적금에 가입했을 때의 이자를 계산하면 다음과 같다.

- 단리 적금 이자 : $200,000\times\frac{12\times13}{2}\times\frac{0.024}{12}=31,200$원
- 연 복리 적금 이자 : $200,000\times\frac{1.024^{\frac{1}{12}}\times(1.024^{\frac{12}{12}}-1)}{1.024^{\frac{1}{12}}-1}-200,000\times12=200,000\times\frac{1.0019\times0.024}{0.0019}-2,400,000$

  $≒2,531,116-2,400,000=131,116$원

따라서 단리식으로 적금에 가입할 경우 연 복리식으로 가입할 때보다 131,116−31,200≒99,900원 손해이다.

11

정답 ②

180일(6개월) 후에 해지했으므로 연 단리 예금의 이자는 $5,000,000\times0.018\times\frac{6}{12}=45,000$원이다.

따라서 수령할 총금액은 5,000,000+45,000=5,045,000원이다.

12

정답 ③

첫 번째 명제의 대우와 두 번째 명제를 정리하면 '모든 학생 → 국어 수업 → 수학 수업'이 되어 '모든 학생은 국어 수업과 수학 수업을 듣는다.'가 성립한다. 세 번째 명제에서 수학 수업을 듣는 '어떤' 학생들이 영어 수업을 듣는다고 했으므로, '어떤 학생들은 국어, 수학, 영어 수업을 듣는다.'는 참이다.

13

정답 ③

'책상을 정리한다.'를 A, '업무 효율이 높아진다.'를 B, '지각을 한다.'를 C라고 하면 첫 번째 명제는 A → B, 두 번째 명제는 ~C → A이다. 삼단논법에 따라 ~C → A → B가 성립하므로 빈칸에는 ~C → B나 ~B → C가 들어가야 한다. 따라서 빈칸에 들어갈 명제는 '지각을 하지 않으면 업무 효율이 높아진다.'이다.

14

정답 ④

먼저 네 번째 조건에 따라 마 지사장은 D지사에 근무하며 다섯 번째 조건에 따라 바 지사장은 본사와 두 번째로 가까운 B지사에 근무하는 것을 알 수 있다. 다 지사장은 D지사에 근무하는 마 지사장 바로 옆 지사에 근무하지 않는다는 두 번째 조건에 따라 C 또는 E지사에 근무할 수 없다. 이때, 다 지사장은 나 지사장과 나란히 근무해야 하므로 F지사에 다 지사장이, E지사에 나 지사장이 근무하는 것을 알 수 있다. 마지막으로 라 지사장이 가 지사장보다 본사에 가깝게 근무한다는 세 번째 조건에 따라 라 지사장이 A지사에, 가 지사장이 C지사에 근무하게 된다. 이를 정리하면 다음과 같다.

본사	A	B	C	D	E	F
	라	바	가	마	나	다

따라서 A~F지사로 발령받은 지사장을 순서대로 나열하면 '라 – 바 – 가 – 마 – 나 – 다'이다.

15

정답 ①

D의 진술에 대한 A와 C의 진술이 상반되므로 둘 중 1명이 거짓을 말하고 있음을 알 수 있다.

i) C의 진술이 거짓인 경우 : C와 D 2명의 진술이 거짓이 되므로 성립하지 않는다.

ii) A의 진술이 거짓인 경우 : B, C, D, E의 진술이 모두 참이 되며, 사탕을 먹은 사람은 A이다.

따라서 거짓을 말하는 사람은 A이다.

16

정답 ⑤

거짓을 말하는 사람을 빠르게 찾기 위해서는 모순 관계에 있는 진술을 찾는 것이 중요하다.

C와 D의 진술이 모순되므로 2명 중 1명이 거짓을 말하고 나머지 1명의 말이 참인 것을 알 수 있다. 이때, 거짓을 말하는 사람은 1명이기 때문에 A의 말이 참이 되어 C의 말도 참이 되므로 D의 말이 거짓이 된다. 따라서 A는 홍보, C는 섭외, E는 예산을 담당하고, D의 말은 항상 거짓이므로 '구매' 담당은 B가 되며, D는 '기획'을 맡게 된다.

17

정답 ④

오답분석

① 재질이 티타늄, 용도가 일반이므로 옳지 않다.
② 용도가 선박이므로 옳지 않다.
③ 재질이 크롬 도금, 직경이 12mm이므로 옳지 않다.
⑤ 재질이 티타늄, 직경이 12mm이므로 옳지 않다.

18

정답 ①

ㄱ. 자체 재원조달금액 중 국내투자에 사용되는 금액이 차지하는 비중은 $\frac{2,682}{4,025}\times100≒66.6\%$이므로 옳은 설명이다.

ㄴ. 해외재원은 국내투자와 해외투자로 양분되나 국내투자분이 없으므로 옳은 설명이다.

오답분석

ㄷ. 국내재원 중 정부조달금액이 차지하는 비중은 $\frac{2,288}{6,669}\times100≒34.3\%$이므로 40% 미만이다.

ㄹ. 국내재원 중 해외투자금액 대비 국내투자금액의 비율은 $\frac{5,096}{1,573}\times100≒323.9\%$이므로 3배 이상이다.

19

정답 ③

2021년 직장 어린이집의 교직원 수는 3,214명이고 2024년 직장 어린이집의 교직원 수는 5,016명이다.

따라서 2021년 대비 2024년 직장 어린이집 교직원 수의 증가율은 $\frac{5,016-3,214}{3,214}\times100≒56\%$이다.

20

정답 ③

10대 품목 수출액을 총 수출액 대비 비중으로 나누고 100을 곱하여 연도별 총 수출액을 구하면 다음과 같다.

- 2020년 : $327,762\times\frac{100}{58.6}≒559,321$백만 달러
- 2021년 : $335,363\times\frac{100}{58.6}≒572,292$백만 달러
- 2022년 : $305,586\times\frac{100}{58}≒526,872$백만 달러
- 2023년 : $276,513\times\frac{100}{55.8}≒495,543$백만 달러
- 2024년 : $337,345\times\frac{100}{59}≒571,771$백만 달러

따라서 총 수출액이 두 번째로 적은 연도는 2022년이다.

21

정답 ④

ㄷ. 4월에는 유로/달러 환율이 1월보다 상승하였다.

ㄹ. 3월 대비 4월에 유로/달러 환율이 하락하였으므로 동생을 만나러 유럽에서 미국으로 가는 B는 3월보다 4월에 가는 것이 더 경제적이다.

오답분석

ㄱ. 4월보다 5월에 원/달러 환율은 전월 대비 증가하여 원화 가치가 하락했기 때문에 5월의 송금이 4월보다 경제적이지 않다.

ㄴ. 2월부터 5월까지 유로/달러 환율은 '증가－증가－감소－증가'하고, 엔/달러 환율은 '감소－증가－증가－감소'하므로 증감 추이는 동일하지 않다.

22

정답 ②

ㄱ. 온라인 도박 경험이 있다고 응답한 사람은 59＋16＋8＝83명이다.

ㄷ. 온라인 도박 경험이 있다고 응답한 사람 중 오프라인 도박 경험이 있다고 응답한 사람의 비중은 $\frac{8}{83}\times 100 \fallingdotseq 10\%$이고, 전체 응답자 중 오프라인 도박 경험이 있다고 응답한 사람의 비중은 $\frac{16}{500}\times 100=3.2\%$이다. 따라서 옳은 내용이다.

오답분석

ㄴ. 오프라인 도박에 대해 '경험은 없으나 충동을 느낀 적이 있음'으로 응답한 사람은 21＋25＋16＝62명이므로 전체 응답자 500명의 10%인 50명을 초과한다. 따라서 옳지 않은 내용이다.

ㄹ. 온라인 도박과 오프라인 도박 모두에 대해 '경험이 없고 충동을 느낀 적도 없음'으로 응답한 사람이 250명, 즉 50%를 나타내고 있다. 그런데 온라인 도박에 대해 이같이 응답한 사람은 이보다 23명이 많으므로 당연히 전체 응답자에서 차지하는 비중은 50%를 넘는다. 따라서 옳지 않은 내용이다.

23

정답 ④

제시된 자료에서 '상품혜택'의 빈칸에 해당하는 요소들을 관계식으로 나타내면 (최대소득공제한도)×(예상세율)＝(최대절세효과)이며, 이에 따라 빈칸 (가), (나), (다)에 들어갈 내용을 관계식에 대입하여 구하면 다음과 같다.

- (가)
  - $(가)\times 0.066=330{,}000 \rightarrow (가)=\frac{330{,}000}{0.066}=5{,}000{,}000$원
  - $(가)\times 0.165=825{,}000 \rightarrow (가)=\frac{825{,}000}{0.165}=5{,}000{,}000$원
- (나) : $3{,}000{,}000\times 0.165=495{,}000$원 ~ $3{,}000{,}000\times 0.385=1{,}155{,}000$원
- (다) : $\frac{770{,}000}{2{,}000{,}000}\times 100=38.5\% \sim \frac{924{,}000}{2{,}000{,}000}\times 100=46.2\%$

따라서 빈칸에 들어갈 알맞은 내용은 (가)는 500만 원, (나)는 495,000 ~ 1,155,000원, (다)는 38.5 ~ 46.2%이다.

24

정답 ②

13 ~ 18세의 청소년이 가장 많이 고민하는 문제는 53.1%로 공부(성적, 적성)이고, 19 ~ 24세는 38.7%로 직업이 첫 번째이고, 16.2%로 공부가 두 번째이다. 따라서 바르게 나열한 것은 ②이다.

25

정답 ②

2023년에 서울과 경남의 등락률이 상승했고, 2022년에 제주의 등락률이 상승했다.

오답분석

① 2021년부터 부산의 등락률은 2.4%p → 1.5%p → 1.3%p → 0.8%p로 하락하고 있다.

③ 2021년에 경남은 제주의 1.2%p에 이어 1.9%p로 등락률이 두 번째로 낮다.

④ 2023년에 등락률이 가장 높은 곳은 1.6%p인 서울이다.

⑤ 2024년에 충북은 등락률이 －0.1%p로 가장 낮다.

26

정답 ②

국내 금융기관에 대한 SWOT 분석 결과를 정리하면 다음과 같다.

강점(Strength)	약점(Weakness)
• 높은 국내 시장 지배력 • 우수한 자산건전성 • 뛰어난 위기 관리 역량	• 은행과 이자 수익에 편중된 수익구조 • 취약한 해외 비즈니스와 글로벌 경쟁력
기회(Opportunities)	**위협(Threats)**
• 해외 금융시장 진출 확대 • 기술 발달에 따른 핀테크의 등장 • IT 인프라를 활용한 새로운 수익 창출	• 새로운 금융서비스의 등장 • 글로벌 금융기관과의 경쟁 심화

ㄱ. SO전략은 강점을 살려 기회를 포착하는 전략으로, 강점인 국내 시장 점유율을 기반으로 핀테크 사업에 진출하려는 ㄱ은 적절한 SO전략으로 볼 수 있다.

ㄷ. ST전략은 강점을 살려 위협을 회피하는 전략으로, 강점인 우수한 자산건전성을 강조하여 글로벌 금융기관과의 경쟁에서 우위를 차지하려는 ㄷ은 적절한 ST전략으로 볼 수 있다.

오답분석

ㄴ. WO전략은 약점을 보완하여 기회를 포착하는 전략이다. 그러나 위기 관리 역량은 이미 국내 금융기관이 지니고 있는 강점에 해당하므로 WO전략으로 적절하지 않다.

ㄹ. WT전략은 약점을 보완하며 위협을 회피하는 전략이다. 그러나 해외 비즈니스 역량을 강화하여 해외 금융시장에 진출하는 것은 약점을 보완하여 기회를 포착하는 WO전략에 해당한다.

27

정답 ②

8월 10일에 B부서의 과장이 연차이지만 마지막 조건에 따라 B부서와 C부서의 과장은 워크숍에 참여하지 않는다. 따라서 워크숍 기간으로 적절한 기간은 8월 9 ~ 10일이다.

오답분석

① 부사장의 외부 일정으로 불가능하다.
③ 일요일(8월 15일)은 워크숍 일정에 들어갈 수 없다.
④ 8월 19일은 회식 전날이므로 불가능하다.
⑤ 8월 31일은 부사장 외부 일정이 있으므로 불가능하다.

28

정답 ③

ㄴ. 경징계 총 건수는 $3+174+170+160+6=513$건이고, 중징계 총 건수는 $25+48+53+40+5=171$건으로 전체 징계 건수는 $513+171=684$건이다. 따라서 전체 징계 건수 중 경징계 총 건수의 비율은 $\frac{513}{684}\times 100=75\%$로 70% 이상이다.

ㄷ. 징계 사유 D로 인한 징계 건수 중 중징계 건수의 비율은 $\frac{40}{160+40}\times 100=20\%$이다.

오답분석

ㄱ. 경징계 총 건수는 $3+174+170+160+6=513$건이고, 중징계 총 건수는 $25+48+53+40+5=171$건으로 경징계 총 건수는 중징계 총 건수의 $\frac{513}{171}=3$배이다.

ㄹ. 전체 징계 사유 중 C가 총 $170+53=223$건으로 가장 많다.

29

정답 ②

항목별 환산점수 방법에 따라 점수를 부여하면 다음과 같다.

(단위 : 점)

구분	ⓐ 대상연령	ⓑ 입금가능금액	ⓒ 만기이자율	ⓓ 이자율 차이	ⓔ 만기기간	ⓕ 만족도
A적금	4	2	4	4−1=3	2	2
B적금	5	5	1	2.5−1=1.5	3	2
C적금	1	1	5	5−2=3	3	3
D적금	2	3	3	3.5−0.5=3	2	1
E적금	3	4	2	3−1=2	3	3

- A적금 : 4+2+4+3+2+2=17점
- B적금 : 5+5+1+1.5+3+2=17.5점
- C적금 : 1+1+5+3+3+3=16점
- D적금 : 2+3+3+3+2+1=14점
- E적금 : 3+4+2+2+3+3=17점

따라서 환산점수의 합이 가장 높은 적금상품은 B적금이다.

30

정답 ⑤

만 35세이므로 C적금은 제외되고, 만기기간이 짧은 상품은 2년 만기인 B, E적금이며 두 적금 모두 만족도는 보통 이상이다. 따라서 두 적금 중 만기이자율이 더 높은 E적금(3%)이 고객에게 가장 적절하다.

31

정답 ④

대리와 과장이 2박 3일간 부산 출장을 다녀와서 받을 수 있는 출장비는 다음과 같다.

- 일비 : (30,000×3)+(50,000×3)=240,000원
- 교통비 : (3,200×2)+(121,800×2)+10,300=260,300원
- 숙박비 : (120,000×2)+(150,000×2)=540,000원
- 식비 : (8,000×3×3)+(10,000×3×3)=162,000원

따라서 총 출장비는 240,000+260,300+540,000+162,000=1,202,300원이다.

32

정답 ③

사원 2명과 대리 1명이 1박 2일간 강릉 출장을 다녀와서 받을 수 있는 출장비는 다음과 같다.

- 일비 : (20,000×2×2)+(30,000×2)=140,000원
- 교통비 : 0원(자가용 이용)
- 숙박비 : (80,000×3)=240,000원
- 식비 : (6,000×3×2×2)+(8,000×3×2)=120,000원

따라서 총 출장비는 140,000+240,000+120,000=500,000원이다.

33

정답 ③

2023년 3월 2일에 입사하였으므로 현재 기준 입사 1년 차에 해당하고, 2025년 3월 2일부터 입사 2년 차에 해당한다.
입사 2년 차 미만이므로 명절상여금은 못 받고, 여름 휴가비용은 상반기 기간에 해당이 안 된다. 또한 자녀학자금도 과장 이상이 아니므로 제외된다. 따라서 혜택은 경조사비, 문화생활비, 자기계발비, 출산축하금을 급여와 함께 받을 수 있다.

- 경조사비 : 경조사일이 속한 달의 다음 달 급여에 지급되므로 1월 급여에 주임 직급의 금액으로 지급(200,000원)
- 문화생활비 : 입사일이 속한 달에 지급되므로 3월에 지급(100,000원)
- 자기계발비 : 3월 주임 직급에 해당하는 금액만큼 지급(300,000원)
- 출산축하금 : 6월에 타 회사 근무 중인 아내가 첫 아이를 출산하므로 남성 출산축하금 지급(2,000,000원)

월급여는 2025년 1～4월에는 직급이 주임으로 320만 원을 받고, 5～6월에는 대리로 진급하므로 350만 원을 받는다.
따라서 복지 혜택까지 포함된 A주임의 상반기 총급여는 $320\times4+350\times2+20+10+30+200=2,240$만 원이다.

34

정답 ④

33번에서 추가되는 복지 혜택은 1월 명절상여금으로 입사 1년 차 주임 직급 월급여의 5%인 $320\times0.05=16$만 원이다. 경조사비는 20만 원으로 동일하며, 문화생활비와 자기계발비(사원만 가능)가 없어지고, 출산축하금은 300만 원이다.
따라서 상반기에 복지 혜택까지 포함된 A주임의 총급여는 $320\times4+350\times2+16+20+300=2,316$만 원이다.

35

정답 ④

비대면으로 신규 가입한 계좌는 만기자동해지의 신청 없이 만기일에 자동해지되어 근거계좌인 N은행 출금계좌로 입금된다.

오답분석

① 경과월수가 11개월일 때 중도해지할 경우 연이율은 $4\%\times90\%\times11\div12=$연 3.3%이다.
② 청년도약플러스적금은 1인 1계좌 상품이다.
③ 청년도약플러스적금은 모바일 앱인 N뱅킹으로 가입할 수 있다.
⑤ 입금일 다음 날부터 해지월 입금해당일까지의 월수는 경과월수에 해당하고, 계약월수는 신규일 다음 날로부터 만기월 신규해당일까지의 월수이다.

36

정답 ②

우대이율은 만기해지 시 계약기간 동안 적용되므로 A와 B 모두 적용되지 않는다. 그러므로 중도해지이율에 따른 A와 B의 연이율을 구하면 다음과 같다.

- A : $4\%\times70\%\times8\div12\fallingdotseq1.86\%$(소수점 셋째 자리에서 절사)
- B : $4\%\times50\%\times4\div12\fallingdotseq0.66\%$(소수점 셋째 자리에서 절사)

따라서 A와 B의 연이율 차이는 $1.86-0.66=1.2\%$p이다.

37

정답 ⑤

ㄷ. 원화 2천만 원이 넘는 거래라고 하더라도 금융자산이 불법재산이거나 금융거래 상대방이 자금세탁행위를 하고 있다고 의심할 만한 합당한 근거가 없다면 혐의거래보고를 할 의무는 없다.
ㄹ. 혐의거래보고는 금융정보분석원에 하는 것이므로 검찰청에 제출하는 것은 의무사항이 아니다.
ㅁ. 혐의거래 중 거래액이 보고대상 기준금액(원화 2천만 원 또는 외화 1만 달러) 미만인 경우에 금융기관은 이를 자율적으로 보고할 수 있다고 하였으므로 의무사항이 아니다.

오답분석

ㄱ. 원화 2천만 원 이상의 거래로서 금융재산이 불법재산이라고 의심할 만한 합당한 근거가 있는 경우에는 의무적으로 혐의거래보고를 해야 한다.
ㄴ. 범죄수익 또는 자금세탁행위를 알게 되어 수사기관에 신고한 경우에는 의무적으로 금융정보분석원에 혐의거래보고를 해야 한다.

38

정답 ⑤

2024년 남성 공무원 비율은 70.3%, 여성 공무원 비율은 29.7%이며, 차이는 70.3−29.7=40.6%p로, 40%p 이상이다.

오답분석

① 2019년 이후 여성 공무원 수는 매년 증가하고 있다.
② 2022년 전체 공무원 수는 2,755백 명으로, 2021년 전체 공무원 수 2,750백 명에서 증가하였다.
③ 2023년 남성 공무원 수는 2,780−820=1,960백 명이다.
④ 2024년 여성 공무원 비율은 2019년 비율보다 29.7−26.5=3.2%p 증가했다.

39

정답 ③

2020년 보통우표와 기념우표 발행 수의 차이는 1,670−430=1,240십만 장으로 가장 크다.

오답분석

① 2020년부터 2024년까지 우표 발행 수의 증감 추이는 보통우표가 '감소 – 감소 – 증가 – 감소'이고, 기념우표가 '증가 – 감소 – 감소 – 증가'로 같지 않다.
② 기념우표는 2023년에, 나만의 우표는 2024년에 발행 수가 가장 적다.
④ 2022년 전체 발행 수에서 나만의 우표가 차지하고 있는 비율은 $\frac{30}{1,200}\times 100=2.5$%로 3% 미만이다.
⑤ 2020년 대비 2024년 나만의 우표 발행 수의 감소율은 $\frac{50-10}{50}\times 100=80$%이다.

40

정답 ④

추가근무 계획표를 요일별로 정리하면 다음과 같다.

월	화	수	목	금	토	일
김혜정 정해리 정지원	이지호 이승기 최명진	김재건 신혜선	박주환 신혜선 정지원 김우석 이상엽	김혜정 김유미 차지수	이설희 임유진 김유미	임유진 한예리 이상엽

위와 같이 목요일 추가근무자가 5명임을 알 수 있다. 또한 목요일 추가근무자 중 단 1명만 추가근무 일정을 바꿔야 한다면 목요일 6시간과 일요일 3시간 일정으로 6+(3×1.5)=10.5시간을 근무하는 이상엽의 일정을 바꿔야 한다. 따라서 규칙에 어긋난 요일은 목요일이며, 이상엽의 일정을 수정해야 한다.

41

정답 ④

- 일비 : 하루에 10만 원씩 지급 → 100,000×3=300,000원
- 숙박비 : 실비 지급 → B호텔 2박 → 250,000×2=500,000원
- 식비 : 8～9일까지는 3식이고 10일에는 점심 기내식을 제외하여 아침만 포함
  → (10,000×3)+(10,000×3)+(10,000×1)=70,000원
- 교통비 : 실비 지급 → 84,000+10,000+16,300+17,000+89,000=216,300원

따라서 N차장이 받을 수 있는 여비는 300,000+500,000+70,000+216,300=1,086,300원이다.

42

정답 ③

밴쿠버 지사에 메일이 도착했을 때 밴쿠버 현지 시각은 4월 22일 오전 12시 15분이지만, 업무 시간이 아니므로 메일을 읽을 수 없다. 그러므로 밴쿠버 지사에서 가장 빠르게 읽을 수 있는 시각은 전력 점검이 끝난 4월 22일 오전 10시 15분이다. 모스크바는 밴쿠버와 10시간의 시차가 있으므로 이때 모스크바 현지 시각은 4월 22일 오후 8시 15분이다.

43

정답 ④

여러 값을 출력하려면 print 함수에서 쉼표로 구분해 주면 된다. 따라서 1 다음에 공백이 하나 있고 2가 출력되고, 공백 다음에 3이 출력되고, 공백 다음에 4가 출력되고, 공백 다음에 5가 출력되므로 1 2 3 4 5가 출력된다.

44

정답 ③

「=RANK(순위를 구하려는 수,목록의 배열 또는 셀 주소,순위를 정할 방법을 지정하는 수)」로 표시되기 때문에 「=RANK(C5,C2:C6)」가 옳다.

45

정답 ①

'ary[3]'으로 크기가 3인 배열을 설정하고 반복 명령문을 설정하기 위해 i=0을 설정한다. 그 후에 크기가 3인 배열의 각 변수를 설정하고 for 반복 명령문으로 '++' 증감 연산자를 이용하여 i<3 까지 반복한다.

printf 명령어를 통해 첫 번째 변수는 'i+1', 두 번째 변수는 ary[i]를 텍스트와 함께 출력한다.

따라서 배열에 저장된 값은 순서대로 1, 2, 3이고, 반복문 내부에서 i값의 1을 더하고 있으므로 '1,2,3번째 요소'에 저장된 값이 각각 문자열과 함께 한 줄씩 출력된다.

제2영역 직무상식평가

공통

01	02	03	04	05	06	07	08	09	10
⑤	①	③	①	⑤	②	③	②	①	④

01

정답 ⑤

오답분석

① 크립토재킹 : 해커가 몰래 일반인의 PC에 암호화폐 채굴을 위한 악성코드를 설치해 암호화폐를 채굴하도록 만든 후 채굴한 암호화폐를 자신의 전자지갑으로 전송하는 방식의 사이버 범죄 방법을 말한다.

② IT 거버넌스 : 정보 기술(IT) 자원과 정보, 조직을 기업의 경영 전략 및 목표와 연계해 경쟁 우위를 확보할 수 있도록 하는 의사 결정 및 책임에 대한 프레임워크를 말한다.

③ 레그테크 : 규제를 뜻하는 레귤레이션(Regulation)과 기술을 의미하는 테크놀로지(Technology)의 합성어로, 금융회사로 하여금 내부통제와 법규 준수를 용이하게 하는 정보기술을 말한다.

④ 아웃링크 : 검색한 정보를 클릭하면 정보를 제공한 원래의 사이트로 직접 이동하여 검색된 결과도 보여주는 방식을 말한다.

02

정답 ①

㉠ 블록체인이란 다수의 거래 데이터를 묶어 블록을 구성하고, 여러 블록들을 체인처럼 연결한 뒤, 모든 참여자들이 복사하여 분산 저장하는 알고리즘을 말한다. 기존의 금융거래가 은행 등 중간 매개자의 존재를 필요로 했다면, 블록체인 기술은 정보를 모든 참여자가 나누어 저장하므로 중앙 관리자가 필요하지 않다.

㉢ 다수의 참여자들이 동일한 데이터를 분산하여 저장하는 방식이므로, 모든 네트워크가 동시에 공격받지 않는 한, 해킹으로부터 안전하다. 그리고 블록체인에 참여하는 전 세계 모든 네트워크를 일시에 공격하는 것은 매우 큰 전력과 연산처리능력이 필요하므로 사실상 불가능한 일이다.

오답분석

㉡ 블록에 저장된 거래내역은 모든 참여자가 열람할 수 있도록 설계되어 있다. 또한 누락된 정보 등을 검사하기 위해 모든 사용자가 소지하는 거래내역을 비교하고, 오류가 발견되면 정상적인 거래내역을 복제하여 대체하는 방식이다. 이를테면, 블록체인 기술을 이용하는 대표적인 암호화폐인 비트코인은 10분에 한 번씩 블록을 구성하고 거래내역을 검사한다.

㉣ 블록에 기록되는 거래내역은 해시함수(다양한 데이터를 고정된 길이의 데이터로 변환하는 함수)에 의해 암호화되어 저장된다. 만일 해커가 해당 내역을 변조하려고 한다면, 해시값이 변경되어 곧바로 변조 여부를 파악할 수 있다.

㉤ 기존의 거래방식인 서버－클라이언트 구조에서는 서버로 데이터가 집중되기 때문에 서버가 의사결정권한을 가지는 형태였다. 블록체인은 중앙 관리자가 존재하지 않으므로 의사결정에 있어서도 모든 사용자가 참여한다. 특정 거래의 진위 여부, 유효성 등을 판별함에 있어 '작업증명'이라는 방식이 사용되기도 한다. 작업증명이란, 특정한 일련의 연산을 계속 반복함으로서 해당 작업에 참여했음을 증명하는 방식이다. 참여자는 이 대가로 암호화폐를 받게 되고, 이것을 '채굴'이라고 한다.

03

정답 ③

㉠ 싱크 노드(Sink Node) : 베이스 노드(Base Node)라고도 하며, 싱크 노드는 센서 노드와 달리 하드웨어 제약을 받지 않는다.

㉡ 게이트웨이(Gateway) : 현재 사용자가 위치한 네트워크 혹은 세그먼트(Segment)에서 다른 네트워크(인터넷 등)로 이동하기 위해 반드시 거쳐야 하는 거점을 의미한다.

㉢ 센서 노드(Sensor Node) : 물리적인 현상을 관측하기 위한 수집된 센싱과 통신 기능을 가지고 있는 일종의 작은 장치로 무선 센서 네트워크를 구성하는 기본 요소이다.

04

정답 ①

제시문은 GPU(Graphics Processing Unit)에 대한 설명으로, 딥러닝(Deep Learning)에서 다량의 학습 데이터를 신속하게 반복 학습시키기 위해 GPU를 많이 활용하고 있다. 실제로 GPU를 활용하면서 딥러닝(Deep Learning)의 성능 또한 크게 향상되었다.

오답분석

② AI(Artificial Intelligence) : 컴퓨터에서 인간과 같이 사고하고 생각하고 학습하고 판단하는 논리적인 방식을 사용하는 인간의 지능을 본 뜬 고급 컴퓨터 프로그램이다.

③ HDD(Hard Disk Drive) : 자성체로 코팅된 원판형 알루미늄 기판에 자료를 저장할 수 있도록 만든 보조기억장치의 한 종류이다.

④ CPU(Central Processing Unit) : 컴퓨터의 두뇌이자 심장부의 역할을 하는 중앙처리장치로, 다른 모든 장치의 동작을 제어한다. 또한 프로그램 명령을 해독・실행하는 장치, 제어 장치, 연산장치 및 내부 기억장치(레지스터)로 구성되어 있다.

⑤ SSD(Solid State Drive) : 반도체를 이용하여 정보를 저장하는 장치로, 하드디스크드라이브(HDD)에 비하여 속도가 빠르고 기계적 지연이나 실패율, 발열・소음도 적으며, 소형화・경량화할 수 있는 장점이 있다.

05

정답 ⑤

오답분석

① SCM : 제품의 생산과 유통 과정을 하나의 통합망으로 관리하는 경영전략시스템이다.
② ESS : 발전소에서 과잉 생산된 전력을 저장해두었다가 전력이 부족한 시기에 공급할 수 있도록 하는 장치이다.
③ NFC : 10cm 이내의 가까운 거리에서 다양한 무선 데이터를 주고받는 통신 기술이다.
④ TPMS : 타이어에 부착된 자동감지 센서를 통해, 타이어의 공기압과 온도 등의 정보를 제공하는 장치이다.

06

정답 ②

섭테크(Sup Tech)란 감독을 의미하는 'Supervision'과 기술을 의미하는 'Technology'의 합성어로, 감독업무에 기술을 접목시켜 금융감독업무의 효율성을 높인 기술을 말한다.

오답분석

① 핀테크(Fin Tech) : 금융을 의미하는 'Finance'와 기술을 의미하는 'Technology'의 합성어로 금융 관련 IT 기술을 활용하는 기업을 말한다.
③ 애드테크(AD Tech) : 광고를 뜻하는 'AD'와 기술을 의미하는 'Technology'의 합성어로, 빅데이터 등의 정보기술을 광고에 접목시킨 것을 말한다.
④ 블랙테크(Black Tech) : 첨단 기술이지만, 이에 대한 내용이 대중들에게 익히 알려지지 않은 것을 말한다.
⑤ 프롭테크(Prop Tech) : 부동산을 의미하는 'Property'와 기술을 의미하는 'Technology'의 합성어로, 부동산 산업 내 IT 기술이 도입된 것을 말한다.

07

정답 ③

㉢ 개인정보이동권에서 규정한 내용에 따르면 제3자는 개인의 데이터를 활용할 때마다 개인의 동의를 반드시 받아야 한다.
㉣ 개인정보자기결정권에서 규정한 내용에 따르면 개인데이터 보유자는 개인이 요구할 시 개인데이터를 제거해야 한다고 명시되어 있다.

오답분석

㉠ 마이데이터는 정보 객체가 아닌 정보 주체를 주축으로 하여 개인데이터를 맡아 관리하는 행위를 말한다.
㉡ 마이데이터에서 개인의 데이터 공개범위 및 이용범위에 대해서는 개인이 스스로 결정하여야 하며, 이렇게 결정된 데이터를 관리하는 권한을 제3자에게 허용할 수 있다.

08

정답 ②

제시문은 오픈뱅킹에 대한 설명이다. 오픈뱅킹은 OS나 웹브라우저에 관계없이 사용할 수 있는 인터넷뱅킹 서비스이다.

> **오픈뱅킹(Open Banking)**
> 은행이 보유한 결제 기능과 고객 데이터를 타 은행과 핀테크 기업 등 제3자에게 공유하여 이용하도록 허용하는 제도이다. 기존의 인터넷뱅킹 서비스는 윈도우 OS에서 익스플로어가 있어야 했고, 여러 보안 프로그램이 설치되어 있어야 가능했다. 그러나 태블릿PC나 스마트폰의 발전으로 금융환경 변화의 필요성이 대두되었고, 신생 핀테크 기업이 성장하면서 은행의 위기감이 커졌다. 이에 따라 금융서비스를 한 곳에 집중할 수 있는 오픈뱅킹 서비스가 개발되었다.

09

정답 ①

RFID(Radio Frequency IDentification)는 바코드를 대체하고 있는 기술이다. 바코드와는 달리, IC칩은 정보를 읽고 쓰는 것이 가능하여 저장된 정보를 수정하거나 삭제할 수 있다.

10

정답 ④

데이터 3법은 개인정보보호법, 정보통신망법, 신용정보보호법 개정안을 일컫는 것으로 '빅데이터 3법', '데이터경제 3법'이라고도 한다. 데이터 3법은 개인정보보호에 관한 법을 중복 규제 없이 활용할 수 있도록 하기 위해 마련되었다. 개인을 식별하기 어려운 가명정보를 활용하는 것을 목적으로 하며, 이를 활용하여 새로운 서비스나 기술, 제품 등을 개발할 수 있어 기업들이 신사업을 전개할 수 있다. 행정안전부, 금융위원회, 방송통신위원회 등으로 분산된 개인정보보호 감독기관을 통합하기 위해 개인정보보호위원회로 일원화하는 방안은 개인정보보호법 개정안의 내용이다.

데이터 3법의 주요 내용
- 개인정보보호법 개정안
  - 개인정보 관련 개념을 개인정보, 가명정보, 익명정보로 구분하고, 가명정보를 통계 작성 연구, 공익적 기록보존 목적으로 처리할 수 있도록 한다.
  - 가명정보 이용 시 안전장치 및 통제 수단을 마련한다.
  - 행정안전부, 금융위원회, 방송통신위원회 등으로 분산된 개인정보보호 감독기관을 통합하기 위해 개인정보보호위원회로 일원화하며, 개인정보보호위원회는 국무총리 소속 중앙행정기관으로 격상한다.
- 정보통신망법 개정안
  - 정보통신망법에 규정된 개인정보보호 관련 사항을 개인정보보호법으로 이관한다.
  - 온라인상 개인정보보호 관련 규제 및 감독 주체를 방송통신위원회에서 개인정보보호위원회로 변경한다.
- 신용정보보호법 개정안
  - 가명정보 개념을 도입하여 빅데이터 분석 및 이용의 법적 근거를 명확히 한다.
  - 가명정보는 통계작성, 연구, 공익적 기록보존 등을 위해 신용정보 주체의 동의 없이도 이용, 제공할 수 있다.

일반

11	12	13	14	15	16	17	18	19	20
②	⑤	①	⑤	④	②	③	③	⑤	①
21	22	23	24	25					
④	③	③	③	④					

11

정답 ②

스텝업 대출은 시간이 지남에 따라 이자율이 단계적으로 상승하는 대출이다. 대출 초기에는 상대적으로 낮은 이자율로 시작하여 초기 상환 부담을 줄이고 향후 소득 증가를 예상하는 대출자에게 적합할 수 있지만, 장기적으로는 이자 부담이 증가할 수 있다.

오답분석

① 소호 대출 : 소상공인을 대상으로 운영자금 등을 빌려주는 대출이다.
③ 중금리 대출 : 1금융권에서 대출이 어렵고 저축은행 등에서 대출받기에는 신용등급이 높은 사람들을 위한 대출이다.
④ 비상금 대출 : 마이너스 통장과 비슷한 개념의 대출이나 최대 금액을 300만 원 수준으로 제한한 대출이다.
⑤ 버팀목 대출 : 정부가 지원하는 대출로 무주택 세대주, 청년 등을 대상으로 저금리로 전세자금을 빌려주는 대출이다.

12

정답 ⑤

가격하한제는 상품시장보다 노동자 보호를 위해 노동시장에서 더욱 많이 시행된다. 최저임금제가 그 예이다.

오답분석

① 가격하한제는 시장가격이 너무 낮아 공급자가 피해를 볼 가능성이 있을 때 시행하는 제도이다.
② 시장가격보다 높은 가격으로 인해 제품을 대충 만들어도 높은 가격에 팔 수 있거나 낮은 시장가격에 암암리에 판매하는 암시장이 나타날 가능성이 있다.
③ 최저임금제 도입 등으로 노동시장에 인력 유입이 늘어나 노동의 초과공급이 발생하게 된다.
④ 시장가격보다 높은 가격으로 하한가격을 정하여 공급자의 이익을 확보할 수 있다.

13

정답 ①

암묵적임금 계약이론(Implicit Contract)은 실질임금의 경직성에 대한 이론으로 단기적 경기 침체 시 고용량은 민감하게 반응하는 반면 실질임금은 변동하지 않는 현상을 의미한다. 이는 노동자들이 비록 평균보다 약간 낮은 임금이 지급되더라도 확실한 임금을 지급받는 데 동의하는 위험기피적인 성향을 가지고 있고, 기업가들은 노동자들의 소득 변동을 보호하기 위해 일정한 실질임금을 지급하는 데 동의하는 위험중립적인 성향을 가졌다는 전제하에 성립한다. 이렇듯 근로자와 고용주 사이에 경기 변동에 상관없이 안정적 실질임금을 지급하기로 하는 계약은 표면적으로 임금계약이지만, 암묵적으로는 일종의 보험 상품을 제공하는 계약의 성격을 가진다. 하지만 현실적으로는 노동자가 임금의 불안정성보다 고용의 불안정성을 회피할 가능성이 더욱 크기 때문에 소득 변동에 대한 보험을 제공하는 경우에 고용량 변동도 경기 변동에 대해 안정적으로 유지되어야 한다는 비판도 있다.

14

정답 ⑤

예금보험제도는 동일한 종류의 위험을 대비하지만 위험의 정도가 다르기 때문에 금융사들이 내는 예금보험료는 금융회사별로 다르다. 즉, 신용도가 낮은 금융사일수록 요율이 높아진다.

예금보험제도는 예금, 적금, 개인이 가입한 보험 등이 예금보호 대상이며 주식, 펀드와 같은 투자형 상품은 보호 대상이 아니다. 또한 은행, 보험사, 저축은행, 증권사 등은 예금보험제도에 가입해 있지만 새마을금고나 신용협동조합, 지역농협과 수협 등은 예금보험에 가입해 있지 않고 자체 기금으로 예금을 보호한다.

징수된 보험료는 예금보험기금에 적립되고 금융기관에 보험사고가 생겼을 때 예금자 1인당 최대 1억 원까지 보전해 주도록 되어 있다. 보호 금액은 동일한 금융기관 내에서 1인이 보호받을 수 있는 총금액이므로 금융기관을 분할하여 가입 시 각각 보호받을 수 있다.

예금보험은 예금자를 보호하기 위해 법에 의해 운영되는 공적보험이기 때문에 금융기관이 납부한 예금보험료만으로 예금을 대신 지급할 재원이 부족할 경우에는 예금보험공사가 직접 채권(예금보험기금채권)을 발행하는 방법을 통해 재원을 조성하게 된다.

이 제도는 금융기관이 파산하더라도 사후적인 예금의 지급보증을 통해 대량예금인출(Bank Run)에 따른 금융기관의 연쇄도산을 방지함으로써 사전적으로 금융제도의 안정성을 제고하는 데 그 목적이 있다.

15

정답 ④

오답분석

① 10분위분배율$=\dfrac{\text{최하위 40\% 소득계층의 소득}}{\text{최상위 20\% 소득계층의 소득}}$

$$=\frac{12\%}{(100-52)\%}=\frac{1}{4}$$

② 지니계수는 A면적을 삼각형 OCP 면적(A+B)으로 나눈 값이다.

즉, $\dfrac{\text{A면적}}{\triangle\text{OCP면적}}=\dfrac{A}{A+B}$의 값이 지니계수이다.

③ 중산층 붕괴 시 A의 면적은 증가하고, B의 면적은 감소한다.

⑤ 미국의 서브프라임모기지 사태는 로렌츠곡선을 대각선에서 멀리 이동시킨다.

16

정답 ②

기회비용이란 어떤 행위를 선택함으로써 포기해야 하는 여러 행위 중 가장 가치가 높게 평가되는 행위의 가치를 의미한다. 따라서 도담이가 주식에 투자함으로써 포기해야 하는 연간 기회비용은 이자율 5% 예금에 대한 이자수익 150만 원이다.

17

정답 ③

케인스가 주장한 절약의 역설은 개인이 소비를 줄이고 저축을 늘리는 경우 저축한 돈이 투자로 이어지지 않기 때문에 사회 전체적으로 볼 때 오히려 소득의 감소를 초래할 수 있다는 이론이다. 저축을 위해 줄어든 소비로 인해 생산된 상품은 재고로 남게 되고 이는 총수요 감소로 이어져 국민소득이 줄어들 수 있다.

18

정답 ③

A는 비경제활동인구를 나타내며 일할 능력은 있지만 일할 의사가 없거나 아예 일할 능력이 없는 사람들을 의미한다. 가정주부, 학생, 취업준비생, 고령자, 심신장애자, 실망노동자 등이 비경제활동인구에 해당한다.

B는 취업자를 나타내며 수입을 목적으로 1주일에 1시간 이상 일을 하는 사람, 가족이 경영하는 사업체에서 일하는 사람, 일시적으로 휴직하는 사람 등이 취업자에 해당한다.

19

정답 ⑤

제시된 사례에서 타이어와 에어컨은 자동차를 생산하기 위한 중간재로, GDP 계산에 포함되지 않는다. 따라서 GDP는 자동차 10대 판매가격인 3억 원이다.

여기에서 당해 생산된 자동차는 당해 판매되어야 당해의 GDP로 계산되며, 당해 재고는 당해 생산된 제품에 한해 당해 GDP에 계산된다.

20

정답 ①

제시문은 래퍼 커브(Laffer Curve)에 대한 설명이며, 래퍼 커브는 다음과 같은 형태이다.

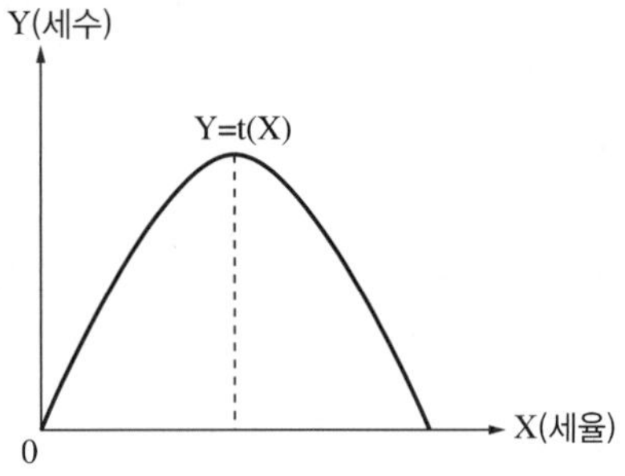

21

정답 ④

기펜재는 가격이 하락함에 따라 대체효과의 크기는 증가하고 소득효과는 감소하지만, 감소하는 소득효과의 크기가 증가하는 대체효과를 압도하여 그 합인 가격효과가 감소해 수요법칙에 위배되는 재화이다. 기펜재의 가격소비곡선은 좌상향한다.

22

정답 ③

오답분석

① CMA(Cash Management Account) : 고객이 맡긴 예금을 어음이나 채권에 투자하여 그 수익을 고객에게 돌려주는 실적배당 금융상품이다.
② 사모펀드(Private Equity Fund) : 투자자로부터 모은 자금을 주식・채권 등에 운용하는 펀드이다.
④ ETF(Exchange Traded Funds) : 상장지수펀드로 특정 지수를 모방한 포트폴리오를 구성하여 산출된 가격을 상장시킴으로써 주식처럼 자유롭게 거래되도록 설계된 지수상품이다.
⑤ 헤지펀드(Hedge Fund) : 주식, 채권, 파생상품, 실물자산 등 다양한 상품에 투자해 목표 수익을 달성하는 것을 목적으로 하는 펀드이다.

23

정답 ③

환매조건부채권은 예금자 보호 대상에 해당되지 않지만, 판매기관 및 보증기관의 지급보증과 우량채권의 담보력 등으로 안정성이 높은 편이다.

24

정답 ③

혼잡한 무료 도로는 소비가 경합적이나 배제가 불가능한 재화에 해당하고, 혼잡하지 않은 유료 도로는 소비가 비경합적이나 배제가 가능한 재화에 해당한다.

25

정답 ④

전략적 자산분배는 먼저 투자자의 투자목적과 투자제약조건을 파악하여 이에 적합한 자산집단을 선택하게 된다. 다음으로 선택된 자산집단의 기대수익, 원금, 상관관계를 추정한 후 효율적인 최적자산의 구성이 이루어진다.

IT

11	12	13	14	15	16	17	18	19	20
④	④	①	②	③	②	③	①	③	④
21	22	23	24	25					
④	①	③	②	②					

11

정답 ④

안정상태는 시스템이 교착상태를 일으키지 않고 각 프로세스가 요구한 양만큼 자원을 할당해줄 수 있는 상태로, 안정상태일 때만 자원을 할당한다.

12

정답 ④

$A+A=A$이다.

13

정답 ①

1 AND 1=1이고, 1 AND 0=0이다. 따라서 1 OR 0=1이다.

14

정답 ②

오답분석

① 컴파일러 : 고급 언어로 작성된 원시 프로그램을 기계어나 어셈블리어로 된 목적 프로그램(코드)으로 바꾸는 프로그램이다.
③ 인터프리터 : 고급 언어에서 원시 프로그램을 한 문장씩 읽고, 기계어로 번역하는 프로그램이다.
④ 어셈블러 : 기계어와 대응되는 기호나 문자로 작성된 프로그램을 기계어로 번역하는 프로그램이다.
⑤ 디버깅 : 컴퓨터 프로그램의 잘못을 찾아내고 고치는 작업을 말한다.

15

정답 ③

프로그램의 수행 순서는 프로그램 속에 들어 있는 명령 코드에 따라 결정된다.

16

정답 ②

운영체제 발달 과정

- 제1세대(1950년대) : 버퍼링, 스풀링, 일괄 처리 시스템
- 제2세대(1960년대 초) : 다중 프로그래밍, 다중 처리, 시분할 시스템
- 제3세대(1960년대 중반 ~ 1970년대 중반) : 다중 모드 시스템
- 제4세대(1970년대 중반 ~ 현재) : 가상 머신, 분산 데이터 처리

17

정답 ③

점수가 59점보다 큰 경우만 지원학과별 점수를 내림차순으로 정렬하라는 의미로 '지원자 전체'에 대해서가 아니라 '지원학과'별로 점수를 정렬한다.

18

정답 ①

DES(Data Encryption Standard)는 암호키와 해독키가 같은 암호화 방법으로, DES 알고리즘에서는 평문을 64비트로 블록화를 하고, 실제 키 길이는 56비트를 이용한다.

19

정답 ③

㉠ 선점형(Preemption)
- 다. R–R(Round Robin) : 먼저 들어온 프로세스가 먼저 실행되나, 각 프로세스는 정해진 시간 동안만 CPU를 사용하는 방식
- 마. MLQ(Multi–Level Queue) : 서로 다른 작업을 각각의 큐에서 타임 슬라이스에 의해 처리

㉡ 비선점형(Non–Preemption)
- 가. FIFO(First In First Out) : 요구하는 순서에 따라 CPU를 할당하는 방식
- 나. 우선순위 : 우선순위가 높은 프로세스에 CPU를 할당하는 방식
- 라. 마감시간 : 제한된 시간 내에 프로세스가 반드시 완료되도록 하는 방식

20

정답 ④

서버 측 스크립트가 HTML 페이지를 만들어 모든 브라우저에 사용할 수 있는 것은 ASP(Active Server Page)에 대한 설명이다.

21

정답 ④

그리드 컴퓨팅은 상호 접속성을 중시하는 반면, 클라우드 컴퓨팅은 상호 접속성을 고려하지 않는다.

22

정답 ①

침입 탐지 시스템(IDS; Intrusion Detection System)은 네트워크 장비나 방화벽 시스템에서 모든 포트의 동작을 감시하고, 침입이 의심되는 패턴을 찾는다. 또한, 각종 해킹 기법을 자체적으로 내장하여 실시간으로 감지 및 제어할 수 있도록 한다.

23

정답 ③

패킷교환의 경우 독점선로인 서킷스위칭과 달리 회선 오류 발생 시 다른 경로로 전송이 가능하다.

24

정답 ②

트리(Tree)의 Degree 수는 노드들의 Degree 중에서 가장 많은 수이다. 따라서 A노드와 D노드의 Degree가 3으로 가장 크기 때문에 트리(Tree)의 Degree 수는 3이다.

25

정답 ②

㉠ 1942년 한 공상 과학 소설에서 처음 언급된 내용으로, 사람이 아닌 로봇이 따라야 할 내용에 대해 다루고 있다.

㉢ 로봇 3원칙에 따르면 첫 번째로는 로봇은 인간에게 해를 끼치는 행동을 하지 말아야 하며, 행동을 하지 않음으로써 인간에게 해를 끼치지도 말아야 한다고 서술되어 있다. 또한 두 번째로는 로봇은 첫 번째 원칙을 따르는 범위 내에서 인간의 명령을 따라야 한다고 서술되어 있다. 즉, 로봇은 다른 인간에게 해를 가한다면 인간의 명령을 따르지 말아야 한다.

오답분석

㉡ 로봇 3원칙 중 첫 번째에 따르면 로봇은 인간에게 해를 끼치는 행동을 하지 말아야 하며, 행동을 하지 않음으로써 인간에게 해를 끼치지도 말아야 한다고 하였다.

㉣ 로봇 3원칙 중 세 번째에 따르면 로봇은 첫 번째와 두 번째 원칙을 따르는 범위 내에서 로봇 자신을 지켜야 한다고 하였다. 따라서 로봇 자신보다 인간의 명령임이 우선이므로 이는 옳은 내용이다.

NH농협은행 6급 필기전형

제4회 모의고사 정답 및 해설

제 1 영역 직무능력평가

01	02	03	04	05	06	07	08	09	10	11	12	13	14	15	16	17	18	19	20
②	③	①	③	③	③	③	④	②	⑤	④	③	②	②	④	④	④	③	④	①
21	22	23	24	25	26	27	28	29	30	31	32	33	34	35	36	37	38	39	40
③	③	④	③	③	④	④	②	④	②	③	⑤	③	②	④	④	③	⑤	②	⑤
41	42	43	44	45															
⑤	③	①	④	③															

01

정답 ②

제시문은 시장집중률의 정의와 측정 방법, 그 의의에 대해 이야기하고 있다. 따라서 글의 주제로 '시장집중률의 개념과 의의'가 가장 적절하다.

02

정답 ③

제시문은 코젤렉의 '개념사'에 대한 정의와 특징에 대한 글이다. 따라서 (라) 개념에 대한 논란과 논쟁 속에서 등장한 코젤렉의 개념사 – (가) 코젤렉의 개념사와 개념에 대한 분석 – (나) 개념에 대한 추가적인 분석 – (마) 개념사에 대한 추가적인 분석 – (다) 개념사의 목적과 코젤렉의 주장 순으로 나열하는 것이 적절하다.

03

정답 ①

임의로 전체 신입사원을 100명이라 가정하고 성별과 경력 유무로 구분하여 표를 나타내면 다음과 같다.

(단위 : 명)

구분	여성	남성	합계
경력 없음	60－20＝40	20	60
경력 있음	100×0.2＝20	20	100×0.8－60＋20＝40
합계	100×0.6＝60	40	100

따라서 신입사원 중 여성 1명을 뽑았을 때 경력자가 뽑힐 확률은 여성 60명 중 경력자는 20명이므로 $\frac{20}{60}=\frac{1}{3}$ 이다.

04

정답 ③

현금수수료를 구하는 식은 (현금수수료)=(수수료 대상금액)×(수수료 적용환율)×(수수료율)이므로 다음과 같다.

=(2,400×0.8)×1,080.2×0.02

=41,479.68

≒41,480

따라서 빈칸에 들어갈 금액은 41,480원이다.

05

정답 ③

• 갑 : 부동산 자산 총 17억 원의 일반 지역 2주택 소유자이므로 개정 전에는 1.4%, 개정 후에는 1.6%의 세율이 적용된다.
 - 개정 전 : 17억×0.014=23,800,000원
 - 개정 후 : 17억×0.016=27,200,000원
 ∴ 27,200,000−23,800,000=3,400,000원
• 을 : 부동산 자산 총 12억 원의 조정대상지역 1주택 소유자이므로 개정 전에는 1%, 개정 후에는 1.2%의 세율이 적용된다.
 - 개정 전 : 12억×0.01=12,000,000원
 - 개정 후 : 12억×0.012=14,400,000원
 ∴ 14,400,000−12,000,000=2,400,000원
• 병 : 부동산 자산 총 54억 원의 일반 지역 3주택 소유자이므로 개정 전에는 2.5%, 개정 후에는 5%의 세율이 적용된다.
 - 개정 전 : 54억×0.025=135,000,000원
 - 개정 후 : 54억×0.05=270,000,000원
 ∴ 270,000,000−135,000,000=135,000,000원

따라서 갑~병의 개정 전 세금과 개정 후 세금 차이의 총합은 3,400,000+2,400,000+135,000,000=140,800,000원이다.

06

정답 ③

(가) : 외부의 기회를 활용하면서 내부의 강점을 더욱 강화시키는 SO전략

(나) : 외부의 기회를 활용하여 내부의 약점을 보완하는 WO전략

(다) : 외부의 위협을 회피하며 내부의 강점을 적극 활용하는 ST전략

(라) : 외부의 위협을 회피하고 내부의 약점을 보완하는 WT전략

따라서 바르게 연결된 것은 ③이다.

07

정답 ③

성준이는 볼펜을 좋아하고, 볼펜을 좋아하는 사람은 수정테이프를 좋아한다.

따라서 성준이는 수정테이프를 좋아한다.

08

정답 ④

'커피를 좋아한다.'를 A, '홍차를 좋아한다.'를 B, '탄산수를 좋아한다.'를 C, '우유를 좋아한다.'를 D, '녹차를 좋아한다.'를 E라고 하면 'A → ~B → ~E → C'와 '~C → D'가 성립한다. 따라서 ④는 항상 참이 아니다.

09

정답 ②

‘유행에 민감하다.’를 ‘유’, ‘고양이를 좋아한다.’를 ‘고’, ‘쇼핑을 좋아한다.’를 ‘쇼’라고 하면 다음과 같은 벤 다이어그램으로 나타낼 수 있다.

• 전제1.

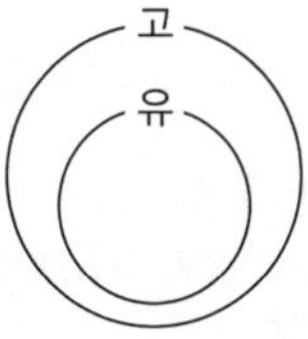

• 결론.

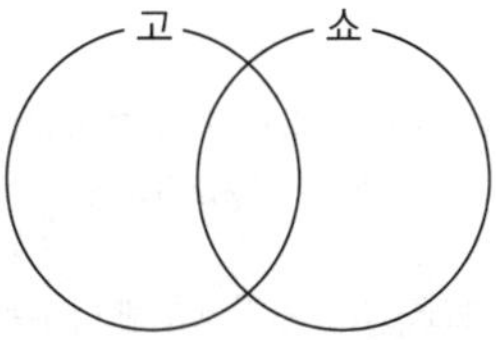

결론이 참이 되기 위해서는 ‘유’와 공통되는 ‘고’의 부분과 ‘쇼’가 연결되어야 한다. 즉, 다음과 같은 벤 다이어그램이 성립할 때 결론이 참이 될 수 있으므로 전제2에 들어갈 명제는 ‘어떤 유 → 쇼’이거나 ‘어떤 쇼 → 유’이다.

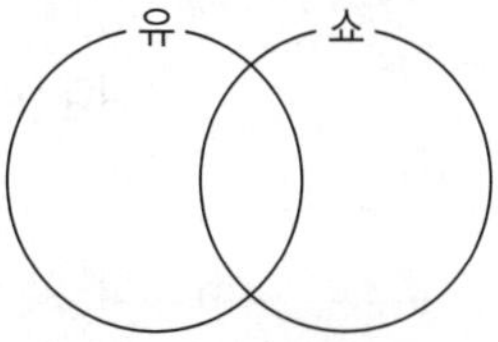

따라서 전제2에 들어갈 명제는 ‘유행에 민감한 어떤 사람은 쇼핑을 좋아한다.’이다.

10

정답 ⑤

모든 조건을 조합하면 다음과 같은 두 가지 경우의 수가 나온다.

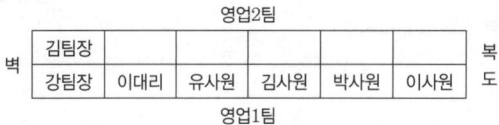

• 경우 1

영업2팀

벽	김팀장						복
	강팀장	이대리	유사원	김사원	박사원	이사원	도

영업1팀

• 경우 2

영업2팀

벽	김팀장						복
	강팀장	이대리	김사원	박사원	이사원	유사원	도

영업1팀

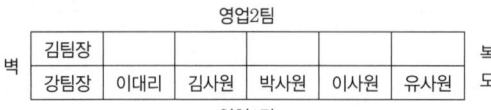

따라서 두 가지 경우 모두 강팀장과 이대리는 인접하므로 ‘이대리는 강팀장과 서로 인접한다.’는 항상 옳다.

오답분석

① 유사원과 이대리는 인접할 수도, 그렇지 않을 수도 있다.
② 박사원의 자리는 유사원의 자리보다 왼쪽에 있을 수도, 그렇지 않을 수도 있다.
③ 이사원은 복도 옆에 위치할 수도, 그렇지 않을 수도 있다.
④ 김사원은 유사원과 인접할 수도, 그렇지 않을 수도 있다.

11

정답 ④

• (나), (바) 조건에 따라 지원은 화요일과 목요일에는 근무할 수 없다. 또한 기태는 월요일에 근무할 수 없다. 그러므로 기태는 목요일에 근무하게 된다.
• (다), (라), (사) 조건에 따라 다래, 고은은 월요일에는 근무할 수 없고, 리화는 월요일과 화요일에 근무할 수 없다. 그러므로 월요일에는 여자 사원 중 나영이 반드시 근무해야 한다.
• (마) 조건에 따라 남호는 월요일에 근무할 수 없다. 그러므로 월요일에 근무할 수 있는 남자 사원은 동수와 지원이다.

따라서 고은이 화요일에 근무하게 될 경우 다래는 수요일 혹은 목요일에 근무할 수 있고, 다래가 수요일에 근무할 경우, 목요일에는 리화가 근무하게 되며, (다) 조건에 따라 동수가 화요일에 근무하게 되므로 남호는 수요일에, 지원은 월요일에 근무하게 된다.

오답분석

① 고은이 수요일에 근무한다면, (사) 조건에 의해 리화는 목요일에 근무하게 된다. 따라서 기태와 리화는 함께 근무하게 된다.
③ 리화가 수요일에 근무하게 되면 고은은 화요일에 근무하게 되고 다래는 목요일에 근무하게 된다. 따라서 동수는 수요일에 근무하게 된다. 이때 (바) 조건에 의해 지원은 월요일에 근무하게 되므로 남호는 화요일에 근무하게 된다.
⑤ 지원이 수요일에 근무하게 되면 (마) 조건에 의해 남호는 화요일, 동수는 월요일에 근무하게 된다. 그러면 (다) 조건에 의해 다래는 화요일, (사) 조건에 의해 고은이는 수요일, 리화는 목요일에 근무하게 된다.

12

정답 ③

2023년 하반기 대출・금융 스팸 이메일 수신량 비율은 전년 동기 수신량 비율의 $\frac{8}{2}=4$배이다.

오답분석

①・⑤ 제시된 자료를 통해 확인할 수 있다.
② 2022년 상반기와 2024년 하반기의 전체 이메일 수신량이 제시되지 않았으므로 비율을 통해 비교할 수 없다.
④ 2022년 상반기 대비 2024년 상반기 성인 스팸 이메일 비율의 증가율은 $\frac{21-14}{14}\times100=50\%$이다.

13

정답 ②

처음 속력을 $x$km/h라 하자(단, $x>0$). 그러면 차에 이상이 생긴 후 속력은 $0.5x$km/h이다.
전체 걸린 시간은 1시간 30분이므로 다음과 같은 식이 성립한다.

$$\frac{60}{x}+\frac{90}{0.5x}=\frac{3}{2}$$

$$\rightarrow 60+180=\frac{3}{2}x$$

$$\therefore x=160$$

따라서 처음 속력은 160km/h이다.

14

정답 ②

(가) ~ (다)에 들어갈 정확한 값을 찾으려 계산하기보다는 자료에서 해결할 수 있는 실마리를 찾아 적절하지 않은 선택지를 제거하는 방식으로 접근하는 것이 효율적이다.
먼저 종합순위가 3위인 D부장의 점수는 모두 공개되어 있으므로 총점을 계산하면 80+80+60+70=290점이다.
종합순위가 4위인 A사원의 총점은 70+(가)+80+70=220+(가)점이며, 3위 점수인 290점보다 낮아야 하므로 (가)에 들어갈 점수는 70점 미만이다.
종합순위가 2위인 C과장의 총점은 (다)+85+70+75=230+(다)점이며, 290점보다 높아야 하므로 (다)에 들어갈 점수는 60점을 초과해야 한다.
위 조건에 해당하는 선택지 ②, ③에 따라 (가)=65점, (다)=65점을 대입하면, C과장의 총점은 230+65=295점이 된다.
종합순위가 1위인 B대리의 총점은 80+85+(나)+70=235+(나)점이며, 295점보다 높아야 하므로 (나)에 들어갈 점수는 60점을 초과해야 한다.
따라서 (나)의 점수가 60점인 ③은 제외되므로 가장 적절한 것은 ②이다.

15

정답 ④

ㄴ. 2024년 11월 운수업과 숙박 및 음식점업의 국내카드 승인액의 합은 $159+1,031=1,190$억 원으로, 도매 및 소매업의 국내카드 승인액의 40%인 $3,261\times0.4=1,304.4$억 원 미만이다.

ㄹ. 2024년 9월 협회 및 단체, 수리 및 기타 개인 서비스업의 국내카드 승인액은 보건 및 사회복지 서비스업 국내카드 승인액의 $\frac{155}{337}\times100$ $≒46.0\%$로 35% 이상이다.

오답분석

ㄱ. 교육 서비스업의 2025년 1월 국내카드 승인액의 전월 대비 감소율은 $\frac{145-122}{145}\times100≒15.9\%$로 25% 미만이다.

ㄷ. 2024년 10월 ~ 2025년 1월까지 사업시설관리 및 사업지원 서비스업의 국내카드 승인액의 전월 대비 증감 추이는 '증가 – 감소 – 증가 – 증가'이고, 예술, 스포츠 및 여가 관련 서비스업은 '증가 – 감소 – 감소 – 감소'이므로 동일하지 않다.

16

정답 ④

표준편차는 변량의 분산 정도를 표시하는 척도이다. 부가서비스별로 선호하는 비중은 남성의 경우 7 ~ 19% 사이에 위치하고, 여성의 경우 6 ~ 21%에 위치하고 있다. 평균이 약 11.1%(=100% / 9항목)인 것을 감안했을 때, 여성의 비중이 평균에 비해 더 멀리 떨어져 있으므로 표준편차의 값은 남성보다 여성이 더 큰 것을 알 수 있다.

오답분석

① 성별 비율이 각각 50%라면, 포인트 적립 항목의 경우 전체 비율이 $(19\times0.5)+(21\times0.5)=20\%$가 나와야 한다. 하지만 표에서는 19.8%라고 하였으므로 P대리가 설명한 내용은 옳지 않다. 올바르게 설명하려면 남성의 비율은 60%, 여성의 비율은 40%라고 언급해야 한다.
② 무응답한 비율은 전체 8.4%이므로 $1,000\times0.084=84$명이다. 하지만 남녀 비율이 6 : 4이므로 남성은 $600\times0.1=60$명, 여성은 $400\times0.06=24$명이라고 설명해야 한다.
③ 남성이 두 번째로 선호하는 부가서비스는 무이자 할부(17%)이다.
⑤ 남성과 여성이 선호하는 부가서비스는 서로 순위의 차이는 있지만, 완전히 정반대인 것은 아니다.

17

정답 ④

희진이가 반죽을 만드는 데 걸리는 시간이 12분이므로 빵을 만드는 데 쓸 수 있는 시간은 48분이다.
단팥빵을 x개, 크림빵을 y개 만든다면, 걸린 시간은 $3x+7y=48$분으로 나타낼 수 있다.
이를 만족하는 x, y를 순서쌍으로 나타내면 (2, 6), (9, 3)이다.

i) $x=2$, $y=6$인 경우 : $\frac{8!}{2!\times6!}=28$가지

ii) $x=9$, $y=3$인 경우 : $\frac{12!}{9!\times3!}=220$가지

따라서 희진이가 빵을 굽는 순서를 다르게 할 수 있는 방법은 총 $28+220=248$가지이다.

18

정답 ③

ㄴ. 물가안정목표제 중 '신축적 운영' 부분에 따르면 통화신용정책은 중기적 시계에서의 물가안정목표 달성을 저해하지 않는 범위 내에서 신축적으로 운영하므로 통화신용정책을 엄격히 운영하여 일관성을 강화해야 한다는 추론은 옳지 않다.

ㄷ. 금융안정에 대한 고려 중 '거시건전성 정책과의 조화' 부분에 따르면, 금융불균형 누적 억제를 위해서는 통화신용정책과 거시건전성 정책 중 후자를 더 강조하는 것이 아니라 양자를 조화롭게 운영하는 것을 강조하고 있다.

19

정답 ④

첫 번째 문단에서 영업 비밀의 범위와 영업 비밀이 법적 보호 대상으로 인정받기 위해 일정 조건을 갖추어야 한다는 것은 언급하고 있으나 영업 비밀이 법적 보호 대상으로 인정받기 위한 절차는 언급되어 있지 않다.

오답분석

① 첫 번째 문단에서 '영업 비밀은 생산 방법, 판매 방법, 그 밖에 영업 활동에 유용한 기술상 또는 경영상의 정보 등'이라고 언급하고 있다.
② 첫 번째 문단과 두 번째 문단에서 최근 ICT 다국적 기업이 지식 재산으로 거두는 수입에 대한 과세 문제가 불거지고 있으며, 디지털세의 배경에는 법인세 감소에 대한 각국의 우려가 있다고 언급하고 있다.
③ 첫 번째 문단에서 법으로 보호되는 특허권과 영업 비밀은 모두 지식 재산이라고 언급하고 있다.
⑤ 마지막 문단에서 지식 재산 보호의 최적 수준은 유인 비용과 접근 비용의 합이 최소가 될 때라고 언급하고 있다.

20

정답 ①

세 번째 문단에 따르면 ICT 다국적 기업이 여러 국가에 자회사를 설립하는 방식은 디지털세 때문이 아니고 법인세를 피하기 위해서이다.

오답분석

② 두 번째 문단에서 '디지털세는 이를 도입한 국가에서 ICT 다국적 기업이 거둔 수입에 대해 부과되는 세금'이라고 언급하고 있다.
③ 첫 번째 문단과 두 번째 문단에 따르면 일부 국가에서 디지털세 도입을 진행하는 것은 지식 재산 보호를 위해서가 아니라 ICT 다국적 기업이 지식 재산으로 거두는 수입에 대한 과세 문제를 해결하기 위해서이다.
④ 두 번째 문단에 '디지털세의 배경에는 법인세 감소에 대한 각국의 우려가 있다.'는 내용이 나와 있다.
⑤ 세 번째 문단에서 ICT 다국적 기업의 본사를 많이 보유한 국가 중 어떤 국가들은 디지털세 도입에는 방어적이라고 언급하고 있다.

21

정답 ③

M은행, P은행, T은행의 기준금리는 5 ~ 6등급이 3 ~ 4등급보다 낮고, R은행, U은행의 기준금리 또한 7 ~ 8등급이 5 ~ 6등급보다 낮으므로 옳지 않은 설명이다.

오답분석

① M은행이 대출금리 기준 3.44%로 가장 저렴하다.
② U은행이 5.9%로 가장 높은 가산금리인데 이의 절반은 약 3%이다. P은행은 2.25%로 이보다 적다.
④ Q은행 3 ~ 4등급과 5 ~ 6등급의 기준금리는 2.07%로 동일하다.
⑤ T은행이 대출 평균금리가 6.83%로 가장 높다.

22

정답 ③

피부양자 대상 1번 항목인 '직장가입자에 의하여 주로 생계를 유지하는 자'의 라목에 따르면 65세 이상 또는 30세 미만이거나 장애인, 국가유공·보훈대상상이자에 해당하는 형제·자매의 경우에는 재산세 과세표준의 합이 1억 8천만 원 이하이어야 피부양자가 될 수 있다. 따라서 국가유공자이지만 재산세 과세표준의 합이 2억 원인 형은 A씨의 피부양자가 될 수 없다.

오답분석

① 피부양자 대상 1번 항목의 다목 재산세 과세표준의 합이 5억 4천만 원을 초과하면서 9억 원 이하인 경우는 연간소득이 1천만 원 이하이어야 하므로 연간소득이 800만 원인 직계존속 아버지는 A씨의 피부양자가 될 수 있다.
② 피부양자 대상 2번 항목의 보수 또는 소득이 없는 자에 해당하며 어떠한 소득도 없는 미성년자 아들은 직계비속으로 A씨의 피부양자가 될 수 있다.
④ 피부양자 대상 1번 항목의 다목 재산세 과세표준의 합이 5억 4천만 원 이하인 경우에 해당하므로 재산세 과세표준의 합이 5억 원인 직계존속 어머니는 A씨의 피부양자가 될 수 있다.
⑤ 피부양자 자격의 인정기준 중 소득 및 재산요건에 따라 피부양자가 되려면 연간소득은 3,400만 원 이하이어야 하며, 사업소득은 보훈보상대상자의 경우 500만 원 이하이어야 한다. 또한 할아버지는 할머니와 사별한 상태이므로 1의 가 ~ 라목에서 요구하는 소득요건을 모두 충족하여 피부양자 대상 2번 항목의 보수 또는 소득이 없는 자에 해당한다.

23

정답 ④

단리 적금 이자는 $300,000\times\frac{24\times25}{2}\times\frac{0.021}{12}=157,500$원이다.

따라서 만기해지 시 받을 적금의 총액은 $300,000\times24+157,500=7,357,500$원이다.

24

정답 ③

ㄱ. 10월의 원/위안 환율은 11월의 원/위안 환율보다 낮다. 따라서 A가 위안화를 한국으로 송금하여 원화로 환전하였을 때, 위안화 대비 원화 가치가 상대적으로 더 높은 11월에 원화로 더 많은 금액을 받을 수 있으므로 옳은 설명이다.

ㄴ. 8월부터 12월까지 원/달러 환율과 원/100엔 환율의 증감 추이는 '감소 – 증가 – 증가 – 증가 – 감소'로 동일하다.

ㄷ. 달러/위안 환율은 $\frac{(원/위안)}{(원/달러)}$이다. 7월은 $\frac{163.50}{1,140.30}\fallingdotseq0.1434$달러/위안이며, 11월은 $\frac{163.10}{1,141.55}\fallingdotseq0.1429$달러/위안으로 하락하였으므로 옳은 설명이다.

오답분석

ㄹ. 위안/100엔 환율은 $\frac{(원/100엔)}{(원/위안)}$이다. 8월은 $\frac{1,009.20}{163.30}\fallingdotseq6.18$위안/100엔으로 $\frac{1,011.60}{163.05}\fallingdotseq6.20$위안/100엔인 12월보다 낮다. 따라서 B가 엔화로 유학자금을 마련하여 위안화로 환전을 하는 경우, 엔화 대비 위안화 환율이 더 높은 12월이 더 경제적이다.

25

정답 ③

보기에 제시된 정보에 따라 퇴직금 총액을 계산하면 다음과 같다.

- 확정급여형의 경우 : $900\times10=9,000$만 원
- 확정기여형의 경우

구분	(연 임금총액)×1/12
1년 차	450만 원
2년 차	500만 원
3년 차	550만 원
⋮	
10년 차	900만 원
합계	6,750만 원

예상 운용수익률은 매년 10%이므로 (연 임금총액)×1/12의 총합의 110%를 구하면 퇴직금 총액과 동일한 금액이 된다.

따라서 확정기여형 퇴직금은 6,750만 원×1.1=7,425만 원이다.

26

정답 ④

부산광역시는 2023년과 2024년에 아동 십만 명당 안전사고 사망자 수가 광주광역시보다 적으므로 옳지 않은 설명이다.

오답분석

① 울산광역시의 2022년 대비 2024년 아동 십만 명당 안전사고 사망자 수는 $\frac{2.3-7.2}{7.2}\times100=-68\%$ 감소했으므로, 60% 이상 감소하였다.

② 경상남도와 같이 2023년에 전년 대비 감소하고 2024년에 전년 대비 증가하는 시·도는 대전광역시, 세종특별자치시, 강원도 3곳이다.

③ 제주특별자치도는 2023년 아동 십만 명당 안전사고 사망자 수가 7.1명으로 6.0명을 넘는다.

⑤ 2022년 전라남도의 아동 십만 명당 안전사고 사망자 수는 3.9명으로 2024년 인천광역시의 아동 십만 명당 안전사고 사망자 수 3.4명보다 $\frac{3.9-3.4}{3.4}\times100\fallingdotseq15\%$ 많으므로 옳은 설명이다.

27
정답 ④

(보증료)=(보증금액)×(보증료율)×(보증기간에 해당하는 일수)÷365

5억 원×0.488%×1,460÷365=976만 원

오답분석

① 1.5억 원×0.122%×365÷365=18.3만 원
② 3억 원×0.244%×730÷365=146.4만 원
③ 3억 원×0.908%×1,095÷365=817.2만 원
⑤ 2.5억 원×0.244%×730÷365=122만 원

28
정답 ②

영국의 2023년 1분기 고용률은 2022년보다 하락했고, 2023년 2분기에는 1분기의 고용률이 유지되었으므로 옳지 않다.

오답분석

①·④ 제시된 자료를 통해 확인할 수 있다.
③ 2024년 1분기 고용률이 가장 높은 국가는 독일이고 가장 낮은 국가는 프랑스로, 두 국가의 고용률의 차이는 74−64=10%p이다.
⑤ • 2023년 2분기 OECD 전체 고용률 : 65.0%
 • 2024년 2분기 OECD 전체 고용률 : 66.3%

따라서 2024년 2분기 OECD 전체 고용률의 전년 동분기 대비 증가율은 $\frac{66.3-65}{65}\times 100=2\%$이다.

29
정답 ④

마지막 11번째 자리는 체크기호로 난수이다. 6～10번째 자리가 지점 내 발급 순서를 의미하므로 432번째에 개설된 당좌예금이다.

30
정답 ②

ㄱ. 돼지고기, 닭고기, 오리고기의 경우, 원산지가 다른 돼지고기 또는 닭고기를 섞은 경우에는 그 사실을 표시한다고 하였다. 따라서 국내산 돼지고기와 프랑스산 돼지고기를 섞은 돼지갈비를 유통할 때에는 국내산과 프랑스산이 섞여 있다는 사실을 표시해야 하므로 옳게 표시한 것이다.
ㄹ. 조리한 닭고기를 배달을 통하여 판매하는 경우, 그 조리한 음식에 사용된 닭고기의 원산지를 포장재에 표시한다고 하였다. 따라서 양념치킨은 국내산 닭을 이용하였으므로 '국내산'으로 표기할 수 있기 때문에 옳은 내용이다.

오답분석

ㄴ. 수입한 돼지를 국내에서 2개월 이상 사육한 후 국내산으로 유통하였다면 '국내산'으로 표시하고 괄호 안에 축산물명 및 수입국가명을 함께 표시한다고 하였다. 그런데 덴마크산 돼지는 국내에서 1개월간 사육한 것이어서 2개월에 미치지 못하므로 '국내산'으로 표기할 수 없고 '삼겹살(덴마크산)'로 표기해야 한다.
ㄷ. 수입한 오리고기를 '국내산'으로 표기하기 위해서는 국내에서 1개월 이상 사육해야 한다. 그런데 중국산 훈제오리는 그러한 과정이 없었으므로 '국내산'으로 표기할 수 없고 '훈제오리(중국산)'로만 표기해야 한다.

31
정답 ③

F카드는 전월 50만 원 이상(∵ 52만 원) 사용했을 때 K통신에 대한 할인금액이 15,000원으로 가장 많다.

오답분석

① S통신을 이용할 경우 가장 많은 통신비를 할인받을 수 있는 제휴카드는 C카드이다.
② 전월에 33만 원을 사용했을 경우 L통신 할인금액은 G카드는 1만 원, D카드는 9천 원이므로 G카드가 더 많다.
④ C카드는 전월 카드 1회 사용 시 5천 원 할인이 가능하다.
⑤ 전월 23만 원을 사용했을 경우 K통신 통신비를 할인받을 수 있는 제휴카드는 없다.

32

정답 ⑤

E주임이 1열 A석에 앉는다면 B대리는 1열 B석에 앉게 된다. 또한 G사원은 C대리가 앉은 2열보다 앞쪽에 앉아야 하므로 1열 C석에 앉게 된다. 따라서 ⑤는 반드시 참이다.

오답분석

① E주임은 B대리의 옆 좌석에만 앉으면 되므로 B대리가 1열 B석에 앉으면 E주임은 1열 A석 또는 C석에 앉을 수 있다.
② A과장이 3열 A석에 앉더라도 3열 B석에는 F주임이 아닌 D주임이 앉을 수도 있다.
③ 1열에는 B대리와 E주임이 이웃해 앉아야 하므로 G사원은 1열 B석에 앉을 수 없다. 따라서 F주임이 2열 B석에 앉게 되더라도 서로 이웃해 앉는 경우는 발생하지 않는다.
④ A과장이 3열 A석에 앉는다면, D주임과 F주임은 2열 B석과 3열 B석에 나누어 앉게 되므로 이웃해 앉게 된다.

33

정답 ③

급여 총액을 바탕으로 K사원의 시간외수당을 구하면 다음과 같다.

2,950,000−(2,400,000+120,000+150,000+100,000)=180,000원

시간외근무 시간을 x시간이라고 하면, 다음 식이 성립한다.

$$2,400,000\times\frac{x}{200}\times1.5=180,000$$

$\rightarrow$ $18,000x=180,000$

$\therefore$ $x=10$시간

K사원의 과세 대상 급여는 2,400,000+180,000+120,000=2,700,000원이다.

이를 바탕으로 소득세 및 4대 보험료를 구하면 다음과 같다.

- 근로소득세 : 2,700,000×0.03=81,000원
- 지방소득세 : 81,000×0.1=8,100원
- 국민연금 : 2,700,000×0.045=121,500원
- 건강보험 : 2,700,000×0.035=94,500원
- 장기요양보험 : 94,500×0.1=9,450원
- 고용보험 : 2,700,000×0.009=24,300원

그러므로 과세 총액은 81,000+8,100+121,500+94,500+9,450+24,300=338,850원이다.

따라서 K사원은 시간외근무를 10시간 하였으며, 세후 급여는 2,950,000−338,850=2,611,150원이다.

34

정답 ②

ㄱ. 해당 적금은 영업점과 비대면 채널(인터넷 / 스마트뱅킹)에서 모두 판매되고 있다.
ㄷ. 우대금리를 적용받는 연금의 종류에는 타행의 연금이라도 '연금'이라는 문구가 포함되면 인정되므로, 타행의 연금에 가입한 경우에도 만기 전전월 말까지 2개월 이상 당행 계좌로 연금이 입금되어 우대금리 조건을 충족시킨다면 우대금리를 적용받을 수 있다.

오답분석

ㄴ. 신고는 서류양식을 갖추어 통보만 하면 효력이 발생하는 것을 의미하지만, 약관에 따르면 질권설정을 위해서는 은행이 내용을 실질적으로 검토하여 허락을 하는 승인이 필요하다.
ㄹ. 우대금리는 만기해지 시에만 적용되므로, 중도에 해지하는 경우에는 요건을 충족하는 항목이 있더라도 우대금리를 적용받을 수 없다.

35

정답 ④

최과장은 가입기간 중 급여를 당행 계좌로 입금하였으므로 우대금리를 0.2%p 적용받고, 비대면 채널로 가입하였으므로 0.1%p의 우대금리를 적용받는다. 그러므로 기본금리를 포함하여 총 1.0%의 금리를 적용받는다.

따라서 최과장이 만기에 수령할 원리금은 $(200,000\times12)+\left(200,000\times\frac{12\times13}{2}\times\frac{0.01}{12}\right)=2,413,000$원이다.

36

정답 ④

서류는 반드시 한글 또는 워드파일로 작성하여 1개 파일로 제출해야 하며, 이메일 접수 후 우편으로 원본을 보내야 한다.

37

정답 ③

수미마을과 산머루마을 모두 기존상품에 해당하고, 항목별로 모두 1인 최대 금액(3만 원, 5만 원)을 넘지 않으므로 체험, 숙박, 식사비의 50%를 운영비로 지원받는다.

- 팀 1 : 120,000+150,000+750,000=1,020,000 → 1,020,000×0.5=510,000원
- 팀 2 : 189,000+810,000+890,000=1,889,000 → 1,889,000×0.5=944,500원

따라서 바르게 연결된 것은 ③이다.

38

정답 ⑤

'매우 불만족'으로 평가한 고객 수는 전체 150명 중 15명이므로 10%(라)의 비율을 차지한다. 따라서 응답한 전체 고객 중 $\frac{1}{10}$이 '매우 불만족'으로 평가했다는 것을 알 수 있다.

오답분석

① 응답자 수의 합계를 확인하면 150명이므로 옳은 설명이다.
② '매우 만족'이라고 평가한 응답자의 비율이 20%이므로, 150×0.2=30명(가)이다.
③ '보통'이라고 평가한 응답자의 수를 역산하여 구하면 48명(나)이고, 비율은 32%(다)이다. 따라서 약 $\frac{1}{3}$이라고 볼 수 있다.
④ '불만족' 이하 구간은 '불만족' 16%와 '매우 불만족' 10%(라)의 합인 26%이다.

39

정답 ②

- 10% 설탕물에 들어있는 설탕의 양 : $\frac{10}{100}\times 480=48\text{g}$
- 20% 설탕물에 들어있는 설탕의 양 : $\frac{20}{100}\times 120=24\text{g}$
- 두 설탕물을 섞었을 때의 농도 : $\frac{48+24}{480+120}\times 100=12\%$
- 컵으로 퍼낸 설탕의 양 : $\frac{12}{100}x$(x : 컵으로 퍼낸 설탕물의 양)

컵으로 퍼낸 만큼 물을 부었을 때의 농도는 $\frac{(48+24)-\frac{12}{100}x}{600-x+x}\times 100=11$이므로 $\frac{\left(72-\frac{12}{100}x\right)\times 100}{600}=11$

→ $7,200-12x=600\times 11$
→ $12x=600$
$\therefore x=50$

따라서 컵으로 퍼낸 설탕물의 양은 50g이다.

40

정답 ⑤

K기업이 2024년 2월에 진행한 수출입거래 건수를 보면 2월 1일 미국 A사 수출과 2월 3일 일본 C사 수입으로 총 두 건의 거래가 있었다. 미국 A사와의 거래에서는 수출대금이 1,000×10×10=100,000달러이며, 결제일은 인도일인 2월 14일에 3일을 더한 2월 17일이 된다. 그러므로 당좌계좌에 100,000×1,225.70=122,570,000원이 입금된다.
일본 C사와의 거래에서는 수입대금이 1,000×50×50=2,500,000엔이며, 결제일은 인수일인 2월 9일에 12일을 더한 2월 21일이 된다. 그러므로 당좌계좌에서 2,500,000×1,092.10÷100=27,302,500원이 인출된다.
따라서 최종적으로 2월 22일 기준 당좌계좌 잔액은 10,000,000+122,570,000−27,302,500=105,267,500원이다.

41

정답 ⑤

무가 말한 내용대로 계산하면 대출금리의 평균은 $\frac{3.74+4.14+5.19+7.38+8.44}{5}$ ≒5.78%이 되어야 하지만 6.17%이므로 옳지 않다.

제시된 대출금리의 평균은 1～3등급, 7～10등급의 금리를 모두 동일하게 계산한 것으로 다음과 같다.

$$\frac{(1\sim3\text{등급})\times3+4\text{등급}+5\text{등급}+6\text{등급}+(7\sim10\text{등급})\times4}{10}=\frac{3.74\times3+4.14+5.19+7.38+8.44\times4}{10}\fallingdotseq6.17\%$$

오답분석

① 갑 : 가산금리는 최초 계약기간 또는 6개월 중 짧은 기간으로 정하기에 1년이라면 적어도 중간에 6개월이 경과한 후에는 금리가 조정된다.
② 을 : (최종금리)=(기준금리)+(가산금리)−(우대금리)이므로 기준금리가 상승하면 최종금리도 상승한다.
③ 병 : '신용등급별 금리' 표에 따르면 10등급 쪽으로 갈수록 대출금리와 가산금리 모두 증가하고 있다.
④ 정 : 4등급과 5등급의 차이 5.19−4.14=1.05%p가 최고 우대금리인 1.5%p보다 작다. 따라서 5등급의 대출자가 우대금리를 많이 받는다면 최대 1.5%p까지 절약할 수 있고, 이 경우 4등급 대출자보다 금리를 더 적게 적용받을 수 있다.

42

정답 ③

대출금과 계약기간이 모두 동일하고 같은 상환 방식으로 상환하므로 지불해야 할 상환액이 많은 순서는 최종금리가 높은 순서와 같다. 다음은 각자 적용될 수 있는 우대금리를 정리하여 최종금리를 계산한 표이다. 이때, 대출금리는 기준금리와 가산금리의 합이다.

(단위 : %, %p)

구분	신용등급	우대금리 적용이 안 되는 사항	대출금리	우대금리	최종금리
갑	2	M카드 사용액이 30만 원이다.	3.74	−	3.74
을	6	−	7.38	0.2+0.1+0.2=0.5	6.88
병	4	−	4.14	0.3+0.2+0.2=0.7	3.44
정	7	아파트관리비와 펌뱅킹을 자동이체로 내고 있다.	8.44	0.3+0.3=0.6	7.84
무	5	−	5.19	0.2+0.3+0.3+0.3=1.1	4.09

따라서 최종금리가 가장 높은 '정'이 상환액을 가장 많이 내고, '병'이 가장 적게 내며 차례는 '정>을>무>갑>병' 순이다.

43

정답 ①

num1의 연산은 +이고, 문자열을 출력하는 ' '으로 표기가 되지 않는다. %d는 10진수를 출력하는 서식이므로 결괏값은 3이다.

44

정답 ④

%는 나머지를 나타내는 연산자이므로 프로그램의 실행 결과는 1 2 0 1 2 0이다.
따라서 결괏값의 합은 1+2+0+1+2+0=6이다.

45

정답 ③

결괏값이 100이고, num2에는 5가 들어있다. 즉, num1=10−num2;의 값에서 num1의 값은 5이다.
+=은 변수의 값을 증가시키므로 빈칸에는 95가 와야 한다.

제2영역 직무상식평가

공통

01	02	03	04	05	06	07	08	09	10
③	⑤	②	②	④	④	①	①	②	③

01 정답 ③

제시문에 나타난 사례는 옴니채널에 대한 설명으로, 옴니채널은 고객 중심으로 모든 채널과 관련된 체계를 통합하는 것에 초점을 맞춘 서비스이다.

02 정답 ⑤

증강현실이란 현실의 이미지나 배경에 3차원 가상 이미지를 겹쳐서 하나의 영상으로 보여주는 기술을 말한다.

오답분석

① SSO : 단 한번의 로그인으로 여러 사이트나 서비스를 이용할 수 있는 시스템을 말한다.
② 사물인터넷 : 사물에 센서를 부착해 실시간으로 데이터를 인터넷으로 주고받는 기술이나 환경을 말한다.
③ RSS : 업데이트가 빈번한 웹사이트의 정보를 사용자에게 보다 쉽게 제공하기 위하여 만들어진 XML 기반의 콘텐츠 배급 포맷을 말한다.
④ 가상현실 : 컴퓨터로 만들어 놓은 가상의 세계에서 사람이 실제와 같은 체험을 할 수 있도록 하는 최첨단 기술을 말한다.

03 정답 ②

오답분석

① 유틸리티(Utility) : 프로그램 작성에 도움이 되거나 컴퓨터 운영에 도움이 되는 소프트웨어이다.
③ 블로트웨어(Bloatware) : 반드시 필요한 기능 외에도 사용 빈도와 효용성이 낮은 기능까지 갖추다 보니 지나치게 많은 메모리를 요구하게 되어 저장 공간을 과다하게 차지하는 소프트웨어이다.
④ 블루투스(Bluetooth) : 근거리 무선 통신 규격의 하나이다.
⑤ 링 네트워크(Ring Network) : 컴퓨터 네트워크의 한 형태로서 호스트 컴퓨터를 통하지 않고 인접된 컴퓨터 시스템끼리 서로 통신하도록 하는 구조이다.

04 정답 ②

가상이동통신망사업자(MVNO)

이동통신서비스를 제공하기 위해 필수적인 주파수를 보유하지 않고, 주파수를 보유하고 있는 이동통신망사업자(MNO : Mobile Network Operator)의 망을 통해 독자적인 이동통신서비스를 제공하는 사업자이다.

05 정답 ④

페이징 기법에서는 하나의 작업을 동일한 크기로 나눈 후 주기억장치에 적재시켜 실행한다. 하나의 작업을 다양한 크기의 논리적인 단위로 나눈 후 주기억장치에 적재시켜 실행하는 것은 세그먼테이션 기법에 대한 설명이다.

06 정답 ④

빈칸은 '현금 없는 사회'에 대한 내용이다. 현금 없는 사회는 계좌이체나 신용카드, 더 나아가 디지털 통화 등의 다른 지급 수단이 현금의 역할을 대체하는 사회로 코로나19의 결과로 인한 언택트(Untact) 문화의 확대로 가속화되고 있다.
반면 ④는 레그테크(Regtech)에 대한 설명이다. 레그테크는 레귤레이션(Regulation)과 기술을 의미하는 테크놀로지(Technology)의 합성어로, 금융회사로 하여금 내부 통제와 법규 준수를 용이하게 하는 정보기술이다.

07 정답 ①

㉠ 금융회사, 비금융회사, 핀테크 회사 등의 참여자가 임베디드 금융 시장에서 얻는 이익은 근본적으로 비금융회사가 고객에게 제공하는 서비스를 통해 얻은 수익에서 비롯된다. 비금융회사는 고객에게 서비스를 제공하는 주체로서, 자사가 보유한 방대한 고객 데이터와 기존 서비스를 금융 서비스에 접목해 고객에게 적합한 상품을 추천하고 자사의 제품 판매 향상을 통해 얻은 수익의 일부를 금융회사와 핀테크 회사에 제공하는 것이다. 따라서 임베디드 금융 시장의 참가자 중에 가장 큰 역할을 하는 주체는 비금융회사라고 말할 수 있다. 또한 소비자는 임베디드 금융을 통해 좀 더 편리하고 빠르게 금융 서비스를 제공받을 수 있다.
㉡ 임베디드 금융의 한 형태인 서비스형 은행(BaaS; Banking as a Service)에 대한 설명이다. 임베디드 금융은 비금융회사가 금융회사의 금융 상품을 단순 중개·재판매하는 것을 넘어 IT·디지털 기술을 활용해 자사의 플랫폼에 결제, 대출 등의 비대면 금융 서비스(핀테크)를 내재화(Embed)하는 것을 뜻한다.

오답분석

㉢ 코로나19 이후 소비 형태가 온라인화하면서 더 빠르고 간편하게 비대면 금융 서비스를 이용하려는 수요가 급증하는 한편 금융기관의 디지털 전환이 가속화되고 IT·디지털 기술의 발달과 금융 규제의 완화 추세 등은 임베디드 금융이 고속 성장하는 원동력이 되고 있다.

㉣ 임베디드 금융의 시장 구조는 비금융회사의 기존 서비스에 금융 서비스를 추가함으로써 얻은 수익을 비금융회사, 금융회사, 핀테크 회사가 나눠 갖는 방식으로 이루어진다.

08

정답 ①

오답분석

㉡ 비계획적으로 축적한 대용량의 데이터를 대상으로 한다.

㉢ 데이터 마이닝에는 선형 회귀분석이나 로지스틱 회귀분석, 판별분석, 주성분 분석 등의 고전적인 통계분석 방식을 적용할 수 없다.

09

정답 ②

②는 유비쿼터스에 대한 설명이다. 유비쿼터스는 사용자를 중심으로 네트워크나 컴퓨터를 의식하지 않고 장소에 상관없이 자유롭게 네트워크에 접속할 수 있는 정보통신 환경을 말한다.

10

정답 ③

③은 그리드 컴퓨팅에 대한 설명이다. 그리드 컴퓨팅은 PC나 서버 등의 모든 컴퓨팅 기기를 하나의 네트워크를 통해 공유하려는 분산 컴퓨팅 모델로 고속 네트워크로 연결된 다수의 컴퓨터 시스템이 사용자에게 통합된 가상의 컴퓨팅 서비스를 제공한다.

일반

11	12	13	14	15	16	17	18	19	20
④	②	③	①	③	④	①	①	⑤	③
21	22	23	24	25					
③	②	③	④	④					

11

정답 ④

ㄴ. 가격상한제는 정부의 규제방식으로 시장의 불균형을 초래하여 후생손실을 발생시킨다.

ㄹ. 2022년 12월 5일부터 EU, G7, 호주 등이 러시아산 원유 가격을 배럴당 60달러로 제한하는 가격상한제를 시행 중이다.

오답분석

ㄱ. 가격상한제가 도입되면 생산자는 제한가격 이상의 원하는 가격을 받을 수 없게 되기 때문에 더 나은 품질의 재화와 서비스를 생산할 이유가 없어지게 된다.

ㄷ. 가격상한가를 균형가격보다 낮은 상태로 유지하면 수요는 증가하고 공급은 감소하게 되며, 가격탄력성은 점차 탄력적이 되므로 완만하게 된다.

12

정답 ②

오답분석

㉡ 신용카드 통합한도의 40% 이내에서 현금서비스 한도가 정해진다.

㉣ 카드론, 할부금융, 일반대출 등의 경우 대출금이 지급된 날이나 계약서류를 발급받은 날 중 늦은 날로부터 14일 이내에 대출계약을 철회할 수 있다.

13

정답 ③

물가가 급속하게 상승하는 인플레이션이 발생하면 화폐가치가 하락하게 되므로, 채무자나 실물자산보유자는 채권자나 금융자산보유자보다 유리해진다.

14

정답 ①

제시문의 상황은 케인스가 주장한 유동성 함정(Liquidity Trap)의 상황이다. 유동성 함정이란 시장에 현금이 흘러 넘쳐 구하기 쉬운데도 기업의 생산·투자와 가계의 소비가 늘지 않아 경기가 나아지지 않고, 마치 경제가 함정(Trap)에 빠진 것처럼 보이는 상황을 말한다. 유동성 함정에서는 금리를 아무리 낮추어도 실물경제에 영향을 미치지 못하게 된다.

15
정답 ③

오답분석

① 총공급곡선이 우상향 형태일 때 물가수준이 하락하면 총공급곡선 자체가 이동하는 것이 아니라 총공급곡선상에서 좌하방으로 이동한다.
② 확장적 재정정책을 실시하면 이자율이 상승하여 민간투자가 감소하는 구축효과가 발생하게 되는데, 변동환율제도하에서는 확장적 재정정책을 실시하면 환율하락으로 인해 추가적으로 총수요가 감소하는 효과가 발생한다. 즉, 확장적 재정정책으로 이자율이 상승하면 자본유입이 이루어지므로 외환의 공급이 증가하여 환율이 하락한다. 이렇듯 평가절상이 이루어지면 순수출이 감소하므로 폐쇄경제에서보다 총수요가 더 큰 폭으로 감소한다.
④ 장기균형 상태에 있던 경제에 원유가격이 일시적으로 상승하면 단기적으로 물가가 상승하고 국민소득이 감소하지만 장기적으로는 원유가격이 하락하여 총공급곡선이 다시 오른쪽으로 이동하므로 물가와 국민소득은 변하지 않는다.
⑤ 단기 경기변동에서 소비와 투자가 모두 경기순응적이며, 소비의 변동성은 투자의 변동성보다 작다.

16
정답 ④

효율임금이론의 의의 및 특징

- 효율임금이론이란 근로자의 생산성을 높이기 위해 균형임금보다 더 높은 임금을 지불하는 것이 이윤극대화를 추구하는 기업에 더 이익이 된다는 이론이다.
- 임금을 동종업계보다 많이 지급함으로써 근로자가 생산성을 최대한 발휘하도록 하는 전략과 연관된다.
- 고임금의 경제효과가 있을 때 임금이 상승하여도 생산성이 높으므로 새롭게 형성되는 노동수요곡선은 본래의 수요곡선보다 비탄력적이다.

17
정답 ①

그래프상에서 국민소득이 증가할 때 저축이 증가하므로 저축은 국민소득의 증가함수이다. 현재 국민총생산이 Y_0에서 달성되고 있을 때 소득 중 소비되지 않은 부분을 나타내는 저축이 기업의 새로운 자본재 구입액인 투자를 초과하므로, 생산물 중 일부가 덜 팔리면서 의도했던 것보다 재고가 증가한다.

18
정답 ①

완전경쟁시장에서는 P=MC를 만족할 때 시장균형생산량이 산출된다. 즉, $P=60-\frac{1}{2}Q=0 \rightarrow Q=120$이다. 반면 꾸르노 모형에서의 생산량은 완전경쟁의 $\frac{2}{3}$이므로 Q=80이 된다. 또한 독점시장의 수요함수는 $P=60-\frac{1}{2}Q$이고, MR은 수요함수 기울기의 2배 기울기를 가지므로 MR=60−Q이다. 문제에서 MC=0으로 주어졌으므로 독점시장의 시장균형생산량은 MR=MC로 구할 수 있으며, $60-Q=0 \rightarrow Q=60$이다. 따라서 꾸르노 모형에서의 생산량이 독점일 때보다 20단위 더 많다.

19
정답 ⑤

경기종합지수는 선행종합지수, 동행종합지수, 후행종합지수로 나뉜다.
도시가계소비지출은 후행종합지수의 구성지표이다.

선행종합지수
구인구직비율, 재고순환지표, 소비자기대지수, 건설수주액, 기계류내수출하지수(선박 제외), 국제원자재가격지수(역계열), 수출입물가비율, 코스피지수, 장단기금리차

동행종합지수
광공업생산지수, 서비스업생산지수(도소매업 제외), 소매판매액지수, 내수출하지수, 건설기성액, 수입액, 비농림어업취업자수

후행종합지수
상용근로자수, 생산자제품재고지수, 도시가계소비지출, 소비재수입액, 회사채유통수익률

20
정답 ③

통화승수는 통화량을 본원통화로 나눈 값이다.
통화승수 $m=\frac{1}{c+z(1-c)}$이므로, 현금통화비율(c)이 하락하거나 지급준비율(z)이 낮아지면 통화승수가 커진다.

21
정답 ③

생산물 가격이 하락할수록 요소수요는 감소하므로 노동수요곡선이 좌측으로 이동하면서 새로운 균형에서는 임금과 고용량이 모두 감소한다.

22

정답 ②

최저임금이 W_2로 오르면 공급(S)은 늘어나고 수요(D)는 줄어든다. 이는 초과공급이 발생하는 것으로 기업이 필요로 하는 노동자 수는 줄어드는 한편 고용되기를 원하는 사람은 많아지는 것이다. 따라서 W_2를 최저임금으로 할 때, 일을 원하는 사람은 L_2이고, 기업이 고용할 수 있는 사람은 L_1이므로 비자발적 실업자 수는 $L_2 - L_1 = 80 - 20 = 60$명임을 알 수 있다.

23

정답 ③

스태그플레이션이란 경기불황 속에서 인플레이션(물가상승)이 동시에 발생하고 있는 상태를 일컫는 말이다.

24

정답 ④

신축된 주택과 사무실의 가격은 GDP디플레이터 계산에 포함된다.

25

정답 ④

케인스의 이론에는 고전학파에서 주장하는 '공급은 스스로 수요를 창출한다.'는 세이의 법칙이 적용되지 않는다. 즉, 케인스학파는 유효수요의 부족으로 인해 경기침체가 발생하는 것으로 생각한다.

IT

11	12	13	14	15	16	17	18	19	20
①	⑤	④	①	④	①	④	③	①	④
21	22	23	24	25					
①	④	③	①	③					

11

정답 ①

마이데이터산업에 대한 설명이다. 마이데이터를 이용하면 각종 기관과 기업 등에 분산돼 있는 자신의 정보를 한꺼번에 확인할 수 있으며, 업체에 자신의 정보를 제공해 맞춤 상품이나 서비스를 추천받을 수 있다.

12

정답 ⑤

개방성은 프라이빗 블록체인의 특징과는 거리가 멀다. 개방성과는 반대인 폐쇄성을 띄는 블록체인으로 보안성이 높은 특징을 가지고 있다.

13

정답 ④

오답분석

① 외래키 필드에는 중복된 값이 입력되는 것이 가능하다.
② 외래키 필드의 값은 Null 값일 수 있다.
③ 한 테이블에서 특정 레코드를 유일하게 구별 가능한 것은 기본키이다.
⑤ 외래키 자신이 속한 릴레이션의 기본키를 참조하도록 외래키를 정의할 수도 있다.

14

정답 ①

오답분석

② 1단계 디렉터리 구조 : 가장 간단하며, 모든 파일이 하나의 디렉터리에 위치하여 관리되는 구조이다.
③ 2단계 디렉터리 구조 : 중앙에 마스터 파일 디렉터리가 있어 그 아래에 사용자별로 서로 다른 파일 디렉터리가 있는 구조이다.
④ 트리 디렉터리 구조 : 하나의 루트 디렉터리와 여러 개의 서브 디렉터리로 구성된 구조이다.
⑤ 비순환 그래프 디렉터리 구조 : 하위 파일이나 하위 디렉터리를 공동으로 사용할 수 있는 사이클이 허용되지 않는 구조이다.

15 정답 ④

- push( ) : 스택에 데이터를 삽입한다.
- isfull( ) : 스택에 원소가 없으면 false 값을 반환하고 있으면 true 값을 반환한다.
- isempty( ) : 스택에 원소가 없으면 true 값을 반환하고 있으면 false 값을 반환한다.

16 정답 ①

상위층으로 갈수록 비트당 가격이 높아지고, 저장 용량이 감소하며, 액세스 시간은 짧아지고, CPU에 의한 액세스 빈도는 높아진다.

17 정답 ④

레지스터(Register)는 중앙처리장치 내부에서 처리할 명령어나 연산의 중간 결괏값 등을 일시적으로 기억하는 임시 기억 장소이다.

오답분석

① 리피터(Repeater) : LAN 접속점 사이의 신호를 강화한다.
② 브리지(Bridge) : 2개의 LAN을 연결한다.
③ 스위치(Switch) : MAC 주소 기반 네트워크 분리 장치이다.
⑤ 라우터(Router) : 이종 네트워크 연결 시 최적의 통신 경로를 찾아 데이터를 전송한다.

18 정답 ③

TOS 필드는 네트워크에서 처리량, 지연, 신뢰성, 비용 간에 균형을 유지하는지를 나타내며, 0010의 TOS 필드 값은 신뢰성을 가장 우선한다는 의미를 나타낸다.

19 정답 ①

컴퓨터는 0과 1로 이루어져 있으므로 두 레지스터의 값을 뺐을 때, Zero가 된다면 같은 값임을 알 수 있다.

20 정답 ④

오답분석

㉣ 정규화의 목적 중 하나는 자료 저장 공간의 최소화이다.

21 정답 ①

①은 분산 서비스 거부 공격(DDoS)에 대한 설명이다.
서비스 거부 공격(DoS)은 네트워크나 호스트에 많은 양의 트래픽을 증가시켜 통신을 방해하는 공격 방식으로, 시스템이 다운되거나 시스템 자원을 사용할 수 없게 한다.

22 정답 ④

계산 과정은 다음과 같다.

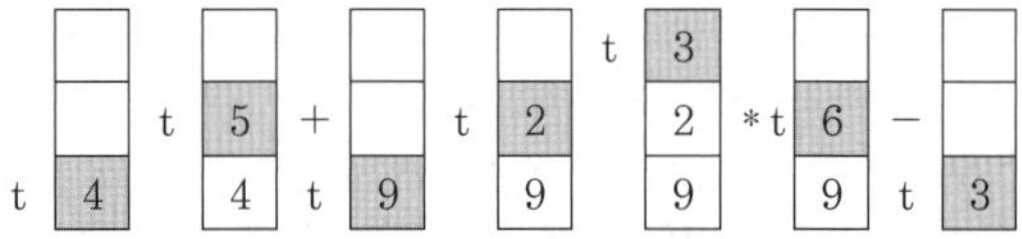

- 피연산자(Operand)인 4, 5가 스택(Stack)에 위치한다.
- 연산자 +를 만나면 5, 4를 스택에서 꺼내어 이를 연산하면 4+5=9이다.
- 연산 결과인 9를 다시 스택에 넣고, 2와 3을 스택에 차례대로 넣는다.
- 연산자 *를 만나면 위에 있는 3, 2를 꺼내어 이를 연산하면 2*3=6이다.
- 연산 결과인 6을 다시 스택에 넣는다.
- 연산자 −를 만나면 6, 9를 꺼내어 이를 연산하면 9−6=3이다.

따라서 스택의 탑(TOP) 원소 값을 구하라고 하였으므로 위의 색칠한 부분들을 각각 나열하면 4, 5, 9, 2, 3, 6, 3이다.

23 정답 ③

암호문(Cipertext)은 해독 불가능한 형태의 메시지(암호화된 메시지)이다.

24 정답 ①

오답분석

② 웹 마이닝 : 웹 자원으로부터 의미 있는 패턴, 프로파일 등의 정보를 추출하는 데이터 마이닝의 일부이다.
③ 오피니언 마이닝 : 웹사이트와 소셜 미디어 등에서 특정 주제에 대한 이용자의 여론 등을 수집하고 분석하여 정보를 도출하는 빅데이터 처리 기술이다.
④ 소셜 마이닝 : 소셜 미디어에 게시되는 글과 사용자를 분석하여 소비자의 흐름 및 패턴을 파악하고 트렌드 및 여론 추이를 읽어내는 기술이다.
⑤ 현실 마이닝 : 휴대폰 등 모바일 기기를 통해 현실에서 발생하는 정보를 바탕으로 인간행동의 패턴 등을 파악하는 기술이다.

25 정답 ③

소프트웨어 재사용은 기존에 인정받은 소프트웨어를 다시 사용하여 사용할 소프트웨어의 품질 및 신뢰성을 높이고 비용을 감소시켜 주는 것으로 범용성, 모듈성 등의 원칙을 지켜야 한다. 또한 소프트웨어 재사용 시 OS 또는 DBMS와 무관하게 운영할 수 있는 소프트웨어 독립성의 원칙도 지켜야 한다.
단, 새로운 개발 방법론을 도입하여 프로그램을 표준화하기 어려우며, 재사용을 위한 관리 및 지원이 부족하다.

6권

부록

진짜 출제된 직무상식평가 핵심 키워드

CHAPTER 01
농업 · 농촌 및 디지털 상식

농협 상식

농협 상식의 경우 협동조합에 대한 문제가 지속적으로 출제되고 있고, NH농협은행과 지역농·축협에 대한 문제가 주로 출제되고 있다. 따라서 시험을 보러 가기 전에 농협 홈페이지에 있는 내용은 전부 숙지하고 시험에 응시하도록 한다.

협동조합의 개념

① **개념** : 국제협동조합연맹(ICA)은 협동조합을 '공동으로 소유하고 민주적으로 운영되는 사업체를 통해 공동의 경제·사회·문화적 필요와 욕구를 충족시키고자 하는 사람들이 자발적으로 결성한 자율적인 조직'이라고 정의한다.

② **7대 원칙**
- 자발적으로 개방적인 협동조합
- 조합원에 의한 민주적 관리
- 조합원의 경제적 참여
- 자율과 독립
- 교육 훈련 및 정보 제공
- 협동조합 간의 협동
- 지역사회에 대한 기여

③ **세계의 협동조합**
- 프랑스의 협동조합은 전 세계 협동조합 매출의 28%를 차지한다.
- 미국의 AP통신과 선키스트, 스페인의 축구클럽 FC바르셀로나 등이 대표적인 협동조합이다.

협동조합의 역사

① **로치데일 협동조합** : 세계 최초의 협동조합으로 1844년에 설립되었다. 산업혁명과 함께 영국의 자본주의가 급속하게 발달하면서 자본가들의 횡포에 노동자들이 생활에 어려움을 겪자 이를 해결하기 위해 만들어진 협동조합이다. 공업도시인 로치데일 직물공장의 노동자 27명이 1년에 1파운드씩을 출자하여 생필품인 밀이나 버터 등을 공동으로 구입하기 위한 점포를 만들기 위해 설립되었다. 이들은 운영원칙도 만들었는데, 1인 1표제, 정치 및 종교상의 중립, 조합에 의한 교육, 이자의 제한 및 신용거래 금지, 구매액에 따른 배당, 시가 판매 등이었다. 현재는 4,500개의 도매점과 700만 명이 넘는 회원을 가진 세계 최대의 소비자협동조합이다.

② **사회적 협동조합** : 1974년 이탈리아 볼로냐에서 처음 생긴 형태의 협동조합이다. 사회경제적 약자인 조합원들이 힘을 모아 공동의 이익을 추구하는 방향에서 사회경제적 약자들의 문제점을 해결해 나가는 공익을 추구하려는 방향으로 확대되었다. 이를 사회적 협동조합이라고 하는데, CADIAI는 최초의 사회적 협동조합이었다. 가사도우미나 병간호 일을 하던 27명의 여성들이 비정규 노동 문제를 해결하기 위해 만들어진 CADIAI는 이탈리아의 사회적협동조합법이 만들어지고 공적 기관과 계약을 체결하며 사업영역이 확대되었다.

③ **새로운 협동조합** : 1945년 이후로 금융자본주의가 세계시장의 경제질서로 자리 잡으면서 작은 협동조합들은 합병을 통해 규모의 경제를 추구하기도 하고, 필요한 자본금을 확보하기 위해 자회사를 만들기도 했다. 이에 따라 신세대협동조합이나 생활협동조합 등의 새로운 협동조합이 생겨나고 있다.

협동조합의 유형

① **소비자협동조합** : 주로 조합원이 직접 사용하거나 그들에게 재판매하기 위한 재화나 서비스를 구매하기 위하여 조직된 최종소비자 조합으로 영국의 로치데일 협동조합이 대표적이다.

② **신용협동조합** : 19세기 독일에서 농민의 고리채 자본을 해결하기 위해 시작한 라이파이젠 협동조합을 시초로 지역이나 종교 등의 상호유대를 가진 개인이나 단체 간의 협동 조직을 기반으로 하여 자금의 조성과 이용을 도모하는 비영리 금융기관이다.

③ **생산자협동조합(농업협동조합)** : 생산자들이 모여서 조직한 조합으로 농민이 자신의 권익을 위하여 조직한 농업협동조합(농협)이 대표적이다. 시장에서의 교섭력을 강화해 상품의 제값을 받고 팔기 위해 노력하고, 각종 부자재의 공동구매를 통해 원재료의 단가와 마케팅 비용을 낮추기 위한 노력을 한다.

④ **노동자협동조합** : 노동자가 주체가 되어 근로조건의 유지, 개선을 목적으로 하는 조직이다.

⑤ **생활협동조합** : 생산자와 소비자의 직거래를 통해 중간마진을 없앤 것이 특징으로, 생활협동조합이 직접 생산자를 찾아 공급량과 가격을 사전에 결정하여 판매가격이 비교적 안정적이다.

⑥ **사회적협동조합** : 정부 지원만으로 사회복지를 수행하는 데 한계를 느낀 비영리 단체들이 시장에서 경제활동을 병행하는 협동조합으로 사회적기업에 해당한다.

⑦ **신세대협동조합** : 1970년 이후 미국에서 일어난 새로운 형태의 협동조합으로 1인 1표의 의결권 대신, 사업 이용 규모에 비례한 의결권을 부여하거나 출자증권의 부분적인 거래를 허용하는 등의 변화를 주도하는 운동이다. 이는 외부자본 조달의 어려움을 해소하고, 의사결정 과정의 왜곡을 해소하고자 하는 시도이다. 대표적으로 선키스트가 있다.

국제협동조합연맹(ICA; International Cooperative Alliance)

① **개념** : 전 세계 10억 명 협동조합인들이 단합과 결속을 다지고 있는 세계 최대의 비정부기구(NGO)로 1895년 협동조합의 국제적 연합체로 발족하였다. ICA의 목적은 자본주의의 폐해를 극복하고 보다 나은 공동체 사회를 지향하는 데 있다.

② **특징**

- 자본에 대응하여 상대적 약자인 조합원의 경제적 · 사회적 권익을 보호하고, 동종 · 이종 · 지역의 협동조합 간 협력체계 구축, 협동조합 발전을 위한 국제적인 활동 등이 있다.
- 우리나라는 1963년에 농협중앙회가 가입했으며, 1972년에 정회원으로 승격되었다. 현재 신용협동조합, 새마을금고, 농협, 산림조합, 수산업협동조합, ICOOP생협이 회원으로 가입되어 있다.

농업협동조합법

제19조(조합원의 자격)

① 조합원은 지역농협의 구역에 주소, 거소(居所)나 사업장이 있는 농업인이어야 하며, 둘 이상의 지역농협에 가입할 수 없다.

② 〈농어업경영체 육성 및 지원에 관한 법률〉 제16조 및 제19조에 따른 영농조합법인과 농업회사법인으로서 그 주된 사무소를 지역농협의 구역에 두고 농업을 경영하는 법인은 지역농협의 조합원이 될 수 있다.

③ 특별시 또는 광역시의 자치구를 구역의 전부 또는 일부로 하는 품목조합은 해당 자치구를 구역으로 하는 지역농협의 조합원이 될 수 있다.

④ 제1항에 따른 농업인의 범위는 대통령령으로 정한다.

제20조(준조합원)

① 지역농협은 정관으로 정하는 바에 따라 지역농협의 구역에 주소나 거소를 둔 자로서 그 지역농협의 사업을 이용함이 적당하다고 인정되는 자를 준조합원으로 할 수 있다.

② 지역농협은 준조합원에 대하여 정관으로 정하는 바에 따라 가입금과 경비를 부담하게 할 수 있다.

③ 준조합원은 정관으로 정하는 바에 따라 지역농협의 사업을 이용할 권리를 가진다.

제24조(조합원의 책임)
① 조합원의 책임은 그 출자액을 한도로 한다.
② 조합원은 지역농협의 운영과정에 성실히 참여하여야 하며, 생산한 농산물을 지역농협을 통하여 출하(出荷)하는 등 그 사업을 성실히 이용하여야 한다.

제28조(가입)
① 지역농협은 정당한 사유 없이 조합원 자격을 갖추고 있는 자의 가입을 거절하거나 다른 조합원보다 불리한 가입 조건을 달 수 없다. 다만, 제30조 제1항 각 호의 어느 하나에 해당되어 제명된 후 2년이 지나지 아니한 자에 대하여는 가입을 거절할 수 있다.
② 제19조 제1항에 따른 조합원은 해당 지역농협에 가입한 지 1년 6개월 이내에는 같은 구역에 설립된 다른 지역농협에 가입할 수 없다.
③ 새로 조합원이 되려는 자는 정관으로 정하는 바에 따라 출자하여야 한다.
④ 지역농협은 조합원 수를 제한할 수 없다.
⑤ 사망으로 인하여 탈퇴하게 된 조합원의 상속인(공동상속인 경우에는 공동상속인이 선정한 1명의 상속인을 말한다)이 제19조 제1항에 따른 조합원 자격이 있는 경우에는 피상속인의 출자를 승계하여 조합원이 될 수 있다.
⑥ 제5항에 따라 출자를 승계한 상속인에 관하여는 제1항을 준용한다.

농지법 시행령

제3조(농업인의 범위)
"대통령령으로 정하는 자"란 다음 각 호의 어느 하나에 해당하는 자를 말한다.
1. 1,000m^2 이상의 농지에서 농작물 또는 다년생식물을 경작 또는 재배하거나 1년 중 90일 이상 농업에 종사하는 자
2. 농지에 330m^2 이상의 고정식온실・버섯재배사・비닐하우스, 그 밖의 농림축산식품부령으로 정하는 농업생산에 필요한 시설을 설치하여 농작물 또는 다년생식물을 경작 또는 재배하는 자
3. 대가축 2두, 중가축 10두, 소가축 100두, 가금(家禽, 집에서 기르는 날짐승) 1,000수 또는 꿀벌 10군 이상을 사육하거나 1년 중 120일 이상 축산업에 종사하는 자
4. 농업경영을 통한 농산물의 연간 판매액이 120만 원 이상인 자

도농상생기금

도농상생기금은 도시와 농촌 간 균형 발전을 위해 2012년부터 도시 농・축협이 신용사업 수익의 일부를 출연하여 조성하는 기금으로, 조성된 기금을 농촌 지역 농・축협에 무이자로 지원하게 된다. 도농상생기금은 농축산물 수급 불안, 가격 등락 등에 따른 경제사업의 손실을 보전함으로써 농축산물 판매・유통사업을 활성화하고 경쟁력을 강화하는 것을 목표로 한다. 이와 함께 전국의 도시 농・축협은 도농 간 균형 발전을 위해 무이자 출하선급금을 산지농협에 지원해 안정적으로 농산물을 수매할 수 있도록 돕고 있으며, 매년 도농상생한마음 전달식을 통해 영농 자재를 지원하고 있다.

주택도시보증공사 위탁보증 업무

금융기관에서 중도대출, 이주비대출 등 집단대출을 취급할 때 주택도시보증공사(HUG) 보증서 발행을 통해 대출 취급을 용이하게 해주는 것으로, 국내에서 주택도시보증공사 보증서를 담보로 한 집단대출 취급액은 연간 약 94조 원 규모이다. 농협은 2021년 7월 주택도시보증공사와 상호금융업권 보증 취급기관 확대를 위한 업무협약을 체결하였고, 이 일환으로 2022년 11월 보증서취급 위탁업무 협약을 맺었으며, 이에 따라 농협상호금융은 2022년 12월 12일부터 전국의 농축협에서 주택도시보증공사 위탁보증 업무를 개시했다. 이로써 전국 5,000여 개의 본점・지점을 갖춘 네트워크망을 통해 농협은 주택수요가 필요한 고객들에게 신속한 금융 지원을 할 수 있게 되었다.

농 · 축협 RPA 확산모델

RPA(Robotic Process Automation)는 소프트웨어 로봇을 이용하여 반복적인 업무를 자동화하는 것을 의미한다. 농협은 2019년 중앙회 공통업무 적용을 시작으로 계열사로 적용 범위를 확대하고 있으며, 2022년 2월부터는 전국 1,115개 농 · 축협을 대상으로 업무 자동화 서비스를 제공하고 있다. 특히, 농협중앙회는 2022년 2월 농 · 축협 RPA포털을 오픈한 이후 44개 자동화 과제를 적용하고, 사용자 친화적인 인터페이스를 도입하여 현장의 업무 효율성을 높이고 있으며, RPA 서비스 개발 및 운영 거버넌스에 대하여 2022년 9월에 ISO9001 인증을 획득하는 등 디지털 혁신과 관련한 많은 성과를 거두고 있다.

NH디지털 매니저

'NH디지털 매니저'는 급변하는 금융환경 속에서 금융기관의 연이은 점포 폐쇄 등으로 금융서비스 이용의 어려움, 디지털 수준 격차 등이 사회적 문제로 부각되자 이를 해소하기 위해 농협이 출범시킨 교육 전담인력으로, 2022년 6월부터 전국 농협 본부의 매니저들이 고령층 · 농업인 등 디지털 소외계층을 대상으로 현장 교육을 진행하고 있다. 이와 함께 농협은 주요 기능을 큰 글씨로 한눈에 확인할 수 있게 하고, 보이스피싱 예방을 위한 안내 자료를 동영상으로 제공하는 등 고령의 고객을 위해 모바일뱅킹을 몇 차례에 걸쳐 전면 개편했다.

'전기차 · 수소차 충전 사업' 승인 취득

농협경제지주는 농림축산식품부로부터 2023년 1월에 전기차 · 수소차 충전소 사업 승인을 취득했으며, 이에 따라 본격적으로 농촌에 친환경차 충전 인프라를 확충할 계획이다. 이전에는 주유소 내 부대시설로만 충전소를 설치할 수 있었으나, 사업 승인을 취득함에 따라 독자적으로 '친환경 자동차 충전 시설과 수소연료 공급 시설 설치' 사업을 수행할 수 있게 된 것이다. 현재 전기차 보급의 증가로 인해 전기 화물차 · 농기계를 이용하는 농업인들이 증가하고 있으며, 농촌을 찾는 전기차 이용자들을 위한 인프라 확대가 절실한 상황이다. 향후 농협주유소뿐만 아니라 하나로마트, 자재센터 등으로 전기자 · 수소차 충전소를 확충해 나갈 방침이다.

'한국형 농협체인본부' 구축 추진

농협이 유통 혁신의 핵심 추진 동력으로 제시한 '한국형 농협체인본부'는 경제 사업과 관련한 범농협 조직의 시설 · 조직 · 인력 운영을 효율화하여 농협 경제 사업의 경제적 · 농업적 가치를 극대화하는 밸류 체인 시스템으로, 산지 중심의 생산 · 유통 인프라를 강화하는 한편 도소매 조직 간 유기적인 연계를 도모해 농업인에게는 농산물의 안정적인 판로를 보장하고, 소비자에게는 믿을 수 있는 먹거리를 공급하려는 계획이다. 이에 앞서 농협은 2020년부터 농축산물 유통 혁신을 100년 농협 구현을 위한 핵심 전략으로 삼고, 올바른 유통 구조 확립과 농업인 · 소비자 실익 증진에 매진한 결과 조직 통합(김치 가공공장 전국 단위 통합, 농산물 도매 조직 통합, 4개의 유통 자회사 통합), 스마트화(스마트 APC · RPC 구축, 보급형 스마트팜 개발 · 적용), 온라인 도소매 사업 추진(상품 소싱 오픈플랫폼 구축 및 온라인 지역센터 80개소 설치, 온라인 농산물거래소 · 식자재몰 사업 개시), 농업인 · 소비자 부담 완화[무기질 비료 가격 상승분의 80%(3,304억 원) 농가 지원, 살맛나는 가격 행사] 등을 이루었고, 더 나아가 '한국형 농협체인본부' 구축을 통해 산지와 소비자가 상생하는 유통 체계 구현이 가능할 것으로 기대하고 있다.

농업 정책

고향사랑기부제

지방재정 보완, 지역경제 활성화, 지방소멸 우려 완화, 국가 균형발전 도모 등을 위해 2021년 10월 제정된 〈고향사랑 기부금에 관한 법률(약칭 '고향사랑기부금법')〉에 의거해 2023년 1월부터 전격 시행된 제도로, 개인이 고향 또는 원하는 지방자치단체에 금전을 기부하면 지자체는 주민 복리 등에 사용하고 기부자에게는 세제 공제 등의 혜택과 기부액의 일정액을 답례품(지역 농특산품, 지역 상품권 등)으로 제공할 수 있다. 다만, 기부자는 자신의 주소지 관할 자치단체에는 기부가 불가능하다. 이는 해당 지자체와 주민 사이에 업무, 재산상의 권리와 이익 등의 이해관계 등으로 강제 모금이 이루어질 가능성을 막기 위한 조치이다. 기부 주체를 개인으로 한정한 것도 지자체가 개발 등에 따른 인허가권을 빌미로 기업에 모금을 강요하는 것을 방지하기 위함이다. 고향사랑 기부금은 정부가 운영하는 종합 정보 시스템(고향사랑e음)을 비롯해 전국 농·축협, 농협은행 등의 창구를 통해 납부할 수 있다.

지방소멸대응기금

저출산·고령화로 인한 인구구조 악화, 수도권·대도시로의 인구 집중 등으로 인해 지방소멸에 대한 위기감이 고조됨에 따라 2021년 정부(행정안전부)는 인구감소지역(89곳)을 지정하고 지방소멸대응기금을 투입하기로 결정했다. 이 기금의 목적은 지역 주도의 지방소멸 대응 사업 추진을 위한 재정 지원을 목적으로 하며, 2022년부터 2031년까지 매년 1조 원씩 모두 10조 원을 투입(광역자치단체 25%, 기초자치단체 75%)한다(22년은 준비기간 등을 고려하여 총 0.75조원 규모로 지원). 지원 대상은 서울시·세종시를 제외한 광역자치단체(15곳), 인구감소지역(89곳)과 관심지역(18곳) 등의 기초자치단체로 모두 107곳에 이른다. 광역자치단체는 인구감소지수, 재정·인구 여건 등을 고려해 기금을 배분하며, 기초자치단체는 지자체가 제출한 투자계획을 기금관리조합의 투자계획 평가단이 평가한 결과에 따라 차등 배분한다. 또한 기금관리조합(17개 시·도로 구성)이 기금을 관리·운용하되, 전문성 제고를 위해 한국지방재정공제회가 업무를 위탁받아 수행한다.

한편 지방소멸 위기에 대응해 농협중앙회는 농촌 소멸이라는 국가적 위기 해결에 동참하고 활기찬 농촌을 만들기 위한 역할 강화 방안으로 '활기찬 농촌, 튼튼한 농업, 잘사는 농민, 신뢰받는 농협 구현' 등 4대 목표 실현을 위한 실천 과제를 수립해 2022년 7월에 발표했다. 또한 농협 미래전략연구소는 2024년 8월에 내놓은 '지방소멸 대응을 위한 농촌 디지털 전환 사례와 발전 방향' 보고서에서 농업·농촌 디지털 전환 사례를 분석하고 성공적인 디지털화를 위한 방안을 제시했다.

농민수당 지급 사업

농업인의 소득안정을 도모함으로써 농업인의 삶의 질을 향상시키고 농업·농촌의 지속 가능한 발전, 공익적 기능 증진, 지역경제 활성화 등을 위해 농업인에게 지원하는 수당이다. 이는 농촌인구 감소 최소화 및 농가소득 보장이라는 취지에서 지자체마다 해당 지역의 농가에게 경영면적 등에 상관없이 일정 금액을 주는 제도로, 지자체의 인구 구조와 재정 여건 등을 감안해 지자체마다 자체적으로 추진하고 있다. 따라서 각 지자체의 조례에 따라 시행되기 때문에 지급액(2025년 기준 연간 30～120만 원), 지급 방법(현금 / 지역화폐), 지급 대상 단위(개인 / 가구) 등이 지자체마다 다르다. 또한 보통 사업 연도 12월 31일까지 농민수당을 사용할 수 있으며, 기한 종료 후 잔액은 자동 소멸된다.

다만, 농업 외의 종합소득 금액이 3,700만 원 이상인 자, 신청일 현재 〈국민건강보험법〉상 건강보험 직장가입자 또는 지방세 체납자, 보조금(중앙정부 직불금 등) 부정 수급자, 〈농지법〉 등 농어업 관련 법령 위반자, 경영주와 실거주 중이면서 세대만 분리한 자, 농업 분야에 고용된 농업노동자 등은 지급 대상에서 제외된다. 구체적인 내용은 해당 지자체의 조례를 확인하는 것이 좋다.

농업인 법률구조

농업인 무료법률구조사업은 농협과 대한법률구조공단이 공동으로 농업인의 법률적 피해에 대한 구조와 예방활동을 전개함으로써 농업인의 경제적·사회적 지위향상을 도모하는 농업인 무료법률복지사업이다.

농협은 소송에 필요한 비용을 대한법률구조공단에 출연하여 법률구조에 필요한 증거수집 등 중계활동을 진행하고, 공단은 법률 상담 및 소송 등 법률구조 활동을 농협과 공동으로 진행하여 농촌 현지 법률상담 등의 피해예방 활동을 한다. 농업인 무료법률구조 대상자는 기준 중위소득 150% 이하인 농업인 및 별도의 소득이 없는 농업인의 배우자, 미성년 직계비속, 주민등록상 동일 세대를 구성하는 직계존속 및 성년의 직계비속으로 한다. 공단에서 소송 수행시 지출되는 비용은 전액 무료(농협의 출연금으로 충당)이다.

농업 일자리 활성화를 위한 범정부 협업

농업 인력 수요가 증가하는 추세이지만 농촌 지역 인구 감소와 고령화 등으로 인하여 농촌 일손이 충분하지 않은 상황이다. 2024년 4월 통계청이 발표한 〈2023년 농림어업조사〉에 따르면 농가의 65세 이상 고령자 비율은 52.6%로, 전년보다 2.8%p 증가해 역대 최고치를 경신했다.

또한 지난 몇 년간 농업 일자리 사업은 정부기관 간, 지자체 간 연계 없이 단절되어 시행됨에 따라 구인난 해결에 한계가 있었고, 농업 근무 여건·환경 등도 농촌 일손 부족 문제를 심화시켰다. 이에 2023년 1월 농림축산식품부와 고용노동부는 농업 일자리 활성화를 위한 범정부 사업 업무협약을 체결하였다. 부처별로 시행됐던 농업 일자리 사업을 연계해 '국가기관 간 협업, 도농 상생, 일자리 구조 개선'을 기본 체계로 하여 범정부 협업 사업을 시행하기로 한 것이다. 또 2024년 10월에는 중소벤처기업부, 법무부, 행정안전부, 농림축산식품부가 지방소멸 위기 대응에 힘을 모았으며, 2025년에 이어 '2026년 시군구 연고산업육성 협업프로젝트' 모집도 진행하고 있다. 협업 프로젝트는 89개 인구감소 지역과 18개 관심지역 등 107개 지자체 및 농촌지역 139개 기초지자체를 대상으로 한다. 정부는 농업 일자리가 활성화되어 농촌 인구가 증가하고 농촌이 발전하는 선순환의 구조가 만들어져 지역소멸 위기 극복에 이바지할 것으로 기대하고 있다.

〈농업 일자리 활성화를 위한 범정부 사업 개요〉

구분	내용
주체	농림축산식품부, 고용노동부, 지방자치단체 등 농업 일자리와 관련된 모든 국가기관이 '농업 일자리 지원 협의체'를 구성해 이를 중심으로 공동으로 사업 추진
운영	• 농촌에 더해 도시 지역에까지 광범위하게 취업자를 발굴 • 도시 비경제활동인구를 집중적으로 구인, 이들의 노동시장 유입 또한 촉진 • 내국인의 농업 일자리 취업 및 농촌 정착도 확대될 것으로 기대
지원	• 취업자에게 교통편의·숙박비·식비·작업교육 등 지원 • 취업자에게 안전교육, 상해보험료 및 보호장비를 제공하여 안전관리 강화 • 전자근로계약서 서비스를 도입, 취업자 권익 보호 강화
관리	• 농업 일자리 온라인 시스템을 구축, 농작업, 구인·구직 정보 등을 공유 • 취업 알선 및 근로계약 체결 지원
지역	• 2023년 : 경상북도·전라북도를 대상으로 추진 • 2024년 이후 : 전국으로 확대 실시

※ 출처 : 2023년 1월, 관계부처합동 보도자료

공익직불제

농업 활동을 통해 환경보전, 농촌공동체 유지, 식품안전 등의 공익기능을 증진하도록 농업인에게 보조금을 지원하는 제도이다. 기존에는 6개의 직불제(쌀고정·쌀변동·밭농업·조건불리·친환경·경관보전)로 분리했으나 〈농업·농촌 공익기능 증진 직접지불제도 운영에 관한 법률〉(약칭 "농업농촌공익직불법") 시행령이 2020년 5월 1일 시행됨에 따라 이를 개편해 선택형 공익직불(친환경농업직불제, 친환경축산안전직불제, 경관보전직불제, 전략작물직불제)과 기본형 공익직불(면적직불금, 소농직불금)로 나누게 되었다.

외국인 근로자 고용허가제도

〈외국인 근로자의 고용 등에 관한 법률〉에 따라 기업체가 외국인 근로자를 고용할 수 있게 하는 제도로 농가는 고용허가 절차를 직접 수행하거나 농협에 대행을 신청할 수 있다(사업주가 고용센터에 내국인 구인노력을 한 뒤 14일 이후 고용허가 신청을 하여 '고용허가서'를 발급 받은 후 가까운 농협중앙회, 지역농협에 업무대행 신청하는 방식이다). 농축산업·어업의 경우 원칙적으로 7일 이상 내국인 구인 노력을 하였음에도 구인 신청한 내국인근로자의 전부 또는 일부를 채용하지 못한 경우, 내국인 신청일 전 2월부터 고용허가 신청일까지 고용조정으로 내국인 근로자를 이직시키지 않은 경우, 내국인 구인신청을 한 날의 5개월 전부터 고용허가서 발급일까지 임금체불 사실이 없는 경우 고용보험 및 산재보험 가입 사업장에서 고용을 허가받을 수 있다.

구분(구간신설)	내용
젖소 900 ~ 1,400m^2 미만	고용허용인원 2명, 신규 고용한도는 1명 인정
한육우 1,500 ~ 3,000m^2 미만	고용허용인원 2명, 신규 고용한도는 1명 인정
시설원예·특작 2,000 ~ 4,000m^2 미만	고용허용인원 및 신규 고용한도 모두 2명 인정

국가중요농업유산 지정제도(NIAHS)

국가중요농업유산은 보전할 가치가 있다고 인정하여 국가가 지정한 농업유산으로, 농업유산이란 농업인이 해당 지역에서 환경과 사회, 풍습 등에 적응하며 오랜 기간 형성시켜 온 유형과 무형의 농업자원을 말한다. 국제연합식량농업기구(FAO)는 2002년부터 세계 각지의 전통적 농업활동 등을 보전하고 계승하고자 하는 취지로 세계중요농업유산 제도를 실시하고 있다. 국가중요농업유산 지정 대상은 농업·농촌의 다원적 자원 중 100년 이상의 전통성을 가진 농업유산으로, 보전하고 전승할 만한 가치가 있는 것 또는 특별한 생물다양성 지역이다. 지정 기준에는 ① 역사성과 지속성, ② 생계 유지, ③ 고유한 농업 기술, ④ 전통 농업문화, ⑤ 특별한 경관, ⑥ 생물다양성, ⑦ 주민 참여 등이 있다.

공공비축제도

추곡수매제가 WTO 체제에서 감축보조에 해당되어 축소·폐지가 불가피하게 됨에 따라 2005년도에 양정제도를 시장친화적으로 개편하면서 비상시 안정적 식량 확보를 위해 공공비축제도를 도입하였다. 2013년에 공공비축 대상을 쌀에서 쌀, 밀, 콩으로 확대하였다.

연간 소비량의 17 ~ 18% 수준을 비축하며 농민으로부터 수확기(10 ~ 12월) 산지 전국 평균 쌀 가격으로 매입하되 농가의 자금 유동성을 위해 일정금액을 농가가 수매한 달의 말일에 지급하고(중간정산), 쌀값이 확정되면 최종 정산한다.

농산물우수관리제도(GAP)

우수 농산물에 대한 체계적 관리와 안정성 인증을 위해 2006년부터 시행된 제도이다. 농산물의 생산·수확·포장·판매 단계에 이르기까지 농약·중금속·미생물 등 위해요소를 종합적으로 관리하는 국제적 규격제도이다. 농림축산식품부장관은 농산물 우수관리의 기준을 정하여 고시하고, 우수관리인증에 필요한 인력과 시설 등을 갖춘 기관에 대해 심사를 거쳐 우수관리인증기관으로 지정할 수 있으며, 우수관리인증기관으로부터 농산물우수관리인증을 받은 자는 우수관리기준에 따라 우수관리인증 표시를 할 수 있다. 표지도형의 기본 색상은 녹색으로 하되, 포장재의 색깔 등을 고려하여 파란색 또는 빨간색으로 할 수 있으며, 표지도형 밑에 인증기관명과 인증번호를 표시한다.

축산물이력제

소·돼지·닭·오리·계란 등 축산물의 도축부터 판매에 이르기까지의 정보를 기록·관리하여 위생·안전의 문제를 사전에 방지하고, 문제가 발생할 경우 그 이력을 추적하여 신속하게 대처하기 위해 시행하고 있는 제도이다. 축산물의 사육·도축·가공·판매에 이르기까지의 과정을 이력번호를 통해 조회할 수 있도록 하여, 위생·안전의 문제를 사전에 방지하고, 문제가 발생할 경우에 신속하게 대처할 수 있다.

축산물이력제에 따라 해당하는 축산물을 키우는 농장 경영자는 축산물품질평가원에 농장등록을 해야 하며, 가축을 이동시키는 경우에는 반드시 이동 사실을 신고해야 한다. 또한, 도축업자와 축산물 포장처리·판매업자 등 축산물의 유통에 관련이 있는 사람은 도축 처리 결과나 거래 내역 등을 신고해야 한다. 이런 의무사항을 위반하는 경우 최대 500만 원의 과태료가 부과된다.

농약허용물질 목록관리제도(PLS)

농산물을 재배하는 과정에서 사용이 가능한 농약들을 목록으로 만들어 미리 설정된 잔류 기준 내에서의 사용을 허가하고, 목록에 포함되어 있지 않은 농약은 잔류 허용기준을 0.01mg/kg으로 설정하여 사실상 사용을 금지하는 제도이다. 농약 잔류 허용기준은 농약 안전사용방법에 따라 올바르게 사용하였을 때 농산물 등에 법적으로 허용된 농약의 양을 정하는 기준을 말한다. 만약 국외에서 합법적으로 사용되는 농약을 새로 지정하고 싶은 경우에는 식품의약품안전처에 수입식품 중 잔류 허용기준 설정 신청을 할 수 있다.

농약관리법

농약의 제조·수입·판매 및 사용에 관한 사항을 규정함으로써 농약의 품질 향상, 유통 질서의 확립 및 안전사용을 도모하고 농업 생산과 생활환경 보전에 이바지하기 위해 제정한 법률이다. 농약의 제조업·원제업 또는 수입업을 하고자 하는 자는 농촌진흥청장에게, 농약의 판매업을 하고자 하는 사람은 업소의 소재지를 관할하는 시장·군수 및 구청장에게 등록하여야 한다(제3조 제1 ~ 2항). 수출입식물방제업을 하고자 하는 사람은 국립식물검역기관의 장에게 신고하여야 한다(제3조의2 제1항). 농약의 제조업자·원제업자·수입업자는 품목별로 농촌진흥청장에게 등록하여야 한다(제8조 제1항). 농림축산식품부장관은 농약의 수급 안정 등을 위해 제조업자·원제업자·수입업자 또는 판매업자에 대하여 농약의 수급 조절과 유통 질서의 유지를 요청할 수 있다(제18조).

친환경안전축산직불제

친환경축산 실천 농업인에게 초기 소득 감소분 및 생산비 차이를 보전함으로써 친환경축산의 확산을 도모하고, 환경보전을 통하여 지속 가능한 축산 기반을 구축하기 위한 제도이다.

저탄소 농축산물 인증제 사업

저탄소 농업기술을 활용하여 생산 전과정에서 온실가스 배출을 줄인 농축산물에 저탄소 인증을 부여하는 제도로, 농업인의 온실가스 감축을 유도하고 소비자에게 윤리적 소비선택권을 제공하는 사업이다. 농업인을 대상으로 인증 교육, 온실가스 산정보고서 작성을 위한 컨설팅 및 인증취득 지원, 그린카드 연계 및 인증 농산물 유통지원 등의 사업을 진행한다.

토종벌 육성사업

낭충봉아부패병(SD) 저항성 토종벌을 농가에 보급하여 토종벌 산업의 안정화 및 농가소득 증대를 유도하기 위한 제도이다. 토종벌을 10군 이상 보유한 토종벌 분야의 농업경영체 등록 농가와 토종벌 사육경력이 5년 이상인 농가가 신청할 수 있다. 시·도는 사업 대상자의 신청 물량·금액 이내에서 각 농가당 지원액을 결정하며, 정부에서 SD 저항성 토종벌 및 벌통 구입비를 지원받을 수 있다.

청년 창업농 선발 및 영농정착 지원사업

기술·경영 교육과 컨설팅, 농지은행의 매입비축 농지 임대 및 농지 매매를 연계 지원하여 건실한 경영체로의 성장을 유도하고, 이를 통해 젊고 유능한 인재의 농업 분야 진출을 촉진하는 선순환 체계 구축, 농가 경영주의 고령화 추세 완화 등 농업 인력구조 개선을 하기 위한 사업이다.

사업 시행년도 기준 만 18세 이상에서 만 40세 미만인 사람, 영농경력이 3년 이하, 사업 신청을 하는 시·군·광역시에 실제 거주하는 사람만 신청할 수 있다. 독립경영 1년 차에는 월 100만 원, 2년 차는 월 90만 원, 3년 차는 월 80만 원을 지원받을 수 있다.

농촌공동체 회사 우수사업 지원제도(농촌자원복합산업화 지원)

농촌 지역 주민이 주도하는 농촌공동체 회사 사업을 지원해 농가 소득 증대 및 일자리 창출, 농촌에 필요한 각종 서비스 제공 등 농촌 지역 사회 활성화에 기여하기 위한 제도이다. 농촌공동체 회사 활성화에 필요한 기획, 개발, 마케팅, 홍보 비용을 사업 유형에 따라 3 ~ 5년까지 지원받을 수 있으며, 개소당 최대 5,000만 원(지자체별 상이)을 지원받을 수 있다. 농촌 지역 주민 5인 이상이 자발적으로 결성한 조직으로, 지역 주민 비율이 50% 이상 구성되어 있고, 민법상 법인 · 조합, 상법상 회사, 농업법인, 협동조합기본법상 협동조합 등이 지원대상이다.

농업경영체 등록제

농업 문제의 핵심인 구조 개선과 농가 소득 문제를 해결하기 위해서 마련된 제도로, 평준화된 지원정책에서 탈피하여 맞춤형 농정을 추진하기 위해 도입되었다. 농업경영체 등록제를 통해 경영체 단위의 개별 정보를 통합 · 관리하고 정책사업과 재정 집행의 효율성을 제고하게 되었다.

농촌현장 창업보육 사업

농산업 · 농식품 · 바이오 기술(BT) 분야 예비창업자 및 창업 초기 기업을 대상으로 기술 · 경영 컨설팅을 통해 벤처기업으로의 성장을 지원하는 제도이다. 농업 · 식품 분야에 6개월 이내로 창업 가능한 예비창업자 및 5년 미만의 창업 초기 기업이 신청할 수 있으며, 지식재산권 출원, 디자인 개발, 시제품 제작, 전시회 참가 등을 지원받을 수 있다.

농업보조금제도

WTO 농업협정상 농업보조금은 국내보조금과 수출보조금 두 가지로 나뉜다. 이 협정에서 보조금 규정은 다른 협정상의 규정보다 우선적으로 적용되며, 그 개념 또한 통상적인 보조금의 의미보다 넓은 개념으로 쓰인다.

- 국내보조금 : 규율하는 대상이 일반적인 재정지출을 통한 지원보다 넓은 범위의 실질적인 지원의 개념이다. 불특정 다수의 농민에게 혜택을 주는 방식과 같이 정부가 직접적으로 행하는 사업 등을 포함한다.
- 수출보조금 : 감축해야 할 보조를 여섯 가지 형태로 말하고 있으며, 재정지출을 통한 직접적인 보조뿐만 아니라 공공재고를 싸게 판매하고 운송비를 깎아주는 등 실질적인 지원을 포함하도록 정하고 있다.

종자산업 기술 혁신으로 고부가 종자 수출산업 육성(제3차 종자산업육성 5개년 계획)

농림축산식품부는 "제3차(2023 ~ 2027년) 종자산업 육성 종합계획"을 발표하면서 종자산업 규모를 1.2조 원으로 키우고, 종자 수출액을 1.2억 달러까지 확대하기 위한 5대 전략을 제시했다. 이에 따라 농림축산식품부는 2023년부터 5년 동안 1조 9,410억 원을 투자할 계획이라고 밝혔다.

- 전략 1. 디지털 육종 등 신육종 기술 상용화 : 작물별 디지털 육종 기술 개발 및 상용화, 신육종 기술 및 육종 소재 개발
- 전략 2. 경쟁력 있는 핵심 종자 개발 집중 : 세계 시장 겨냥 10대 종자 개발 강화, 국내 수요 맞춤형 우량 종자 개발
- 전략 3. 3대 핵심 기반 구축 강화 : 육종 – 디지털 융합 전문인력 양성, 공공 육종데이터 민간 활용성 강화, '종자산업혁신단지(K-Seed Vally)' 구축 및 국내 채종 확대
- 전략 4. 기업 성장 · 발전에 맞춘 정책 지원 : 정부 주도 연구개발(R&D) 방식에서 기업 주도로 개편, 기업 수요에 맞춘 장비 · 서비스 제공, 제도 개선 및 민 · 관 협력(거버넌스) 개편
- 전략 5. 식량종자 공급 개선 및 육묘산업 육성 : 식량안보용 종자 생산 · 보급 체계 개선, 식량종자 · 무병묘 민간시장 활성화, 육묘업의 신성장 산업화

애그테크

'농업'을 뜻하는 'Agriculture'와 'Technology'의 조합어로, 생산성의 획기적인 향상을 위해 첨단 기술을 농업 현장에 적용하는 것을 뜻한다. 이를 위해 적용되고 있는 기술 분야로는 인공지능(AI), 사물인터넷(IoT), 빅데이터, 드론·로봇 등이 있다. 전 세계적으로 기후 변화, 농촌 노동력 부족, 소비자 기호 변화 등과 같은 농업 환경 변화의 효과적 대응 수단으로 애그테크가 급부상하며 관련 애그테크 시장도 급성장함에 따라 농림축산식품부는 2018년부터 스마트팜 확산을 위한 노력을 지속적으로 강화하고 있으며, 2022년 10월 발표한 "스마트농업 확산을 통한 농업혁신 방안"에서 '스마트농업 민간 혁신 주체 육성, 품목별 스마트농업 도입 확산, 스마트농업 성장 기반 강화' 등의 3대 추진 전략과 함께 농업 생산의 30% 스마트농업 전환, 유니콘 기업 5개 육성 등을 목표로 제시했다.

스마트농업 육성 대책에는 AI 예측, AI 온실관리, 온실용 로봇, 축산 IoT, AI 축사관리, 가변관수·관비기술(VRT), 자율주행, 노지수확 로봇 등과 같은 국내 애그테크 산업 경쟁력 강화 방안이 상당수 포함되어 있다.

또한 농업과 첨단 정보통신기술 등의 융합을 통하여 농업의 자동화·정밀화·무인화 등을 촉진함으로써 농업인의 소득증대와 농업·농촌의 성장·발전에 이바지함을 목적으로 하는 〈스마트농업 육성 및 지원에 관한 법률〉(약칭 "스마트농업법")이 2023년 7월 25일 제정(2024년 7월 26일 시행)됨에 따라 체계적인 애그테크 산업 육성을 위한 법적 근거가 마련되었다. 한편 이에 앞서 농협은 2022년 10월에 애그테크 상생혁신펀드 출범식을 개최한 바 있다.

애그리비즈니스

농업과 관련된 전후방 산업을 일컫는다. 최근 생겨난 '농기업'이란 새로운 개념은 '농업'을 가축이나 농작물의 생산에 한정하는 것이 아니라 농산물 생산을 포함하여 생산된 농산물의 가공과 유통, 수출입은 물론 비료, 농약, 농기계, 사료, 종자 등 농자재산업까지 포함한 농업 관련 산업(Agribusiness)으로 사업영역을 확장한다는 의미를 포함하고 있다.

유전자 변형 농산물(GMO; Genetically Modified Organism)

유전자 재조합기술(Biotechnology)로 생산된 농산물로, 미국 몬산토사가 1995년 유전자 변형 콩을 상품화하면서 대중에게 알려지기 시작했다. 유전자 변형은 작물에 없는 유전자를 인위적으로 결합시켜 새로운 특성의 품종을 개발하는 유전공학적 기술을 말한다. 어떤 생물의 유전자 중 추위, 병충해, 살충제, 제초제 등에 강한 성질 등 유용한 유전자만을 취하여 새로운 품종을 만드는 방식이다.

공식적인 용어는 LGMO(Living Genetically Modified Organisms)이다. LMO(Living Modified Organism)는 살아있음(Living)을 강조하여 동물·식물·미생물 등과 같이 생식·번식이 가능한 생명체를 한정하며, GMO는 생식이나 번식을 하지 못하는 것도 포함되어 있어 LMO보다 좀 더 포괄적인 범위를 통칭한다.

농산물 종자나 미생물 농약, 환경정화용 미생물 등 LMO의 활용 영역이 날로 넓어지면서 LMO의 안전성 논란이 높아지자 국제기구, 선진국 정부기관, 민간단체 등에서는 LMO와 관련된 정보들을 수집 분석하여 일반인에게 공개하고 있으며, 나아가 세계 각국들은 2000년 1월 '바이오 안전성에 관한 카르타헤나 의정서(The Cartagena Protocol on Biosafety)'를 채택하고, 이에 따라 LMO의 국가 간 이동에 관련된 법률을 제정하여 LMO를 관리하고 있다.

국제연합식량농업기구(FAO; Food and Agriculture Organization)

국제연합 전문기구의 하나로 식량과 농산물의 생산 및 분배 능률 증진, 농민의 생활수준 향상 등을 목적으로 한다. 1945년 10월 캐나다 퀘벡에서 개최된 제1회 식량농업회의에서 채택된 FAO헌장에 의거해 설립됐다. 농업·임업·수산업 분야의 유엔 기구 중 최대 규모로, 본부에 3,500명, 세계 각지에 2,000여 명의 직원이 있다. 세계식량계획(WFP)과 함께 식량원조와 긴급구호 활동을 전개하며 국제연합 개발계획(UNDP)과 함께 기술원조를 확대하고 있다.

스팁(STEEP) 소비

상품이나 서비스를 공유하는 공유형(Sharing) 소비, 건강을 고려하는 웰빙형(Toward the health) 소비, 기능성 상품을 선호하는 실속형(cost-Effective) 소비, 직접 체험할 수 있는 경험형(Experience) 소비, 삶의 질을 높이는 현재형(Present) 소비의 앞 글자를 딴 신조어이다.

수경재배

흙을 사용하지 않고 물과 수용성 영양분으로 만든 배양액 속에서 식물을 키우는 방법을 일컫는 말로, 물재배 또는 물가꾸기라고 한다. 수경재배를 할 수 있는 식물은 대부분 수염뿌리로 되어 있는 외떡잎식물이다. 식물이 정상적으로 위를 향해 자라도록 지지해주거나 용액에 공기를 공급해주어야 하는 어려움 때문에 수경재배는 자갈재배로 대체되었는데, 이때 자갈은 물이 가득한 묘판에서 식물이 넘어지지 않도록 지지해준다.

수경재배는 뿌리의 상태와 성장 모습을 직접 관찰할 수 있고, 오염되지 않은 깨끗한 채소나 작물을 생산해낼 수 있으며 집안에서 손쉽게 재배가 가능하다는 장점이 있다.

윤작(돌려짓기)

같은 땅에서 일정한 순서에 따라 종류가 다른 작물을 재배하는 경작 방식으로 형태에 따라 곡초식 · 삼포식 · 개량삼포식 · 윤재식 등으로 나뉜다. 식용작물을 재배하는 곳이면 어느 곳에서나 어떤 형태로든지 윤작이 행해지고 있다. 윤작의 장점은 토지이용도를 높일 수 있고, 반복된 재배에도 균형 잡힌 토질을 유지할 수 있으며, 누적된 재배로 인한 특정 질병재해를 사전에 방지할 수 있다는 것이다.

콜드체인(Cold Chain) 시스템

농산물을 수확한 후 선별포장하여 예냉하고 저온 저장하거나 냉장차로 저온 수송하여 도매시장에서 저온 상태로 경매되어 시장이나 슈퍼에서 냉장고에 보관하면서 판매하는 시스템이다. 전 유통 과정을 제품의 신선도 유지에 적합한 온도로 관리하여 농산물을 생산 또는 수확 직후의 신선한 상태 그대로 소비자에게 공급하는 유통체계로, 신선도 유지, 출하 조절, 안전성 확보 등을 위해서 중요한 시스템이다.

친환경농업

지속 가능한 농업 또는 지속농업(Sustainable Agriculture)으로, 농업과 환경을 조화시켜 농업의 생산을 지속 가능하게 하는 농업형태이며 농업생산의 경제성과 환경보존 및 농산물의 안전성을 동시에 추구하는 농업이다. 유기합성농약과 화학비료를 일절 사용하지 않고 재배하며, 화학비료는 권장 시비량의 1/3 이내를 사용하거나 1/2 이내를 사용하고, 농약 살포 횟수는 '농약안전사용기준'의 1/2 이하를 사용해야 한다.

생산 농가가 희망하는 경우에 인증기준적합 여부를 심사하며, 인증 여부를 통보해주고, 인증받은 농산물에 한해 인증표시 후 출하한다.

석회비료

칼슘을 주성분으로 하는 비료로, 토양의 성질을 개선하여 작물에 대한 양분의 공급력을 높인다. 직접적으로 양분의 역할을 하지는 못하기 때문에 '간접 비료'로 불린다.

아프리카돼지열병(ASF; African Swine Fever)

동물 감염의 비율이 높고, 고병원성 바이러스에 전염될 경우 치사율이 거의 100%에 이르는 바이러스성 돼지 전염병으로, '돼지 흑사병'이라고도 불린다. 아프리카 지역에서 빈번하게 발생하여 '아프리카돼지열병'이라는 이름으로 주로 불린다. 우리나라에서는 이 질병을 〈가축전염병 예방법〉상 제1종 가축전염병으로 지정하여 관리하고 있다.

주로 감염된 돼지의 분비물 등에 의해 직접 전파되며, 잠복 기간은 약 4 ~ 19일이다. 인체와 다른 동물에게는 영향을 주지 않으며, 오직 돼짓과의 동물에만 감염된다. 이 병에 걸린 돼지는 보통 10일 이내에 폐사한다. 또한 감염성이 높고 치료제나 백신이 없기 때문에 감염된 돼지를 살처분할 수밖에 없다.

조류인플루엔자

닭이나 오리와 같은 가금류 또는 야생조류에서 생기는 바이러스의 하나로, 일종의 동물전염병이다. 일반적으로 인플루엔자 바이러스는 A, B, C형으로 구분되는데, A형과 B형은 인체감염의 우려가 있으며, 그 가운데 A형이 대유행을 일으킨다. 바이러스에 감염된 조류의 콧물, 호흡기 분비물, 대변에 접촉한 조류들이 다시 감염되는 형태로 전파되고, 특히 인플루엔자에 오염된 대변이 구강을 통해 감염을 일으키는 경우가 많다. 〈가축전염병 예방법〉에 따라 고병원성 조류인플루엔자는 제1종 가축전염병으로, 저병원성 조류인플루엔자는 제3종 가축전염병으로 예방 관리된다.

이베리코

스페인의 돼지 품종으로, 스페인 이베리아 반도에서 생산된 돼지라는 뜻이다. 긴 머리와 긴 코, 길고 좁은 귀, 검은색 가죽과 검은색 발톱이 특징이다. 이베리코는 사육 기간과 방식, 먹이에 따라 최고 등급인 '베요타(Bellota)'부터 중간 등급인 '세보 데 캄포(Cebo de campo)', 하위 등급인 '세보(Cebo)'로 나뉜다. 이 중 베요타의 경우 '데헤사(Dehesa)'라 불리는 목초지에서 자연 방목으로 사육하는데, 방목 기간 동안 풀과 도토리 등 자연 산물을 먹여 키운다.

귀농인의 집

'귀농인의 집'은 귀농·귀촌 희망자의 안정적 농촌 정착을 위해 이루어지고 있는 주거 공간 지원 사업으로, 〈농업·농촌 및 식품산업 기본법〉을 근거로 한다. 이는 귀농·귀촌 희망자가 일정 기간 동안 영농기술을 배우고 농촌체험 후 귀농할 수 있도록 임시 거처인 '귀농인의 집'을 제공하는 것이다. 귀농인의 집 입지는 지역 내 제반 여건을 감안해 귀농인의 집 운영을 희망하는 마을과 시·군이 협의하여 자율 선정한다. 재원은 국고보조(농특회계) 50%와 지방비 50%로 구성되며, 세대당 3,000만 원 이내로 지원이 이루어진다. 그리고 입주자는 월 10 ~ 20만 원 또는 일 1 ~ 2만 원의 임차비용을 지급하게 된다. 기간은 1년 범위 내 이용을 원칙으로 하고, 추가 이용자가 없고 기존 귀농인이 희망하는 경우에는 1년 이용기간 종료 후 3개월 이내의 범위에서 추가 이용이 가능하다.

특산식물(고유식물)

특정 지역에서만 생육(生育)하는 고유한 식물을 말한다. 생육되는 환경에 스스로 적응하면서 다른 곳에서는 볼 수 없는 독특한 특징으로 진화하는 특산식물은 결과적으로 해당 지역의 고유식물로 존재하게 된다. 따라서 고유식물이 지니는 정보는 그 지역에 분포하는 해당 식물의 기원과 진화 과정을 밝히는 중요한 요인이 된다. 특산식물은 작은 환경 변화에도 민감하게 반응하며 세계적으로 가치 있고 희귀한 식물이 대부분이므로 적극적으로 보호하지 않으면 멸종되기 쉽다.

녹색혁명

녹색혁명은 20세기 후반 전통적 농법이 아닌 새로운 기술인 품종 개량, 수자원 공급시설 개발, 화학비료 및 살충제 사용 등의 새로운 기술을 적용하여 농업생산량이 크게 증대된 일련의 과정 및 그 결과를 의미한다. 녹색혁명의 핵심은 새로운 기술의 적용으로 생산성을 크게 증대시키는 것에 있기 때문에 유전학, 분자생물학, 식물생리학 등의 과학기술 발전을 통해 작물의 생산성을 증대시키는 것을 2차 녹색혁명이라고도 부른다.

식물공장

최첨단 고효율 에너지 기술을 결합해 실내에서 다양한 고부가가치의 농산물을 대량 생산할 수 있는 농업 시스템이다. 식물공장은 빛, 온도·습도, 이산화탄소 농도 및 배양액 등의 환경을 인위적으로 조절해 농작물을 계획 생산한다. 계절, 장소 등과 관계없이 자동화를 통한 공장식 생산이 가능하다. 식물공장은 주로 LED와 분무장치에 의한 실내 식물재배 시스템을 이용하여 전형적인 저탄소 녹색 사업을 가능하게 하는 곳이다.

농가소득

농가의 경상소득과 비경상소득을 합한 총액을 말한다. 경상소득은 농업소득, 농외소득, 이전소득을 합산한 총액이며, 농가의 비경상소득은 정기적이지 않고 우발적인 사건에 의해 발생한 소득이다.

작목반

강원도 삼척 지역 농촌에서 작목별 · 지역별 공동 생산, 공동 출하로 소득을 높이기 위하여 조직한 농민단체로, 채소 · 원예 · 축산 · 과일 등 작목에서 많이 운영된다. 작목반별로 다소 차이는 있지만 작목반 또는 조합 단위로 영농에 필요한 비료나 농약 시설 자재 등을 공동으로 저렴하게 구입하여 공급하는 영농 자재의 공동 구매, 작목반 단위의 영농 계획에 의한 공동 작업 실시로 작업 능률을 향상시키기 위한 공동 작업, 농산물의 등급별 선별을 통한 규격화 · 표준화로 상품성 제고, 공동 출하 · 공동 이용시설의 설치와 운영, 공동 기금 조성 등의 활동을 한다. 대부분의 작목반은 지역의 단위농업협동조합과 연계되어 있다.

로컬푸드 운동

생산자와 소비자 사이의 이동거리를 단축시켜 식품의 신선도를 극대화시키자는 취지로 출발했다. 즉, 먹을거리에 대한 생산자와 소비자 사이의 이동거리를 최대한 줄임으로써 농민과 소비자에게 이익이 돌아가도록 하는 것이다. 북미의 100마일 다이어트 운동, 일본의 지산지소(地産地消) 운동 등이 대표적인 사례이다. 국내의 경우 전북 완주군이 2008년 국내 최초로 로컬푸드 운동을 정책으로 도입한 바 있다.

로컬푸드 지수

지역에서 이루어지고 있는 로컬푸드 소비체계 구축활동에 대한 노력과 성과를 평가하기 위한 지표이다. 2021년부터 본격적으로 시행되는 로컬푸드 평가기준으로, 미국의 '로커보어 지수(Locavore Index)'에 견줄 수 있는 지수이다. 계량적 수치 위주의 로커보어 지수와 달리 로컬푸드 지수는 지역에 미치는 사회적 · 경제적 가치까지도 반영하고 있다.

할랄(Halal)

과일 · 야채 · 곡류 등 모든 식물성 음식과 어류 · 어패류 등의 모든 해산물이 이슬람 율법 아래에 무슬림이 먹고 쓸 수 있도록 허용된 제품을 총칭하는 용어이다. 육류 중에서는 이슬람의 신 알라의 이름으로 도살된 고기(주로 염소고기, 닭고기, 쇠고기 등)와 이를 원료로 한 화장품 등이 할랄 제품에 해당한다. 반면 술과 마약류처럼 정신을 흐리게 하는 것, 돼지고기 · 개 · 고양이 등의 동물, 자연사했거나 인간에 의해 도살된 짐승의 고기 등과 같이 무슬림에게 금지된 음식의 경우는 '하람(Haram)' 푸드라고 한다.

디지털 상식

4차 산업혁명

2010년대부터 물리적 세계, 디지털 및 생물학적 세계가 융합되어 모든 학문·경제·산업 등에 전반적으로 충격을 주게 된 새로운 기술 영역의 등장을 뜻하는 4차 산업혁명은 독일의 경제학 박사이자 세계경제포럼(WEF)의 회장인 클라우스 슈밥이 2016년 다보스 포럼(WEF)에서 제시한 개념이다.
클라우스 슈밥은 인공지능, 로봇공학, 사물인터넷, 3D프린팅, 자율주행 자동차, 양자 컴퓨팅, 클라우드 컴퓨팅, 나노테크, 빅데이터 등의 영역에서 이루어지는 혁명적 기술 혁신을 4차 산업혁명의 특징으로 보았다. 4차 산업혁명은 초연결성·초지능, 더 빠른 속도, 더 많은 데이터 처리 능력, 더 넓은 파급 범위 등의 특성을 지니는 '초연결 지능 혁명'으로 볼 수 있다. 그러나 인공지능 로봇의 작업 대체로 인한 인간의 일자리 감소, 인간과 인공지능(로봇)의 공존, 개인정보·사생활 보호, 유전자 조작에 따른 생명윤리 등 여러 과제가 사회적 문제로 떠오르고 있다.

빅데이터(Big Data)

빅데이터는 다양하고 복잡한 대규모의 데이터 세트 자체는 물론, 이러한 데이터 세트로부터 정보를 추출한 결과를 분석하여 더 큰 가치를 창출하는 기술을 뜻한다. 기존의 정형화된 정보뿐만 아니라 이미지, 오디오, 동영상 등 여러 유형의 비정형 정보를 데이터로 활용한다. 저장 매체의 가격 하락, 데이터 관리 비용의 감소, 클라우드 컴퓨팅의 발전 등으로 인해 데이터 처리·분석 기술 또한 진보함에 따라 빅데이터의 활용 범위와 환경이 꾸준히 개선되고 있다.
빅데이터의 특징으로 3V로 제시되는 것은 'Volume(데이터의 크기), Velocity(데이터의 속도), Variety(데이터의 다양성) 등이다. 여기에 'Value(가치)' 또는 'Veracity(정확성)' 중 하나를 더해 4V로 보기도 하고, 둘 다 더해 5V로 보기도 한다. 또한 5V에 Variability(가변성)을 더해 6V로 정리하기도 한다. 한편 기술의 진보에 따라 빅데이터의 특징을 규명하는 'V'는 더욱 늘어날 수 있다.

합성데이터(Synthetic Data)

합성데이터는 실제 수집·측정으로 데이터를 획득하는 것이 아니라 시뮬레이션·알고리즘 등을 이용해 인공적으로 생성한 인공의 가상 데이터를 뜻한다. 즉, 현실의 데이터가 아니라 인공지능(AI)을 교육하기 위해 통계적 방법이나 기계학습 방법을 이용해 생성한 가상 데이터를 말한다.
고품질의 실제 데이터 수집이 어렵거나 불가능함, AI 시스템 개발에 필수적인 대규모 데이터 확보의 어려움, 인공지능 훈련에 드는 높은 수준의 기술·비용, 실제 데이터의 이용에 수반되는 개인정보·저작권 보호 및 윤리적 문제 등에 대한 해결 대안으로 등장한 것이 합성데이터이다.

스테이블 코인(Stable Coin)

법정화폐와 일대일(1코인=1달러)로 가치가 고정되게 하거나(법정화폐 담보 스테이블 코인) 다른 암호화폐와 연동하는(가상자산 담보 스테이블 코인) 등의 담보 방식 또는 알고리즘을 통한 수요-공급 조절(알고리즘 기반 스테이블 코인)로 가격 변동성이 최소화되도록 설계된 암호화폐(가상자산)이다. 다른 가상화폐와 달리 변동성이 낮기 때문에 다른 가상화폐 거래, 탈중앙화 금융(De-Fi) 등에 이용되므로 '기축코인'이라고 볼 수 있다.
우리나라와 달리 대부분 해외 가상자산 거래소에서는 법정화폐가 아닌 스테이블 코인으로 가상화폐를 거래하는데, 이렇게 하면 다른 나라의 화폐로 환전해 다시 가상화폐를 구매하는 불편을 해소하고, 환율의 차이에 따른 가격의 변동으로부터 자유롭다. 아울러 디파이를 통해 이자 보상을 받을 수 있으며, 계좌를 따로 개설할 필요가 없고, 휴일에도 송금이 가능하며 송금의 속도 또한 빠르고, 수수료도 거의 없다.
스테이블 코인은 기본적으로 가격이 안정되어 있기 때문에 안정적인 투자 수익을 얻을 수 있으나 단기적인 매매 차익을 기대하기 어렵다. 아울러 자금세탁이나 사이버 보안 등의 문제점을 보완하기 위한 법적 규제와 기술적 장치가 반드시 필요하다.

VR, AR, MR, XR, SR

- VR(Virtual Reality, 가상현실) : 어떤 특정한 상황 · 환경을 컴퓨터로 만들어 이용자가 실제 주변 상황 · 환경과 상호작용하고 있는 것처럼 느끼게 하는 인간과 컴퓨터 사이의 인터페이스이다. 즉, VR은 실존하지 않지만 컴퓨터 기술로 이용자의 시각 · 촉각 · 청각을 자극해 실제로 있는 것처럼 느끼게 하는 가상의 현실을 말한다.
- AR(Augmented Reality, 증강현실) : 머리에 착용하는 방식의 컴퓨터 디스플레이 장치는 인간이 보는 현실 환경에 컴퓨터 그래픽 등을 겹쳐 실시간으로 시각화함으로써 AR을 구현한다. AR이 실제의 이미지 · 배경에 3차원의 가상 이미지를 겹쳐서 하나의 영상으로 보여주는 것이라면, VR은 자신(객체)과 환경 · 배경 모두 허구의 이미지를 사용하는 것이다.
- MR(Mixed Reality, 혼합현실) : VR과 AR이 전적으로 시각에 의존한다면, MR은 시각에 청각 · 후각 · 촉각 등 인간의 감각을 접목할 수 있다. VR과 AR의 장점을 융합함으로써 한 단계 더 진보한 기술로 평가받는다.
- XR(eXtended Reality, 확장현실) : VR, AR, MR 등을 아우르는 확장된 개념으로, 가상과 현실이 매우 밀접하게 연결되어 있고, 현실 공간에 배치된 가상의 물체를 손으로 만질 수 있는 등 극도의 몰입감을 느낄 수 있는 환경 혹은 그러한 기술을 뜻한다.
- SR(Substitutional Reality, 대체현실) : VR, AR, MR과 달리 하드웨어가 필요 없으며, 스마트 기기에 광범위하고 자유롭게 적용될 수 있다. SR은 가상현실과 인지 뇌과학이 융합된 한 단계 업그레이드된 기술이라는 점에서 VR의 연장선상에 있는 기술로 볼 수 있다.

스니핑(Sniffing)

'Sniffing'은 '코를 킁킁거리기, 냄새 맡기'라는 뜻으로, 네트워크 통신망에서 오가는 패킷(Packet)을 가로채 사용자의 계정과 암호 등을 알아내는 해킹 수법이다. 즉, 스니핑은 네트워크 트래픽을 도청하는 행위로서, 사이버 보안의 기밀성을 침해하는 대표적인 해킹 수법이다. 그리고 이러한 스니핑을 하기 위해 쓰이는 각종 프로그램 등의 도구를 '스니퍼'라 부른다.
원래는 네트워크 상태를 체크하는 데 사용되었으나, 해커들은 원격에서 로그인하는 사용자들이 입력하는 개인정보를 중간에서 가로채는 수법으로 악용한다. 스니핑은 네트워크에 접속하는 시스템의 상대방 식별 방식의 취약점을 악용하는 것이다. 네트워크에 접속하는 모든 시스템에는 설정된 IP 주소와 고유한 MAC 주소가 있으며, 통신을 할 때 네트워크 카드는 IP 주소와 MAC 주소를 이용해 수신하고 저장할 신호를 선별한다. 스니핑 공격은 이러한 선별 장치를 해제해 타인의 신호까지 수신할 수 있는 환경을 구성하는 방식으로 구현된다. 이러한 원리를 통해 해커는 이메일 트래픽, 웹 트래픽, FTP 비밀번호, 텔넷 비밀번호, 공유기 구성, 채팅 세션, DNS 트래픽 등을 스니핑할 수 있다.
한편, 스니핑이 다른 사람의 대화를 도청 · 염탐하는 소극적 공격이라면, '스푸핑'은 다른 사람으로 위장해 정보를 탈취하는 적극적 공격이다. 즉, 스니핑은 시스템 자체를 훼손 · 왜곡할 수 없는 수동적 공격이고, 스푸핑은 시스템을 훼손 · 왜곡할 수 있는 능동적 공격이다.

디파이(De-Fi)

디파이는 '금융(Finance)의 탈중앙화(Decentralized)'라는 뜻으로, 기존의 정부 · 은행 같은 중앙기관의 개입 · 중재 · 통제를 배제하고 거래 당사자들끼리 송금 · 예금 · 대출 · 결제 · 투자 등의 금융 거래를 하자는 게 주요 개념이다. 디파이는 거래의 신뢰를 담보하기 위해 높은 보안성, 비용 절감 효과, 넓은 활용 범위를 자랑하는 블록체인 기술을 기반으로 한다.
디파이는 서비스를 안정적으로 제공하기 위해 기존의 법정화폐에 연동되거나 비트코인 같은 가상자산을 담보로 발행된 스테이블 코인(가격 변동성을 최소화하도록 설계된 암호화폐)을 거래 수단으로 주로 사용한다. 디파이는 거래의 속도를 크게 높일 수 있고, 거래 수수료 등 부대비용이 거의 들지 않기 때문에 비용을 절감할 수 있다는 것이 가장 큰 특징이다.
디파이는 블록체인 자체에 거래 정보를 기록하기 때문에 중개자가 필요 없을 뿐만 아니라 위조 · 변조 우려가 없어 신원인증 같은 복잡한 절차도 없고, 휴대전화 등으로 인터넷에 연결되기만 하면 언제든지, 어디든지, 누구든지 디파이에 접근할 수 있으며, 응용성 · 결합성이 우수해 새로운 금융 서비스를 빠르게 개발할 수 있다. 다만, 디파이는 아직 법적 규제와 이용자 보호장치가 미비하여 금융사고 발생 가능성이 있고 상품 안정성 또한 높지 않다는 한계가 있다.

인터넷 전문은행(Direct Bank, Internet-only Bank)
영업점을 통해 대면거래를 하지 않고, 금융자동화기기(ATM)나 인터넷 · 모바일 응용프로그램(앱) 같은 전자매체를 통해 온라인으로 사업을 벌이는 은행이다.

서비스형 블록체인(BaaS; Blockchain as a Service)
서비스형 블록체인은 개발 환경을 클라우드로 서비스하는 개념이다. 블록체인 네트워크에 노드를 추가하고 제거하는 일이 간단해져서 블록체인 개발 및 구축을 쉽고 빠르게 할 수 있다. 현재 마이크로소프트나 IBM, 아마존, 오라클 등에서 도입하여 활용하고 있으며, 우리나라의 경우 KT, 삼성 SDS, LG CNS에서 자체적인 BaaS를 구축하고 있다.

데이터 리터러시(Data Literacy)
정보활용 능력을 일컫는 용어로 빅데이터 속에서 목적에 맞게 필요한 정보를 취합하고 해석하여 적절하게 활용할 수 있는 능력을 말한다.

데이터 레이블링(Data Labeling)
인공지능을 만드는 데 필요한 데이터를 입력하는 작업이다. 높은 작업 수준을 요구하지는 않으며, 각 영상에서 객체를 구분하고, 객체의 위치와 크기 등을 기록해야 한다. 인공지능이 쉽게 사물을 알아볼 수 있도록 영상 속의 사물에 일일이 명칭을 달아주는 작업이다.

이노드비(eNodB; Evolved Node B)
이동통신 사실 표준화 기구인 3GPP에서 사용하는 공식 명칭으로, 기존 3세대(3G) 이동통신 기지국의 이름 'Node B'와 구별하여 LTE의 무선 접속망 E-UTRAN(Evolved UTRAN) 기지국을 'E-UTRAN Node B' 또는 'Evolved Node B'라 한다. 모바일 헤드셋(UE)과 직접 무선으로 통신하는 휴대전화망에 연결되는 하드웨어이며, 주로 줄임말 eNodeB(eNB)로 사용한다.

5세대 이동통신(5G; 5th Generation mobile communications)
국제전기통신연합(ITU)이 정의한 5G는 최대 다운로드 속도가 20Gbps, 최저 다운로드 속도가 100Mbps인 이동통신 기술이다. 4세대 이동통신에 비해 속도가 20배가량 빠르고 처리 용량은 100배가 많아져 4차 산업혁명의 핵심 기술인 가상현실(VR · AR), 자율주행, 사물인터넷(IoT) 기술 등을 구현할 수 있다.

만리방화벽(GFW; Great Firewall of China)
만리방화벽(GFW)은 만리장성(Great Wall)과 컴퓨터 방화벽(Firewall)의 합성어로, 중국 정부의 인터넷 감시 · 검열 시스템을 의미한다. 중국 내에서 일부 외국 사이트에 접속할 수 없도록 하여 사회 안정을 이루는 것이 목적이다.

와이선(Wi-SUN)
사물인터넷(IoT)의 서비스 범위가 확대되면서 블루투스나 와이파이 등 근거리 무선통신을 넘어선 저전력 장거리(LPWA; Low-Power Wide Area) IoT 기술이다.

라이파이(Li-Fi; Light-Fidelity)
무선랜인 와이파이(초속 100Mb)의 100배, 무선통신 중 가장 빠르다는 LTE-A(초속 150Mb)보다 66배나 빠른 속도를 자랑하는 무선통신기술이다.

디지털세(Digital Tax)

구글이나 페이스북, 아마존과 같이 국경을 초월해 사업하는 인터넷 기반 글로벌 기업에 부과하는 세금을 지칭한다. 물리적 사업장이 없어도 매출이 발생한 국가에서 부과하는 세금 제도로, 프랑스・영국 등은 매출의 2 ~ 3%를 과세하는 디지털서비스세(DST)를 시행하고 있다. 이에 OECD와 G20은 국가 간 과세권 재배분(Pillar 1)과 글로벌 최저한세(Pillar 2)를 도입하기로 합의했으며, 한국은 2022년 Pillar 2를 세계 최초로 입법했다. Pillar 1은 2025년 시행을 목표로 하지만 미국 비준이 관건이며, 실제 적용은 2026년 또는 2027년이 예상된다. 한국은 별도의 DST 없이 2015년부터 해외 사업자의 음악・영상・게임・클라우드 등 전자서비스에 부가가치세 10%를 부과하고 있으며, B2C 거래는 해외 사업자가 직접 납부하고, B2B 거래는 역전과세를 적용한다.

프롭테크(Proptech)

부동산(Property)과 기술(Technology)의 합성어로, 기존 부동산 산업과 IT의 결합으로 볼 수 있다. 프롭테크의 산업 분야는 크게 중개 및 임대, 부동산 관리, 프로젝트 개발, 투자 및 자금조달 부분으로 구분할 수 있다. 프롭테크 산업 성장을 통해 부동산 자산의 고도화와 신기술 접목으로 편리성이 확대되고, 이를 통한 삶의 질이 향상될 전망이다. 무엇보다 공급자 중심의 기존 부동산 시장을 넘어 정보 비대칭이 해소되어 고객 중심의 부동산 시장이 형성될 것으로 보인다.

디지털 뉴딜(Digital New Deal)

2020년 7월 14일에 확정한 정부의 한국판 뉴딜 정책 중 하나이다. 핵심내용은 현재 세계 최고 수준인 전자정부 인프라나 서비스 등의 ICT를 기반으로 디지털 초격차를 확대하는 것이다. 디지털 뉴딜의 내용으로는 DNA(Data, Network, AI) 생태계 강화, 교육인프라 디지털 전환, 비대변 사업 육성, SOC 디지털화가 있다.

바이오컴퓨터(Biocomputer)

생물의 세포에 들어 있는 단백질이나 효소를 사용한 바이오칩을 컴퓨터 내부 반도체 소자와 교체하여 조립한다. 인간의 뇌와 유사한 기능을 하도록 설계되어 최종적으로 인간의 두뇌 기능을 구현하기 위한 목적을 갖는다.

다크 데이터(Dark Data)

정보를 수집한 후 저장만 하고 분석에 활용하고 있지 않은 다량의 데이터로, 처리되지 않은 채 미래에 사용할 가능성이 있다는 이유로 삭제되지 않고 방치되고 있었다. 하지만 최근 빅데이터와 인공지능이 발달하면서 방대한 양의 자료가 필요해졌고, 이에 유의미한 정보를 추출하고 분석할 수 있게 되면서 다양한 분야에 활용될 전망이다.

무어의 법칙(Moore's Law)

반도체 집적회로의 성능이 18개월마다 2배씩 증가한다는 법칙이다. 인텔 및 페어 차일드 반도체의 창업자인 고든 무어가 1965년에 설명한 것이다. 당시에는 일시적일 것이라 무시당하기도 했으나, 30년 간 비교적 정확하게 그의 예측이 맞아 떨어지면서 오늘날 반도체 산업의 중요한 지침이 되고 있다. 이와 함께 언급되는 규칙으로 '황의 법칙(반도체 메모리의 용량이 1년마다 2배씩 증가한다는 이론)'이 있다.

튜링 테스트(Turing Test)

기계가 인공지능을 갖추었는지를 판별하는 실험으로 1950년에 영국의 수학자인 앨런 튜링이 제안한 인공지능 판별법이다. 기계의 지능이 인간처럼 독자적인 사고를 하거나 의식을 가졌는지 인간과의 대화를 통해 확인할 수 있는데, 아직 튜링 테스트를 통과한 인공지능이 드문 것으로 알려져 있다.

메칼프의 법칙(Metcalfe's Law)
인터넷 통신망이 지니는 가치는 망에 가입한 사용자 수의 제곱에 비례한다는 법칙이다. 1970년대 네트워크 기술인 이더넷을 개발한 로버트 메칼프에 의해 처음 언급되었다. 예를 들어 사용자 수가 2명인 A통신망의 가치는 2의 제곱인 4인 반면, 사용자 수가 4명인 B통신망의 가치는 4의 제곱인 16인 것이다. 이는 통신망을 이용하는 개개인이 정보의 연결을 통해 향상된 능력을 발휘할 수 있게 되면서 네트워크의 효과가 증폭되기 때문이다.

PBV(Purpose Built Vehicle)
우리말로 '목적 기반 모빌리티'라고 하며, 2020년 열린 세계 최대 소비자 가전·IT(정보기술) 전시회인 미국 CES(Consumer Electronics Show)에서 발표됐다. 차량이 단순한 이동수단 역할을 넘어서 승객이 필요한 서비스를 누릴 수 있는 공간으로 확장된 것이다. 개인화 설계 기반의 친환경 이동수단으로, 식당, 카페, 호텔 등 여가 공간부터 병원, 약국 등 사회 필수 시설까지 다양한 공간으로 연출돼 고객이 맞춤형 서비스를 누릴 수 있도록 해준다.

클라우드 컴퓨팅(Cloud Computing)
정보처리를 자신의 컴퓨터가 아닌 인터넷으로 연결된 다른 컴퓨터로 처리할 수 있는 기술을 말한다. 클라우드 컴퓨팅의 핵심 기술은 가상화와 분산처리로 어떠한 요소를 기반으로 하느냐에 따라 소프트웨어 서비스, 플랫폼 서비스, 인프라 서비스로 구분한다.

SOAR(Security Orchestration, Automation and Response)
가트너가 2017년에 발표한 용어로 보안 오케스트레이션 및 자동화(SOA; Security Orchestration and Automation), 보안 사고 대응 플랫폼(SIRP; Security Incident Response Platforms), 위협 인텔리전스 플랫폼(TIP; Threat Intelligence Platforms)의 세 기능을 통합한 개념이다. 보안 사고 대응 플랫폼은 보안 이벤트별 업무 프로세스를 정의하고, 보안 오케스트레이션 및 자동화는 다양한 IT 보안 시스템을 통합하고 자동화하여 업무 프로세스 실행의 효율성을 높일 수 있다. 마지막으로 위협 인텔리전스 플랫폼은 보안 위협을 판단해 분석가의 판단을 보조할 수 있다.

CHAPTER 02 금융 · 경제 상식

수요와 공급의 법칙 · 탄력성

수요의 법칙

수요의 법칙이란 가격이 상승하면 수요량이 감소하는 것을 말한다. 수요의 법칙이 성립하는 경우 수요곡선은 우하향한다. 단, 기펜재의 경우와 베블런효과가 존재하는 경우는 성립하지 않는다.

수요량의 변화와 수요의 변화

① **수요량의 변화** : 당해 재화의 가격변화로 인한 수요곡선상의 이동을 의미한다.

② **수요의 변화** : 당해 재화가격 이외의 다른 요인의 변화로 수요곡선 자체가 이동하는 경우를 의미한다. 수요가 증가하면 수요곡선이 우측으로 이동하고, 수요가 감소하면 수요곡선이 좌측으로 이동한다.

공급의 법칙

다른 조건이 일정할 때 가격이 상승하면 공급량이 증가하는 것을 말한다.

공급량의 변화와 공급의 변화

① **공급량의 변화** : 당해 재화가격의 변화로 인한 공급곡선상의 이동을 의미한다.

② **공급의 변화** : 당해 재화가격이 다른 요인의 변화로 공급곡선 자체가 이동하는 것을 말한다. 공급이 증가하면 공급곡선이 우측으로 이동하고 공급이 감소하면 공급곡선이 좌측으로 이동한다.

수요의 가격탄력성

① **의의** : 수요량이 가격에 얼마나 민감하게 반응하는지를 나타낸다.

② **가격탄력성의 도출**

$$\varepsilon_P = \frac{\text{수요량의 변화율}}{\text{가격의 변화율}} = \frac{\frac{\Delta Q}{Q}}{\frac{\Delta P}{P}} = \left(\frac{\Delta Q}{\Delta P}\right)\left(\frac{P}{Q}\right)$$ (단, △은 변화율, Q는 수요량, P는 가격)

③ **가격탄력성과 판매수입**

구분	$\varepsilon_P>1$ (탄력적)	$\varepsilon_P=1$ (단위탄력적)	$0<\varepsilon_P<1$ (비탄력적)	$\varepsilon_P=0$ (완전 비탄력적)
가격 상승	판매 수입 감소	판매 수입 변동 없음	판매 수입 증가	판매 수입 증가
가격 하락	판매 수입 증가	판매 수입 변동 없음	판매 수입 감소	판매 수입 감소

공급의 가격탄력성

① **의의** : 공급량이 가격에 얼마나 민감하게 반응하는지를 나타낸다.

② **가격탄력성의 도출**

$$\varepsilon_P = \frac{\text{공급량의 변화율}}{\text{가격의 변화율}} = \frac{\frac{\Delta Q}{Q}}{\frac{\Delta P}{P}} = \left(\frac{\Delta Q}{\Delta P}\right)\left(\frac{P}{Q}\right)$$ (단, △은 변화율, Q는 공급량, P는 가격)

③ **공급의 가격탄력성 결정요인** : 생산량 증가에 따른 한계비용 상승이 완만할수록, 기술수준 향상이 빠를수록, 유휴설비가 많을수록, 측정시간이 길어질수록 공급의 가격탄력성은 커진다.

기회비용

경제재와 자유재

경제재(Economic Goods)	자유재(Free Goods)
• 경제재란 희소성을 가지고 있는 자원으로 합리적인 의사결정으로 선택을 해야 하는 재화를 말한다. • 우리가 일상생활에서 돈을 지불하고 구입하는 일련의 재화 또는 서비스를 모두 포함한다.	• 자유재란 희소성을 가지고 있지 않아 값을 지불하지 않고도 누구나 마음대로 쓸 수 있는 물건을 말한다. • 공기나 햇빛같이 우리의 욕구에 비해 자원의 양이 풍부해서 경제적 판단을 요구하지 않는 재화를 모두 포함한다.

기회비용(Opportunity Cost)

① **개념**

- 여러 선택 대안들 중 한 가지를 선택함으로써 포기해야 하는 다른 선택 대안 중에서 가장 가치가 큰 것을 의미한다.
- 경제학에서 사용하는 비용은 전부 기회비용 개념이며, 합리적인 선택을 위해서는 항상 기회비용의 관점에서 의사결정을 내려야 한다.
- 기회비용은 객관적으로 나타난 비용(명시적 비용) 외에 포기한 대안 중 가장 큰 순이익(암묵적 비용)까지 포함한다.
- 편익(매출액)에서 기회비용을 차감한 이윤을 경제적 이윤이라고 하는데, 이는 기업 회계에서 일반적으로 말하는 회계적 이윤과 다르다. 즉, 회계적 이윤은 매출액에서 명시적 비용(회계적 비용)만 차감하고 암묵적 비용(잠재적 비용)은 차감하지 않는다.

경제적 비용 (기회비용)	명시적 비용 (회계적 비용)	기업이 생산을 위해 타인에게 실제적으로 지불한 비용 예 임금, 이자, 지대
	암묵적 비용 (잠재적 비용)	기업 자신의 생산 요소에 대한 기회비용 예 귀속 임금, 귀속 이자, 귀속 지대

② **경제적 이윤과 회계적 이윤**

경제적 이윤	회계적 이윤
• 매출액에서 기회비용을 차감한 이윤을 말한다. • 사업주가 자원배분이 합리적인지 판단하기 위한 지표이다. • 경제적 이윤은 경제적 부가가치(EVA)로 나타내기도 한다. • 경제학에서 장기적으로 기업의 퇴출 여부 판단의 기준이 된다.	• 매출액에서 명시적 비용만 차감한 이윤을 말한다. • 사업주가 외부 이해관계자(채권자, 주주, 금융기관 등)에게 사업 성과를 보여주기 위한 지표이다. • 즉, 회계적 이윤에는 객관적으로 측정 가능한 명시적 비용만을 반영한다.

매몰비용(Sunk Cost)

이미 투입된 비용으로서 사업을 중단하더라도 회수할 수 없는 비용으로, 매몰비용은 사업을 중단하더라도 회수할 수 없기 때문에 사업 중단에 따른 기회비용은 0이다. 그러므로 합리적인 선택을 위해서는 이미 지출되었으나 회수가 불가능한 매몰비용은 고려하지 않는다.

최고가격제 · 최저가격제

최고가격제(가격상한제)

① **개념** : 물가를 안정시키고, 소비자를 보호하기 위해 시장가격보다 낮은 수준에서 최고가격을 설정하는 규제이다.

예 아파트 분양가격, 금리, 공공요금

② **특징**

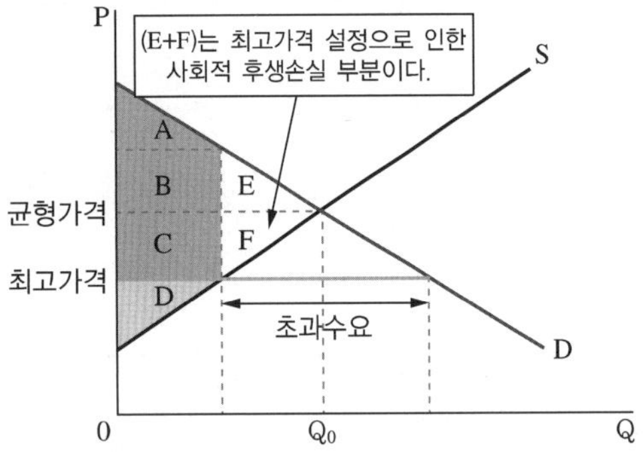

- 소비자들은 시장가격보다 낮은 가격으로 재화를 구입할 수 있다.
- 초과수요가 발생하기 때문에 암시장이 형성되어 균형가격보다 높은 가격으로 거래될 위험이 있다.
- 재화의 품질이 저하될 수 있다.
- 그래프에서 소비자 잉여는 A+B+C, 생산자 잉여는 D, 사회적 후생손실은 E+F만큼 발생한다.
- 공급의 가격탄력성이 탄력적일수록 사회적 후생손실이 커진다.

최저가격제(최저임금제)

① **개념** : 최저가격제란 공급자를 보호하기 위하여 시장가격보다 높은 수준에서 최저가격을 설정하는 규제를 말한다.

예 최저임금제

② **특징**

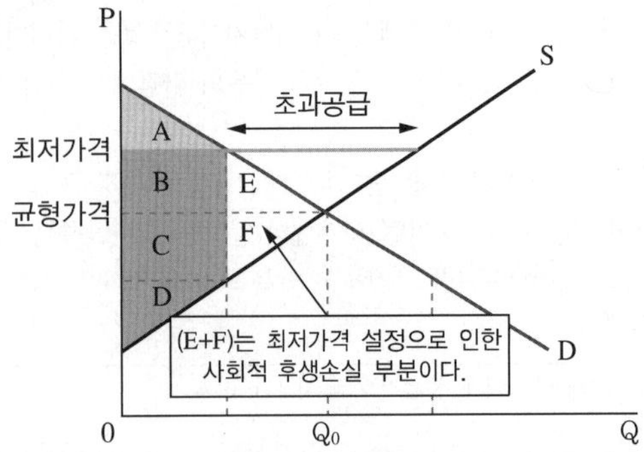

- 최저가격제를 실시하면 생산자는 균형가격보다 높은 가격을 받을 수 있다.
- 소비자의 지불가격이 높아져 소비자의 소비량을 감소시키기 때문에 초과공급이 발생하고, 실업, 재고 누적 등의 부작용이 발생한다.
- 그래프에서 소비자 잉여는 A, 생산자 잉여는 B+C+D, 사회적 후생손실은 E+F만큼 발생한다.
- 수요의 가격탄력성이 탄력적일수록 사회적 후생손실이 커진다.

무차별곡선

효용함수(Utility Function)

재화소비량과 효용 간의 관계를 함수형태로 나타낸 것을 의미한다.

무차별곡선(Indifference Curve)

① **개념** : 동일한 수준의 효용을 가져다주는 모든 상품의 묶음을 연결한 궤적을 말한다.

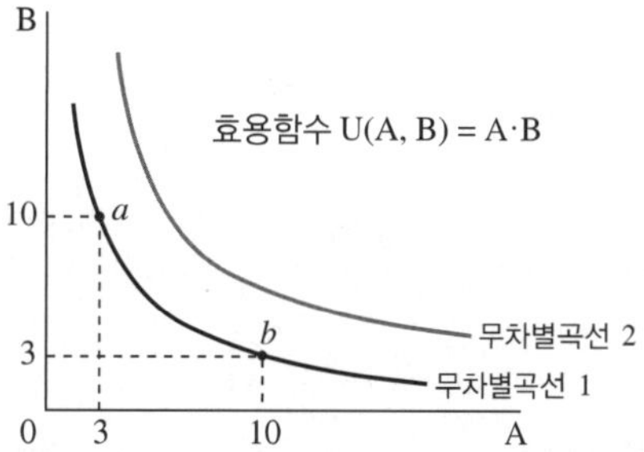

② **무차별곡선의 성질**

- A재와 B재 모두 재화라면 무차별곡선은 우하향하는 모양을 갖는다(대체가능성).
- 원점에서 멀어질수록 높은 효용수준을 나타낸다(강단조성).
- 두 무차별곡선은 서로 교차하지 않는다(이행성).
- 모든 점은 그 점을 지나는 하나의 무차별곡선을 갖는다(완비성).
- 원점에 대하여 볼록하다(볼록성).

③ **예외적인 무차별곡선**

구분	두 재화가 완전 대체재인 경우	두 재화가 완전 보완재인 경우	두 재화가 모두 비재화인 경우
그래프	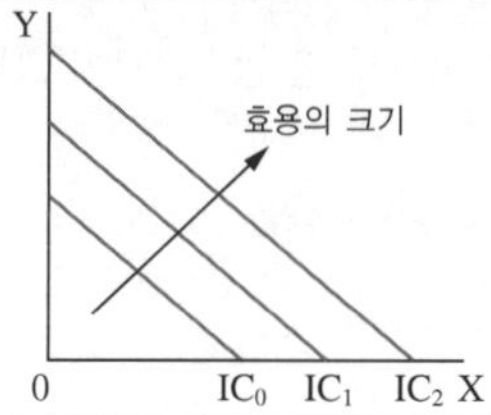	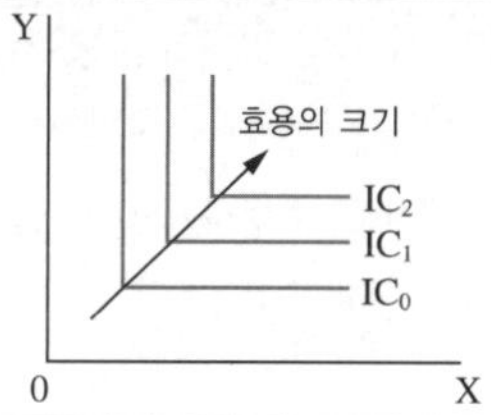	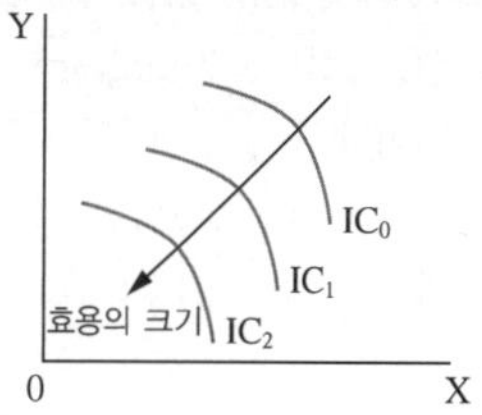
효용함수	$U(X,\ Y)=aX+bY$	$U(X,\ Y)=\min\left(\frac{X}{a},\ \frac{Y}{b}\right)$	$U(X,\ Y)=\frac{1}{X^2+Y^2}$
특징	한계대체율(MRS)이 일정하다.	두 재화의 소비비율이 $\frac{b}{a}$로 일정하다.	X재와 Y재 모두 한계효용이 0보다 작다. ($MU_X<0,\ MU_Y<0$)
사례	(X, Y)=(10원짜리 동전, 50원짜리 동전)	(X, Y)=(왼쪽 양말, 오른쪽 양말)	(X, Y)=(매연, 소음)

소비자균형

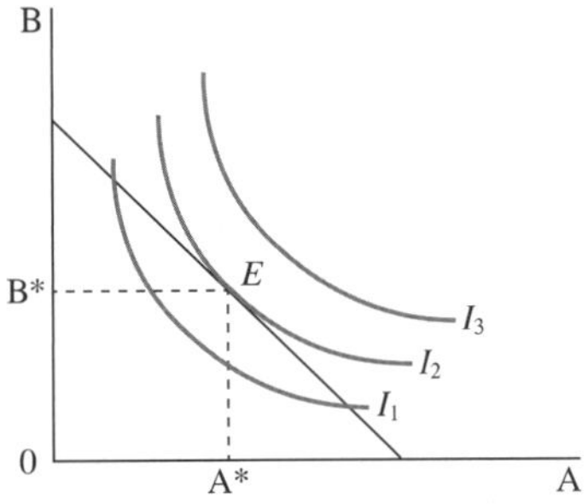

무차별곡선 기울기의 절댓값인 MRS_{AB}, 즉 소비자의 A재와 B재의 주관적인 교환비율과 시장에서 결정된 A재와 B재의 객관적인 교환비율인 상대가격 $\frac{P_A}{P_B}$가 일치하는 점에서 소비자균형이 달성된다(E).

역선택 · 도덕적 해이

역선택(Adverse Selection)

① **개념** : 거래 전에 감추어진 특정한 상황에서 정보가 부족한 구매자가 바람직하지 못한 상대방과 품질이 낮은 상품을 거래하게 되는 가격왜곡현상을 의미한다.

② **사례**

- 중고차를 판매하는 사람은 그 차량의 결점에 대해 알지만 구매자는 잘 모르기 때문에 성능이 나쁜 중고차만 거래된다. 즉, 정보의 비대칭성으로 인해 비효율적인 자원 배분 현상이 나타나며, 이로 인해 사회적인 후생손실이 발생한다.
- 보험사에서 평균적인 사고확률을 근거로 보험료를 산정하면 사고 발생 확률이 높은 사람이 보험에 가입할 가능성이 큰 것을 의미한다. 이로 인해 평균적인 위험을 기초로 보험금과 보험료를 산정하는 보험회사는 손실을 보게 된다.

③ **해결방안**

- 선별(Screening) : 정보를 갖지 못한 사람이 상대방의 정보를 알기 위해 노력하는 것이다.
- 신호 보내기(Signaling) : 정보를 가진 측에서 정보가 없는 상대방에게 자신을 알림으로써 정보의 비대칭을 해결하는 것이다.
- 정부의 역할 : 모든 당사자가 의무적으로 수행하게 하는 강제집행과 정보흐름을 촉진할 수 있는 정보정책 수립 등이 있다.

도덕적 해이(Moral Hazard)

① **개념** : 어떤 계약 거래 이후에 대리인의 감추어진 행동으로 인해 정보격차가 존재하여 상대방의 향후 행동을 예측할 수 없거나 본인이 최선을 다한다 해도 자신에게 돌아오는 혜택이 별로 없는 경우에 발생한다.

② **사례**

- 화재보험에 가입하고 나면 화재예방노력에 따른 편익이 감소하므로 노력을 소홀히 하는 현상이 발생한다.
- 의료보험에 가입하면 병원 이용에 따른 한계비용이 낮아지므로 그전보다 병원을 더 자주 찾는 현상이 발생한다.
- 금융기관에서 자금을 차입한 이후에 보다 위험이 높은 투자 상품에 투자하는 현상이 발생한다.

③ **해결방안**

- 보험회사가 보험자 손실의 일부만을 보상해주는 공동보험제도를 채택한다.
- 금융기관이 기업의 행동을 주기적으로 감시한다(사회이사제도, 감사제도).
- 금융기관은 대출시 담보를 설정하여 위험이 높은 투자를 자제하도록 한다.

역선택과 도덕적 해이 비교

구분	역선택	도덕적 해이
정보의 비대칭 발생시점	계약 이전	계약 이후
정보의 비대칭 유형	숨겨진 특성	숨겨진 행동
해결 방안	선별, 신호발송, 신용할당, 효율성임금, 평판, 표준화, 정보정책, 강제집행 등	유인설계(공동보험, 기초공제제도, 성과급지급 등), 효율성 임금, 평판, 담보설정 등

공공재

재화의 종류

구분	배재성	비배재성
경합성	**사유재** 음식, 옷, 자동차	**공유자원** 산에서 나는 나물, 바닷속의 물고기
비경합성	**클럽재(자연 독점 재화)** 케이블 TV방송, 전력, 수도	**공공재** 국방, 치안

공공재

① **개념** : 모든 사람들이 공동으로 이용할 수 있는 재화 또는 서비스로 비경쟁성과 비배제성이라는 특징을 갖는다.

② **성격**

- 비경합성 : 소비하는 사람의 수에 관계없이 모든 사람이 동일한 양을 소비한다. 비경합성에 기인하여 1인 추가 소비에 따른 한계비용은 0이다. 공공재의 경우 양의 가격을 매기는 것은 바람직하지 않음을 의미한다.
- 비배재성 : 재화 생산에 대한 기여 여부에 관계없이 소비가 가능한 특성을 의미한다.

③ **종류**

- 순수 공공재 : 국방, 치안 서비스 등
- 비순수 공공재 : 불완전한 비경합성을 가진 클럽재(혼합재), 지방공공재

무임승차자 문제

① 공공재는 배재성이 없으므로 효율적인 자원 분배가 이루어지지 않는 현상이 발생할 수 있다. 이로 인해 시장실패가 발생하게 되는데 구체적으로 두 가지 문제를 야기시킨다.

- 무임승차자의 소비로 인한 공공재나 공공 서비스의 공급부족 현상
- 공유자원의 남용으로 인한 사회문제 발생으로 공공시설물 파괴, 환경 오염

② 기부금을 통해 공공재를 구입하거나, 공공재를 이용하는 사람에게 일정의 요금을 부담시키는 방법, 국가가 강제로 조세를 거두어 무상으로 공급하는 방법 등으로 해결 가능하다.

공유자원

① **개념** : 소유권이 어느 개인에게 있지 않고, 사회 전체에 속하는 자원이다.

② **종류**

- 자연자본 : 공기, 하천, 국가 소유의 땅
- 사회간접자본 : 공공의 목적으로 축조된 항만, 도로

공유지의 비극(Tragedy of Commons)

경합성은 있지만 비배제성은 없는 공유자원의 경우, 공동체 구성원이 자신의 이익에만 따라 행동하여 결국 공동체 전체가 파국을 맞이하게 된다는 이론이다.

GDP · GNP · GNI

GDP(국내총생산)

① **정의** : GDP(국내총생산)란 일정기간 한 나라의 국경 안에서 생산된 모든 최종 재화와 서비스의 시장가치를 시장가격으로 평가하여 합산한 것이다.

② **GDP의 계산** : 가계소비(C)+기업투자(I)+정부지출(G)+순수출(NX)

※ 순수출(NX) : 수출−수입

③ **명목GDP와 실질GDP**

명목GDP	• 당해의 생산량에 당해연도 가격을 곱하여 계산한 GDP이다. • 명목GDP는 물가가 상승하면 상승한다. • 당해 연도의 경제활동 규모와 산업구조를 파악하는 데 유용하다.
실질GDP	• 당해의 생산량에 기준연도 가격을 곱하여 계산한 GDP이다. • 실질GDP는 물가의 영향을 받지 않는다. • 경제성장과 경기변동 등을 파악하는 데 유용하다.

④ **GDP디플레이터** : $\frac{\text{명목GDP}}{\text{실질GDP}} \times 100$

⑤ **실재GDP와 잠재GDP**

실재GDP	한 나라의 국경 안에서 실제로 생산된 모든 최종 생산물의 시장가치를 의미한다.
잠재GDP	• 한 나라에 존재하는 노동과 자본 등 모든 생산요소를 정상적으로 사용할 경우 달성할 수 있는 최대 GDP를 의미한다. • 잠재GDP=자연산출량=완전고용산출량

GNP(국민총생산)

① **개념** : GNP(국민총생산)란 일정기간 동안 한 나라의 국민이 소유하는 노동과 자본으로 생산된 모든 최종생산물의 시장가치를 의미한다.

② **GNP의 계산** : GDP+대외순수취요소소득=GDP+(대외수취요소소득−대외지급요소소득)

※ 대외수취요소소득 : 우리나라 기업이나 근로자가 외국에서 일한 대가

※ 대외지급요소소득 : 외국의 기업이나 근로자가 우리나라에서 일한 대가

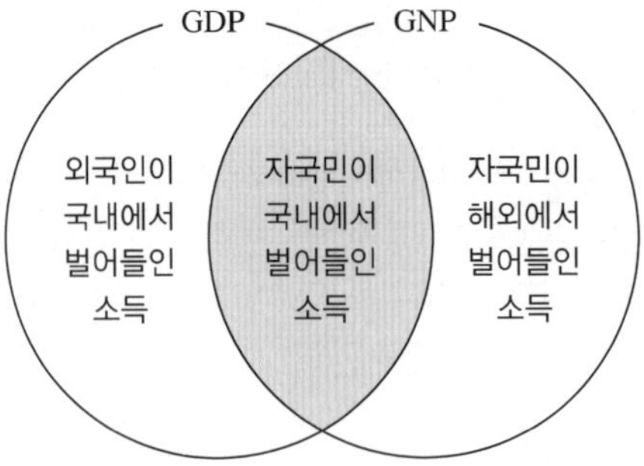

GNI(국민총소득)

① **개념** : 한 나라의 국민이 국내외 생산 활동에 참가하거나 생산에 필요한 자산을 제공한 대가로 받은 소득의 합계이다.

② **GNI의 계산** : GDP+교역조건변화에 따른 실질무역손익+대외순수취요소소득

=GDP+교역조건변화에 따른 실질무역손익+(대외수취요소소득−대외지급요소소득)

비교우위

애덤스미스의 절대우위론

절대우위론이란 각국이 절대적으로 생산비가 낮은 재화생산에 특화하여 그 일부를 교환함으로써 상호이익을 얻을 수 있다는 이론이다.

리카도의 비교우위론

① **개념**

- 비교우위란 교역 상대국보다 낮은 기회비용으로 생산할 수 있는 능력으로 정의된다.
- 비교우위론이란 한 나라가 두 재화생산에 있어서 모두 절대우위에 있더라도 양국이 상대적으로 생산비가 낮은 재화생산에 특화하여 무역을 할 경우 양국 모두 무역으로부터 이익을 얻을 수 있다는 이론을 말한다.
- 비교우위론은 절대우위론의 내용을 포함하고 있는 이론이다.

② **비교우위론의 사례**

- A국이 X재와 Y재 생산에서 모두 절대우위를 갖는다.

구분	A국	B국
X재	4명	5명
Y재	2명	5명

- A국은 Y재에, B국은 X재에 비교우위가 있다.

구분	A국	B국
X재 1단위 생산의 기회비용	Y재 2단위	Y재 1단위
Y재 1단위의 기회비용	X재 $\frac{1}{2}$ 단위	X재 1단위

헥셔 – 오린 정리모형(Heckscher-Ohlin Model, H-O Model)

① **개념**

- 각국의 생산함수가 동일하더라도 각 국가에서 상품 생산에 투입된 자본과 노동의 비율이 차이가 있으면 생산비의 차이가 발생하게 되고, 각국은 생산비가 적은 재화에 비교우위를 갖게 된다는 정리이다.
- 각국은 노동풍부국은 노동집약재, 자본풍부국은 자본집약재 생산에 비교우위가 있다.

② **내용**

- A국은 B국에 비해 노동풍부국이고, X재는 Y재에 비해 노동집약재라고 가정할 때 A국과 B국의 생산가능곡선은 아래와 같이 도출된다.

A국의 생산가능곡선	B국의 생산가능곡선
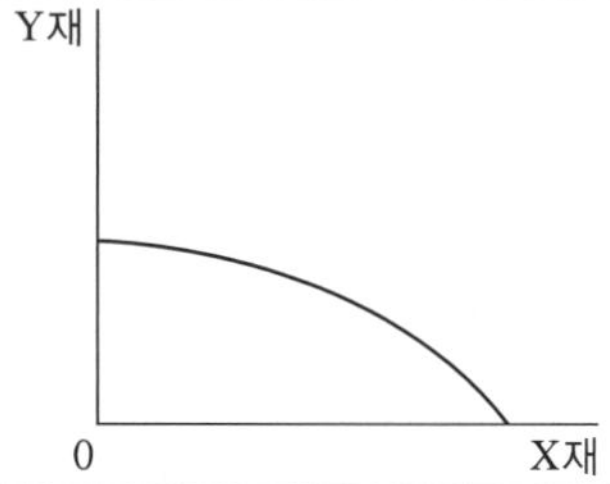	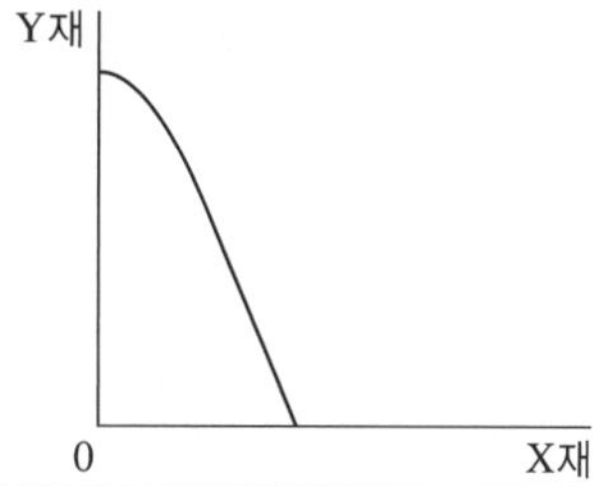

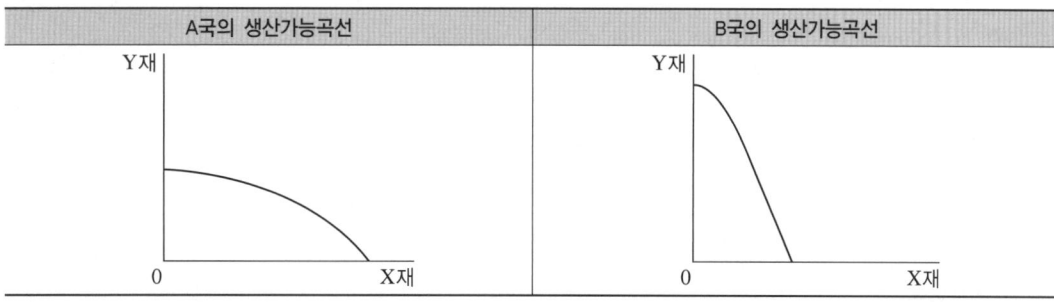

- 헥셔 – 오린 정리에 따르면 A국은 노동이 B국에 비해 상대적으로 풍부하기 때문에 노동집약재인 X재에 비교우위를 가지고 X재를 생산하여 B국에 수출하고 Y재를 수입한다.
- 마찬가지로 B국은 자본이 A국에 비해 상대적으로 풍부하기 때문에 자본집약재인 Y재에 비교우위를 가지고 Y재를 생산하여 A국에 수출하고 X재를 수입한다.

로렌츠 곡선 · 지니계수

로렌츠 곡선(Lorenz Curve)

① **개념 및 측정방법**

- 인구의 누적점유율과 소득의 누적점유율 간의 관계를 나타내는 곡선이다.
- 로렌츠 곡선은 소득분배가 균등할수록 대각선에 가까워진다. 즉, 로렌츠 곡선이 대각선에 가까울수록 평등한 분배상태이며, 직각에 가까울수록 불평등한 분배상태이다.
- 로렌츠 곡선과 대각선 사이의 면적의 크기가 불평등도를 나타내는 지표가 된다.

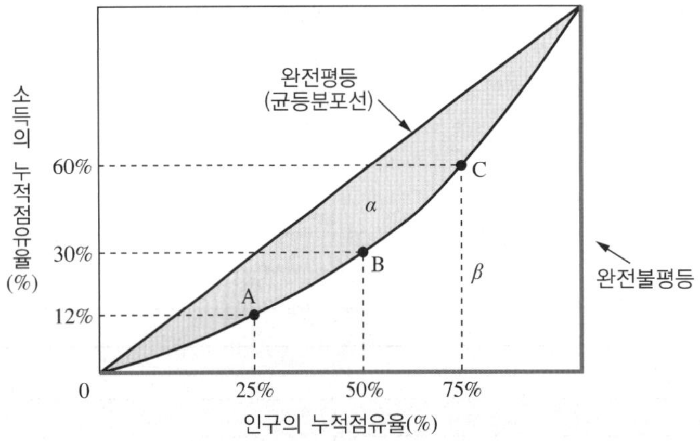

로렌츠 곡선상의 점 A는 소득액 하위 25% 인구가 전체 소득의 12%를, 점 B는 소득액 하위 50% 인구가 전체 소득의 30%를, 점 C는 소득액 하위 75% 인구가 전체 소득의 60%를 점유하고 있음을 의미한다.

② **평가**

- 로렌츠 곡선이 서로 교차하는 경우에는 소득분배상태를 비교할 수 없다.
- 소득별 분배상태를 한눈에 볼 수 있으나, 비교하고자 하는 수만큼 그려야 하는 단점이 있다.

지니계수

① **개념 및 측정방법**

- 지니계수란 로렌츠 곡선이 나타내는 소득분배상태를 하나의 숫자로 나타낸 것을 말한다.
- 지니계수는 완전균등분포선과 로렌츠 곡선 사이에 해당하는 면적(α)을 완전균등분포선 아래의 삼각형 면적($\alpha+\beta$)으로 나눈 값이다.
- 지니계수는 0 ~ 1 사이의 값을 나타내며, 그 값이 작을수록 소득분배가 균등함을 의미한다.
- 즉, 소득분배가 완전히 균등하면 $\alpha=0$이므로 지니계수는 0이 되고, 소득분배가 완전히 불균등하면 $\beta=0$이므로 지니계수는 1이 된다.

② **평가**

- 지니계수는 전 계층의 소득분배를 하나의 숫자로 나타내므로 특정 소득계층의 소득분배상태를 나타내지 못한다는 한계가 있다.
- 또한 특정 두 국가의 지니계수가 동일하더라도 소득구간별 소득격차의 차이가 모두 동일한 것은 아니며, 전반적인 소득분배의 상황만을 짐작하게 하는 한계가 있다.

파레토 효율성

파레토 효율성

파레토효율(=파레토최적)이란 하나의 자원배분상태에서 다른 어떤 사람에게 손해가 가도록 하지 않고서는 어떤 한 사람에게 이득이 되는 변화를 만들어 내는 것이 불가능한 상태, 즉 더 이상의 파레토 개선이 불가능한 자원배분 상태를 말한다.

소비에서의 파레토 효율성

① 생산물시장이 완전경쟁시장이면 개별소비자들은 가격수용자이므로 두 소비자가 직면하는 예산선의 기울기($-\frac{P_X}{P_Y}$)는 동일하다.

② 예산선의 기울기가 동일하므로 두 개인의 무차별곡선 기울기도 동일하다.

$MRS^A_{XY}=MRS^B_{XY}$

③ 그러므로 생산물시장이 완전경쟁이면 소비에서의 파레토 효율성 조건이 충족된다.

④ 계약곡선상의 모든 점에서 파레토 효율이 성립하고, 효용곡선상의 모든 점에서 파레토효율이 성립한다.

생산에서의 파레토 효율성

① 생산요소시장이 완전경쟁이면 개별생산자는 가격수용자이므로 두 재화가 직면하는 등비용선의 기울기($-\frac{w}{r}$)가 동일하다.

② 등비용선의 기울기가 동일하므로 두 재화의 등량곡선의 기울기도 동일하다.

$MRS^X_{LK}=MRS^Y_{LK}$

③ 그러므로 생산요소시장이 완전경쟁이면 생산에서의 파레토 효율성 조건이 충족된다.

④ 생산가능곡선이란 계약곡선을 재화공간으로 옮겨 놓은 것으로 생산가능곡선상의 모든 점에서 파레토효율이 이루어진다.

⑤ 한계변환율은 X재의 생산량을 1단위 증가시키기 위하여 감소시켜야 하는 Y재의 수량으로 생산가능곡선 접선의 기울기이다.

종합적인 파레토 효율성

시장구조가 완전경쟁이면 소비자의 효용극대화와 생산자의 이윤극대화 원리에 의해 종합적인 파레토 효율성 조건이 성립한다.

$$MRS_{xy}=\frac{MU_X}{MU_Y}=\frac{P_X}{P_Y}=\frac{MC_X}{MC_Y}=MRT_{xy}$$

파레토 효율성의 한계

① 파레토 효율성 조건을 충족하는 점은 무수히 존재하기 때문에 그중 어떤 점이 사회적으로 가장 바람직한지 판단하기 어렵다.

② 파레토 효율성은 소득분배의 공평성에 대한 기준을 제시하지 못한다.

실업

실업

① 실업이란 일할 의사와 능력을 가진 사람이 일자리를 갖지 못한 상태를 의미한다.
② 실업은 자발적 실업과 비자발적 실업으로 구분된다.
③ 자발적 실업에는 마찰적 실업이 포함되고, 비자발적 실업에는 구조적, 경기적 실업이 포함된다.

마찰적 실업(Frictional Unemployment)

① 노동시장의 정보불완전성으로 노동자들이 구직하는 과정에서 발생하는 자발적 실업을 말한다.
② 마찰적 실업의 기간은 대체로 단기이므로 실업에 따르는 고통은 크지 않다.
③ 마찰적 실업을 감소시키기 위해서는 구인 및 구직 정보를 적은 비용으로 찾을 수 있는 제도적 장치를 마련하여 경제적·시간적 비용을 줄여주어야 한다.

구조적 실업(Structural Unemployment)

① 경제가 발전하면서 산업구조가 변화하고 이에 따라 노동수요 구조가 변함에 따라 발생하는 실업을 말한다.
② 기술발전과 지식정보화 사회 등에 의한 산업구조 재편이 수반되면서 넓은 지역에서 동시에 발생하는 실업이다.
③ 구조적 실업을 감소시키기 위해서는 직업훈련, 재취업교육 등 인력정책이 필요하다.

경기적 실업(Cyclical Unemployment)

① 경기침체로 인한 총수요의 부족으로 발생하는 실업이다.
② 경기적 실업을 감소시키기 위해서는 총수요를 확장시켜 경기를 활성화시키는 경제안정화 정책이 필요하다.
③ 한편, 실업보험제도나 고용보험제도도 경기적 실업을 해소하기 위한 좋은 대책이다.

실업관련지표

① **경제활동참가율**
- 생산가능인구 중에서 경제활동인구가 차지하는 비율을 나타낸다.
- $\text{경제활동참가율} = \frac{\text{경제활동인구}}{\text{생산가능인구}} \times 100 = \frac{\text{경제활동인구}}{\text{경제활동인구} + \text{비경제활동인구}} \times 100$

② **실업률**
- 경제활동인구 중에서 실업자가 차지하는 비율을 나타낸다.
- $\text{실업률} = \frac{\text{실업자 수}}{\text{경제활동인구}} \times 100 = \frac{\text{실업자 수}}{\text{취업자 수} + \text{실업자 수}} \times 100$
- 정규직의 구분 없이 모두 취업자로 간주하므로 고용의 질을 반영하지 못한다.

③ **고용률**
- 생산가능인구 중에서 취업자가 차지하는 비율로 한 경제의 실질적인 고용창출능력을 나타낸다.
- $\text{고용률} = \frac{\text{취업자 수}}{\text{생산가능인구}} \times 100 = \frac{\text{취업자 수}}{\text{경제활동인구} + \text{비경제활동인구}} \times 100$

인플레이션

물가지수

① **개념** : 물가의 움직임을 구체적으로 측정한 지표로서 일정 시점을 기준으로 그 이후의 물가변동을 백분율(%)로 표시한다.

② **물가지수의 계산** : $\frac{\text{비교시의 물가수준}}{\text{기준시의 물가수준}} \times 100$

③ **물가지수의 종류**

- 소비자물가지수(CPI) : 가계의 소비생활에 필요한 재화와 서비스의 소매가격을 기준으로 환산한 물가지수로서 라스파이레스 방식으로 통계청에서 작성한다.
- 생산자물가지수(PPI) : 국내시장의 제1차 거래단계에서 기업 상호 간에 거래되는 모든 재화와 서비스의 평균적인 가격변동을 측정한 물가지수로서 라스파이레스 방식으로 한국은행에서 작성한다.
- GDP디플레이터 : 명목GNP를 실질가치로 환산할 때 사용하는 물가지수로서 GNP를 추계하는 과정에서 산출된다. 가장 포괄적인 물가지수로서 사후적으로 계산되며 파셰방식으로 한국은행에서 작성한다.

인플레이션

① **개념** : 물가수준이 지속적으로 상승하여 화폐가치가 하락하는 현상을 말한다.

② **인플레이션의 발생원인**

학파	수요견인 인플레이션	비용인상 인플레이션
고전학파	통화공급(M)의 증가	통화주의는 물가수준에 대한 적응적 기대를 하는 과정에서 생긴 현상으로 파악
통화주의학파		
케인스학파	정부지출 증가, 투자 증가 등 유효수요 증가와 통화량 증가	임금인상 등의 부정적 공급 충격

③ **인플레이션의 경제적 효과**

- 예상치 못한 인플레이션은 채권자에서 채무자에게로 소득을 재분배하며, 고정소득자와 금융자산을 많이 보유한 사람에게 불리하게 작용한다.
- 인플레이션은 물가수준의 상승을 의미하므로 수출재의 가격이 상승하여 경상수지를 악화시킨다.
- 인플레이션은 실물자산에 대한 선호를 증가시켜 저축이 감소하여 자본축적을 저해하고 결국 경제의 장기적인 성장가능성을 저하시킨다.

④ **인플레이션의 종류**

- 하이퍼인플레이션 : 인플레이션의 범위를 초과하여 경제학적 통제를 벗어난 인플레이션이다.
- 스태그플레이션 : 경기침체기에서의 인플레이션으로, 저성장 고물가의 상태이다.
- 애그플레이션 : 농산물 상품의 가격 급등으로 일반 물가도 덩달아 상승하는 현상이다.
- 보틀넥인플레이션 : 생산요소의 일부가 부족하여, 생산의 증가속도가 수요의 증가속도를 따르지 못해 발생하는 물가상승 현상이다.
- 디맨드풀인플레이션 : 초과수요로 인하여 일어나는 인플레이션이다.
- 디스인플레이션 : 인플레이션을 극복하기 위해 통화증발을 억제하고 재정・금융긴축을 주축으로 하는 경제조정정책이다.

게임이론

게임이론

한 사람이 어떤 행동을 취하기 위해서 상대방이 그 행동에 어떻게 대응할지 미리 생각해야 하는 전략적인 상황(Strategic Situation)하에서 자기의 이익을 효과적으로 달성하는 의사결정과정을 분석하는 이론을 말한다.

우월전략균형

① **개념**

- 우월전략이란 상대방의 전략에 상관없이 자신의 전략 중 자신의 보수를 극대화하는 전략이다.
- 우월전략균형은 경기자들의 우월전략의 배합을 말한다.

  예 A의 우월전략(자백), B의 우월전략(자백) → 우월전략균형(자백, 자백)

② **평가**

- 각 경기자의 우월전략은 비협조전략이다.
- 각 경기자의 우월전략배합이 열위전략의 배합보다 파레토 열위상태이다.
- 자신만이 비협조전략(이기적인 전략)을 선택하는 경우 보수가 증가한다.
- 효율적 자원배분은 협조전략하에 나타난다.
- 각 경기자가 자신의 이익을 극대화하는 행동이 사회적으로 바람직한 자원배분을 실현하는 것은 아니다(개인적 합리성이 집단적 합리성을 보장하지 못한다).

내쉬균형(Nash Equilibrium)

① **개념 및 특징**

- 내쉬균형이란 상대방의 전략을 주어진 것으로 보고 자신의 이익을 극대화하는 전략을 선택할 때 이 최적전략의 짝을 내쉬균형이라 한다. 내쉬균형은 존재하지 않을 수도, 복수로 존재할 수도 있다.
- '유한한 경기자'와 '유한한 전략'의 틀을 가진 게임에서 혼합전략을 허용할 때 최소한 하나 이상의 내쉬균형이 존재한다.
- 우월전략균형은 반드시 내쉬균형이나, 내쉬균형은 우월전략균형이 아닐 수 있다.

② **사례**

- 내쉬균형이 존재하지 않는 경우

A \ B	자백	부인
자백	−5, −5	−1, −10
부인	−10, −1	−2, −2

- 내쉬균형이 1개 존재하는 경우 (자백, 자백)

A \ B	자백	부인
자백	−5, −5	−1, −10
부인	−10, −1	−2, −2

- 내쉬균형이 2개 존재하는 경우 (야구, 야구) (영화, 영화)

A \ B	야구	영화
야구	3, 2	1, 1
영화	1, 1	2, 3

③ **한계점**

- 경기자 모두 소극적 추종자로 행동, 적극적으로 행동할 때의 균형을 설명하지 못한다.
- 순차게임을 설명하지 못한다.
- 협력의 가능성이 없으며 협력의 가능성이 있는 게임을 설명하지 못한다.

통화정책

중앙은행

① **중앙은행의 역할**

- 화폐를 발행하는 발권은행으로서의 기능을 한다.
- 은행의 은행으로서의 기능을 한다.
- 통화가치의 안정과 국민경제의 발전을 위한 통화금융정책을 집행하는 기능을 한다.
- 국제수지 불균형의 조정, 환율의 안정을 위하여 외환관리업무를 한다.
- 국고금 관리 등의 업무를 수행하며 정부의 은행으로서의 기능을 한다.

② **중앙은행의 통화정책 운영체계**

한국은행은 통화정책 운영체계로서 물가안정목표제(Inflation Targeting)를 채택하고 있다.

③ **물가안정목표제**

'통화량' 또는 '환율' 등 중간목표를 정하고 이에 영향을 미쳐 최종목표인 물가안정을 달성하는 것이 아니라, 최종목표인 '물가' 자체에 목표치를 정하고 중기적 시기에 이를 달성하려는 방식이다.

금융정책

정책수단		운용목표		중간목표		최종목표
공개시장조작 지급준비율	→	콜금리 본원통화 재할인율	→	통화량 이자율	→	완전고용 물가안정 국제수지균형

① **공개시장조작정책**

- 중앙은행이 직접 채권시장에 참여하여 금융기관을 상대로 채권을 매입하거나 매각하여 통화량을 조절하는 통화정책수단을 의미한다.
- 중앙은행이 시중의 금융기관을 상대로 채권을 매입하는 경우 경제 전체의 통화량은 증가하게 되고 이는 실질이자율을 낮춰 총수요를 증가시킨다.
- 중앙은행이 시중의 금융기관을 상대로 채권을 매각하는 경우 경제 전체의 통화량은 감소하게 되고 이는 실질이자율을 상승과 투자의 감소로 이어져 총수요가 감소하게 된다.

② **지급준비율정책**

- 법정지급준비율이란 중앙은행이 예금은행으로 하여금 예금자 예금인출요구에 대비하여 총 예금액의 일정비율 이상을 대출할 수 없도록 규정한 것을 말한다.
- 지급준비율정책이란 법정지급준비율을 변경시킴으로써 통화량을 조절하는 것을 말한다.
- 지급준비율이 인상되면 통화량이 감소하고 실질이자율을 높여 총수요를 억제한다.

③ **재할인율정책**

- 재할인율정책이란 일반은행이 중앙은행으로부터 자금을 차입할 때 차입규모를 조절하여 통화량을 조절하는 통화정책 수단을 말한다.
- 재할인율 상승은 실질이자율을 높여 경제 전체의 통화량을 줄이고자 할 때 사용하는 통화정책의 수단이다.
- 재할인율 인하는 실질이자율을 낮춰 경제 전체의 통화량을 늘리고자 할 때 사용하는 통화정책의 수단이다.

금융지표(금리 · 환율 · 주가)

금리

① **개념** : 원금에 지급되는 이자를 비율로 나타낸 것으로 '이자율'이라는 표현을 사용하기도 한다.

② **특징**

- 자금에 대한 수요와 공급이 변하면 금리가 변동한다. 즉, 자금의 수요가 증가하면 금리가 올라가고, 자금의 공급이 증가하면 금리는 하락한다.
- 중앙은행이 금리를 낮추겠다는 정책목표를 설정하면 금융시장의 국채를 매입하게 되고 금리의 영향을 준다.
- 가계 : 금리가 상승하면 소비보다는 저축이 증가하고, 금리가 하락하면 저축보다는 소비가 증가한다.
- 기업 : 금리가 상승하면 투자비용이 증가하므로 투자가 줄어들고, 금리가 하락하면 투자가 증가한다.
- 국가 간 자본의 이동 : 본국과 외국의 금리 차이를 보고 상대적으로 외국의 금리가 높다고 판단되면 자금은 해외로 이동하고, 그 반대의 경우 국내로 이동한다.

③ **금리의 종류**

- 기준금리 : 중앙은행이 경제활동 상황을 판단하여 정책적으로 결정하는 금리로, 경제가 과열되거나 물가상승이 예상되면 기준금리를 올리고, 경제가 침체되고 있다고 판단되면 기준금리를 하락시킨다.
- 시장금리 : 개인의 신용도나 기간에 따라 달라지는 금리이다.

1년 미만 단기 금리	콜금리	영업활동 과정에서 남거나 모자라는 초단기자금(콜)에 대한 금리이다.
	환매조건부채권(RP)	일정 기간이 지난 후에 다시 매입하는 조건으로 채권을 매도함으로써 수요자가 단기자금을 조달하는 금융거래방식의 하나이다.
	양도성예금증서(CD)	은행이 발행하고 금융시장에서 자유로운 매매가 가능한 무기명의 정기예금증서이다.
1년 이상 장기 금리	국채, 회사채, 금융채	

환율

국가 간 화폐의 교환비율로, 우리나라에서 환율을 표시할 때에는 외국돈 1단위당 원화의 금액으로 나타낸다.

예 1,193.80원/$, 170.76원/¥

주식과 주가

① **주식** : 주식회사의 자본을 이루는 단위로서 금액 및 이를 전제한 주주의 권리와 의무단위이다.

② **주가** : 주식의 시장가격으로, 주식시장의 수요와 공급에 의해 결정된다.

환율

환율

① **개념** : 국내화폐와 외국화폐가 교환되는 시장을 외환시장(Foreign Exchange Market)이라고 한다. 그리고 여기서 결정되는 두 나라 화폐의 교환비율을 환율이라고 한다. 즉, 환율이란 자국화폐단위로 표시한 외국화폐 1단위의 가격이다.

② **환율의 변화**

환율의 상승을 환율 인상(Depreciation), 환율의 하락을 환율 인하(Appreciation)라고 한다. 환율이 인상되는 경우 자국화폐의 가치가 하락하는 것을 의미하며 환율이 인하되는 경우는 자국화폐가치가 상승함을 의미한다.

평가절상(=환율 인하, 자국화폐가치 상승)	평가절하(=환율 인상, 자국화폐가치 하락)
• 수출 감소 • 수입 증가 • 경상수지 악화 • 외채부담 감소	• 수출 증가 • 수입 감소 • 경상수지 개선 • 외채부담 증가

③ **환율제도**

구분	고정환율제도	변동환율제도
국제수지불균형의 조정	정부개입에 의한 해결(평가절하, 평가절상)과 역외국에 대해서는 독자관세 유지	시장에서 환율의 변화에 따라 자동적으로 조정
환위험	적음	환율의 변동성에 기인하여 환위험에 크게 노출되어 있음
환투기의 위험	적음	높음(이에 대해 프리드먼은 환투기는 환율을 오히려 안정시키는 효과가 존재한다고 주장)
해외교란요인의 파급 여부	국내로 쉽게 전파됨	환율의 변화가 해외교란요인의 전파를 차단(차단효과)
금융정책의 자율성 여부	자율성 상실(불가능성 정리)	자율성 유지
정책의 유효성	금융정책 무력	재정정책 무력

주식과 주가지수

주가지수

① **개념** : 주식가격의 상승과 하락을 판단하기 위한 지표(Index)가 필요하므로 특정 종목의 주식을 대상으로 평균적으로 가격이 상승했는지 하락했는지를 판단한다. 때문에 주가지수의 변동은 경제상황을 판단하게 해주는 지표가 될 수 있다.

② **주가지수 계산** : $\frac{\text{비교시점의 시가총액}}{\text{기준시점의 시가총액}} \times 100$

③ **주요국의 종합주가지수**

국가	지수명	기준시점	기준지수
한국	코스피	1980년	100
	코스닥	1996년	1,000
미국	다우존스 산업평균지수	1896년	100
	나스닥	1971년	100
	S&P 500	1941년	10
일본	니케이 225	1949년	50
중국	상하이종합	1990년	100
홍콩	항셍지수	1964년	100
영국	FTSE 100지수	1984년	1,000
프랑스	CAC 40지수	1987년	1,000

주가와 경기 변동

① 주식의 가격은 장기적으로 기업의 가치에 따라 변동한다.
② 주가는 경제성장률이나 이자율, 통화량과 같은 경제변수에 영향을 받는다.
③ 통화공급의 증가와 이자율이 하락하면 소비와 투자가 늘어나서 기업의 이익이 커지므로 주가는 상승한다.

주식관련 용어

① **서킷브레이커(CB)** : 주식시장에서 주가가 급등 또는 급락하는 경우 주식매매를 일시정지하는 제도이다.

② **사이드카** : 선물가격이 전일 종가 대비 5%(코스피), 6%(코스닥) 이상 급등 혹은 급락상태가 1분간 지속될 경우 주식시장의 프로그램 매매 호가를 5분간 정지시키는 것을 의미한다.

③ **네 마녀의 날** : 주가지수 선물과 옵션, 개별 주식 선물과 옵션 등 네 가지 파생상품 만기일이 겹치는 날이다. '쿼드러플위칭데이'라고도 한다.

④ **레드칩** : 중국 정부와 국영기업이 최대주주로 참여해 홍콩에 설립한 우량 중국 기업들의 주식을 일컫는 말이다.

⑤ **블루칩** : 오랜 시간동안 안정적인 이익을 창출하고 배당을 지급해온 수익성과 재무구조가 건전한 기업의 주식으로 대형 우량주를 의미한다.

⑥ **숏커버링** : 외국인 등이 공매도한 주식을 되갚기 위해 시장에서 주식을 다시 사들이는 것으로, 주가 상승 요인으로 작용한다.

⑦ **공매도** : 주식을 가지고 있지 않은 상태에서 매도 주문을 내는 것이다. 3일 안에 해당 주식이나 채권을 구해 매입자에게 돌려주면 되기 때문에, 약세장이 예상되는 경우 시세차익을 노리는 투자자가 주로 활용한다.

채권

채권

정부, 공공기관, 특수법인과 주식회사 형태를 갖춘 사기업이 일반 대중 투자자들로부터 비교적 장기의 자금을 조달하기 위해 발행하는 일종의 차용증서로, 채권을 발행한 기관은 채무자, 채권의 소유자는 채권자가 된다.

발행주체에 따른 채권의 분류

국채	• 국가가 발행하는 채권으로 세금과 함께 국가의 중요한 재원 중 하나이다. • 국고채, 국민주택채권, 국채관리기금채권, 외국환평형기금채권 등이 있다.
지방채	• 지방자치단체가 지방재정의 건전한 운영과 공공의 목적을 위해 재정상의 필요에 따라 발행하는 채권이다. • 지하철공채, 상수도공채, 도로공채 등이 있다.
특수채	• 공사와 같이 특별법에 따라 설립된 법인이 자금조달을 목적으로 발행하는 채권으로 공채와 사채의 성격을 모두 가지고 있다. • 예금보험공사 채권, 한국전력공사 채권, 리스회사의 무보증 리스채, 신용카드회사의 카드채 등이 있다.
금융채	• 금융회사가 발행하는 채권으로 발생은 특정한 금융회사의 중요한 자금조달수단 중 하나이다. • 산업금융채, 장기신용채, 중소기업금융채 등이 있다.
회사채	• 상법상의 주식회사가 발행하는 채권으로 채권자는 주주들의 배당에 우선하여 이자를 지급받게 되며 기업이 도산하는 경우에도 주주들을 우선하여 기업자산에 대한 청구권을 갖는다. • 전환사채(CB), 신주인수권부사채(BW), 교환사채(EB) 등이 있다.

특수한 형태의 채권

일반사채와 달리 계약 조건이 다양하게 변형된 특수한 형태의 채권으로 다양한 목적에 따라 발행된 채권이다.

전환사채 (CB; Convertible Bond)	발행을 할 때에는 순수한 회사채로 발행되지만, 일정기간이 경과한 후에는 보유자의 청구에 의해 발행회사의 주식으로 전환될 수 있는 사채이다.
신주인수권부사채 (BW; Bond with Warrant)	발행 이후에 일정기간 내에 미리 약정된 가격으로 발행회사에 일정한 금액에 해당하는 주식을 매입할 수 있는 권리가 부여된 사채이다.
교환사채 (EB; Exchangeable Bond)	투자자가 보유한 채권을 일정 기간이 지난 후 발행회사가 보유 중인 다른 회사 유가증권으로 교환할 수 있는 권리가 있는 사채이다.
옵션부사채	• 콜옵션과 풋옵션이 부여되는 사채이다. • 콜옵션은 발행회사가 만기 전 조기상환을 할 수 있는 권리이고, 풋옵션은 사채권자가 만기중도 상환을 청구할 수 있는 권리이다.
변동금리부채권 (FRN; Floating Rate Note)	• 채권 지급 이자율이 변동되는 금리에 따라 달라지는 채권이다. • 변동금리부채권의 지급이자율은 기준금리에 가산금리를 합하여 산정한다.
자산유동화증권 (ABS; Asset Backed Security)	유동성이 없는 자산을 증권으로 전환하여 자본시장에서 현금화하는 일련의 행위를 자산유동화라고 하는데, 기업 등이 보유하고 있는 대출채권이나 매출채권, 부동산 자산을 담보로 발행하여 제3자에게 매각하는 증권이다.

이자지급방법에 따른 채권의 분류

이표채	액면가로 채권을 발행하고, 이자지급일이 되면 발행할 때 약정한 대로 이자를 지급하는 채권이다.
할인채	이자가 붙지는 않지만, 이자 상당액을 미리 액면가격에서 차감하여 발행가격이 상환가격보다 낮은 채권이다.
복리채(단리채)	정기적으로 이자가 지급되는 대신에 복리(단리) 이자로 재투자되어 만기상환 시에 원금과 이자를 지급하는 채권이다.
거치채	이자가 발생한 이후에 일정기간이 지난 후부터 지급되는 채권이다.

상환기간에 따른 채권의 분류

단기채	통상적으로 상환기간이 1년 미만인 채권으로, 통화안정증권, 양곡기금증권 등이 있다.
중기채	상환기간이 1 ~ 5년인 채권으로 우리나라의 대부분의 회사채 및 금융채가 만기 3년으로 발행된다.
장기채	상환기간이 5년 초과인 채권으로 국채가 이에 해당한다.

ELS / ELF / ELW

ELS(주가연계증권) / ELF(주가연계펀드)

① **개념** : 파생상품 펀드의 일종으로 국공채 등과 같은 안전자산에 투자하여 안전성을 추구하면서 확정금리 상품 대비 고수익을 추구하는 상품이다.

② **특징**

ELS(주가연계증권)	• 개별 주식의 가격이나 주가지수에 연계되어 투자수익이 결정되는 유가증권이다. • 사전에 정한 2 ~ 3개 기초자산 가격이 만기 때까지 계약 시점보다 40 ~ 50%가량 떨어지지 않으면 약속된 수익을 지급하는 형식이 일반적이다. • 다른 채권과 마찬가지로 증권사가 부도나거나 파산하면 투자자는 원금을 제대로 건질 수 없다. • 상품마다 상환조건이 다양하지만 만기 3년에 6개월마다 조기상환 기회가 있는 게 일반적이다. 수익이 발생해서 조기상환 또는 만기상환되거나, 손실을 본채로 만기상환된다. • 녹아웃형, 불스프레드형, 리버스컨버터블형, 디지털형 등이 있다.
ELF(주가연계펀드)	• 투자신탁회사들이 ELS 상품을 펀드에 편입하거나 자체적으로 원금보존 추구형 펀드를 구성해 판매하는 형태의 상품이다. • ELF는 펀드의 수익률이 주가나 주가지수 움직임에 의해 결정되는 구조화된 수익구조를 갖는다. • 베리어형, 디지털형, 조기상환형 등이 있다.

ELW(주식워런트증권)

① **개념** : 자산을 미리 정한 만기에 미리 정해진 가격에 사거나(콜) 팔 수 있는 권리(풋)를 나타내는 증권이다.

② **특징**

- 주식워런트증권은 상품특성이 주식옵션과 유사하나 법적 구조, 시장구조, 발행주체와 발행조건 등에 차이가 있다.
- 주식처럼 거래가 이루어지며, 만기시 최종보유자가 권리를 행사하게 된다.
- ELW 시장에서는 투자자의 환금성을 보장할 수 있도록 호가를 의무적으로 제시하는 유동성공급자(LP; Liquidity Provider) 제도가 운영된다.

CHAPTER 03 IT 상식

논리 게이트

논리 게이트(Logic Gate)

게이트	기호	의미	진리표	논리식
AND		입력 신호가 모두 1일 때만 1 출력	A B Y 0 0 0 0 1 0 1 0 0 1 1 1	$Y=A\cdot B$ $Y=AB$
OR	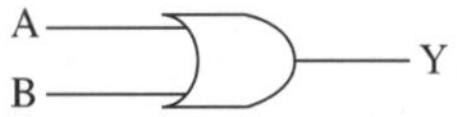	입력 신호 중 1개만 1이어도 1 출력	A B Y 0 0 0 0 1 1 1 0 1 1 1 1	$Y=A+B$
BUFFER	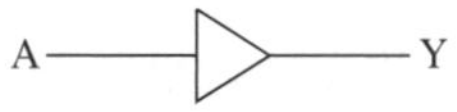	입력 신호를 그대로 출력	A Y 0 0 1 1	$Y=A$
NOT (인버터)	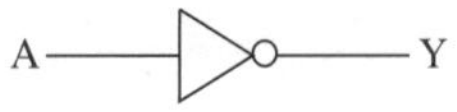	입력 신호를 반대로 변환하여 출력	A Y 0 1 1 0	$Y=A'$ $Y=A$
NAND	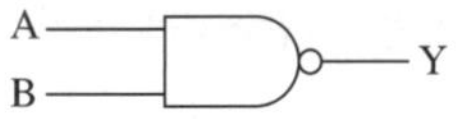	NOT+AND 즉, AND의 부정	A B Y 0 0 1 0 1 1 1 0 1 1 1 0	$Y=A\cdot B$ $Y=AB$ $Y=A+B$
NOR	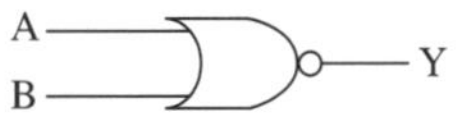	NOT+OR 즉, OR의 부정	A B Y 0 0 1 0 1 0 1 0 0 1 1 0	$Y=A+B$ $Y=A\cdot B$
XOR	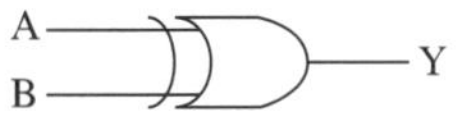	입력 신호가 같으면 0, 다르면 1 출력	A B Y 0 0 0 0 1 1 1 0 1 1 1 0	$Y=A\oplus B$ $Y=A'B+AB'$ $Y=(A+B)(A'+B')$ $Y=(A+B)(AB)'$
XNOR	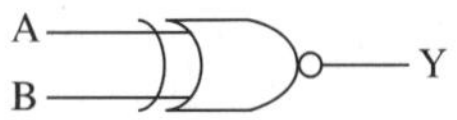	NOT+XOR 입력 신호가 같으면 1, 다르면 0 출력	A B Y 0 0 1 0 1 0 1 0 0 1 1 1	$Y=A\odot B$ $Y=A\oplus B$

스케줄링

비선점형 스케줄링

① FIFO(First Input First Output, =FCFS)

- 먼저 입력된 작업을 먼저 처리하는 방식으로 가장 간단한 방식이다.
- 디스크 대기 큐에 들어온 순서대로 처리하기 때문에 높은 우선순위의 요청이 입력되어도 순서가 바뀌지 않지만 평균 반환 시간이 길다.

② SJF(Shortest Job First, 최단 작업 우선)

- 작업이 끝나기까지의 실행 시간 추정치가 가장 작은 작업을 먼저 실행시키는 방식이다.
- 긴 작업들을 어느 정도 희생시키면서 짧은 작업들을 우선적으로 처리하기 때문에 대기 리스트 안에 있는 작업의 수를 최소화하면서 평균 반환 시간을 최소화할 수 있다.

③ HRN(Highest Response-ratio Next)

- 서비스 시간(실행 시간 추정치)과 대기 시간의 비율을 고려한 방식으로 SJF의 무한 연기 현상을 극복하기 위해 개발되었다.
- 대기 리스트에 있는 작업들에게 합리적으로 우선순위를 부여하여 작업 간 불평등을 해소할 수 있다.
- 프로그램의 처리 순서는 서비스 시간의 길이뿐만 아니라 대기 시간에 따라 결정된다.
- (우선순위)={(대기 시간)+(서비스 시간)}÷(서비스 시간)이다.

④ 우선순위(Priority)

- 대기 중인 작업에 우선순위를 부여하여 CPU를 할당하는 방식이다.
- 우선순위가 가장 빠른 작업부터 순서대로 수행한다.

⑤ 기한부(Deadline)

- 제한된 시간 내에 반드시 작업이 종료되도록 스케줄링하는 방식이다.
- 작업이 완료되는 시간을 정확히 측정하여 해당 시간 만큼에 CPU의 사용 시간을 제한한다.
- 동시에 많은 작업이 수행되면 스케줄링이 복잡해지게 된다는 단점이 있다.

선점형 스케줄링

① 라운드 로빈(RR; Round-Robin)

- 여러 개의 프로세스에 시간 할당량이라는 작은 단위 시간이 정의되어 시간 할당량만큼 CPU를 사용하는 방식으로 시분할 시스템을 위해 고안되었다.
- FIFO 스케줄링을 선점형으로 변환한 방식으로 먼저 입력된 작업이더라도 할당된 시간 동안만 CPU를 사용할 수 있다.
- 프로세스가 CPU에 할당된 시간이 경과될 때까지 작업을 완료하지 못하면 CPU는 다음 대기 중인 프로세스에게 사용 권한이 넘어가고, 현재 실행 중이던 프로세스는 대기 리스트의 가장 뒤로 배치된다.
- 적절한 응답 시간을 보장하는 대화식 사용자에게 효과적이다.

② SRT(Shortest Remaining Time)

- 작업이 끝나기까지 남아 있는 실행 시간의 추정치 중 가장 작은 프로세스를 먼저 실행하는 방식으로 새로 입력되는 작업까지도 포함한다.
- SJF는 한 프로세스가 CPU를 사용하면 작업이 모두 끝날 때까지 계속 실행되지만 SRT는 남아 있는 프로세스의 실행 추정치 중 더 작은 프로세스가 있다면 현재 작업 중인 프로세스를 중단하고, 작은 프로세스에게 CPU의 제어권을 넘겨준다.
- 임계치(Threshold Value)를 사용한다.

③ **다단계 큐(MQ; Multi-level Queue)**

- 프로세스를 특정 그룹으로 분류할 경우 그룹에 따라 각기 다른 큐(대기 리스트)를 사용하며, 선점형과 비선점형을 결합한 방식이다.
- 각 큐(대기 리스트)는 자신보다 낮은 단계의 큐보다 절대적인 우선순위를 갖는다(각 큐는 자신보다 높은 단계의 큐에게 자리를 내주어야 함).

④ **다단계 피드백 큐(MFQ; Multi-level Feedback Queue)**

- 특정 그룹의 준비 상태 큐에 들어간 프로세스가 다른 준비 상태 큐로 이동할 수 없는 다단계 큐 방식을 준비 상태 큐 사이를 이동할 수 있도록 개선한 방식이다.
- 큐마다 시간 할당량이 존재하며, 낮은 큐일수록 시간 할당량이 커진다.
- 마지막 단계에서는 라운드 로빈(RR) 방식으로 처리한다.

데이터 정규화

정규화

① **개념**

- 릴레이션에 데이터의 삽입·삭제·갱신 시 이상 현상이 발생하지 않도록 릴레이션을 보다 작은 릴레이션으로 표현하는 과정이다.
- 현실 세계를 표현하는 관계 스키마를 설계하는 작업으로 개체, 속성, 관계성들로 릴레이션을 만든다.
- 속성 간 종속성을 분석해서 하나의 종속성은 하나의 릴레이션으로 표현되도록 분해한다.

② **목적**

- 데이터 구조의 안정성을 최대화한다.
- 중복 데이터를 최소화한다.
- 수정 및 삭제 시 이상 현상을 최소화한다.
- 테이블 불일치 위험을 간소화한다.

함수의 종속에 따른 추론 규칙

규칙	추론 이론
반사 규칙	A⊇B이면, A → B
첨가 규칙	A → B이면, AC → BC, AC → B
이행 규칙	A → B, B → C이면, A → C
결합 규칙	A → B, A → C이면, A → BC
분해 규칙	A → BC이면, A → B, A → C

정규형의 종류

종류	특징
제1정규형(1NF)	• 모든 도메인이 원자의 값만으로 된 릴레이션으로 모든 속성값은 도메인에 해당된다. • 기본키에서 부분 함수가 종속된 속성이 존재하므로 이상 현상이 발생할 수 있다. • 하나의 항목에는 중복된 값이 입력될 수 없다.
제2정규형(2NF)	• 제1정규형을 만족하고 모든 속성들이 기본키에 완전 함수 종속인 경우이다(부분 함수 종속 제거). • 기본키가 아닌 애트리뷰트 모두가 기본키에 완전 함수 종속이 되도록 부분 함수적 종속에 해당하는 속성을 별도 테이블로 분리한다.
제3정규형(3NF)	• 제1, 2정규형을 만족하고, 모든 속성들이 기본키에 이행적 함수 종속이 아닌 경우이다. • 무손실 조인 또는 종속성 보존을 방해하지 않고도 항상 3NF를 얻을 수 있다. • 이행 함수적 종속(A → B, B → C, A → C)을 제거한다.
보이스 – 코드 정규형 (BCNF)	• 모든 BCNF 스킴은 3NF에 속하게 되므로 BCNF가 3NF보다 한정적 제한이 더 많다. • 제3정규형에 속하지만 BCNF에 속하지 않는 릴레이션이 있다. • 릴레이션 R의 모든 결정자가 후보키이면 릴레이션 R은 BCNF에 속한다. • 결정자가 후보키가 아닌 함수 종속을 제거하며, 모든 BCNF가 종속성을 보존하는 것은 아니다. • 비결정자에 의한 함수 종속을 제거하여 모든 결정자가 후보키가 되도록 한다.
제4정규형(4NF)	• 릴레이션에서 다치 종속(MVD)의 관계가 성립하는 경우이다(다중치 종속 제거). • 릴레이션 R(A, B, C)에서 다치 종속 A → B가 성립하면, A → C도 성립하므로 릴레이션 R의 다치 종속은 함수 종속 A → B의 일반 형태이다.
제5정규형(5NF)	• 릴레이션 R에 존재하는 모든 조인 종속성이 오직 후보키를 통해서만 성립된다. • 조인 종속이 후보키로 유추되는 경우이다.

SQL

DDL(데이터 정의어)

스키마, 도메인, 테이블, 뷰, 인덱스를 정의하거나 변경 또는 삭제할 때 사용하는 언어이다.

① **CREATE문** : 새로운 테이블을 만들며 스키마, 도메인, 테이블, 뷰, 인덱스를 정의할 때 사용한다.

```
CREATE TABLE STUDENT ~; (STUDENT명의 테이블 생성)
```

② **ALTER문** : 기존 테이블에 대해 새로운 열의 첨가, 값의 변경, 기존 열의 삭제 등에 사용한다.

```
ALTER TABLE STUDENT ADD ~; (STUDENT명의 테이블에 속성 추가)
```

③ **DROP문** : 스키마, 도메인, 테이블, 뷰, 인덱스의 전체 제거 시 사용한다.

```
DROP TABLE STUDENT [CASCADE / RESTRICTED]; (STUDENT명의 테이블 제거)
```

DML(데이터 조작어)

데이터베이스 사용자가 응용 프로그램이나 질의어를 통하여 저장된 데이터를 처리하는 데 사용하는 언어이다.

① **검색(SELECT)문**

SELECT [DISTINCT] 속성 LIST(검색 대상) FROM 테이블명 [WHERE 조건식] [GROUP BY 열_이름 [HAVING 조건]] [ORDER BY 열_이름 [ASC or DESC]];

SELECT	질문의 결과에 원하는 속성을 열거하거나 테이블을 구성하는 튜플(행) 중에서 전체 또는 조건을 만족하는 튜플(행)을 검색한다(ALL이 있는 경우 모든 속성을 출력하므로 주로 생략하거나 * 로 표시).
FROM	검색 데이터를 포함하는 테이블명을 2개 이상 지정할 수 있다.
WHERE	조건을 설정할 때 사용하며, 다양한 검색 조건을 활용한다(SUM, AVG, COUNT, MAX, MIN 등의 함수와 사용 불가능).
DISTINCT	중복 레코드를 제거한다(DISTINCTROW 함수는 튜플 전체를 대상으로 함).
HAVING	• 추가 검색 조건을 지정하거나 행 그룹을 선택한다. • GROUP BY절을 사용할 때 반드시 기술한다(SUM, AVG, COUNT, MAX, MIN 등의 함수와 사용 가능).
GROUP BY	그룹 단위로 함수를 이용하여 평균, 합계 등을 구하며, 집단 함수 또는 HAVING절과 함께 기술한다(필드명을 입력하지 않으면 오류 발생).
ORDER BY	검색 테이블을 ASC(오름차순, 생략 가능), DESC(내림차순)으로 정렬하며, SELECT문의 마지막에 위치한다.

② **삽입(INSERT)문** : 기존 테이블에 행을 삽입하는 경우로 필드명을 사용하지 않으면 모든 필드가 입력된 것으로 간주한다.

INSERT INTO 테이블[(열_이름...)] → 하나의 튜플을 테이블에 삽입 VALUES(열 값_리스트); → 여러 개의 튜플을 테이블에 한번에 삽입

③ **갱신(UPDATE)문** : 기존 레코드의 열 값을 갱신할 경우 사용하며, 연산자를 이용하여 빠르게 레코드를 수정한다.

UPDATE 테이블 SET 열_이름=식 [WHERE 조건];

④ **삭제(DELETE)문** : 테이블의 행을 하나만 삭제하거나 조건을 만족하는 튜플을 테이블에서 삭제할 때 사용한다.

DELETE FROM 테이블 [WHERE 조건];

DCL(데이터 제어어)

① **GRANT문** : 유저, 그룹 혹은 모든 사용자들에게 조작할 수 있는 사용 권한을 부여한다.

GRANT 권한 ON 개체 TO 사용자 (WITH GRANT OPTION);

② **REVOKE문** : 유저, 그룹 혹은 모든 유저들로부터 주어진 사용 권한을 해제한다.

REVOKE 권한 ON 개체 FROM 사용자 (CASCADE);

③ **CASCADE문** : Main Table의 데이터를 삭제할 때 각 외래키에 부합되는 모든 데이터를 삭제한다(연쇄 삭제, 모든 권한 해제).

④ **RESTRICTED문** : 외래키에 의해 참조되는 값은 Main Table에서 삭제할 수 없다(FROM절에서 사용자의 권한만을 해제).

오류(에러) 수정 방식

오류(에러) 수정 방식

방식	특징
전진 에러 수정 (FEC)	• 에러 검출과 수정을 동시에 수행하는 에러 제어 기법이다. • 연속된 데이터 흐름이 가능하지만 정보 비트 외에 잉여 비트가 많이 필요하므로 널리 사용되지 않는다. • 역 채널을 사용하지 않으며, 오버헤드가 커서 시스템 효율을 저하시킨다. • 해밍 코드(Hamming Code)와 상승 코드 등의 알고리즘이 해당된다.
후진 에러 수정 (BEC)	• 송신측에서 전송한 프레임 중 오류가 있는 프레임을 발견하면 오류가 있음을 알리고, 다시 재전송하는 방식으로 역 채널을 사용한다. • 자동 반복 요청(ARQ), 순환 잉여 검사(CRC) 등의 알고리즘이 해당된다.
자동 반복 요청 (ARQ)	• 통신 경로의 오류 발생 시 수신측은 오류 발생을 송신측에 통보하고, 송신측은 오류가 발생한 프레임을 재전송하는 방식이다. • 전송 오류가 발생하지 않으면 쉬지 않고 송신이 가능하다. • 오류가 발생한 부분부터 재송신하므로 중복 전송의 위험이 있다.
정지 대기 (Stop-and-Wait) ARQ	• 송신측에서 하나의 블록을 전송하면 수신측에서 에러 발생을 점검한 후 에러 발생 유무 신호를 보내올 때까지 기다리는 가장 단순한 방식이다. • 수신측의 에러 점검 후 제어 신호를 보내올 때까지 오버헤드(Overhead)의 부담이 크다. • 송신측은 최대 프레임 크기의 버퍼를 1개만 가져도 되지만 송신측이 ACK를 수신할 때까지 다음 프레임을 전송할 수 없으므로 전송 효율이 떨어진다.
연속적(Continuous) ARQ	정지 대기 ARQ의 오버헤드를 줄이기 위하여 연속적으로 데이터 블록을 전송하는 방식이다.
Go-Back-N ARQ	• 송신측에서 데이터 프레임을 연속적으로 전송하다가 NAK(부정응답)를 수신하면 에러가 발생한 프레임을 포함하여 그 이후에 전송된 모든 데이터 프레임을 재전송하는 방식이다. • 송신측은 데이터 프레임마다 일련번호를 붙여서 전송하고, 수신측은 오류 검출 시 오류 발생 이루의 모든 블록을 재전송한다. • 중복전송의 위험이 있다.
선택적(Selective) ARQ	• 송신측에서 블록을 연속적으로 보낸 후 에러가 발생한 블록만 다시 재전송하는 방식이다. • 원래 순서에 따라 배열하므로 그 사이에 도착한 모든 데이터 프레임을 저장할 수 있는 대용량의 버퍼와 복잡한 논리회로가 필요하다.
적응적(Adaptive) ARQ	• 전송 효율을 최대로 하기 위하여 프레임 블록 길이를 채널 상태에 따라 변경하는 방식이다. • 통신 회선의 품질이 좋지 않아 에러 발생율이 높을 경우는 프레임 길이를 짧게 하고, 에러 발생율이 낮을 경우는 프레임 길이를 길게 한다. • 전송 효율이 가장 높으나 제어 회로가 복잡하여 거의 사용되지 않는다.

트리

트리(Tree)

① 1 : N 또는 1 : 1 대응 구조로 노드(Node, 정점)와 선분(Branch)으로 되어 있고, 정점 사이에 사이클이 형성되지 않으며, 자료 사이의 관계성이 계층 형식으로 나타나는 구조이다.

② 노드 사이의 연결 관계가 계급적인 구조로 뻗어나간 정점들이 다른 정점들과 연결되지 않는다(1 : N 또는 1 : 1 대응 구조라 함).

트리 운행법

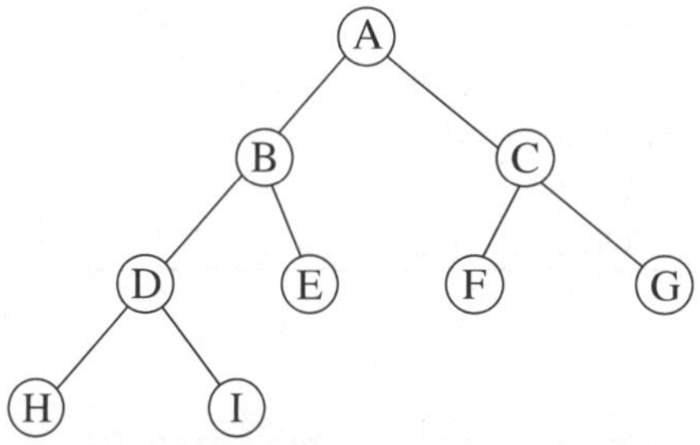

전위 운행, 중위 운행, 후위 운행의 기준은 근노드(Root Node)의 위치이다. 순서에서 근노드가 앞쪽이면 전위, 중간이면 중위, 뒤쪽이면 후위가 된다. 좌측과 우측의 순서는 전위든 중위든 후위든 상관없이 항상 좌측이 먼저이고 우측이 나중이다.

① **전위 운행(Preorder Traversal)** : 근 → 좌측 → 우측(Root → Left → Right) 순서로 운행하는 방법으로 먼저 근노드를 운행하고 좌측 서브 트리를 운행한 후 우측 서브 트리를 운행한다. 따라서 순서대로 나열하면 A, B, D, H, I, E, C, F, G가 된다.

② **중위 운행(Inorder Traversal)** : 좌측 → 근 → 우측(Left → Root → Right) 순서로 운행하는 방법으로 먼저 좌측 서브 트리를 운행한 후 근노드를 운행하고, 우측 서브 트리를 운행한다. 따라서 순서대로 나열하면 H, D, I, B, E, A, F, C, G가 된다.

③ **후위 운행(Postorder Traversal)** : 좌측 → 우측 → 근(Left → Right → Root) 순서로 운행하는 방법으로 먼저 좌측 서브 트리를 운행한 후 우측 서브 트리를 운행하고, 마지막으로 근노드를 운행한다. 따라서 순서대로 나열하면 H, I, D, E, B, F, G, C, A가 된다.

수식의 표기법

① **전위식(Prefix)** : 연산자(+, −, *, /)가 맨 앞에 놓인다(연산자 – 피연산자 – 피연산자). 예 +AB

② **중위식(Infix)** : 연산자가 피연산자 중간에 놓인다(피연산자 – 연산자 – 피연산자). 예 A+B

③ **후위식(Postfix)** : 연산자가 맨 뒤에 놓인다(피연산자 – 피연산자 – 연산자). 예 AB+

객체 지향 소프트웨어

객체 지향 분석의 개발 방법

객체 지향 분석 (OOA; Object Oriented Analysis)	• 모델링의 구성 요소인 클래스, 객체, 속성, 연산 등을 이용하여 문제를 모형화시키는 것이다. • 모형화 표기법 관계에서 객체의 분류, 속성의 상속, 메시지의 통신 등을 결합한다. • 객체를 클래스로부터 인스턴스화 하거나 클래스를 식별하는 것이 주요 목적이다.
객체 지향 설계 (OOD; Object Oriented Design)	• 객체의 속성과 자료 구조를 표현하며, 개발 속도의 향상으로 대규모 프로젝트에 적합하다. • 시스템을 구성하는 개체, 속성, 연산을 통해 유지 보수가 용이하고, 재사용이 가능하다. • 시스템 설계는 성능 및 전략을 확정하고, 객체 설계는 자료 구조와 알고리즘을 상세화한다. • 객체는 순차적으로 또는 동시적으로 구현될 수 있다. • 서브 클래스와 메시지 특성을 세분화하여 세부 사항을 정제화한다.
객체 지향 프로그래밍 (OOP; Object Oriented Programming)	• 설계 모형을 특정 프로그램으로 번역하고, 객체 클래스 간에 상호 작용할 수 있다. • 객체 모델의 주요 요소에는 추상화, 캡슐화, 모듈화, 계층 등이 있다. • 객체 지향 프로그래밍 언어에는 Smalltalk, C++ 등이 있다. • 설계 시 자료 사이에 가해지는 프로세스를 묶어 정의하고, 관계를 규명한다.

코드(Coad)와 요든(Yourdon)의 객체 지향 분석

① 객체와 클래스 사이의 관계를 상속과 집단화의 관계로 표현한다.
② E-R 다이어그램으로 객체를 모형화하며, 소규모 시스템 개발에 적합하다.
③ 모델링 표기법과 분석 모형이 간단하며, 하향식 방법으로 설계에 접근한다.
④ 객체에 대한 속성 및 관계 정의와 시스템의 수행 역할을 분석한다.

럼바우(Rumbaugh)의 객체 지향 분석

① OMT(Object Modeling Technical)의 3가지(객체 → 동적 → 기능) 모형을 개발한다.
② 코드에 대한 연결성이 높기 때문에 중규모 프로젝트에 적합하다.
③ 분석 설계, 시스템 설계, 객체-수준 설계 등 객체 모형화 시 그래픽 표기법을 사용한다.
④ 문제 정의, 모형 제작, 실세계의 특성을 나타내며, 분석 단계를 상세하게 표현한다.

모델링	설명
객체(Object) 모델링	객체와 클래스 식별, 클래스 속성, 연산 표현, 객체 간의 관계 정의 등을 처리하며, 객체 다이어그램을 작성한다.
동적(Dynamic) 모델링	객체들의 제어 흐름, 상호 반응 연산 순서를 표시하며 상태도, 시나리오, 메시지 추적 다이어그램 등이 해당된다.
기능(Functional) 모델링	입출력을 결정한 후 자료 흐름도를 작성하고, 기능 내용을 기술하며, 입출력 데이터 정의, 기능 정의 등이 해당된다.

부치(Booch)의 객체 지향 분석

① 모든 설계가 이루어질 때까지 문제 정의, 비공식 전략 개발, 전략 공식화를 적용한다.
② 프로그램의 구성 요소는 명세 부분과 외부로부터 감추어진 사각 부분으로 표시한다.
③ 클래스와 객체를 구현한다.

야콥슨(Jacobson)의 객체 지향 분석

① Usecase 모형을 사용하여 시스템 사용자에 대한 전체 책임을 파악한다.
② Usecase 모형을 검토한 후 객체 분석 모형을 작성한다.

화이트 박스 테스트 / 블랙 박스 테스트

소프트웨어 검사(Software Test)

① 요구사항 분석, 설계, 구현 결과를 최종 점검하는 단계이다.
② 문제점을 찾는 데 목적을 두고, 해당 문제점을 어떻게 수정해야 하는지도 제시한다.

화이트 박스(White Box) 검사

① 소프트웨어 테스트에 사용되는 방식으로 모듈의 논리적 구조를 체계적으로 점검하며, 프로그램 구조에 의거하여 검사한다.
② 원시 프로그램을 하나씩 검사하는 방법으로 모듈 안의 작동 상태를 자세히 관찰할 수 있다.
③ 검사 대상의 가능 경로는 어느 정도 통과하는지의 적용 범위성을 측정 기준으로 한다.
④ 검증 기준(Coverage)을 바탕으로 원시 코드의 모든 문장을 한 번 이상 수행한다.
⑤ 프로그램의 제어 구조에 따라 선택, 반복 등을 수행함으로써 논리적 경로를 제어한다.
⑥ Nassi-Shneiderman 도표를 사용하여 검정 기준을 작성할 수 있다.
⑦ 화이트 박스 검사의 오류에는 세부적 오류, 논리 구조상의 오류, 반복문 오류, 수행 경로 오류 등이 있다.

화이트 박스 검사의 종류

검사 방법에는 기초 경로(Basic Path) 검사, 조건 기준(Condition Coverage) 검사, 구조(Structure) 검사, 루프(Roof) 검사, 논리 위주(Logic Driven) 검사, 데이터 흐름(Data Flow) 검사 등이 있다.

기초 경로 검사	원시 코드로 흐름 도표와 복잡도를 구하고, 검사 대상을 결정한 후 검사를 수행한다.
루프(반복문) 검사	• 루프를 벗어나는 값 대입 → 루프를 한 번 수행하는 값 대입 → 루프를 두 번 수행하는 값 대입의 과정을 통해 검사를 수행한다. • 검사 형태에는 단순 루프, 중첩 루프, 접합 루프가 있다.

블랙 박스(Black Box) 검사

① 소프트웨어 인터페이스에서 실시되는 검사로 설계된 모든 기능이 정상적으로 수행되는지 확인한다.
② 기초적 모델 관점과 데이터 또는 입출력 위주의 검사 방법이다.
③ 소프트웨어의 기능이 의도대로 작동하고 있는지, 입력은 적절하게 받아들였는지, 출력은 정확하게 생성되는지를 보여주는 데 사용된다.
④ 블랙 박스 검사의 오류에는 성능 오류, 부정확한 기능 오류, 인터페이스 오류, 자료 구조상의 오류, 초기화 오류, 종료 오류 등이 있다.

블랙 박스 검사의 종류

검사 방법에는 균등(동치) 분할(Equivalence Partitioning) 검사, 경계 값(Boundary Value Analysis) 검사, 오류 예측(Error Guessing) 검사, 원인-결과 그래프(Cause-Effect Graph) 검사, 비교(Comparison) 검사 등이 있다.

균등(동치) 분할 검사	정상 자료와 오류 자료를 동일하게 입력하여 검사한다.
경계(한계) 값 검사	경계(한계)가 되는 값을 집중적으로 입력하여 검사한다.
오류 예측 검사	오류가 수행될 값을 입력하여 검사한다.
원인-결과 그래프 검사	테스트 케이스를 작성하고, 검사 경우를 입력하여 검사한다(원인과 결과를 결정하여 그래프를 작성).

NH농협은행 6급 필기전형 OMR 답안카드

고사장

성 명

채용분야			
일반		IT	

수험번호						
⓪	⓪	⓪	⓪	⓪	⓪	⓪
①	①	①	①	①	①	①
②	②	②	②	②	②	②
③	③	③	③	③	③	③
④	④	④	④	④	④	④
⑤	⑤	⑤	⑤	⑤	⑤	⑤
⑥	⑥	⑥	⑥	⑥	⑥	⑥
⑦	⑦	⑦	⑦	⑦	⑦	⑦
⑧	⑧	⑧	⑧	⑧	⑧	⑧
⑨	⑨	⑨	⑨	⑨	⑨	⑨

감독위원 확인
(인)

직무능력평가																		직무상식평가											
문번	1	2	3	4	5	문번	1	2	3	4	5	문번	1	2	3	4	5	문번	1	2	3	4	5	문번	1	2	3	4	5
1	①	②	③	④	⑤	16	①	②	③	④	⑤	31	①	②	③	④	⑤	1	①	②	③	④	⑤	16	①	②	③	④	⑤
2	①	②	③	④	⑤	17	①	②	③	④	⑤	32	①	②	③	④	⑤	2	①	②	③	④	⑤	17	①	②	③	④	⑤
3	①	②	③	④	⑤	18	①	②	③	④	⑤	33	①	②	③	④	⑤	3	①	②	③	④	⑤	18	①	②	③	④	⑤
4	①	②	③	④	⑤	19	①	②	③	④	⑤	34	①	②	③	④	⑤	4	①	②	③	④	⑤	19	①	②	③	④	⑤
5	①	②	③	④	⑤	20	①	②	③	④	⑤	35	①	②	③	④	⑤	5	①	②	③	④	⑤	20	①	②	③	④	⑤
6	①	②	③	④	⑤	21	①	②	③	④	⑤	36	①	②	③	④	⑤	6	①	②	③	④	⑤	21	①	②	③	④	⑤
7	①	②	③	④	⑤	22	①	②	③	④	⑤	37	①	②	③	④	⑤	7	①	②	③	④	⑤	22	①	②	③	④	⑤
8	①	②	③	④	⑤	23	①	②	③	④	⑤	38	①	②	③	④	⑤	8	①	②	③	④	⑤	23	①	②	③	④	⑤
9	①	②	③	④	⑤	24	①	②	③	④	⑤	39	①	②	③	④	⑤	9	①	②	③	④	⑤	24	①	②	③	④	⑤
10	①	②	③	④	⑤	25	①	②	③	④	⑤	40	①	②	③	④	⑤	10	①	②	③	④	⑤	25	①	②	③	④	⑤
11	①	②	③	④	⑤	26	①	②	③	④	⑤	41	①	②	③	④	⑤	11	①	②	③	④	⑤						
12	①	②	③	④	⑤	27	①	②	③	④	⑤	42	①	②	③	④	⑤	12	①	②	③	④	⑤						
13	①	②	③	④	⑤	28	①	②	③	④	⑤	43	①	②	③	④	⑤	13	①	②	③	④	⑤						
14	①	②	③	④	⑤	29	①	②	③	④	⑤	44	①	②	③	④	⑤	14	①	②	③	④	⑤						
15	①	②	③	④	⑤	30	①	②	③	④	⑤	45	①	②	③	④	⑤	15	①	②	③	④	⑤						

※ 본 답안카드는 마킹 연습용 모의 답안카드입니다.

NH농협은행 6급 필기전형 OMR 답안카드

고사장

성 명

채용분야			
일반		IT	

수험번호						
⓪	⓪	⓪	⓪	⓪	⓪	⓪
①	①	①	①	①	①	①
②	②	②	②	②	②	②
③	③	③	③	③	③	③
④	④	④	④	④	④	④
⑤	⑤	⑤	⑤	⑤	⑤	⑤
⑥	⑥	⑥	⑥	⑥	⑥	⑥
⑦	⑦	⑦	⑦	⑦	⑦	⑦
⑧	⑧	⑧	⑧	⑧	⑧	⑧
⑨	⑨	⑨	⑨	⑨	⑨	⑨

감독위원 확인
㉿ 인

직무능력평가																	
문번	1	2	3	4	5	문번	1	2	3	4	5	문번	1	2	3	4	5
1	①	②	③	④	⑤	16	①	②	③	④	⑤	31	①	②	③	④	⑤
2	①	②	③	④	⑤	17	①	②	③	④	⑤	32	①	②	③	④	⑤
3	①	②	③	④	⑤	18	①	②	③	④	⑤	33	①	②	③	④	⑤
4	①	②	③	④	⑤	19	①	②	③	④	⑤	34	①	②	③	④	⑤
5	①	②	③	④	⑤	20	①	②	③	④	⑤	35	①	②	③	④	⑤
6	①	②	③	④	⑤	21	①	②	③	④	⑤	36	①	②	③	④	⑤
7	①	②	③	④	⑤	22	①	②	③	④	⑤	37	①	②	③	④	⑤
8	①	②	③	④	⑤	23	①	②	③	④	⑤	38	①	②	③	④	⑤
9	①	②	③	④	⑤	24	①	②	③	④	⑤	39	①	②	③	④	⑤
10	①	②	③	④	⑤	25	①	②	③	④	⑤	40	①	②	③	④	⑤
11	①	②	③	④	⑤	26	①	②	③	④	⑤	41	①	②	③	④	⑤
12	①	②	③	④	⑤	27	①	②	③	④	⑤	42	①	②	③	④	⑤
13	①	②	③	④	⑤	28	①	②	③	④	⑤	43	①	②	③	④	⑤
14	①	②	③	④	⑤	29	①	②	③	④	⑤	44	①	②	③	④	⑤
15	①	②	③	④	⑤	30	①	②	③	④	⑤	45	①	②	③	④	⑤

직무상식평가											
문번	1	2	3	4	5	문번	1	2	3	4	5
1	①	②	③	④	⑤	16	①	②	③	④	⑤
2	①	②	③	④	⑤	17	①	②	③	④	⑤
3	①	②	③	④	⑤	18	①	②	③	④	⑤
4	①	②	③	④	⑤	19	①	②	③	④	⑤
5	①	②	③	④	⑤	20	①	②	③	④	⑤
6	①	②	③	④	⑤	21	①	②	③	④	⑤
7	①	②	③	④	⑤	22	①	②	③	④	⑤
8	①	②	③	④	⑤	23	①	②	③	④	⑤
9	①	②	③	④	⑤	24	①	②	③	④	⑤
10	①	②	③	④	⑤	25	①	②	③	④	⑤
11	①	②	③	④	⑤						
12	①	②	③	④	⑤						
13	①	②	③	④	⑤						
14	①	②	③	④	⑤						
15	①	②	③	④	⑤						

※ 본 답안카드는 마킹 연습용 모의 답안카드입니다.

NH농협은행 6급 필기전형 OMR 답안카드

고사장

성 명

채용분야			
일반		IT	

수험번호						
⓪	⓪	⓪	⓪	⓪	⓪	⓪
①	①	①	①	①	①	①
②	②	②	②	②	②	②
③	③	③	③	③	③	③
④	④	④	④	④	④	④
⑤	⑤	⑤	⑤	⑤	⑤	⑤
⑥	⑥	⑥	⑥	⑥	⑥	⑥
⑦	⑦	⑦	⑦	⑦	⑦	⑦
⑧	⑧	⑧	⑧	⑧	⑧	⑧
⑨	⑨	⑨	⑨	⑨	⑨	⑨

감독위원 확인
㉑

직무능력평가																		직무상식평가											
문번	1	2	3	4	5	문번	1	2	3	4	5	문번	1	2	3	4	5	문번	1	2	3	4	5	문번	1	2	3	4	5
1	①	②	③	④	⑤	16	①	②	③	④	⑤	31	①	②	③	④	⑤	1	①	②	③	④	⑤	16	①	②	③	④	⑤
2	①	②	③	④	⑤	17	①	②	③	④	⑤	32	①	②	③	④	⑤	2	①	②	③	④	⑤	17	①	②	③	④	⑤
3	①	②	③	④	⑤	18	①	②	③	④	⑤	33	①	②	③	④	⑤	3	①	②	③	④	⑤	18	①	②	③	④	⑤
4	①	②	③	④	⑤	19	①	②	③	④	⑤	34	①	②	③	④	⑤	4	①	②	③	④	⑤	19	①	②	③	④	⑤
5	①	②	③	④	⑤	20	①	②	③	④	⑤	35	①	②	③	④	⑤	5	①	②	③	④	⑤	20	①	②	③	④	⑤
6	①	②	③	④	⑤	21	①	②	③	④	⑤	36	①	②	③	④	⑤	6	①	②	③	④	⑤	21	①	②	③	④	⑤
7	①	②	③	④	⑤	22	①	②	③	④	⑤	37	①	②	③	④	⑤	7	①	②	③	④	⑤	22	①	②	③	④	⑤
8	①	②	③	④	⑤	23	①	②	③	④	⑤	38	①	②	③	④	⑤	8	①	②	③	④	⑤	23	①	②	③	④	⑤
9	①	②	③	④	⑤	24	①	②	③	④	⑤	39	①	②	③	④	⑤	9	①	②	③	④	⑤	24	①	②	③	④	⑤
10	①	②	③	④	⑤	25	①	②	③	④	⑤	40	①	②	③	④	⑤	10	①	②	③	④	⑤	25	①	②	③	④	⑤
11	①	②	③	④	⑤	26	①	②	③	④	⑤	41	①	②	③	④	⑤	11	①	②	③	④	⑤						
12	①	②	③	④	⑤	27	①	②	③	④	⑤	42	①	②	③	④	⑤	12	①	②	③	④	⑤						
13	①	②	③	④	⑤	28	①	②	③	④	⑤	43	①	②	③	④	⑤	13	①	②	③	④	⑤						
14	①	②	③	④	⑤	29	①	②	③	④	⑤	44	①	②	③	④	⑤	14	①	②	③	④	⑤						
15	①	②	③	④	⑤	30	①	②	③	④	⑤	45	①	②	③	④	⑤	15	①	②	③	④	⑤						

※ 본 답안카드는 마킹 연습용 모의 답안카드입니다.

NH농협은행 6급 필기전형 OMR 답안카드

고사장

성 명

채용분야			
일반		IT	

수험번호						
⓪	⓪	⓪	⓪	⓪	⓪	⓪
①	①	①	①	①	①	①
②	②	②	②	②	②	②
③	③	③	③	③	③	③
④	④	④	④	④	④	④
⑤	⑤	⑤	⑤	⑤	⑤	⑤
⑥	⑥	⑥	⑥	⑥	⑥	⑥
⑦	⑦	⑦	⑦	⑦	⑦	⑦
⑧	⑧	⑧	⑧	⑧	⑧	⑧
⑨	⑨	⑨	⑨	⑨	⑨	⑨

감독위원 확인
인

직무능력평가																		직무상식평가											
문번	1	2	3	4	5	문번	1	2	3	4	5	문번	1	2	3	4	5	문번	1	2	3	4	5	문번	1	2	3	4	5
1	①	②	③	④	⑤	16	①	②	③	④	⑤	31	①	②	③	④	⑤	1	①	②	③	④	⑤	16	①	②	③	④	⑤
2	①	②	③	④	⑤	17	①	②	③	④	⑤	32	①	②	③	④	⑤	2	①	②	③	④	⑤	17	①	②	③	④	⑤
3	①	②	③	④	⑤	18	①	②	③	④	⑤	33	①	②	③	④	⑤	3	①	②	③	④	⑤	18	①	②	③	④	⑤
4	①	②	③	④	⑤	19	①	②	③	④	⑤	34	①	②	③	④	⑤	4	①	②	③	④	⑤	19	①	②	③	④	⑤
5	①	②	③	④	⑤	20	①	②	③	④	⑤	35	①	②	③	④	⑤	5	①	②	③	④	⑤	20	①	②	③	④	⑤
6	①	②	③	④	⑤	21	①	②	③	④	⑤	36	①	②	③	④	⑤	6	①	②	③	④	⑤	21	①	②	③	④	⑤
7	①	②	③	④	⑤	22	①	②	③	④	⑤	37	①	②	③	④	⑤	7	①	②	③	④	⑤	22	①	②	③	④	⑤
8	①	②	③	④	⑤	23	①	②	③	④	⑤	38	①	②	③	④	⑤	8	①	②	③	④	⑤	23	①	②	③	④	⑤
9	①	②	③	④	⑤	24	①	②	③	④	⑤	39	①	②	③	④	⑤	9	①	②	③	④	⑤	24	①	②	③	④	⑤
10	①	②	③	④	⑤	25	①	②	③	④	⑤	40	①	②	③	④	⑤	10	①	②	③	④	⑤	25	①	②	③	④	⑤
11	①	②	③	④	⑤	26	①	②	③	④	⑤	41	①	②	③	④	⑤	11	①	②	③	④	⑤						
12	①	②	③	④	⑤	27	①	②	③	④	⑤	42	①	②	③	④	⑤	12	①	②	③	④	⑤						
13	①	②	③	④	⑤	28	①	②	③	④	⑤	43	①	②	③	④	⑤	13	①	②	③	④	⑤						
14	①	②	③	④	⑤	29	①	②	③	④	⑤	44	①	②	③	④	⑤	14	①	②	③	④	⑤						
15	①	②	③	④	⑤	30	①	②	③	④	⑤	45	①	②	③	④	⑤	15	①	②	③	④	⑤						

※ 본 답안카드는 마킹 연습용 모의 답안카드입니다.